IMPRESSUM

ISBN 978-3-943 509- 05-2

ein Imprint von PROARCERA Limited
Niederlassung Deutschland
Zweigstelle Rudolstadt
Marktstraße 9 | 07407 Rudolstadt
Tel.: 03672 / 48 96 92 0
www.edition-burghuegel.de

Titelwahl: Willi Koch
Zeichnung: Angelika Beuger
Satz / Layout: Simone Dittmar

Auslieferung: Burghügel Editionsverlag Rudolstadt
14,90 EUR

Eberhard Kapuste

Der Besserwisser

Showdown am Treppenlift

BURGHÜGEL
Editionsverlag Rudolstadt

Dienstag

Erstes Kapitel

» Alter ist scheiße! «

Lothar Günther Buchheim hat es wütend ins Mikrofon geblafft. Buchheim, der U - Bootfahrer und Kunstsammler mit der verwegenen Augenklappe. Der geschäftstüchtige, umtriebige, alles niederwalzende Buchheim, der zuletzt nur noch fett und massig im Rollstuhl sitzen konnte, hilflos wie ein gestrandeter Riesenwal. Er ist schon lange tot. Recht hat er gehabt, der Buchheim. Wie der Franz Xaver Kroetz, der in einem Interview das Alter verflucht hat. Im Gegensatz zu Buchheim lebt er noch, der Kroetz. Er hat in der Fernsehserie » Kir Royal « als Baby Schimmerlos den schneidigen Weiberhelden und Kraftburschen gespielt. Doch das ist längst vorbei.

Die beiden sind nur die Spitze des Eisbergs. Millionen Alte denken wie sie, auch wenn wir es nur zögernd oder gar nicht zugeben. Wir würden zu gerne so optimistisch und vital auftreten wie die Senioren in den Fernsehreklamen für Mittel gegen Blasenschwäche und Schlaf- und Verdauungsstörungen. Gut aussehend, weltoffen und unternehmungslustig, die Männer mit vollem Haarwuchs und die charmanten Frauen mit einem strahlenden Lächeln. Da existieren keine Runzeln, keine schiefen Schultern und gichtigen Hände, keine krummen Beine und keine sauertöpfisch bis zum Kinn herunter gezogenen Mundwinkel, wie wir sie jeden Tag im Spiegel betrachten müssen, wenn wir unsere Visagen waschen.

Selbst die Alten, die in den Reklamen auf Treppenliften empor schweben oder in Sitzbadewannen hocken, lachen glücklich in die Kamera, so als säßen sie in einem Gesundbrunnen, aus dem sie alsbald frohgemut und bereit zum Seniorensex heraushüpfen werden.

Dass das Alter scheiße ist, davon bringt mich niemand ab. Ute nicht, meine Kinder nicht und Gillhaupt nicht, der Nachbar, mit dem ich mich, wie jetzt eben, oft und gerne unterhalte. Auch die vielen Alten nicht, die hier in Luckendam wie überall voll echtem oder gespieltem Tatendrang zu jedem erreichbaren Event rennen oder nur noch mühsam, aber angeblich zufrieden, durch die Gegend hatschen, dabei aber nicht so luftig und leger angezogen sind wie die Senioren im Fernsehen. Hier laufen die Rentner in Grau oder in Hellbeige herum, womöglich noch in diesen Popeline-Jacken, die bei kühlem Wetter vor allem die Alten tragen, die auf den beiden zentralen Parkplätzen Luckendams in Horden den Reisebussen entquellen, um sich auf die Besichtigung der wenigen städtischen Sehenswürdigkeiten zu begeben. Selbst die Frauen dieser Krampfadergeschwader kleiden sich so fantasielos wie ihre hinterher schlurfenden Männer. Die Jacken sehen aus, als seien sie en gros bei dem Versandhaus gekauft, das in der Fernsehzeitung in jeder Ausgabe aufwendig für Gesundheitsschuhe und Stützstrümpfe wirbt.

Das Alter ist eine unangenehme, kaum steuerbare Rutschpartie, die unweigerlich zum baldigen Tod führt. Man komme mir bitte nicht mit dem Einwand, dass gerade ich mich nicht beklagen dürfte. Ich wäre immerhin mit meinen zweiundsiebzig Jahren noch äußerst rüstig zu Fuß, formulierte erstaunlich lange Sätze ohne mich zu versprechen und hätte ausreichend Geld für einen angenehmen Lebensabend, eine Summe, von der Durchschnittsrentner nur träumen könnten.

Lebensabend! Ein Wort aus der Mottenkiste, das zu uns Alten von heute angeblich nicht mehr passt. Versuchen wir uns doch ständig weis zu machen, wir seien viel dynamischer, glücklicher und vielmehr mitten im Leben stehend als die Greise, die früher mit krummem Rücken hinter dem Ofen saßen und gottergeben auf ihr Ende warteten. Welch ein Quatsch! Alt ist alt, da hilft kein Schönreden. Der Spruch, man sei so alt, wie man sich fühle, ist Selbstbetrug.

Das mit dem Geld ist wahr. Zwar habe ich das meiste, was ich auf der Bank habe, nicht selbst verdient, sondern kürzlich geerbt, aber das bereitet mir keine Skrupel. Zumindest noch nicht, auch wenn meine beiden

Kinder, von meiner Frau heftig unterstützt, den Großteil davon für sich beanspruchen und deshalb wie die Aasgeier ständig über mir kreisen, um sich die Beute nicht entgehen zu lassen und um im entscheidenden Moment zuzustoßen. Auf jeden Fall bin ich erst einmal gut versorgt. Fragt sich nur, wie lange noch.

Mein rechtes Bein schmerzt, vor allem das Knie. Langes Stehen tut ihm nicht gut. Das geht seit heute Morgen so und kommt von meinem rasanten Treppensturz.

Vom ersten Stockwerk ins Erdgeschoss, auf dem Weg zum Frühstück. Ich war abgelenkt, weil ich mir während des Abwärtsgehens das Hemd zugeknöpft habe, und bin ausgerutscht und hilflos mit den Armen in der Luft rudernd hinuntergeschossen. Zum Glück nicht mit dem Kopf voran.

Am besten, ich lege mein Gewicht nur noch auf das linke Bein, so lange ich mich hier auf der Straße, nur zwanzig Meter von unserem Haus entfernt, mit Gillhaupt, meinem Nachbarn, unterhalte. Das kann dauern. Gillhaupt ist ein schweigsamer Typ, doch wenn es um das in der Nähe geplante Tierheim geht, spricht er überraschend lange und keinen Widerspruch duldend, wenn auch mit gesetzten Worten und Pausen zwischen den einzelnen Sätzen.

Ute hat aufgeschrien, als ich die Treppe hinunterpolterte und vor ihren Füßen lag. » Kannst du nicht aufpassen, wo du hin trittst? Es ist doch nicht zu fassen! « , hat sie gekeift. Doch dann wurde sie wie immer, wenn es um Krankheiten und Verletzungen geht, fürsorglich, sogar überfürsorglich auf eine bekümmerte und forsche, ja aufdringliche Art zugleich, gegen die sich alles in mir wehrt, wenn ich ihr ausgeliefert bin. Sie fragte methodisch ab, wo mir mein Körper wehtäte, und ließ sich nicht auf meine Versuche ein, den Unfall zu bagatellisieren. Sie war die völlig in ihrer Betreuungspflicht aufgehende Ehefrau, der von ihrem Mann nichts erspart bleibt, einem Mann, den man immer häufiger wie ein Kind behandeln muss, wie ein tapsiges, tölpelhaftes Kind, das nicht auf die Erwachsenen hört und alles besser weiß.

Wo schmerzte es? Am Kopf, am Brustkorb, an der Hüfte, an den Knien? Dabei tastete sie die angesprochenen Stellen ab und hinderte mich am Aufrichten, indem sie mit einer Hand meine rechte Schulter kräftig nach unten drückte. Waren die Fußgelenke in Ordnung, hatte ich Schürfwunden, blutete ich irgendwo, wie fühlte sich mein Schädel an? Und wie bitte konnte das nur passieren? » Erst vor kurzem bist du von der Leiter gefallen, und jetzt das! Ich mache mir Sorgen, wo soll das noch hinführen? « Ihr zu mir herunter gebeugtes Gesicht zeigte mitfühlenden Kummer, die gleiche Miene, die sie aufsetzt, wenn im Fernsehen für verängstigte, ausgesetzte Hunde Familienanschluss gesucht wird. Ich war in Utes Fürsorgemangel eingeklemmt und konnte ihr nicht entrinnen. Damit lebe ich seit wir verheiratet sind. In der ersten Zeit unserer Ehe hat es mich nicht gestört, es hat meiner Eitelkeit sogar geschmeichelt. Ich glaubte, ein toller Hecht zu sein, wenn mich eine so attraktive Frau, und das war Ute damals, derart heftig umsorgte.

» Gerhard, steh jetzt ganz langsam auf und leg dich aufs Sofa! «, befahl sie resolut im Ton einer Stationsschwester, die keine Faxen duldet. Sie packte mich von hinten unter den Achseln und stemmte mich hoch. Sie ist trotz ihrer schlanken Figur mit den dünnen Armen erstaunlich stark. Beim Einkauf im Baumarkt schleppt sie schwere Farbeimer, dicke Bretter, unhandliche Waschbecken ohne mit der Wimper zu zucken. » Du darfst jetzt keine falsche Bewegung machen. Du musst ins Krankenhaus, in die Ambulanz. Vielleicht hast du eine Gehirnerschütterung oder dir was gequetscht. Vielleicht sind Rippen gebrochen.

Ich bringe dich mit dem Auto hin. In deinem Alter ist mit so was nicht zu spaßen. «

Als ich stand, noch etwas benommen und leicht schwankend, und ärgerlich abwinkte und keine Anstalten machte, mich aufs Sofa zu legen, fauchte sie: » Spiel bitte nicht den harten Kerl, der du nicht bist. Wir fahren ins Krankenhaus. Nimm dir ein Beispiel an Peter, er nimmt Verletzungen und Krankheiten immer sehr ernst. « Dabei sah sie mich mit ihren blassgrauen Augen starr und unerbittlich an. Das stimmt. Kein Wunder, denn mein Sohn muss für die vielen Geschäfte gesund bleiben, die er beginnt, aber selten zu Ende führt. Er ist scharf auf mein Geld, um zum x - ten Mal ein neues Projekt zu starten. Da kann er sich keine Krankheit leisten.

Ich blieb hart und ließ mich nicht ins Krankenhaus bringen. Auch wenn ich deshalb in den nächsten Tagen noch oft hören werde, ich hätte mich wie ein trotziger Junge benommen, und es sei das letzte Mal gewesen, dass sie sich um mich kümmerte.

Ich wollte partout nicht in der Ambulanz endlos lange herum sitzen. Ich war nicht scharf darauf, zwischen nach Fusel stinkenden alten Männern, an ihren Handys fummelnden Jugendlichen, quäkenden Säuglingen und pausenlos quasselnden oder dumpf vor sich hin brütenden Müttern zu sitzen. Sicherlich hätte der behandelnde Arzt oder die Ärztin scheinbar aufmerksam und verständnisvoll meiner Unfallschilderung gelauscht und dann an mir geschäftsmäßig herumgedrückt, wie Ute auf der Suche nach Stellen, wo es weh täte. Bei sich hätten sie jedoch gedacht, was für ein Idiot, was für ein Jammerlappen ich sei, einer dieser alten Deppen, die den Betrieb unnötigwegen einer Bagatelle aufhalten und dazu auch noch ihre Alte mitbringen. Ute hätte ganz gewiss versucht, ihren Senf dazuzugeben, wäre mir vor allen Leuten ins Wort gefallen und hätte dem Personal unmissverständlich gesagt, was sie von ihm erwarte. Vermutlich wäre ich durch den üblichen Geld bringenden Routineapparat geschleust worden. Man hätte mich zum Röntgen und zur Blutabnahme geschickt und mir irgendeinen Körperteil bandagiert, und mir ansonsten Ruhe und keine anstrengenden Bewegungen verordnet. Ich sei ja noch sehr rüstig, hätte man mir sicher gesagt, aber man dürfe in meinem Alter kein Risiko eingehen. Bla, bla, bla!

Das alles habe ich mir erspart. Mein Bein wird auch ohne Mediziner in Ordnung kommen. Heute, morgen oder meinetwegen nächste Woche. Mehr als Beinschmerzen habe ich durch den Sturz nicht abbekommen, da bin ich mir sicher. Vielleicht noch einige blaue Flecken. Utes mögliche Drohung, sie würde sich in Zukunft nicht mehr um mich kümmern, wird reiner Theaterdonner sein. Dafür hat sie zu gerne alles unter Kontrolle, liebt sie zu sehr das Regiment, das sie führen kann, wenn es mir tatsächlich oder nur anscheinend schlecht geht: Wenn ich wo runtergepurzelt bin, mir den Kopf angestoßen, in den Finger geschnitten, einfach nur Fieber, Ohrenschmerzen oder beides habe. Ich muss mir dann so Weisheiten anhören wie: Männer seien völlig unwissend, was den menschlichen Körper beträfe, und dementsprechend von einer unverantwortlichen, uneinsichtigen Nachlässigkeit und Überheblichkeit.

Insbesondere wenn sie alt und verkalkt sind und wieder infantil werden. Kein Wunder, dass ihr Durchschnittsalter geringer sei als das der Frauen.

Was ich Ute nie sage: Ich will die jährliche Beitragsrückerstattung meiner Krankenversicherung nicht gefährden. Ich erhalte jedes Jahr über fünfhundert Euro, wenn ich selten zu den Ärzten renne, und die will ich weiter kassieren, obwohl ich durch Mutters Tod zu Geld gekommen bin. Der Versicherung wird nichts geschenkt.

Gillhaupt ist da ganz anders, er ist der Typ, der ständig zu den Ärzten rennt und darüber einen eigenen Terminkalender führt und bei den Apotheken ein- und ausgeht. Er hat eine Kundenkarte der Bärenapotheke und der Apotheke am Kranichberg. Selbstverständlich steckt auch seine Frau dahinter, das heißt, wenn sie zu Hause und nicht unterwegs bei ihrer zahlreichen Verwandtschaft ist. Gillhaupt ist Hypochonder und ihr dankbar, dass sie seine Macke unterstützt und ihn wegen jedem Hautjucken und jedem nicht durch Alkohol hervor gerufenem Kopfweh sofort zu den Ärzten schickt, wenn er ausnahmsweise mal nicht von selbst darauf kommt. Es könnte ja ein sich anbahnender Hautkrebs oder ein Tumor im Anfangsstadium sein.

Jetzt trägt er wie üblich seine alte, an den Ellenbogen abgewetzte Winterjacke und den eng um den Hals geschlungenen karierten Schal, obwohl laues Frühlingswetter herrscht. Er könnte sich bestimmt Besseres als diese alten Klamotten leisten, tut es aber nicht. Vor seiner Pensionierung ist er leitender Regierungsdirektor bei irgendeinem Amt in Leipzig gewesen.

Ich höre Gillhaupt mit gespielter Geduld zu, wie er gegen das in unserer Nähe geplante Tierheim wettert. Ab und zu weiche ich einige Zentimeter zurück, wenn er mir zu nahe kommt. Bei aller Sympathie, ich möchte sein Rauchergesicht mit der gegerbten Haut und den vielen kleinen Falten nicht dicht vor dem meinen haben. Es ähnelt dem Geierkopf einer uralten, weisen Schildkröte. Er ist mager, fast abgezehrt. Er ist einer der vielen Alten, die nicht im entferntesten den beschwingten, pastellfarbenen Vorzeigesenioren im Fernsehen ähneln. Ich übrigens auch nicht, obwohl Gillhaupts Frau einmal meinte, ich, der Ältere, sähe jünger aus als ihr Mann. Das war, als wir gemeinsam bei den Försters zu einem öden Grillabend eingeladen waren, und sie schon einige Glas Wein getrunken hatte. Ute hat das Kompliment geflissentlich überhört. Frau Gillhaupt ist eine leicht überdrehte Blondine, etwas jünger als ihr Mann und ganz passabel aussehend, etwa wie die französische Filmschauspielerin Simone Signoret, allerdings als ihr einstmals schönes Gesicht in die Breite gegangen war.

Ute mag Frau Gillhaupt nicht. Sie meint, sie solle sich um ihren Mann kümmern, anstatt ständig auf Reisen zu sein oder aufgetakelt und viel zu sehr geschminkt mit ihrem dicken Hintern durch die Gegend zu spazieren. Und weil sie die Frau nicht leiden kann, überträgt sie das auch auf Gillhaupt und wirft mir vor, ich würde mich immer zu lange mit ihm unterhalten. Er würde doch all das, was ich gequatscht habe, brühwarm seiner Frau weitersagen. » Na und? « , sage ich mir und tue es trotzdem.

Wenn Gillhaupt körperliche Distanz hält, unterhalte ich mich gerne mit ihm. Ich mag ihn, schon deshalb, weil er mich reden lässt und gut zuhört. Wenn ich ihm jetzt allerdings sagte, ich müsste das Gespräch wegen meiner Beinschmerzen beenden, so würde er bestimmt vom Tierheim zu seinem zweiten Lieblingsthema überschwenken, zu seinen Krankheiten. Ich bin sicher, er hat alle meine bisherigen Beschwerden ebenfalls gehabt. Allerdings heftiger, blutiger, langwieriger, unheilbarer, schmerzhafter. Ganz gewiss hat er schon etwas am rechten Bein gehabt. Eine Verletzung, eine Prellung, einen Furunkel oder gar einen Bruch, und eine Treppe ist er mit Sicherheit ebenfalls hinuntergefallen. Zu Hause, im Urlaub oder im Dienst, als er noch berufstätig war.

Und sicherlich war die Treppe höher als bei uns. Dies langatmig zu schildern, würde er sich bestimmt nicht entgehen lassen.

Trotz der Schmerzen will ich das Gespräch nicht von mir aus beenden. Nicht, weil mich das Tierheim interessiert. Es ist mir gleichgültig, ob ab nächstem Jahr im etwa 400 Meter entfernten Großen Holz Hunde bellen werden oder nicht. Aber mich reizen die fanatischen Gegner mit ihren unsachlichen Argumenten zum Widerspruch, und Gillhaupt ist einer von ihnen. Wenn es gegen das Tierheim geht, kennt er kein Pardon. Seine oftmals stockende Art zu reden macht das Zuhören schwierig, aber auch eine Gegenrede. Ich habe Hemmungen, ihm ins Wort zu fallen, was mir ansonsten keine Skrupel bereitet. Wer langsam redet, muss sich das gefallen lassen.

Das Tierheim gehört nicht ins Große Holz, meint Gillhaupt. Am neuen Ort liege es zu nahe am Wohngebiet, die Unterbringung sei nicht tiergerecht und die Spaziergänger im Naherholungsgebiet Großes Holz würden erheblich gestört. Die Gegner des Heims haben eine Menge Argumente gesammelt und versuchen diese in immer neuen Anläufen den Luckendamer Stadtverordneten nahe zu bringen, damit sie das Projekt im letzten Moment noch kippen. Gillhaupt verkündet alle Argumente auf seiner Website. Gegenargumente hat er nicht aufgenommen.

Der Hund winselt um Beachtung und blickt immer wieder erwartungsvoll zu Gillhaupt hoch. Er will weiter, es wird ihm langweilig oder er will sich endlich im nahen Wald erleichtern dürfen. Ab und zu schnüffelt er an den zwei Packungen zu je zehn Rollen Vier - Lagen - Luxus - Toilettenpapier, die ich im Supermarkt besorgt und neben mich auf den Boden gestellt habe.

Die Gillhaupts haben den Hund wegen der häufigen Besuche ihrer Kinder und Enkelkinder angeschafft. Vielleicht waren sie es, die sich einen Pudel wünschten. Die Enkelchen sollten etwas zum Spielen und Herumtollen und auf keinen Fall Grund zum Quengeln haben, wenn sie nicht vor dem Fernseher hocken durften. Doch in letzter Zeit sind die Besuche selten geworden und Frau Gillhaupt fährt stattdessen in gleichbleibendem Turnus reihum zu den Familien ihrer vier Kinder. Auslöser hierfür war die plötzliche Weigerung Gillhaupts gewesen, weiterhin mit den Enkelkindern ins Kino zu gehen, weil ihn deren ständiges Popcorn - Mampfen und Limonadengeschmatze auf die Nerven ging. Jetzt ist er bei den Enkeln als Opa unten durch und muss samt Hund zurück in Luckendam bleiben, um mit ihm, viel zu warm angezogen, seine Runden zu drehen. Seine Ernährung besteht dann aus hart gekochten Eiern, Vollkornbrot, kalten Wiener Würstchen und Tomaten. Er kann nicht kochen und meint, alleine in Restaurants essen zu gehen sei Geldverschwendung.

Plötzlich bellt der Hund los und stellt sich aufrecht auf die Hinterbeine, hopst zwei-, dreimal auf mich zu und wirft mit den Vorderpfoten die an meinem linken Bein lehnenden Packungen mit Toilettenpapier um. Er will mir wohl zeigen, dass er wie alle Pudel akrobatische Fähigkeiten besitzt.

» Verdammt noch mal, du blöder Köter! «, entfährt es mir wütend und ich mache eine Bewegung, als wollte ich ihn treten. » Himmeldonnerwetter, hau ab! «

Der Pudel blickt erst mich, dann Gillhaupt mit seinen schwarzen, intelligenten Knopfaugen empört und verunsichert an. Er wollte gelobt werden und jetzt diese Schelte! Ich mag den Hund nicht, diese Hunderasse ist mir ausgesprochen zuwider. Diese eitlen, geckenhaft geschorenen Selbstdarsteller, die so sehr von sich überzeugt sind und sich ständig produzieren.

Ehrlich gesagt, ich mag überhaupt keine Hunde, keine Bernhardiner oder Pekinesen, keine Terrier oder Dackel oder was auch immer, und Hundebesitzer mag ich schon gar nicht. Ich halte es mit Kurt Tucholsky: Der Mensch ist ein Lebewesen, das klopft, schlechte Musik macht und den Hund bellen lässt.

Gillhaupt nehme ich aus, aber auch nur, weil er mein Nachbar ist, mit dem ich trotz morgendlicher Ruhestörung auskommen will. Wenn er wüsste, dass ich mir einmal halb im Ernst überlegt habe, den Hund zu vergiften.

Ich bücke mich, hebe ärgerlich die umgestoßenen Packungen auf und wische demonstrativ an ihnen herum, obwohl sie auf der trockenen Straße nicht schmutzig geworden sind. Ich stelle sie nicht mehr ab, sondern klemme sie mir unter den linken Arm.

Gillhaupt hat seinen Redestrom unterbrochen und blickt mich irritiert an. Nach einer gedankenvollen Pause murmelt er: » Das hat Carolin nicht mit Absicht gemacht«, und zum Hund hinunter gebückt: »Alles in Ordnung, Süße, alles in Ordnung. Bist mein gutes Mädel.«

»Doch, doch, das hat sie«, widerspreche ich und reibe meine Hände gegen einander, so als müsste ich mir den Staub abwischen, der beim Reinigen der Packungen angeblich an ihnen hängen geblieben ist. »Tut mir leid, das Fluchen ist mir rausgerutscht. Es ist ja nichts Schlimmes passiert. Reden Sie ruhig weiter.«

»Nö, es ist alles gesagt. Außerdem wird mir ziemlich warm.«

Gillhaupt wischt sich die Schweißperlen von der Stirn ab, die langsam vom Haaransatz in dünnen Rinnsalen zu den Augen hinunterlaufen. Auf die Idee, seinen Schal abzunehmen, kommt er nicht. Er nestelt an seiner linken Jackentasche und zieht eine zerknautschte Zigarettenschachtel hervor.

»Sie rauchen ja nicht, aber ich brauche eine«, sagt er und zündet sich die Zigarette an. Er wirft das abgebrannte Zündholz zur Seite. Der Hund springt hin und beschnüffelt es, lässt aber schnell davon ab. Zu uninteressant, dieses schwarz verkohlte Hölzchen. Ich überlege, ob ich mich verabschieden und hinüber ins Haus gehen soll. Ich lasse es sein, weil ich Gillhaupt zum Tierheim widersprechen will. Die glatten Plastikpackungen unter meinem linken Arm drohen wegzurutschen, deshalb nehme ich eine hinüber zum rechten Arm.

»Sie können Ihr Laster nicht lassen, scheint es«, sage ich.

»Ohne Rauch wäre für mich das Leben nur die Hälfte wert«, antwortet er und grinst schuldbewusst. »Ich schaffe es nicht, mir den Tabak abzugewöhnen.«

»Es ist schwer, das weiß ich. Ich rauche seit über dreißig Jahren nicht mehr, habe aber etliche Anläufe gebraucht, bis ich es geschafft hatte.«

Gillhaupt sieht ungesund aus und hat alle möglichen Krankheiten hinter sich, darunter zwei Magenoperationen. Er wäre gerne so gesund wie ich, meint er gelegentlich, so voller Ausdauer und Kraft. So »ekelhaft gesund«, wie er es einmal genannt hat. Er täuscht sich, ich lasse nach, aber im Vergleich zu ihm habe ich mich gut gehalten. Man muss etwas für seine Gesundheit tun: jeden Tag an die frische Luft gehen, bei jedem

Wetter joggen, auch wenn einem die Brühe ins Gesicht läuft oder die Sommersonne auf die Birne brennt, und nicht, wie es die Waschlappen meines Alters tun, mit jedem Wehwehchen zum Arzt rennen. Ich habe Gillhaupt schon x-mal vor Raucherbeinen und Lungenkrebs gewarnt. Er stimmt mir dann Kopf nickend zu, sagt, seine Frau und seine Kinder meinten dasselbe, aber es sei ihm zu anstrengend, sich zu ändern. Sein Vater habe asketisch gelebt und sei trotzdem mit dreiundfünfzig an Kehlkopfkrebs gestorben. Einer dieser Sprüche, die Raucher gerne verzapfen. Wäre da nicht der Hund, er vergrübe sich in seiner Wohnung und sähe die frische Luft nur durchs Fenster. Ich habe mir öfters vorgenommen, ihn nicht zu belehren, schaffe es aber nicht. Der Drang, meine Meinung los zu werden, ist zu stark.

Auch an mir nagt der Zahn der Zeit. Vor zwei Jahren bin ich zum letzten Mal Ski gefahren, in Obergurgl. Ich bin einige Male gewaltig gestürzt und kam hinkend, mit verstauchtem Daumen und den Rücken voll blauer Flecken nach Hause geschlichen. Da befahl Ute, dass jetzt mit dem Skiwedeln Schluss sei, und ich habe mich gefügt. Ich hatte mir beim letzten Mal sogar überlegt, einen Helm zu kaufen. Habe es aber sein gelassen, ich bin jahrzehntelang ganz gut ohne ihn ausgekommen.

Außerdem überredete mich Ute, einen Orthopäden aufzusuchen. Ich musste unter anderem, nur mit meiner Unterhose bekleidet, durch den Behandlungsraum marschieren, während er seine Beobachtungen auf altmodische Weise in ein Diktiergerät sprach. Das war nicht ich, sondern ein menschliches Wrack, das da von ihm beschrieben wurde. Es gab kaum ein Körperteil, das nicht schief, verkrampft, gekrümmt oder rückentwickelt war. Ich muss ihn ziemlich entsetzt angesehen haben, sodass er tröstend meinte, das wäre in meinem Alter alles ziemlich normal.

Das Sportliche habe ich von meinen Eltern. Vater hat nach dem morgendlichen Aufstehen Gewichte gestemmt und Liegestütze gemacht und ist in den fünfziger Jahren einmal in der Woche drei Stunden lang mit einem ausrangierten Damenfahrrad ohne Gangschaltung in der Umgebung Münchens herumgeradelt, und Mutter hat jeden Morgen eiskalt geduscht und eine Weile einem Idiotenclub angehört, der mitten im

Winter in der Isar badete. Sie hat im Dritten Reich als überzeugte Nationalsozialistin viel für ihren Körper getan. Auf Fotos sieht man sie mit anderen Maiden in züchtigen Trikots mit dem BDM - Zeichen am Busen neckische Tänzchen zelebrieren oder munter mit im Wind flatterndem Haar Holzkeulen gen Himmel strecken. Sicher wollte sie ihrem geliebten Führer mit einem gesunden Leib rassisch einwandfreie Kinder gebären. Obwohl sie und Vater von einem befreundeten Arzt, der sich mit den abstrusen Rassemerkmalen der Nationalsozialisten auskannte, durchaus als »nordisch« eingestuft wurden, sind ihre Kinder keine germanischen Heldengestalten geworden. Meine dunkelhaarige, jetzt aber völlig grau gewordene Schwester ist krankhaft verschroben und unsportlich, mein jüngerer Bruder ist größer als ich und gut aussehend, aber ein Weichei und Hypochonder, schlimmer noch als Gillhaupt, und ich bin zwar sportlich, aber mein Gesicht ähnelt mit seiner großen Nase und den zu hohen Wangenknochen nicht im Entferntesten den herrischen, trutzig ins Leere blickenden Gipsköpfen eines Arno Breker.

Ich bin froh, dass man mich für robust und einigermaßen vital hält und niemand meine Ängste vor einem Leben ahnt, das mir trotz alledem noch bevorstehen könnte, ein Leben als Pflegefall in mit eigener Pisse und Scheiße gefüllten Windeln und mit Pflegerinnen, die mich mit hartem Griff zur Seite drehen, um mir den Hintern abzuwischen, und die mir anschließend löffelweise meine Suppe eintrichtern. Ein Albtraum, der mich, wenn ich des Nachts wach liege, immer häufiger überkommt, über den ich jedoch mit niemandem rede, auch nicht mit Ute. Ich stelle mir dann vor, wie ich, bevor dies eintritt, mit meinem Leben Schluss mache, weiß aber, dass es nicht geschehen wird. Viele haben diesen Vorsatz und sie äußern ihn auch, aber sie führen ihn nicht aus. Das sind Sprüche, die auch Mutter drauf hatte, aber zum Glück nicht in die Tat umsetzte. Mutter, die auf unserer Flucht aus Ostpreußen Zyankali besaß und es danach weg geworfen hat.

»Achtung, Kraschert kommt«, flüstert Gillhaupt konspirativ und deutet verstohlen mit dem Kopf in die Richtung hinter mir.

»Mal sehen, ob er ohne Kommentar vorbei geht.«

» Wohl kaum «, sage ich und als eine raue Stimme ertönt, drehe ich mich betont langsam um. Ich verfluche mich, weil ich so lange mit Gillhaupt geredet habe. Hätte ich das Gespräch früher abgebrochen, wäre mir Kraschert erspart geblieben. Wir können uns nicht leiden und lassen es den Anderen jedes Mal spüren, wenn wir uns treffen. Ich warte meist ab, was Kraschert tut. Er ist der treibende Keil, ich will nur reagieren. Es hat vor gut zwei Jahren begonnen, als er in unser Viertel zog und ich ihn zur Rede stellte, weil sein Möbelwagen ohne Not den Durchgangsverkehr versperrte. Zugegeben, ich bin sofort aus der Haut gefahren, weil mich sein pampiges und herablassendes Auftreten reizte. » Na Alter, wo kneift's denn? Willste Ordnungsamt spielen? «, hatte er grinsend gefragt und mich dann einfach stehen lassen. So etwas verzeihe ich nicht.

» Guten Tag, die Herren! «, krächzt er. » Wird über die Nachbarschaft gequatscht? Hoffentlich auch über mich. «

Kraschert ist wie üblich unrasiert und nachlässig gekleidet. Er trägt einen blauen, ölverschmierten Overall und eine abgegriffene Baseballkappe, unter der wirre, graue Haare hervorquellen. Seine Hemdsärmel sind hochgekrempelt und geben den Blick auf muskulöse Arme frei. Er kommt aufreizend lässig daher, so, als genieße er es, von uns alten Trotteln beobachtet zu werden.

» Damit Sie's gleich wissen, Herr Nodlich, heute Nachmittag habe ich Besuch, zwei Kumpels aus gemeinsamen Bergsteigertagen «, sagt er und baut sich vor mir auf. Er ist zehn Zentimeter größer als ich und blickt auf mich herab, mit einem verächtlichen Grinsen, so als wäre ich eine Wanze, die es zu zerquetschen gilt. » Sie dürfen sich wieder bei der Polizei wichtigmachen. Ist schon alles vorbereitet. Das Bier ist kalt gestellt, Fleisch und Würste gekauft und der Lautsprecher für die Musik ist ... «

» Das interessiert mich nicht «, versuche ich ihn zu unterbrechen. Am liebsten würde ich mich umdrehen und weggehen. Ich fühle die Beklemmung in mir aufsteigen, die mich jedes Mal befällt, wenn ich mit Kraschert zusammentreffe. Ich ärgere mich darüber, kann das Gefühl aber nicht unterdrücken. » ... ist mir egal, was Sie nicht interessiert. Wir werden uns besaufen, wie sich das für unsereins gehört, und wenn wir so richtig hacke sind, wird's laut werden und der Rauch von unserem Grill wird zu Ihnen rüber stinken. Der Wetterbericht hat Westwind angesagt. Ich schätze, es wird dauern, bis wir uns sternhagelvoll in unsere Schlafsäcke auf der Terrasse rollen. Das wird Ihnen nicht gefallen, Herr Nodlich, und Sie werden wieder die Polente rufen. Machen Sie's ruhig. Kommt nichts raus dabei. Komisch, dass andere sich nicht gestört fühlen. Nur Sie machen Wind. «

Kraschert lacht amüsiert und mustert mich herablassend von oben bis unten und wieder nach oben, als wolle er abschätzen, ob sich ein weiterer Disput mit einem Würstchen wie mir überhaupt lohnt. Er beugt sein rotes, stoppelbärtiges Gesicht provozierend zu mir herunter. Seine Augen sind zu Schlitzen zusammengepresst. Er hat ein Gebiss wie Egon Krenz und ist auf Streit aus. Ich halte die Luft an, um nicht seine Alkoholfahne riechen zu müssen. Er hat bestimmt eine. Ich bin mir sicher, dass er bereits das kalt gestellte Bier probiert hat.

» Wenn Sie sich an das halten, was erlaubt ist, gibt es keine Veranlassung, die Polizei zu holen «, sage ich und blicke ihm starr in die Augen, um ihn meine Beklemmung nicht merken zu lassen. Hoffentlich beginne ich nicht zu schwitzen, das sähe nach Angst aus. Kraschert ist wie ein Hund, der wittert, ob ihn jemand fürchtet oder nicht. Jetzt nur keine Auseinandersetzung entstehen lassen, befehle ich mir. Ruhig bleiben, auch wenn es schwer fällt. Gegen Kraschert ist kein Kraut gewachsen, wenn er aggressiv ist - und das ist er zumeist. Ich kann mit Leuten wie ihm nicht umgehen. Das habe ich in meinem langen Leben nicht gelernt. Musste ich auch nicht. Nur einmal bin ich auf einen Typen wie Kraschert gestoßen, auf Karl Wicher, als ich in den fünfziger Jahren meinen zwölfmonatigen Grundwehrdienst bei der Bundeswehr ableistete. Ein bärenstarker Ringer, der unsere gesamte Stube tyrannisierte, wegen seiner zahlreichen Disziplinarmaßnahmen nicht zum Gefreiten befördert wurde und einmal im Arrest saß. Das hat ihn nicht gestört. Später soll er Zuhälter in Stuttgart geworden sein.

Kraschert ist Frührentner, Junggeselle und erstaunlich kräftig für jemanden, der angeblich nicht mehr arbeiten kann. Er scheint Geld zu haben. Andernfalls könnte er sich nicht auf der gegenüberliegenden Straßenseite, zwei Häuser von uns entfernt, eine Reihenhaushälfte leisten. Er nimmt keine Rücksicht auf seine Mitmenschen und probiert ständig, wie weit er mit Provokationen gehen darf. Spielregeln gelten für ihn nur, wenn sie ihm passen, niemand hat ihm Vorschriften zu machen und was andere über ihn denken, ist ihm gleichgültig. Die Nachbarn schlucken es, sie wollen keinen Ärger mit ihm haben, weil sie ihn für unberechenbar halten. Sie schimpfen über ihn, wenn er nicht zugegen ist, gehen ihm aber aus dem Weg. Einige halten ihn für ein Original, mit dem man auskommen kann, wenn man es richtig anstellt. Einer dieser Gutmenschen hat ihm sogar eine schwierige Jugend in der DDR angedichtet.

Als wenn das etwas erklärte. Ich traue ihm zu, vorbestraft zu sein, vermutlich wegen Körperverletzung.

Grillen ist Krascherts größte Leidenschaft. Früher war es noch das Bergsteigen und - wandern gewesen. Im Erzgebirge, im Harz, drüben in der Slowakei und in Polen und nach der Wende in den Alpen. Bis er vor drei Jahren in der Hohen Tatra abstürzte und sich so die Knochen brach, dass mit dem Beruf und, für ihn sicher noch viel schlimmer, mit dem Bergsteigen Schluss war.

» Veranlassung, Veranlassung, wie das klingt! Reden Sie nicht wie einer vom Ordnungsamt! «, blökt er mich an. » Ihr Auto ist noch o.k.? Alle Reifen dran? Behaupten Sie nie mehr, ich hätte Ihnen aus Rache die Reifen zerstochen. Tun Sie's nicht. « Er hebt seinen rechten Arm bis auf Kopfhöhe, den Handrücken der geballten Faust von mir abgewandt, so als wolle er mich wie Teddy Thälmann mit einem » Rotfront! « - Gruß das Fürchten lehren.

» Quatsch, das habe ich nie behauptet. «

» Haben Sie, haben Sie. Ich weiß es. Dafür gibt's Zeugen. Ich bin schlauer als Sie denken. Nicht wahr, Herr Gillhaupt? «, wendet er sich an Gillhaupt und lässt den Arm sinken. Aber der schweigt, blickt ins Leere und zieht nervös an seiner Zigarette.

Ich will weg, will Kraschert nicht mehr sehen. Ich kenne mich: Einerseits will ich kneifen, wenn ich diesen ungewaschenen Fleischberg mit seinen großen Händen vor mir stehen sehe, anderseits habe ich den Drang, Beleidigungen mit Beleidigungen zu beantworten. Schon deshalb, um mir später nicht Vorwürfe zu machen, ich sei feige gewesen, und mir wütend vorzustellen, was ich dem Kerl alles an den Kopf hätte werfen können, aber nicht getan habe. Ich kann nicht wie Ute und Sabine einsehen, es sei in meinem Alter nicht ehrenrührig, widerstandslos das Feld zu räumen.Männer müssten endlich mal ihre Neandertaler - Instinkte in den Griff bekommen und nicht alles bis zum bitteren Ende ausfechten wollen, heißt es dann.

Diesmal gebe ich nach. Ich wende mich Achsel zuckend Gillhaupt zu und sage: » Wir reden ein anderes Mal weiter über das Tierheim. Sie wollen mit dem Hund los und ich will endlich meine Pakete nach Hause bringen. Mir tun schon die Arme weh. «

» Keine Angst, ich hau ab. Ich will euch nicht stören « , ruft Kraschert und tritt einen Schritt zurück. » Leute wie Sie regen sich über das Tierheim auf, weil mal ein paar Hunde bellen könnten. Na und, ist doch nicht schlimm. Wie kann man sich so beschissen anstellen? Mich juckt das nicht, ich hab einen guten Schlaf. Also, dann geh' ich mal. Aber Nodlich, vergessen Sie nicht, was ich zum Reifenabstechen gesagt habe. Ist 'ne ernst gemeinte Warnung. «

» Eine Drohung « , korrigiere ich und gehe betont langsam auf unser Haus zu.

» Meinetwegen. Nodlich, du bist ein Schlappschwanz und müsstest ein paar auf den Deckel kriegen. Ich werd' mich aber nicht an dir vergreifen, du bist mir zu alt und taperig « , ruft er mir mit dröhnender Stimme hinterher.

» Duzen Sie mich nicht « , sage ich und bleibe stehen. So schnell will ich das Feld denn doch nicht räumen.

» Mach dir nicht ins Hemd « , zischt er, schiebt seine Hände in die Overalltaschen und latscht, ohne mich noch eines Blickes zu würdigen, los - so, als sei nichts gewesen. Seine Schultern zucken, er scheint lautlos vor sich hin zu lachen. Er hat seinen Spaß gehabt. Mit mir. Gillhaupt sieht mich mit hoch gezogenen Brauen und einem leichten Zucken um die Mundwinkel an, so als wolle sagen, ich wäre gegen Kraschert mal wieder zweiter Sieger geworden.

» Tja, was soll ich tun? « , sage ich, innerlich hin und her gerissen zwischen Wut und Erleichterung, dass der Disput beendet ist. » Kraschert legt es darauf an, dass ich etwas unternehme. Das würde ihm gefallen. Ich habe ihm zweimal die Polizei wegen nächtlicher Ruhestörung auf den Hals gehetzt. Es war jedes Mal ein Schlag ins Wasser. Das Spielchen würde sich bestimmt wiederholen. Gegen so einen ist schlecht anzukommen, weil ihm im Grunde genommen alles Wurst ist. Er spielt die Rolle des versoffenen, aber vitalen und aus allen Poren dampfenden Proleten und er spielt die Rolle gut. Er lässt kein Klischee aus: ein ungewaschener, arbeitsscheuer Trinker mit Bierwampe und lautem, ruppigem, rauflustigem Benehmen, der die Leute einschüchtert und weder die Polizei noch Tod noch Teufel fürchtet. Dass so einer mal Bergsteiger war, will mir nicht in den Kopf. «

» Das haben Sie schön gesagt. Aber wissen Sie: Wir Alten sollten uns zurückhalten und auch mal einstecken können. Drücken Sie sich heute Nacht Ohropax in die Ohren « , sagt Gillhaupt und zu seinem Hund gewandt, der ihn auffordernd anbellt: » Bleib ruhig, gleich geht's los. «

» Ich bin mir übrigens sehr sicher, dass Kraschert vor einigen Monaten die Reifen meines Autos zerstochen hat « , sage ich, weil ich glaube, Gillhaupt diese Erklärung schuldig zu sein. » Ich hatte kurz zuvor seine Freundin gebeten, sie möge dafür sorgen, dass er den Fußweg vor seinem Haus vom Eis befreit.

Was er natürlich nicht getan hat, und deshalb einen Bußgeldbescheid von der Stadt bekam. Er nahm wohl an, ich hätte ihn angezeigt. Also dann, tschüss « , sage ich abrupt. Ich will weg und mich nicht noch mal festquatschen. » Ich wünsche Ihnen einen angenehmen Spaziergang. «

» Na denn, tschüss! - Komm Carolin, jetzt geht 's los. «

Der Hund springt freudig an Gillhaupt hoch, der sich den karierten Schal fester bindet und losmarschiert.

Zweites Kapitel

Ich stehe vor der Haustür und suche den Schlüssel. Die Pakete mit den Toilettenrollen habe ich zwischen meine Beine gestellt. Nervös greife ich erst in die rechte, dann in die linke Hosentasche, doch dort sind Kamm, Portemonnaie und Papiertaschentücher verstaut, aber kein Schlüsselbund. Dann fällt mir ein, dass ich ihn beim Verlassen des Hauses entgegen meiner sonstigen Gewohnheit in die rechte Gesäßtasche geschoben habe. Ich bin nervös und unkonzentriert, weil mir Kraschert nicht aus dem Sinn geht. Ich habe Angst vor ihm und bin deshalb wütend. Auf mich. Um mich davon zu kurieren, stelle ich mir vor, wie ich Kraschert einen gewaltigen Faustschlag mitten in die Visage versetze, und als sich dieser zu wehren versucht, noch einen und noch einen. Auf die Nase, auf den Mund, auf die Gurgel. Bis er seine Hände schützend vor sein blutendes Gesicht hält.

Ich schnaufe hastig und mein Herz beginnt heftig und schmerzhaft zu hämmern. Das dauert einige Sekunden, dann atme ich langsam und kräftig durch, um meine überdrehte Phantasie zu zügeln. Als der Schlüssel steckt, werde ich wieder klar. Ich weiß, dass ich nie zuschlagen würde. Nicht nur, weil ich gegen Kraschert keine Chance hätte, sondern weil ich alt bin und mir mein Ruf wichtig ist. Geohrfeigt oder gar zusammengedroschen zu werden, würde mich in unserem Viertel zur bedauernswerten Witzfigur machen. Zumal, wenn ich mit der Rauferei angefangen hätte. Ein Opa, der sich schlägt! Auch in meiner Jugend hatte ich Gewaltphantasien, aber mich allenfalls zwei-, dreimal geprügelt und dann immer gehofft, jemand trete dazwischen und bereite dem Kampf ein schnelles Ende. Ich ging Raufereien aus dem Weg, hatte viel zu viel Angst um meine Zähne und Augen. Beleidigungen, verbale Auseinandersetzungen genügten mir. Sie waren unbestreitbar meine Stärke.

Vor zwei Wochen saß ich in Berlin in der S-Bahn und zwei arabische oder türkische Jugendliche hatten ihren Gettoblaster zur vollen Lautstärke aufgedreht. Niemand reagierte, jeder tat so, als hörte er nichts. Ich bin aufgestanden und habe mich in einiger Entfernung wieder hingesetzt. Ich traute mich nicht, die beiden zurechtzuweisen. Ich musste an die Rentner denken, die von angetrunkenen Jugendlichen wegen einer Lappalie krankenhausreif getreten worden sind.

Während der gesamten Auseinandersetzung mit Kraschert habe ich mein Bein nicht gespürt. Jetzt rührt es sich wieder und ziemlich kräftig. Stärker fast als unmittelbar nach dem Sturz. Als ich im Vorraum stehe, kommt Ute und nimmt mir beide Pakete ab.

»Na, hast du dich ausgequatscht?«, fragt sie unfreundlich und schnaubt verächtlich durch ihre schmale Nase.

»Du kannst es nicht lassen, musst ständig die Leute belehren.«

»Gillhaupt hat vor allem geredet.«

»Das bezweifle ich«, widerspricht sie. »Du hast ihn bestimmt auf sein Rauchen angesprochen. Merkst du nicht, wie peinlich das ist? Du vergisst, dass du bis zum 40. Lebensjahr selbst geraucht hast. In dem Alter hatte ich schon längst aufgehört.«

»Weil dein Vater an Kehlkopfkrebs gestorben ist.«

»Aber mit diesem Kraschert, mit dem hast du dich angelegt und nicht Gillhaupt, stimmt's? Ich habe euch durchs Fenster beobachtet«, behauptet sie, ohne weiter auf das Rauchen einzugehen.

»Kannst du den Kerl nicht links liegen lassen? So einer haut auch mal zu. Du nimmst die Leute gerne auf den Arm, willst sie deine geistige Überlegenheit spüren lassen. Einer wie Kraschert mag so etwas nicht. Es ist schon komisch: Mit jedem und über alles quatschst du, aber wenn es um deine Kinder geht, blockierst du und hüllst dich in Schweigen.«

»Willst du jetzt, wo ich noch in der Tür stehe, schon wieder von der Erbschaft anfangen?«

»Ja, das will ich, und ich will es auch nachher noch und noch viele Male. Bis du nachgibst.«

»Ich habe bereits alles gesagt und jetzt will ich meine Ruhe.«

»Die kannst du haben, aber nicht so, wie du sie dir vorstellst. Auf dem Geldsack sitzend nämlich.« Ute blickt mich scharf mit ihren blassgrauen Augen an. Jetzt schießt sie die nächste Salve ab, denke ich, aber sie sagt nur: »Bring keinen Dreck herein. Was macht dein Bein?« und lässt mich im Vorraum stehen.

»Scheint in Ordnung zu sein!« rufe ich hinter ihr her.

Mutters Tod ist Ute nicht nahe gegangen. Sie hat sich nie so recht mit ihr vertragen, das begann bereits kurz nach der Hochzeit. Die übliche Rivalität zwischen einer sich anfangs ständig einmischenden Schwiegermutter und einer sich erstaunlich schnell freischwimmenden Schwiegertochter. Ute hat sich einige Mal in Ruhe Mutters so ganz beiläufig hingeworfene Bemerkungen über die angebliche Unordnung in unserer Wohnung und über die zu eintönige Bekochung ihres Sohnes angehört, sich aber dann scharf und unmissverständlich jeden weiteren Reinredeversuch verbeten. Und zwar für immer. Das saß. Mutter verließ ohne Widerworte und ohne Gruß die Wohnung und danach war Ute für sie Monate lang nur noch „diese Frau". Da hat mir Ute sehr imponiert.

Jetzt ist Ute nur an der Erbschaft interessiert. Nicht für sich, sondern für Sabine und Peter. Sie bedrängt mich seit der Testamentseröffnung, ihnen eine große Summe zuzuschießen, damit sie aus ihren momentanen Schwierigkeiten herauskommen. Bislang bin ich stur geblieben und habe nicht mit mir reden lassen.

Immerhin sollen es für jeden 150 000 Euro sein. Einhundertfünfzigtausend! Da bliebe für Ute und mich nicht viel übrig. Sabine käme zu dem Geld, das ihr noch für eine Eigentumswohnung fehlt, und damit auch Maximilian, ihr Mann, der arrogante Fatzke, der sich verspekuliert hat. Und der unstete Peter, der eine Sache nach der anderen in den Sand setzt, könnte endlich aus dem Vollen schöpfen.

Nein, so schnell schießen die Preußen nicht, aber in den nächsten

Tagen werden die Attacken bestimmt noch zunehmen und ich bin mir nicht sicher, ob ich standhalten kann. Ute wird mir die Daumenschrauben ansetzen, dass es nur so quietscht. Darauf versteht sie sich, und Sabine und Peter werden kräftig mit drehen. Am liebsten würde ich auf Tauchstation gehen. Nur wo?

Ich richte mich vom Schuhe ausziehen auf und mein Blick fällt in den überdimensionierten Spiegel, den Ute vor langer Zeit gekauft und montiert hat, ohne mich vorher zu fragen. Ich will mir vor der Auseinandersetzung mit Ute Mut machen und versuche, mir fest in die Augen zu sehen. Aber es klappt nicht, weil ich den Spiegel hasse, so wie ich die riesigen Spiegel in den Hotels hasse, die in den Badezimmern die gesamte Wand hinter der Waschauflage ausfüllen. Das grelle Weißlicht der am Spiegel angebrachten Leuchten stellt jede Pore, jede Falte, jede verschrumpelte Gelenkhaut und jedes Fettpolster schonungslos bloß.

Meine Oberarme sehen trotz der täglichen Hantelübungen schlaff aus, mein Hals wirkt faltig wie bei einem Truthahn und auf der Hüfte liegt eine schmale Fettrolle. Ich habe kein Bedürfnis, dies als Gesamtbild präsentiert zu bekommen, vor allem nicht morgens, wenn ich in den Hotelbetten schlecht geschlafen habe und noch mürrisch und unleidlich, auch gegen mich selbst, vor dem Spiegel stehe. Mit zweiundsiebzig Jahren darf man zwar so aussehen wie ich aussehe, aber ich gäbe einiges dafür, wenn ich noch so stramm daher käme wie mit fünfzig.

»Kommst du bald?«, ruft Ute ungeduldig aus dem Esszimmer herüber. »Ich hoffe, du hast deine Schuhe ausgezogen.«

Sie mag es nicht, wenn ich in einem anderen Raum bin und sie nicht weiß, was ich tue. Ihr Ruf ist ein Reflex, mit dem sie mich jederzeit unter Kontrolle haben will. Nur in meinem Arbeitszimmer bin ich einigermaßen sicher davor. Allerdings, wenn es längere Zeit mucksmäuschenstill ist, wenn ich lese und keinen Laut von mir gebe, dann ruft sie: »Gerhard, bist du noch da?« oder sie kommt hoch, klopft an die Tür, betritt sofort das Zimmer und fragt das gleiche, obwohl sie mich sieht. Mutter verhielt sich ähnlich, wir Kinder und Vater mussten in der Wohnung immer zu orten sein.

» Ja, habe ich. Bin gleich da! «, rufe ich zurück und blicke nochmals in den Spiegel. Ich ziehe meine dunkle, locker hängende Jacke aus und betrachte das kurzärmelige blaue Hemd und die helle Stoffhose, die sich an den Knöcheln leicht staut. Es ist alles unter Utes kritischer und keinen Widerspruch duldender Anleitung gekauft worden. Vollständig angezogen gebe ich wegen meiner breiten Schultern und den schlanken Beinen ein ganz passables Bild ab. Glaube ich wenigstens. Frau Gillhaupt hat es am Grillabend bei den Försters bestätigt. Ansonsten ist Ute nicht weiter an meinem Körper interessiert, sie sieht durch mich hindurch, wenn sie mich nackt unter der Dusche erblickt, und sie würde es nicht eine Erwähnung wert finden, wenn ich zehn Kilo zulegte. Wenn sie es überhaupt bemerkte.

» Ich finde wieder einmal, dass die Kleidung, die du für mich aussuchst, in Ordnung ist «, schmeichle ich, um Utes Stimmung zu verbessern und nestle an meinem Hosengürtel. Er ist mir plötzlich zu eng. Ich stecke den Dorn ein Loch weiter.

» Danke für das Kompliment «, entgegnet Ute. » Steh nicht so lange vor dem Spiegel, bist schon eitel genug. Komm endlich! «

Bin ich eitel? Ja, schon, aber eigentlich reicht es mir, wenn meine Kleidung sauber und bequem ist und nicht schäbig aussieht. Wäre ich alleinstehend, so kleidete ich mich bestimmt anders. Wie viele Männer kann ich, wenn ich mich zum Betreten eines Bekleidungsgeschäfts durchgerungen habe, nicht wieder hinausgehen, ohne etwas gekauft zu haben. Statt mich noch woanders umzusehen, nehme ich irgendetwas und ärgere mich zu Hause über den Fehlkauf. Es ist mir peinlich, von einer Verkäuferin mehrere Sachen gezeigt zu bekommen, sie anzuprobieren und dann mit der Lüge » Vielen Dank! Ich überlege es mir noch « aus dem Laden zu gehen. Ute macht so etwas ständig. Zum Glück bin ich nie dabei, wenn sie sich Kleidung kauft. Nur Sabine, wenn sie uns besucht. Beim letzten Mal haben sie sich derart über die Farben eine Bluse gestritten, dass Sabine aus dem Laden gerannt ist.

» Na, da bist du ja endlich! «, ruft Ute, als ich, noch in Socken, eintrete. » Wie geht es dir? Noch Schmerzen? «

» Alles im grünen Bereich. Oder fast. Tut mir leid, ich brauche dich nicht als Krankenschwester. «

» Du solltest noch öfter wie heute auf die Nase fallen, nur nicht ganz so heftig, damit du dir deine Überheblichkeit abgewöhnst. Du bist wie deine Mutter. Jeder, der über körperliche Beschwerden klagt, wie zum Beispiel dein Bruder, ist ein Jammerlappen. Ja, ja, man muss nur vernünftig und hart gegen sich selbst leben, dann bleibt man gesund. «

» Lass meine Mutter in Ruhe. «

» Ja, sie ruhe sanft «, zischt Ute und lacht kurz auf.

Ute hat ein bleiches Gesicht mit dicken Querfalten auf der Stirn. Sie war ausgesprochen hübsch als wir uns kennengelernt haben, und ihr leichter Silberblick hat mich verzaubert. Davon ist nicht viel übrig geblieben. Wie bei mir. Ihr blond gefärbtes Haar fällt halblang bis zu den Schultern herab. Ich mag ihr Gesicht, wenn sie ruhig und ausgeglichen ist. Sie kann durchaus sanft aussehen. Doch wenn ihr etwas, wie jetzt, nicht passt oder wenn sie sich angegriffen fühlt, dann wird ihr Mund bissig. Sie zieht die Lippen zurück, zeigt ihre grauen Zähne und ihre blassgrauen Augen hinter der randlosen Brille blicken mich unduldsam und vernichtend an. Wie eine Schlange, die eine Beute erspäht hat.

Das nächste Mal wird dies geschehen, wenn sie wieder vom Geld zu reden anfängt, vom Geld, dass ich den Kindern vom Erbe meiner Mutter zu geben hätte. Fast fürchte ich mich davor, aber ich bin nicht bereit nachzugeben. Ich habe meine Gründe dafür. Die Ute allerdings nicht akzeptiert und die Kinder auch nicht. Dass ich tief in meinem Innersten zweifle, mich am Ende durchsetzen zu können, darf ich mir nicht anmerken lassen, sonst könnte ich gleich das Handtuch werfen. Ich werde stur und unnachgiebig bleiben und, so lange es geht, nicht einknicken.

Ute ist fast so groß wie ich. Einen Meter dreiundsiebzig. Das fand ich gut, als ich sie kennenlernte. Jetzt, Jahrzehnte später, gefallen mir Frauen besser, die kleiner sind als ich. Wie Gabriele, meine Kurzzeitgeliebte Anfang der neunziger Jahre, die mir nur knapp über die Schulter reicht. Sie ist zierlich, trägt eine sportliche, ebenfalls blond gefärbte Kurzhaarfrisur und ist immer gepflegt, was ich von Ute nicht behaupten kann.

Ihre Fingernägel sind öfters unsauber und morgens nach dem Aufstehen riecht sie aus dem Mund. Ute hat immer so alt ausgesehen wie sie war, bei Gabriele dagegen glaubt man nicht, dass sie die Fünfzig überschritten hat. Sie läuft jeden zweiten Tag ins Fitnesscenter für Frauen und an den Sonntagen ist sie mit ihrem Motorrad unterwegs, ein Sport, mit dem sie ziemliches Aufsehen erregt: Eine Frau, wenn sie schon eine schnelle Maschine fährt, sollte wohl groß und fett sein wie die Harley-Davidson fahrenden Hells Angels mit ihren Stiernacken und gewaltigen Bierbäuchen. Sie hat dieses Hobby erst begonnen, als unser Verhältnis beendet war. Ich habe sie nie fahren sehen und stelle mir vor, dass an der kleinen Gabriele der Helm riesengroß aussieht.

Utes Sport besteht lediglich aus einer Gymnastikstunde in der Woche beim SC Luckendam 09, früher Empor Luckendam. Angeblich geht es dort für Frauen aller Altersgruppen ganz schön zur Sache. Immer mit ruckzuck, ohne gefühlvolle Musikbegleitung und ohne freundliche und verständnisvolle Aufmunterungen.

»Wie früher in der DDR«, meint Ute, findet es aber gut. Voriges Jahr hatte sie sich einigen Frauen aus der Nachbarschaft angeschlossen, die ständig irgendeine Diät halten und fast jeden Tag joggen oder mit Skistöcken durch den Wald hasten. Einzeln oder in pausenlos quasselnden Hausfrauentrupps. Das war Ute nach einiger Zeit zu langweilig. Vermutlich auch zu anstrengend. Sie kommt schnell außer Atem.

Ich bin mir sicher, dass Ute nichts von meinem Verhältnis mit Gabriele weiß, allenfalls kennt sie ihren Blumenladen.

Zum Glück hat sie gestern Gabrieles Anruf nicht mitbekommen. Sie müsse mich heute Nachmittag unbedingt sprechen, hat sie gedrängt. Einen Grund wollte sie erst nicht nennen, es sei zu kompliziert für ein Telefongespräch, doch dann deutete sie an, es ginge um Wolfgang, ihren derzeitigen Freund und um Erpressung. Nein, nein, mehr könne und wolle sie mir nicht sagen, aber die Sache sei dringend. Wolfgang Krenkloh, ein Alkoholabhängiger, der ihr auf der Tasche liegt. Ich kenne ihn nur flüchtig vom Sehen. Wolfgang und Erpressung, das klingt nicht gut. Ich sagte zu.

Ich sitze im Wohnzimmer, in einem nur von mir benutzten rostbraunen Sessel vor der geöffneten Terrassentür und blicke auf den Garten hinaus, in dem die von Ute gepflanzten und sorgsam gehegten Frühjahrsblumen blühen und die Sträucher und Apfelbäume grüne Blätter in allen Schattierungen tragen. Ich will abschalten, will jetzt nicht gestört werden. Der Streit mit Kraschert beunruhigt mich noch immer, vor allem, weil sich eine derart unsinnige Auseinandersetzung noch oft wiederholen wird, vermutlich sogar in einer härteren Gangart. Es sei denn, ich gehe ihm mit Bedacht aus dem Weg. Aus Feigheit.

Ein Jammer, dass man sich seine Nachbarn nicht aussuchen kann.

»Ich wäre dir dankbar, wenn du nicht in den Garten gehst und anschließend Dreck ins Wohnzimmer bringst«, fährt mich Ute, hinter mir stehend, plötzlich barsch an. Ich habe sie nicht kommen gehört.

»Ich hatte nicht die Absicht.«

»Vorhin, bevor du weg bist, hast du es getan, obwohl ich dich gebeten hatte, nicht auf der vom Regen feuchten Erde herumzulatschen. Anschließend durfte ich wieder den Parkettboden wischen.«

»Hör mal, kannst du keine Ruhe geben?«, rufe ich aufgebracht. »Du siehst doch, dass ich ausspannen will.«

»Wovon bitte? Vom Klosettpapiereinkaufen? Hoffentlich hast du dich nicht übernommen und überhaupt ...«

»Jetzt fängt schon wieder diese kleinliche Streiterei an!«, unterbreche ich sie ärgerlich. »Kannst du das nicht lassen? Wenn es wenigstens etwas Wichtiges wäre, worüber wir uns in die Haare geraten, aber nein, es sind nur Nichtigkeiten, Belanglosigkeiten, die man ohne Weiteres übersehen könnte. Das typische Aufeinanderrumgehacke alter Ehepaare. Hauptsache, man ist fies zueinander bis zum Gehtnichtmehr. Du meckerst oder rastet aus, wenn ich einen Heizkörper herunterdrehe, wenn ich eine Wasserflasche nicht vollständig verschlossen habe, wenn ...«

»Ja, das tue ich!«

Jetzt ist es Ute, die meinen Redeschwall unterbricht.

»Ich kann dir noch mehr nennen: Zum Beispiel, wenn du deine Schuhe im Vorraum putzt und die schwarze Schuhcreme auf dem

Boden verteilst. Es sind diese so genannten Kleinigkeiten, die einem das Leben mit dir vergällen und du bist der Hauptverursacher. Grinse nicht so selbstgefällig!«

»Danach ist mir gar nicht zumute. Danke für die Belehrung.«

»Und weil wir gerade übers Streiten streiten: Was ist jetzt mit dem Geld für Sabine und Peter? Ich will endlich, dass ...«

»Jetzt nicht, nein, jetzt nicht! Lass mir endlich meine Ruh!«, rufe ich entnervt und stemme mich aus dem Sessel hoch.

»Brüll hier nicht rum! Nimm dir ausnahmsweise mal ein Beispiel an deinem Bruder, der schreit Inga bestimmt nicht an.«

Ausgerechnet Hartmut soll ein Vorbild sein! Mag sein, dass er zu Hause nicht herumbrüllt, aber seine Frau hat er schon geohrfeigt. Inga hat mir zwei mit voller Wucht ausgeteilte Ohrfeigen gestanden, als sie mir einmal ihr Herz ausschüttete, Inga, die sonst alles geduldig erträgt und ihren Mann wie eine Glucke umsorgt. Ausgerechnet Hartmut, der ewig jammernde, wehleidige Hartmut prügelt seine Frau! Einmal war es wegen des Haushaltsgelds, das Inga für den Kauf eines Kleides ausgegeben hatte, und einmal, weil sie ihm aus Versehen Rotwein auf eine neue Hose geschüttet hatte.

»Ich gehe und überlasse dir das Feld«, sage ich betont ruhig.

»Spiel nicht den Beleidigten. Man wird ja noch was sagen dürfen.«

»Sagen ist gut, keifen trifft es besser. Was musst du doch unter mir leiden!«, rufe ich theatralisch. »Wie lange ist es her, dass du dich scheiden lassen wolltest, ohne dich dann zu trauen? Meine Gegenwart hättest du dir bereits vor Jahren ersparen können.«

»Was soll das wieder? Das ist kalter Kaffee!«, ruft sie und tut so, als wolle sie sich die Ohren zu halten.

»Nicht ganz. Du hast mich schon oft im Zorn angeschrien, wie leid es dir täte, dass du schwach wurdest und geblieben bist. Es war 1991, oder? Als ich im Osten arbeitete und du im Westen hocktest?«, sage ich und gehe auf die offen stehende Tür zu, um das Zimmer zu verlassen. 1991 war das Jahr, in dem ich, einige hundert Kilometer von Ute entfernt, das Verhältnis mit Gabriele begann.

» Ich hockte nicht, ich arbeitete ebenfalls, wie du dich sicherlich erinnern kannst. «

» Ja, ja, ist schon recht. Also ich gehe «, sage ich nochmals und steige hinauf ins obere Stockwerk zu meinem Arbeitszimmer, die Treppe empor, die ich heute Morgen so rasant hinuntergerasselt bin. Ich versuche mit Schwung jeweils zwei Stufen auf einmal zu nehmen, aber ein jäh stechender Schmerz im rechten Knie holt mich auf den Boden der Tatsachen zurück. Ich halt kurz an, hole tief Luft und steige behutsam Stufe um Stufe weiter.

Mein kleines Arbeitszimmer ist schlicht eingerichtet, in ihm steht und hängt nur das Nötigste. Ein Regal mit Aktenordnern und ein Schrank mit selten gebrauchten Kleidungsstücken, wie dem schwarzen Anzug für die sich häufenden Beerdigungen.

An den Wänden hängen eine Pinnwand mit wenigen Merkzetteln und zwei signierte Farbdrucke, die ich von Peter geschenkt bekommen habe, als er sich vergeblich als Kunsthändler versuchte. Sie sehen sehr zeitgenössisch aus, was mich nicht stört, weil die Details realistisch sind. Allerdings weiß ich nicht, was sie dem Betrachter sagen wollen, die vielen kleinen, fantasievoll gefiederten Vögel auf dem einen Bild inmitten von Maschinen und kaputten Straßenkreuzern der fünfziger Jahre, und auf dem anderen in einem Schnellimbiss und am Busen einer in eine Südstaaten - Flagge gehüllten, augenlosen und rothaarigen Holzpuppe.

Irgendetwas Ökologisches vermute ich, die Vergewaltigung der Natur durch den Menschen oder die Vergänglichkeit der von den imperialistischen USA bedrohten Natur und Kultur.

Links vom Schreibtisch an der Wand hängen in einfachen schwarzen Rahmen zwei Fotos: Sabine mit Mann und Kindern und Peter mit Frau und Kindern. Im Regal in einer Bücherlücke steht je ein Foto von Mutter und Vater. Bei mir ist der Schreibtisch nicht voll gestellt mit Hochzeitsfotos, Aufnahmen von Sommerurlauben in alberner Freizeitkleidung und Gruppenbildern von Berufsjubiläen oder Vereinsfesten mit vom Alkoholgenuss rot angelaufenen Gesichtern.

Männer haben meist uralte Fotos von ihren Frauen stehen, Bildchen, wie sie früher Bewerbungsunterlagen beigefügt wurden. Brave Gesichter mit frisch vom Friseur gelegten Haaren, denen anzusehen ist, dass die Besitzerinnen keine die Männer gefährdende Karriere machen wollen, aber bereit sind, jederzeit Kaffee zu kochen.

Am Fenster, mit Blick auf die Straße und die benachbarten Häuser, steht ein Tisch mit dem PC. Davor ein alter Bürostuhl, in dem mir nach einer Stunde Sitzen der Rücken schmerzt. Einen Neuen zu kaufen lohnt sich nicht. Er passt gut zum ockerfarbenen, durchgesessenen Sessel mit den abgewetzten Armlehnen, in dem ich sitze, wenn ich entspannt lesen oder vor mich hindösen will. Gestern bin ich nach einem Streit mit Ute über zwei Stunden lang auf ihm gesessen und habe mich mucksmäuschenstill verhalten. Es ist wieder um die Erbschaft gegangen und am Ende war ich wütend in das Zimmer gestürzt, hatte die Tür abgeschlossen und gewartet, was Ute tun würde. Erst blieb sie ruhig, dann kam sie hoch, drückte vergebens die Klinke und nahm dann einen auf- und abschwellenden Kampf gegen meine passive Verteidigung auf. Sie trommelte gegen die Tür, versuchte es erst auf die sanfte Tour, dann auf die harte.

Beschwörungen, Beschimpfungen, Drohungen, Klagen wechselten mit mal kurzen, mal langen Pausen ab. Nur einmal reagierte ich mit einem kurzen Grunzen, als sie flehentlich fragte, ob mir etwas passiert sei. Erst als sie mindestens eine halbe Stunde Ruhe gegeben hatte, verließ ich den Raum. Den Rest des Tages hat sie nicht mehr mit mir gesprochen.

Ich werde mich in Zukunft öfters, wenn es mir mit Ute unerträglich wird oder mich sonst etwas über die Maßen geärgert hat, im Arbeitszimmer wie ein Mönch zu einer Schweigeklausur einschließen. Sollen sie mir doch alle den Buckel runterrutschen. Ute, die nach dem Erbe gierenden Kinder, Kraschert und die vielen lieben Mitmenschen, die mir mittlerweile auf den Geist gehen! Es werden mit zunehmendem Alter immer mehr. Ute meint, dass auch ich immer mehr Menschen auf den Wecker ginge. Mag sein.

Vater hat sich auch in seinem Zimmer eingeschlossen oder auf einer Liege im Geschäft übernachtet, wenn ihm die Auseinandersetzungen mit Mutter zu viel wurden. Wir Kinder haben sie selten mitbekommen, die beiden machten sie unter sich hinter verschlossenen Türen und ohne Gebrüll aus, doch wir wussten, dass schlechte Luft herrschte, wenn Vater ohne Ankündigung für einige Zeit verschwand und Mutter mit versteinertem Gesicht durch die Wohnung lief und nur noch in kurzen Befehlssätzen mit uns sprach.

Der Schreibtisch ist aufgeräumt. Auf ihm liegen nur zwei Schriftstücke, dazu ein Notizbuch, eine Schale mit Stiften, ein Fauler Knecht mit Adressen und Telefonnummern und ein Stapel alter Zeitungen. An seiner rechten Seite ist eine billige Bürolampe montiert. Meine Schreibtische haben immer so ausgesehen.

Während der Schule, während des Studiums, im Beruf. Auf ihnen hat nur gelegen, womit ich mich gerade beschäftigte. Die überbordenden Tische meiner ehemaligen Kolleginnen und Kollegen mit ihren Schriftsätzen, Aktenordnern, Schmierzetteln, Computerausdrucken, halb ausgetrunkenen Kaffeetassen und den Fotos der lieben Familie waren mir ein Gräuel. Doch es bereitete mir Schadenfreude, wenn sie schwitzend und leise vor sich hin fluchend in ihrem Chaos nach wichtigen Unterlagen suchten und nicht fanden und hektisch eine Akte nach der anderen hochhoben und entnervt wieder fallen ließen.

Bei Sabine und Peter habe ich mich, als sie zur Schule gingen, nicht durchsetzen können. Je älter sie wurden, desto chaotischer sahen ihre Schreibtische aus. Jeder Mist landete auf ihnen. Dagegen half nichts. Keine Hinweise auf meine vorbildliche Ordnung, keine Belehrungen, keine Bitten, keine Befehle, keine Sanktionen wie reduzierter Fernsehkonsum oder das Kürzen von Taschengeld. Selbst bei Sabine richtete ich nichts aus, die mehr auf ihr Äußeres und auf die ihr gehörenden Sachen achtete als ihr Bruder und die heute geradezu pedantisch ist, wenn es um ihre alternativen Projekte geht. Peter verstand es, seine Hausaufgaben auf der winzigen Fläche einer gerade noch freien Tischecke zu schreiben, wenn er denn schrieb. Er war faul und ständig hinter den Mädchen her. Das Abitur schaffte er erst im zweiten Anlauf.

Bei Ute hatte ich keine Unterstützung gefunden. Wenn ich meckerte und mich als Vorbild herausstrich, höhnte sie: »Du hattest als Kind ja nichts, was du hättest herumliegen lassen können. Also spiel bitte nicht den Moralapostel.«

Ich setze mich auf meinen schäbigen Bürostuhl, streife meine Socken ab und werfe sie in die Ecke. Meine Füße fühlen sich unangenehm warm an. Zu Hause trage ich entweder Socken oder laufe gelegentlich barfuß umher. Nur im Winter ziehe ich Hausschuhe an. Nackte Füße von alten Leuten sollten besser bedeckt sein, meint Ute indigniert. Füße seien im Alter die hässlichsten Körperteile. Am Ostseestrand könne man es beobachten. Mal sind sie zu dick und aufgequollen, mal zu sehnig und mager, und die Zehen sind zumeist verbogen, gekrümmt und knochig wie Vogelklauen. In der Berliner Alten Nationalgalerie hängt das Bild von Adolph Menzels nacktem Fuß. Von ihm selbst gefertigt, während er krank im Bett lag. Ziemlich unästhetisch und das von dem Mann, der den Alten Fritz so grandios gemalt hat. Meine Füße sehen nicht besser aus, sind nur größer als die von Menzel. Er war ja ein Zwerg.

Ich blicke zum Fenster hinaus auf die gegenüber liegenden, von Laubbäumen umgebenen Häuser, auf das seitlich in einiger Entfernung stehende Haus von Kraschert. Die vor unserem Haus verlaufende Straße bleibt mir verborgen, um sie zu sehen müsste ich aufstehen. Auf ihr ist nur Anwohnerverkehr mit Tempo 30 erlaubt, Lastkraftwagen ist die Durchfahrt verboten. Bis auf die Fahrzeuge der Müllabfuhr, der Post und Umzugswagen. Auch der von Ute bepflanzte kleine Vorgarten und unser Carport liegen für mich im toten Winkel. Der Regen in der Nacht und heute Morgen hat den Bäumen gut getan. Die noch feuchten Blätter glänzen frisch und satt.

Ich versuche an nichts zu denken. Kürzlich habe ich im Ratgeberteil der Fernsehzeitung gelesen, man solle als alter Mensch mindestens einmal am Tag völlig abschalten, sich entspannen und versuchen, nur noch Leere zu empfinden, das regeneriere die mentalen Kräfte und mache kreativ. In solchen Zeitschriften stehen Lebensweisheiten, die entweder Selbstverständlichkeiten oder barer Unsinn sind. Doch ich versuche ab und zu, diesem Ratschlag zu folgen, doch bisher ohne Erfolg. Trotz aller Konzentrationsversuche drängen bereits nach wenigen Sekunden die ersten Gedanken ins Gehirn. Mit Vorliebe Unangenehme. Was mich ärgert. So ist es auch jetzt. Nicht der Disput mit Kraschert, sondern mein höhnischer Einwurf von vorhin, Ute hätte im Jahr 1991 nicht den Mut gehabt, sich von mir scheiden zu lassen.

Ich war damals ahnungslos und mir sicher gewesen, dass eine Scheidung, wie sie in den achtziger Jahren zum Massenphänomen geworden war, für uns nie in Frage käme. Ich dachte nie daran, auch wenn ich fremdging. Es waren nur kurze Episoden, nicht wert, dafür meine Ehe aufzukündigen. Auch schien mir zwischen uns eine stillschweigende Übereinkunft zu bestehen, es nie zu einem ehelichen Dauerkrieg kommen zu lassen, einem Dauerkrieg, der zwangsläufig zu einem endgültigen Bruch oder zumindest zu einer permanenten Ehehölle führen musste. In Utes entfernter Verwandtschaft hatte ein Rosenkrieg zwischen einem Paar getobt, das bereits die Silberne Hochzeit hinter sich gebracht hatte, und an dessen Ende alles verwüstet war, was die beiden zuvor Jahrzehnte lang mühselig aufgebaut hatten: das Haus unter Wert verkauft, die Kinder von den Eltern entfremdet und nur noch telefonisch zu erreichen, wenn überhaupt, die Katze entlaufen und von einem Motorrad überfahren, die Frau von einer plötzlichen Allergie mit permanentem Hautausschlag überwuchert und der Mann für kurze Zeit mit einer wesentlich jüngeren Frau liiert, die ihm bald den Laufpass gab.

Erst als wir in Luckendam lebten, habe ich scheibchenweise erfahren, was ihre Abneigung gegen mich so anwachsen ließ, dass sie die Ehe beenden wollte.

Seit meiner Abordnung in den Osten verbrachte ich nur die Wochenenden zu Hause, unter der Woche rackerte ich mich für den Aufbau der Versicherung ab, da kam ich nicht auf den Gedanken, dass ich für Ute immer unerträglicher wurde. Dinge, über die sie früher hinweg gesehen hatte, ja oft nicht einmal bemerkt hatte, machten sie nach einer Woche ohne mich plötzlich rasend. Sie hat mir später vorgemacht, wie ich bei Tisch laut kaute und mit stierem Blick mein Bier hinunterschluckte und wie ich das Brot zerbrach und den Tisch voll bröselte. Auch hätte ich mich aufgeführt, als sei ich in den neuen Bundesländern in einer Art sibirischer Taiga gelandet, wo es überall nach Trabiauspuffgasen und Braunkohlebrand stank und wo ich ständig unter eiskalten oder überheizten Arbeitszimmern, einer Gastronomie von vorvorgestern und vorsintflutlichen sanitären Anlagen zu leiden hatte. Dazu hätte ich mich angeblich ständig mit mürrischen und bockigen Ossis und mit den in Ost - Angelegenheiten inkompetenten, aber rechthaberischen Mitarbeitern der Westzentrale herumschlagen müssen. Letztere wären durchweg Arschlöcher und Ignoranten gewesen, die zu arrogant und zu faul waren, auch nur einen Schritt in den Osten zu tun, um sich vor Ort ein Bild zu machen.

Na und! Dass meine Arbeit damals eine Anhäufung von schwer zu lösenden Problemen und von endlosen Schwierigkeiten und Zänkereien war, das stimmte doch! Aber ich kann mich nicht erinnern, derart auf die Mitleidstube gedrückt zu haben. Das ist nicht mein Stil. Ich kenne mich doch. Außerdem hatte ich Erfolge, es ging voran und es bewegte sich mehr, als sich manche Schlaumeier vorstellten.

Und ich habe gut verdient im Osten und fast alles abgeliefert. So mancher Hunderter ist mit Sicherheit unter der Hand bei Sabine und Peter gelandet.

Ute hat die Scheidung nicht eingereicht, obwohl ihr eine Freundin einen guten Anwalt besorgt hatte. Angeblich waren Sabine und Peter dafür verantwortlich, die über dieselbe Freundin Wind davon bekommen hatten. Sie hätten sie bekniet, es sein zu lassen und das sei ausschlaggebend gewesen. Was ich nicht glaube, zumal Sabine und Peter, die damals bereits erwachsen waren, sich darüber sehr vage äußern. Zuletzt Sabine bei einem heftigen Telefongespräch, bei dem es um die Erbschaft ging. Ute war wohl zu träge und zu ängstlich gewesen. Vermutlich hatte sie sich nicht vorstellen können, als bald Fünfzigjährige alleine zu leben und nicht mehr mit ihren Verwandten und Bekannten klar zu kommen. Die waren über die Maßen konservativ, wenn es um die Ehe ging. Ehebruch mal so unter der Hand, ohne dass es der Partner erfuhr, das kam in den besten Familien und vor allem bei Männern vor, aber Scheidung, nein, so etwas nicht. Gegen ein Leben als Witwe hätte Ute bestimmt nichts einzuwenden, wie die meisten lang verheirateten Frauen. Aber eine alte, geschiedene Exfrau hatte sie nicht sein wollen, eine Frau, die sich eine Katze zulegt, um jemanden umsorgen zu können, und Bridge spielen lernt, um wenigstens ab und zu unter die Leute zu kommen. Und auf amtlichen Formularen hätte sie immer die Spalte »geschieden« ankreuzen müssen, eine Vorstellung, die ihr bestimmt zuwider war, weil das in ihrem Alter nach Scheitern aussieht.

Hätte ich mich nach einer Scheidung wieder liiert oder gar verheiratet? Ich weiß es nicht, nehme aber an, dass ich es nochmals versucht hätte. Selbst zu kochen, die Wäsche für den Automaten vorzusortieren, die Wohnung sauber zu halten, allein beim Metzger einzukaufen, nicht zu wissen, welche Krawatte ich umlegen soll, all das wäre auf Dauer nichts für mich gewesen und ins Altersheim bringen mich keine zehn Pferde. Allerdings hätte ich mich nur mit einer wesentlich Jüngeren eingelassen, wenn ich denn eine abbekommen hätte. Aber die wäre jetzt auch schon alt. Nur eines ist sicher: Gabriele hätte sich darauf nicht eingelassen. Das hat sie mir gleich zu Beginn unserer Liaison, ohne gefragt zu werden, klipp und klar gesagt: Ehe sei mit ihr nicht drin und mit mir schon gar nicht. Ich sei nur ab und zu mit langen Pausen zu ertragen.

Ehrlich gesagt, ich bin froh, dass es nicht zur Scheidung gekommen ist Ein Leben ohne Ute kann ich mir nicht vorstellen, auch wenn es immer wieder kracht.

Ich hole aus der linken unteren Schreibtischschublade Briefpapier heraus und lege es auf den Tisch. Die Schublade ist kürzer als die anderen. Hinter einer von mir eingesetzten Holzwand liegt eine Pistole, eine P1, wie sie wohl die Bundeswehr benutzte, als ich vor etlichen Jahrzehnten den Grundwehrdienst leistete. Der Typ war schon in der Wehrmacht eingesetzt gewesen, hatte damals aber eine andere Nummer gehabt. Nach Vaters Tod hat Mutter sie zwischen seinen Unterlagen gefunden. Wie sie dahin kam und wie lange Vater sie besessen hat, wusste sie nicht. Vielleicht hat er sich einmal bedroht gefühlt und sich die Waffe illegal besorgt. Was so gar nicht zu meinem Bild von Vater passt. Ich habe sie genommen und jetzt liegt sie gut verpackt nebst zwei Magazinen mit Munition in der Schublade. Ab und zu nehme ich sie, wenn die ahnungslose Ute außer Haus ist, heraus, probiere, ob der Verschluss noch funktioniert, und öle sie leicht ein. Die Waffe gibt mir keine Sicherheit, aber sie beunruhigt mich auch nicht. Dass ihr Besitz illegal ist, stört mich nicht. Ich käme mir dämlich vor, einem Polizeibeamten auf der Hauptwache Luckendam erklären zu müssen, wie ich zu der Pistole gekommen bin und warum ich sie erst jetzt abliefere. Soll sie meinetwegen nach meinen Tod gefunden werden, wie bei Vater, wenn denn jemand das Geheimfach entdeckt.

Drittes Kapitel

Plötzlich sehe ich Krascherts stoppelbärtiges Gesicht vor mir und ich vermeine seinen Atem zu riechen. Wenn ich dieses Bild nicht mit aller Gewalt wegdrücke, wird sich die Szene von vorhin in mir festsetzen und ich werde selbstquälerisch mit mir hadern, nicht souverän und schlagfertig genug auf Krascherts Beleidigungen reagiert zu haben. Ich werde mir die Worte überlegen, die ich ihm ins Gesicht hätte schleudern sollen, es aber nicht getan habe.

Der Blick auf die Straße und die umliegenden Häuser ist nicht hilfreich, ich brauche Ablenkung, um den Selbstvorwürfen zu entgehen, zu schnell den Kürzeren gezogen zu haben. Mein Versuch, dem Rat der Fernsehzeitung zu folgen, durch Gedankenleere mental gestärkt zu werden, ist von Anbeginn gescheitert.

Ich nehme mir den Zeitungsstapel vor, der akkurat geordnet auf der linken Seite des Schreibtisches liegt. Ich habe mir angewöhnt, alle bereits gelesenen Tageszeitungen durchzusehen, bevor ich sie in den außen am Haus stehenden blauen Papiercontainer werfe. Ich will nichts Wichtiges übersehen haben und durchforste systematisch alle Seiten, zumindest die Schlagzeilen und Überschriften und oft ganze Artikel. Manche Berichte schneide ich aus und hefte sie in einem Extraordner ab. Meist sind es die, über die ich mich besonders geärgert habe und die ich in Diskussionen als Beispiele für menschliche Dummheit, opportunistisches Verhalten der Politiker oder die Verdrehung geschichtlicher Tatsachen zitieren will. Gelegentlich fällt mir erst später auf, dass zu einem Thema ein Leserbrief oder ein Anruf bei der Redaktion fällig gewesen wäre. Wenn der Platz auf dem Schreibtisch nicht ausreicht, breite ich die Zeitungen auf dem Boden aus, auch wenn Ute lästert, ich sei so albern wie Loriot in dem Film »Papa ante portas«. Mich stört das nicht.

Ich habe gerade mal zwei Zeitungen durchgesehen, als Ute anklopft und sofort ins Zimmer tritt, wie das ihre Art ist.

»Sabine hat angerufen, als du weg warst«, fällt sie mit der Tür ins Haus. »Ich soll dich grüßen.«

»Schön von ihr. Sicher hat sie nach dem Geld gefragt und du bist die Vermittlerin. Willst du dich setzen?« Ich deute auf den vor dem Regal stehenden Stuhl, auf dem einige Bücher liegen, nicht auf den Sessel, der ist nur mir vorbehalten.

»Danke, ich bleibe stehen. Ja, sie hat gefragt«, bestätigt Ute. »Daran ist nichts Verwerfliches. Du hältst sie endlos hin und ich kann ihr nichts sagen, weil ich nichts weiß. Sabine und Maximilian müssen sich spätestens in vier Wochen entschieden haben, ob sie ihre Mietwohnung kaufen wollen und können oder nicht. Das Geld, über das sie noch selbst verfügen, reicht nun mal nicht. Es wäre jammerschade, wenn sie aus der wunderbaren Altbauwohnung ausziehen müssten, nur weil sie durch die verfluchte Finanzkrise Geld verloren haben. Sie ist ideal geschnitten und hat genau die richtige Größe für sie und die drei Kinder. Sie schaffen es nicht alleine und du hast versprochen ihnen zu helfen.«

»Das weiß ich alles. Allerdings habe ich nur angedeutet, nicht versprochen.«

»Doch, versprochen! Ich war dabei. Sagst du endlich, wie viel du zuschießen wirst? Wir beide brauchen das Geld deiner Mutter nicht, zumindest nicht alles.«

»Ich weiß, dass es eilt, aber so einfach ist das nicht. Das weißt du ganz genau, ich habe es dir oft genug gesagt. Da ist der Streit mit meinem Bruder, der noch nicht ausgestanden ist. Da ist das Problem, dass beide Kinder Geld wollen, nicht nur Sabine. Bei ihr steckt vor allem ihr Mann dahinter.

Warum soll ich ausgerechnet Maximilian schmieren, der sich bislang uns gegenüber nur arrogant verhalten hat, und warum soll ich Peter

Geld für ein Projekt hinterherschmeißen, zu dem er mir bisher nichts, aber auch gar nichts erläutert hat? Nur weil ich geerbt habe, bin ich kein Dukatenesel. Jeder der beiden will 150 000 Euro haben. Welch eine Summe!«

»Du tust so, als wenn du mit Hartmut Gott weiß was regeln müsstest. Ich glaube dir nicht, vermutlich übertreibst du wieder. Es macht dir Spaß, mehrmals gebeten zu werden und dann den großzügigen Gönner zu spielen. Vor allem Maximilian willst du zappeln lassen, den du von Anfang an nicht gemocht hast. Er ist immerhin dein Schwiegersohn. Ich habe Sabine versprochen, dass du dich diese Woche rührst. Also, was ist?«

Ute reckt sich energisch zu ihrer vollen Größe hoch und verschränkt kampfbereit die Arme. Sie fixiert mich mit ihrem blassgrauen Schlangenblick.

Ich bin die Beute, auf die sie gleich blitzschnell zustoßen wird. Obwohl ich diesen Gesichtsausdruck oft erlebt habe, nicht nur mir gegenüber, wird mir jedes Mal unwohl. »Du hast mal gesagt, du könntest dir insgesamt 300 000 für beide Kinder vorstellen«, setzt sie unnachgiebig hinzu.

Das ist mir leider herausgerutscht, es zu leugnen ist zwecklos. Doch ich werde die Summe auf keinen Fall zusagen und jetzt schon gar nicht. Die beiden sollen nicht nur zappeln und ihre Nerven strapaziert bekommen, sie sollen sich auch ändern, verdammt noch mal. Mich ärgert die Penetranz und Selbstsicherheit, mit der sie seit Mutters Tod intervenieren. Mal direkt bei mir, mal über Ute. Angeblich ist es bei Sabine und ihrem hochnäsigen Maximilian über die Maßen eilig und der Betrag nicht verhandelbar. Sabine setzt Ute zu und ihr sitzt Maximilian im Nacken, so ist die Hackordnung.

Maximilian, der alles besser weiß und kann, aber zurzeit kleine Brötchen bäckt und trotzdem weiter hochherrschaftlich wohnen will. Und dann Peter. Er hat vermutlich wieder ein Projekt geschmissen. Welches, wird er mir wohl morgen in Berlin sagen und mir anschließend ein neues, ganz gewiss todsicheres Unternehmen in den leuchtendsten Farben schildern.

300 000 Euro, das wären 600 000 alte D - Mark, ein Betrag, den ich mir in Sabines und Peters Alter nicht einmal hätte vorstellen können. Was täten sie, wenn ich nicht geerbt hätte? Sabine müsste schicksalsergeben ihre Wohnung verlassen und in eine neue, aber bescheidenere ziehen, und Peter würde sich weiter durchs Leben wursteln und versuchen, seine Schwiegereltern anzuzapfen, wie er es oft genug getan hat. Es wäre kein Weltuntergang.

Die von mir geerbten Wertpapiere liegen in Depots und das Bargeld auf einem Sonderkonto, das Ute nicht kennt. Alles in allem rund 330 000 Euro. Zum ersten Mal in meinem Leben kann ich aus dem Vollen schöpfen und das möchte ich mit ganzer Kraft tun. Mit über 70 Jahren!

Als Vierzig -, Fünfzigjähriger ans Erbe zu kommen, wenn es sich noch für einen lohnt, das wird immer seltener. War das Erbe groß genug, konnte man früher endlich sein Haus abbezahlen, seine Schulden begleichen, eine Weltreise machen oder sich endlich eine Geliebte oder einen Liebhaber samt Appartement leisten. Jetzt ist man als Erbe selbst betagt und der Verkalkung nahe, weil die Erblasser erst mit 80 oder 90 wie Mutter oder sogar mit 100 Jahren das Zeitliche segnen und sich partout nicht dazu bequemen wollen, rechtzeitig den Löffel abzugeben. Also ist jetzt ist erst mal meine Generation dran, ein Erbe zu genießen oder gar zu verjuxen! Sabine und Peter haben das nur noch nicht begriffen.

» Wir müssen an unsere Zukunft denken « , gebe ich zu bedenken und richte mich kerzengerade auf. » In Deutschland werden immer weniger Kinder geboren, aber dafür vermehren sich die Rentner. Da ist es ratsam, sich ein möglichst dickes Finanzpolster zuzulegen. Außerdem sind wir uns doch einig: Das Haus braucht ein neues Dach und besser schließende Fenster und spätestens nächstes Jahr muss ein Auto gekauft werden. Die alte Karre verbraucht zu viel Sprit. Das alles kostet. «

» Das höre ich jetzt zum x - ten Mal « , zischt sie ärgerlich und wiegt den Kopf hin und her wie eine Schlange, die gleich zustoßen wird. Eines muss ich Ute lassen: Wenn sie glaubt, man wolle sie für dumm verkaufen, kennt sie kein Pardon. Wäre ich nicht ihr Opfer, so könnte sie mir durchaus imponieren, wie im Winter, als sie den Monteur wegen der defekten Heizung rund gemacht hat. So ein Gewitter schien der arme Mann noch nie erlebt zu haben. Er hat Hilfe suchend zu mir herüber gesehen, aber ich habe nur gegrinst.

» Du fragst auch zum x - ten Mal. «

» Rede nicht herum. Wann gibst du den Kindern Bescheid? «

» Nächste Woche möglicherweise. Das kann aber auch eine Absage bedeuten. Dass du mir Sabine keinesfalls etwas anderes sagst, hast du mich verstanden? Auch Peter wird morgen von mir nichts Definitives erfahren. «

» Mein Gott, bläst du dich auf! Sabine ist bereit, jederzeit anzureisen, damit du endlich Farbe bekennst. « Ute stemmt die Hände in die Hüften, beugt sich leicht vor und mustert mich scharf. Jetzt stößt die Schlange zu, denke ich. Dies ist einer der Augenblicke, in denen sie mich hasst.

» Das bringt nichts. Auch wenn sie mich beschimpft oder bekniet und heult, es ändert meinen Entschluss nicht. Ich dachte, Sabine will seit der Läuseaffäre nicht mehr nach Luckendam kommen. «

» Du kannst nichts für dich behalten, musst du unbedingt das mit den Läusen erwähnen, obwohl es nicht hierher gehört? Abgesehen davon, nicht Sabine, sondern die Kinder sollten nicht mehr hierher kommen. Aber das ist längst passé. «

Enkelkind Luise war in den letzten Sommerferien zu Besuch und Ute glaubte nach einigen Tagen, sie hätte sich beim Spielen mit Nachbarskindern Kopfläuse eingefangen. Sie hat das Kind sogleich mit Läuseshampoo behandelt. Zum Glück war der Verdacht unbegründet. Sabine rief sofort nach Luises Rückkehr wütend an, auch ausdrücklich im Namen Maximilians. Die zerknirschte Ute hat sich aus dem fernen Düsseldorf anhören müssen, was für eine unglaublich nachlässige Oma sie sei und dass die Kinder in absehbarer Zeit nicht mehr nach Luckendam kommen dürften. Das sei ja die reinste Walachei dort drüben im Osten! Sabine war nicht zu bremsen gewesen und ist danach noch öfters mit entrüsteten Bemerkungen auf den Vorfall, der keiner war, zurückgekommen. Ihr genügt ein Verdacht, eine scheinbare Möglichkeit, um schuldig zu sprechen. Darin ähnelt sie Ute. Der Apfel ist sehr nahe vom Stamm gefallen.

Gut, dass Sabine nicht weiß, dass auch ich gefehlt habe. Bei einem Tagesausflug nach Berlin machte ich mit Luise in einem lauten, von jungen Leuten überlaufenen Café Pause und Luise wünschte sich irgendetwas mit Vanille. Vanilla Creme oder Cream oder so ähnlich, etwas, das ihr in Düsseldorf strikt verboten ist. Wir reihten uns in eine lange Warteschlange vor dem Tresen ein und als ich dran war, bestellte ich bei der etwa achtzehn Jahre alten Bedienung erst das Gewünschte für Luise und dann für mich einen kleinen Milchkaffee.

» Welchen Kaffee möchten Sie? «, fragte die Bedienung.

» Einen kleinen Milchkaffee! «, schrie ich gegen den Lärm an.

» Einen *Tall*? «

» Was? «

» Einen *Tall*? «

» Einen kleinen Milchkaffee. Was ist *Tall*? «

» Na ja, *Tall* eben. « Die Frau zeigte auf eine Wandtafel, auf der die Getränke aufgeführt waren.

» Also klein oder meinetwegen *Tall* «, stimmte ich resigniert zu.

» Komische Bezeichnung. Wissen Sie, was *tall* bedeutet? «

» Also einmal *Tall* «, sagte die Frau gelangweilt und begann ein Gespräch mit einer Kollegin über einen gewissen Matthias, der jetzt in Hamburg sei und mit der Hanna Schluss gemacht habe, weil sie mit einem Dänen fremdgegangen war. Als sie mir die Tasse rüber schob, rief ich überfreundlich » Vielen Dank, vielen Dank auch! «

Sie verzog keine Miene und nahm meinen Anbiederungsversuch ostentativ nicht zur Kenntnis.

Nachher habe ich Luise erklärt, dass *tall* im Deutschen hoch oder groß bedeutet. Auch sie gab sich desinteressiert und beschäftigte sich mit ihrem Strohhalm. Es war das erste Mal, dass sie ihren Opa peinlich fand. Ich fühlte mich wie ein Idiot, genauso wie im PC-Laden von Luckendam, wenn mich ein gewitzter Verkäufer mit Fachworten zuschüttet, die ich nicht verstehe.

Ich sehe Sabine vor mir. Ihre dünne, weißhäutige Gestalt mit den eng anliegenden hellblonden Haaren, dem durchdringenden Blick ihrer blauen Augen und den in den letzten Jahren hart gewordenen Gesichtszügen. Sie ist ihren drei Kindern eine besorgte, aber strenge Mutter. Sie vermittelt mir stets das Gefühl, den Anforderungen an einen Vater und Großvater nicht zu genügen. Ich schaffe es nur noch selten, mir die Sabine von früher, den eigenwilligen Teenager und die flotte junge Frau, in Erinnerung zu rufen. Ich muss mir hierzu Fotos ansehen. Auf ihnen blickt sie fröhlich und unbeschwert in die Kamera und nicht angestrengt und unnahbar wie auf den jüngsten Aufnahmen. Sie hatte Charme, den sie gezielt und berechnend einsetzte, wenn sie etwas bei mir erreichen wollte, und ich habe mich als umworbener Vater geschmeichelt gefühlt und war stolz gewesen, so eine intelligent raffinierte und hübsche Tochter zu haben.

»Sabine hat eine spitze Zunge mit der sie niemanden schont, selbst die Leute nicht, mit denen sie zusammenarbeitet, und Maximilian auch nicht«, sage ich und als Ute keine Anstalten macht, darauf einzugehen: »Sie tritt in Fettnäpfchen und pflegt mit Hingabe Vorurteile, glaubt aber tolerant und weltoffen zu sein. Das weißt du genau so gut wie ich. Männer sind für sie nur auf Sex fixiert, die Chemieindustrie ist ein Verbrechersyndikat und Impfungen und Kunstdünger sind lebensgefährlich. So viel zu unserer Tochter.«

»Schade, ich dachte, dir fällt noch mehr ein«, sagt Ute höhnisch, nimmt die Bücher, die auf dem Stuhl vor dem Regal liegen, herunter, legt sie auf den Boden und setzt sich. »Spar dir deine Ausführungen. Sag lieber deine Meinung zu Ferdinands Frankreichreise.«

Ferdinand, Sabines ältester Sohn, ein sympathischer Siebzehnjähriger, möchte in den Sommerferien zu einem Schüleraustausch nach Royan an der Atlantikküste fahren. Was Sabine längst untersagt hätte, wenn Maximilian dies nicht unterstützte und ausnahmsweise einmal einen Konflikt mit ihr austragen würde. Mir hat sie am Telefon geklagt, Ferdinand sei noch zu jung für diese Fahrt, sie kenne die Gastfamilie nur aus einem kurzen Brief, auch wäre die Reise zu anstrengend und keine

Erholung, Ferdinand müsse Kraft sammeln, um im nächsten Schuljahr wesentlich bessere Leistungen zu erbringen. Außerdem, was solle er dort in unbekannter Umgebung tun, wenn er einen seiner Allergieanfälle bekäme, hervorgerufen durch die französische Küche? Bei den Franzosen, die nicht vor Innereien und Froschschenkeln zurückschreckten, sei doch alles möglich. »Ich will diese Reise nicht, Punktum. Vielleicht lasse ich im nächsten Jahr mit mir reden«, hat sie zum Schluss vehement gerufen.

»Du kennst meine Meinung«, sage ich genervt. »Ich hoffe, Sabine vermasselt Ferdinand die Reise nicht. Er ist siebzehn. In dem Alter muss er selbständig werden und sich aus der beengenden Umarmung seiner Mutter lösen. Ich war mit Sechzehn in Südfrankreich und ein Jahr darauf in Paris. Es war wundervoll. Ich zehre noch heute davon.«

»Erzähle mir jetzt bitte nicht in epischer Breite von deinen tollen Reisen. Ich kenne sie.«

»Ich würde sie gerne Sabine erzählen.«

»Das wäre wohl eher Wasser auf ihre Mühlen.«

Womit Ute vermutlich recht hat.

»Eine Reise nach Frankreich ist heute kein Problem. Das weiß Sabine«, sage ich. »Die Züge sind schnell und sauber und die Plätze reserviert. Das war 1954 anders, als ich nach Avignon fuhr. Erst musste ich in Straßburg stundenlang auf den Anschlusszug warten und dann ging es die gesamte Nacht hindurch nach Süden, in einem Abteil voll mit schnarchenden Franzosen. Mit verdreckten Toiletten und Ruß, der sich von der Dampflok auf die Waggons verteilte und in alle Poren und Nasenlöcher drang.«

Ich rede nicht weiter, behalte den Rest, den ich sagen wollte, für mich.

Die Fahrt war trotzdem schön, auch wenn mir von den Gauloises-Zigaretten, die ich auf dem Gang, an einem geöffneten Fenster im Zugwind stehend, rauchte, der Kopf schwindlig und der Magen sauer wurde. Am frühen Morgen fuhr der Zug an der im Sonnenlicht schimmernden und glitzernden Rhone entlang und ich vergaß die Müdigkeit und die Tatsache, ziemlich ungewaschen zu sein und ich war plötzlich ein unternehmungslustiger und lebenshungriger Junge, der sein Glück nicht fassen konnte. Wie soll Ferdinand Ähnliches erleben, wenn er weiterhin unter Sabines Fuchtel steht?

In Avignon lebte ich in einem internationalen Jugendlager mit Engländern, Holländern, Franzosen und Deutschen in einem alten, verfallenen Gutshof.

Wir lagen in den heißen Nächten in Schlafsäcken auf locker aufgeschüttetem Stroh, aßen unter einem riesigen Baum im Freien und verausgabten uns nicht besonders bei der Tomatenernte. Wir tranken den Rotwein nicht wie die französischen und spanischen Landarbeiter mit Wasser verdünnt, sondern wie es sich für Germanen gehört, pur und viel.

Ich verliebte mich in eine Holländerin. Dass die Holländer die Deutschen äußerst unsympathisch finden, wussten wir beide nicht. Ich habe es erst bei der Fußball - Weltmeisterschaft von 1974 erfahren. Wir sahen in Marseille das von den deutschen Besatzern gesprengte Viertel, was mir nicht besonders nahe ging. Das lag mehr als zehn Jahre zurück.

Auf der Rückreise musste ich erneut in Straßburg umsteigen und ich kam mit einem Elsässer ins Gespräch, einem Arbeiter der Kleidung nach zu schließen. Er schwärmte von seiner schönen Zeit in der Münchner Adolf - Hitler - Kaserne. Die Waffen - SS sei eine tolle Truppe gewesen, die in Dien Bien Phu bestimmt nicht versagt hätte, ich solle sie mir zum Vorbild nehmen.

» Ich werde mich nicht einmischen «, sage ich und stehe auf. » Ich komme gegen Sabine nicht an. Schade um Ferdinand. Na ja, vielleicht setzt sich Maximilian ausnahmsweise durch. « Ich hoffe, Ute bekommt mein Zusammenzucken beim Aufstehen nicht mit. Das rechte Knie schmerzt wie von einem brutalen Nadelstich.

» Ich werde mich auch nicht einmischen «, unterstützt Ute meinen Entschluss. Sie steht ebenfalls auf und schiebt die auf dem Boden liegenden Bücher achtlos mit dem Fuß beiseite. » Allerdings ist Sabine im Recht. Ferdinand ist zu unreif für eine derartige Reise. Es können ja nicht alle solche Prachtkerle sein, wie du es angeblich in seinem Alter warst. «

» Ich war kein Muttersöhnchen, obwohl Mutter reichlich dominant war. Zumindest Vater gegenüber. Für meine Generation waren ungehinderte Reisen in ehemalige Feindländer ein unglaubliches Ereignis « , fühle ich mich bemüßigt zu erwidern. » Das hat uns begeistert, die Strapazen haben uns nicht abgeschreckt. Europa war eine wunderbare Vision. Wir haben von einem vereinigten, übernationalen Europa geträumt. «

» Komm nicht ins Schwärmen. Jedes Mal, wenn du von damals erzählst, denke ich, du bist ein anderer Mensch gewesen. Nicht nur jünger, sondern sympathischer, weltoffener und umgänglicher. Davon ist leider nicht viel übrig geblieben « , sagt Ute trocken und eher beiläufig. Sie hebt ein Buch auf, liest den Titel, sagt: „Hoppla, „American Psycho", na so was!" und lässt es achtlos fallen. » Heute bist du ein sturer Bock, den ich mir nicht als lockeren, abenteuerlustigen Jugendlichen vorstellen kann. Vor allem nicht, dass du früher jemand warst, der nicht ständig anderen seine Meinung aufgeschwätzt hat. «

Utes Vorwurf, ich sei nicht mehr der, der ich einmal war, trifft mich nicht. Man kann nicht unbekümmert durchs gesamte Leben gehen wie ein Schüler. Ich bin nicht wie andere Studenten in die Endlosschleife eines sechzehnsemestrigen Studiums oder gar Zweit- und Drittstudiums abgeglitten, auch wenn später meine Berufskarriere nicht so verlief, wie ich es mir vorgestellt hatte. Als Ute mich kennenlernte, war ich wie heute. Oder zumindest beinahe. Offensichtlich haben sie mein Auftreten und meine Ansichten nicht gestört. Blind vor Liebe wird sie bestimmt nicht gewesen sein. So toll war ich nicht. Ich war kein Schwabinger Bohemien, auch wenn ich mit Ute in mancher Spelunke beim Schein von in Chiantiflaschen steckenden Kerzen sauren Rotwein getrunken und getanzt habe. Wenn man das eng aneinander gepresste, äußerst angenehm erotische Hin- und Hergeschiebe auf einem Quadratmeter überhaupt tanzen nennen konnte. Ich achtete auf eine korrekte Sprache, trug Krawatte und kurze Haare und siezte Gleichaltrige.

Ich setze mich wieder, verspüre aber keine Lust Zeitungen auszusortieren. Ich massiere sachte mein rechtes Knie und stelle mir vor, wie es wäre, wenn ich Sabine und Peter diese Woche das Geld zusagen würde, zumal ich Peter morgen sehe und wenn ich Pech habe, Sabine auch noch angerauscht kommt. Sie ist schnell entschlossen, wenn es bei ihr brennt. Die beiden würden sich freuen, Ute wäre zufrieden und hätte eine gute Meinung von mir und ich hätte meine Ruhe, würde nicht mehr von allen Seiten belatschert und bestürmt werden.

Auch wenn dies zutrifft, werde ich meinen Kindern nicht vorschnell entgegenkommen, ich werde es ihnen nicht leicht machen. Am besten, sie warten bis zu meinem Tod. Danach darf Ute, wenn sich mich denn überlebt, den beiden das Geld zuschieben. Aber das kann dauern, ich will nicht so bald die Segel streichen.

Es geht mir vor allem um Maximilian, der sich über Vater, dessen Geld er jetzt will, lustig gemacht hat, ihn einen »Koofmich« genannt hat, der froh und dankbar sein müsse, einen Schwiegersohn aus gutem Hause bekommen zu haben. Vater, der es im Krieg nicht mal zum Reserveoffizier gebracht hatte, sondern nur bis zum Feldwebel bei der Artillerie. Der Artillerie! Da hätte er ja gleich beim Train, bei Öl und Fette dienen und eine ruhige Kugel schieben können.

Und was sollte man bitteschön von einem Geschäftsmann halten, der weder bei den Rotariern noch bei den Lions Mitglied war?

Sabine und Maximilian haben vor Jahren auf das falsche Pferd gesetzt. Sie hätten, als Maximilian im nahen Berlin eine gut dotierte Stelle angeboten bekam, zu uns nach Luckendam ziehen können. Doch Sabine, die hier bestimmt als Diplom-Psychologin eine Anstellung gefunden hätte, wollte partout in ihrem gewohnten Umfeld bleiben, bei ihren Freundinnen, beim Förderverein der von ihren Kindern besuchten Schule, beim Kunstverein, bei ihrem Engagement für kurdische, von der Abschiebung bedrohte Familien. Maximilian ist wie immer vor seiner resoluten Frau eingeknickt. Vermutlich tut beiden mittlerweile ihre Entscheidung leid, jetzt, wo sie finanzielle Sorgen haben. Vielleicht hätten sie in Luckendam ihr Geld einer Bank anvertraut, die sich nicht so schludrig verspekuliert hätte wie die in Düsseldorf.

Auch Peter hat falsch geheiratet. Peter, der leidenschaftliche Anhänger zeitgenössischer Malerei, der, wo es nur geht, in Ausstellungen rennt und zu jeder Documenta fährt, und der sich gemeinsam mit einer Bildhauerin, mit der er sicherlich ein Verhältnis hatte, ohne Erfolg im Kunsthandel versuchte.

Jetzt wartet er darauf, mit dem Erbe seiner Großmutter wieder auf die Beine zu kommen. Neben ihm steht Manuela, seine Frau, verloren und hilflos herum. Der sprunghafte Peter, der ständig etwas angeblich noch nie da Gewesenes und Todsicheres anfängt und immer wieder über die eigenen Füße fallt, bräuchte eine Frau, die ihm gehörig den Kopf wäscht und nicht jedes seiner Wolkenkuckucksheime wunderbar findet.

Nein, ich werde mich nicht weich klopfen lassen. Auch wenn ich sie liebe. Was sie derzeit wohl kaum von mir glauben. Sollen die beiden ruhig wie die Aasgeier über mir kreisen. Vielleicht überlasse ich ihren Fängen eine kleinere Beute als die von ihnen geforderte, dann sind sie immer noch bestens bedient.

Was machen meine Geschwister mit dem geerbten Geld? Ich habe sie nicht danach gefragt. Ich weiß es nur andeutungsweise, kann es mir aber vorstellen.

Die vier Jahre jüngere Edeltraut, die verklemmte ehemalige Lehrerin, und Wilhelm, ihr noch verklemmterer Mann, haben sich seit langem von der Familie abgenabelt und leben am Bodensee, kinderlos, aber mit zwei scharfen Hunden, in einem von einer Alarmanlage gesicherten Bungalow. Sic melden sich selten am Telefon und sind weder über Fax noch per Mail zu erreichen. Als einziger aus unserer Familie darf Peter hin und wieder Kontakt mit ihnen aufnehmen. Vermutlich, weil er als schwarzes Schaf der Familie gilt und sie sich ebenfalls als solche fühlen. Ungerechterweise selbstverständlich. Sie erscheinen zu Beerdigungen, bleiben aber allen erfreulichen Familienfesten wie Geburtstagen, Taufen und Hochzeiten fern. Sie verreisen nie, laufen in alten Klamotten herum und essen im eigenen Garten angebaute Kartoffeln und Gemüse. Sie hatten bestimmt schon vor der Erbschaft gut gefüllte Sparbücher und haben sich nie auf Risiko behaftete Geldanlagen eingelassen. Schon deshalb nicht, weil Wilhelm ein Schwabe ist. Immerhin ist Edeltraut zu Mutters Beerdigung und zur

Testamentseröffnung erschienen. Am Grab stand sie in dem abgetragenen Lodenmantel, den sie seit zwanzig Jahren trägt, und bei der Testamentseröffnung meinte sie, das Geld sei angesichts des Elends in Afrika und anderswo eine pervers hohe Summe. Sie werde mit einem Teil in Freiburg studierende Schwarzafrikanerinnen unterstützen. Es sei wunderbar, von diesen Menschen Gelassenheit, Bescheidenheit und Demut vor der Natur zu lernen.

Der zwei Jahre jüngere Hartmut ist mitsamt seiner Frau Inga um Etliches umgänglicher als Edeltraut, erscheint zu allen Feiern und ruft hin und wieder an. Reich ist er nicht, der ehemalige leitende Ingenieur einer Maschinenfabrik in Bremen, aber er kommt gut über die Runden. Die zwei besitzen ein eigenes Haus, ein Auto der Mittelklasse und für Inga ein Zweitauto, sparen aber an der Kleidung. Ich kenne sie nur in den grauen Popeline - Jacken, die so viele Rentner tragen. Obwohl beruflich durchaus erfolgreich, ist er ein Armleuchter, ein Miesmacher, ein Mann, der nie zufrieden und glücklich ist, ein Mann, der selbst Urlaub und sein Hobby Spielkartensammeln als Stress empfindet. Er schwadroniert ständig über die katastrophale Wirtschaftslage und über die unsicheren Renten. Stets wird er von irgendeinem Zipperlein geplagt, das er wie Gillhaupt jedem bis ins Detail beschreibt. Da er eine liebevolle, sich aufopfernde Frau hat, lebt es sich für ihn sehr angenehm in der Rolle des ständig zu Unrecht missverstandenen, schlecht behandelten und deswegen der Hinwendung und des Trostes bedürftigen Menschen. Bestimmt wird er die gesamte Erbschaft für sich behalten und sich weiterhin die hohe Summe nicht anrechnen lassen, die er ohne mein Wissen vor Jahren von Mutter für sein Haus erhalten hat.

Mit meinen Geschwistern ist kein Staat zu machen. In den Fernsehwerbungen mit den glücklichen, dynamischen Senioren könnte man sie nur auftreten lassen, um zu zeigen, wohin man gelangt, wenn man im Alter keine Pillen gegen harten Stuhlgang schluckt.

Ute ruft von unten hoch, vermutlich aus der Küche. Da ich kein Wort verstehe, bleibe ich ruhig sitzen. Sie wird, wenn es wichtig ist, den Ruf bestimmt wiederholen. Was sie nach einigen Sekunden tut. Diesmal verstehe ich das Wort »Kaffee«, aber sonst nichts. Ich erhebe mich, gehe zur offen stehenden Tür und schreie: »Was hast du gesagt?«, obwohl ich weiß, was sie damit gemeint hat.

Ute steht mittlerweile unten vor der Treppe. »Ich habe dich gefragt, ob du jetzt Kaffee haben willst und ob ich dir Brote machen soll«, ruft sie ungeduldig. »Du tauber Kerl hast wieder nichts gehört.«

»Ja, zwei Brote!«, belle ich zurück. Ich bin etwas schwerhörig, zugegeben, vor allem auf dem rechten Ohr, was mich nicht stört. Ute hat sich daran gewöhnt und wiederholt mir sogar die Sätze und Pointen, die ich beim Fernsehen nicht verstanden habe. Wenn sie allerdings schlecht gelaunt ist, reitet sie auf meinem Defekt herum und schimpft mich einen tauben Trottel. Sie meint, ich solle mir ein Hörgerät zulegen, es sei peinlich, wenn ich mir in Gesellschaft alles zweimal sagen lassen müsse oder nickend und grinsend da sitze und so tue, als hätte ich verstanden, was man mir sagt, zum Beispiel wenn ich auf die Frage, ob ich Rot- oder Weißwein oder lieber nur Orangensaft möchte, schlicht mit einem freundlichen „Ja, gerne!“ antworte. Doch für ein Hörgerät bin ich noch nicht zu haben, ich muss nicht alles hören.

Das Kaffeetrinken ist unser Mittagessen. Mittags warm zu essen, haben wir vor Jahren eingestellt. Es macht schlapp und übergewichtig, wenn man über sechzig ist. Gleichgültig, was man isst.

Ute kocht bieder und ohne Raffinesse, kein Ansporn für mich, zweimal am Tag warm zu essen. Ihre gelegentlich ausgesprochene Devise lautet: Satt muss es machen, das Haushaltsbudget darf es nicht zu sehr belasten und gesund soll es sein. Ab und zu versucht sie sich ohne überzeugenden Erfolg an etwas Neuem, zum Beispiel aus dem umfangreichen internationalen Kochbuch, das ihr Peter geschenkt hat. Sie kauft hin und wieder in den zwei Bioläden und dem teuren Exklusivladen am Wilhelmplatz ein, das Meiste jedoch im Supermarkt und auf dem schlichten Wochenmarkt in der Nähe des Bahnhofs. Wenn ich sie in einen der Bioläden begleite, was selten vorkommt, weil ich nur störe, dann irritiert mich der Typ Frauen, der dort geschäftig mit den Einkaufskarren herumkurvt und einer mir fremden Welt angehört: Frauen mit ungeschminkten, hageren Gesichtern, wirr abstehenden, rot gefärbten Haaren, selbst gestrickten Pullovern, lang wehenden Röcken und mit vor die Brust gebundenen Babys.

Auch an Sonn- und Feiertagen essen wir mittags kalt. Mit Schaudern denke ich an die bürgerlichen Sonntagmittagessen meiner Eltern: Suppe, Braten mit viel Sauce und zum Nachtisch Kompott oder Pudding. Am Muttertag, an Ostern und Pfingsten, aber auch ohne besonderen Anlass, wurde zu Restaurants gefahren, zu überlaufenen Geheimtipps, oft auf dem Lande, wo wir endlos in überfüllten, schlecht gelüfteten Räumen warten mussten, bis uns entnervte Kellnerinnen das Essen auf den Tisch knallten. Anschließend fuhren wir gereizt nach Hause und wir Kinder hofften vergebens, es sei der letzte Ausflug in ein derartiges Lokal gewesen. Vater legte sich zumeist, müde vom Bier, schlafen und erschien erst wieder zum Kaffeetisch mit Apfelkuchen und Schlagsahne. Danach war ein Spaziergang fällig, bei dem wir Kinder ständig über die Länge des Weges maulten, vor allem der unsportliche Hartmut und Edeltraut, der jede Aktivität, die von Vater ausging, zuwider war und die am liebsten den ganzen Tag über in ihrem Zimmer gesessen hätte.

Mit Sabine und Peter war es etwas anders, aber ähnlich. Wir sind nie an Sonn- und Feiertagen mittags essen gegangen, aber spazieren gehen, das musste sein. Ab ihrem zehnten Jahr haben sie den Aufstand geprobt. Ich habe mich aber nicht beirren lassen, auch nicht durch Ute, die immer glaubte, mich an meine Jugend erinnern zu müssen. Kinder soll man durchaus zu ihrem Glück zwingen, Jugend muss etwas aushalten können. Ich habe es schließlich auch getan.

Ich rücke den Zeitungsstapel auf dem Schreibtisch so zurecht, dass eine Seite genau mit der linken Tischkante abschließt. Danach hebe ich die Bücher vom Boden auf und lege sie zurück auf den Stuhl, obenauf den Roman »Schau heimwärts, Engel« von Thomas Wolfe. Eine Taschenbuchausgabe, die ich mir gekauft habe, um zu prüfen, ob mir der Roman, den ich als Schüler geradezu verschlungen und in Abschnitten immer wieder gelesen habe, noch gefällt. Ich habe mich anfangs gerne, dann aber mühsam bis zum Schluss durchgearbeitet und war über die

Begeisterung verwundert, mit der ich diesen dicken Wälzer zu meinem Lieblingsbuch erkoren hatte.

Ich hatte vergessen, dass mir damals kein Buch zu umfangreich war, um bis zum Ende gelesen zu werden, und dem dürren Gernot Kuchel, meinem langjährigen Banknachbarn, erging es ebenso. Wir tauschten Bücher aus und standen in den Schulpausen zusammen, um über das Gelesene zu reden. Wir lasen ohne System, alles, was wir in die Hände bekamen, was wir irgendwo aufstöberten oder im »Amerikahaus« ausleihen durften. Allerdings war wenig Modernes darunter. Wir haben uns gegenseitig im Verschlingen der Seitenzahlen zu übertrumpfen versucht: Weltliteratur wie »Doktor Faustus« von Thomas Mann und »Krieg und Frieden« von Leo Tolstoi, Schwarten wie Oswald Spenglers »Der Untergang des Abendlandes« und »Tsushima« von Frank Thies, Trivialliteratur wie »Ben Hur« und »Quo vadis«. Wir lasen Sinclair Lewis, John Steinbeck und Pearl S. Buck, Autoren, die heute kaum jemand in die Hand nimmt. Von Felix Dahns »Ein Kampf um Rom« oder Gustav Freytags »Die Ahnen« ganz zu schweigen.

Ich bin stolz auf meine Bücher-Begeisterung und die Ausdauer, die ich damals besaß, und ich würde sie gerne anderen mitteilen, weil ich das Gefühl habe, es ginge etwas für immer verloren, wenn ich es nicht täte. Wenn es niemand erfährt, so wird sich, wenn ich tot bin, alles in nichts auflösen, so, als hätten die Gymnasiasten Nodlich und Kuchel nie als Personen existiert, die anders waren als viele ihrer Mitschüler. Niemand erfährt von unserem ganz persönlichen Bildungsversuch.

Muss es für Leute, die mich für einen konservativen Spießer halten, nicht interessant sein, dass ich Egon Kogons »Der SS-Staat«, Kurt Tucholsky und Wolfgang Borchert gelesen habe? Doch niemand will es hören. Ute nicht, Sabine und Peter nicht und die übrigen Verwandten und nahen Bekannten schon gar nicht. Meine Eltern wussten es, aber meinen Geschwistern ist es nicht aufgefallen. Nur Luise, meine Lieblingsenkelin, hat zugehört, als ich ihr das von Charles Dickens »David Copperfield« schilderte, was mir im Gedächtnis verblieben war. Sie tat es allerdings nur einmal. Bei einem zweiten Versuch meinte sie, ich solle ihr lieber aus »Krabat« von Otfried Preußler vorlesen und nicht den Häuptling Tecumseh aus »Der letzte Mohikaner« schildern. Selbst die Leute meines Alters vom Historischen Verein sind desinteressiert, wenn ich meine frühere Lektüre erwähne. Sie hören einen Moment zu, dann wird ihr Blick leer und sie versuchen mit einer Ausrede zu entkommen.

Mittlerweile habe ich aufgehört, über meine Literatur von früher zu erzählen, und zwar endgültig. Auch sage ich niemandem, welche Theaterstücke und Filme ich in meiner Jugend gesehen habe. Für sie gilt das Gleiche. Ich möchte nicht lächerlich erscheinen, schon deshalb nicht, weil ich Vorsitzender des Historischen Vereins werden will und weil nur gewählt wird, wer sich nicht aufdrängt und keine langen Reden hält wie Ernst Wustermann, der derzeitige Vorsitzende. Bis jetzt kennt niemand meine Absicht. Auch Ute nicht. Sie würde mir bestimmt abraten und behaupten, ich sei auch jemand, der sich gerne reden hört.

Mit Gernot Kuchel, der später Bahnoberrat wurde, kann ich nicht reden, er hat dieses Problem nicht mehr. Obwohl wir keinen Kontakt gehalten haben, schickte mir seine Frau vor vier Jahren eine Todesanzeige. Darauf stand unter einem Spruch von Klopstock, den ich vergessen habe, er sei nach langem, geduldig ertragenem Leiden verschieden.

Gleich wird Ute hoch rufen, der Kaffee sei fertig. Ich habe mich entschlossen, danach sofort zu Gabriele zu gehen. Der Blumenladen wird kurz nach der Mittagszeit ohne Kunden sein, die das Gespräch unterbrechen könnten. Ich bin gespannt, was sie will. Da es sich um ihren Freund und um Erpressung handelt, kann es kaum etwas Belangloses sein. Ist er in Schwierigkeiten oder sie? Braucht er Geld oder sie? Erpresst er Gabriele oder werden beide erpresst? Und warum, womit und von wem? Warum schlich Wolfgang kürzlich an unserem Haus vorbei? Wie ist überhaupt das Verhältnis zwischen der blitzblanken, umtriebigen Gabriele und diesem verlotterten Wolfgang, der nur in den Tag hinein zu leben scheint? Bald werde ich es wissen.

Mein Verhältnis mit Gabriele endete nach Utes Ankunft in Luckendam. Wenn man denn unsere unregelmäßigen Treffen mit häufigen

Pausen ein Verhältnis nennen kann. Aber so heißt das nun mal, wenn miteinander geschlafen wird.

Danach sind wir uns weiter in der Stadt begegnet, das lässt sich bei der Überschaubarkeit Luckendams nicht vermeiden. Ich wollte im Gegensatz zu Gabriele kein abruptes Ende der Affäre, sondern ein gemächliches Auslaufen, vermutlich eine männliche Charaktereigenschaft. Deshalb trafen wir uns noch zweimal in einem Restaurant außerhalb Luckendams und einmal zu einem Einkaufsbummel in Berlin, selbst auf die Gefahr hin, von jemandem gesehen zu werden, der es Ute hätte berichten können. Einkaufsstraßen wie die Tauentzien- oder Friedrichstraße garantieren keine Anonymität. Frau Gillhaupt habe ich einmal beobachtet, wie sie auf dem Ku'damm, mit einem unbekannten Mann lebhaft plaudernd, aus einem Wäschegeschäft kam. Vielleicht hatte sie sich schwarze Unterwäsche besorgt.

Der endgültige Bruch kam, als ich nach einem Arbeitsessen reichlich angetrunken gegen Mitternacht bei Gabriele auftauchte. Sie war noch auf und ließ mich arglos herein. Als ich sie zu begrabschen begann und mit ihr zu schlafen versuchte, hat sie mich beschimpft und resolut vor die Tür gesetzt. Sie packte mich so heftig, dass ich blaue Flecken an den Oberarmen bekam, die Ute aber zum Glück nicht entdeckte.

Am nächsten Morgen hatte ich zusätzlich zu einem gewaltigen Kater das niederschmetternde Gefühl, vor Peinlichkeit im Boden versinken zu müssen. Von Gabrieles Schimpfkanonade war mir nur in Erinnerung geblieben, dass sie sich, wenn sie Sex wolle, ganz bestimmt nicht mehr an mich wenden würde, an einen mittlerweile alt gewordenen, schlaffen Opa, mit tränenden Augen und hängenden Arschbacken, der widerlich nach Alkohol stinke.

Eine Zeitlang bin ich, wenn ich sie in der Ferne sah, eilig auf die andere Straßenseite gegangen, aber eines Tages rief sie an und meinte, so schlimm sei die Angelegenheit nicht gewesen. Männer seien halt so. Wir könnten ruhig wieder mit einander reden.

Jetzt gehe ich nicht nur aus Neugierde zu ihr, sondern weil es mir schmeichelt, gebraucht zu werden, und weil ich erfahren möchte, ob ich noch auf Gabriele anspringe, ob sich noch das Kribbeln von früher einstellt. Sie strahlte bei unserem letzten Treffen noch eine beachtliche Erotik aus.

Ich bin mittlerweile noch älter als damals, als sie mich rabiat aus ihrer Wohnung warf. Zwar sind meine Schultern noch breit und gerade, aber der Hintern wird noch schlaffer geworden sein und ich habe Altersflecke auf den Händen. Ich bin ein alter Mann, auch wenn ich mich nicht so fühle. Die Vitalität schwindet, die Libido geht gegen Null. Ich brächte mit Gabriele vermutlich nicht mehr allzu viel zusammen. Es geht langsam und kaum merklich bergab, aber es geht bergab. In allen Dingen. Immer öfters stoße ich mir den Kopf an, lasse etwas fallen, vergesse wichtige Termine und stolpere über meine Füße, wenn auch nicht immer so dramatisch wie heute Morgen. Ich gehe ins Arbeitszimmer, um etwas zu holen und verlasse es wieder, ohne das Gesuchte mitzunehmen. Ich schlafe nach 22 Uhr vor dem Fernseher ein und wenn ich am Abend mehr als einen Viertelliter Rotwein trinke, liege ich anschließend mitten in der Nacht zwei Stunden lang wach.

Vor kurzem drehte ich meinen linken Unterarm nach rechts, um auf die Uhr zu sehen, ohne daran zu denken, dass ich eine volle Kaffeetasse in der linken Hand hatte. Der Kaffee platschte mit Schwung auf den Parkettboden. Gut, dass es Ute nicht mit bekam. Das Alter ist scheiße, wie wahr!

»Gerhard, komm runter, der Kaffee ist fertig!«, ruft Ute von unten hoch.

»Was ist denn los? Ich rufe schon das dritte Mal!«

Viertes Kapitel

Kraschert, noch immer im ölverschmierten Overall, schichtet in seinem Garten vor der Terrasse klobige Holzscheite für ein Lagerfeuer auf. Der Westwind wird am Abend seinen Qualm zu unserem Grundstück herüber tragen und er und seine Bergsteigerkameraden werden stundenlang am Feuer sitzen und sich mit Bier voll schwemmen. Sie werden Sitzfleisch haben und die Musik auf volle Lautstärke drehen.

Ich laufe auf meinem Weg zur Bushaltestelle an seinem Grundstückszaun entlang und sehe aus den Augenwinkeln, wie er inne hält, sich aufrichtet und ein Holzscheit mit seiner Riesenpranke in meine Richtung schwenkt. »Das wird ein tolles Fest heute Abend!«, brüllt er und lacht schallend. Ich gehe weiter, ohne zu ihm hinüberzublicken oder mit einer Körperbewegung anzudeuten, dass ich ihn wahrgenommen habe, peinlich darauf bedacht, nicht schneller zu werden.

Das sähe nach Flucht aus und würde Kraschert diebisch freuen, weil es seine Meinung, ich sei ein Schlappschwanz, bestätigte. Ich hoffe, er ärgert sich, weil ich ihn links liegen lasse. Er brüllt noch wie ein Weihnachtsmann »Ho, Ho!« hinter mir her, doch dann biege ich schon in die Straße zur Bushaltestelle ein und bin für ihn außer Sicht- und Hörweite.

Die Bushaltestelle besteht aus dem obligaten Stahlrohr mit aufmontiertem kreisförmigen H-Schild und dem in Augenhöhe befestigten Fahrplan, der seine Funktion nicht ausüben kann, weil er mit einem Filzstift zugeschmiert wurde. Ich stelle mich daneben und warte im vollen Sonnenlicht auf den Bus. Die Wärme stört mich nicht, ich trage die Kleidung von heute Morgen, die helle Sommerhose und, leger über die Schultern gehängt, die leichte, dunkle Jacke. Ich bin bislang der einzige

Fahrgast. Es sind noch sieben Minuten bis zur fahrplanmäßigen Abfahrt und ich nehme mir vor, in dieser Zeit nicht an Kraschert zu denken. Ich bin immer überpünktlich, weil der Bus gelegentlich früher ankommt und auch früher abfährt, wenn er nicht an allen vorangegangenen Haltestellen stoppen musste. Ich habe mich über dieses Verhalten bei der städtischen Nahverkehrsgesellschaft schriftlich beschwert und zur Antwort erhalten, ich sei der erste, der dies tue. Im Übrigen sei es den Fahrern untersagt, so zu handeln, der Fahrplan sei für sie verbindlich und deshalb komme derartiges auch nicht vor.

Ich fahre häufig mit dem Bus, Ute hingegen selten und wenn sie es tut, rennt sie stets im letzten Moment von zu Hause los. Kürzlich hat sie ihn versäumt und ist zu spät zum Friseur gekommen, was ich hämisch kommentiert habe. Ute ist immer knapp dran und bringt sich und mich, wenn ich dabei bin, in unnötige Hetze, egal zu welcher Tageszeit es losgeht und egal, ob der Anlass wichtig oder belanglos ist. Das ist ein weiblicher Defekt. Ute schimpft wütend los, wenn ich so etwas behaupte, aber das ist mir gleichgültig. Ich pfeife auf politische Korrektheit. Mutter hatte das gleiche Manko. Die Nationalsozialisten, die doch ständig die Bedeutung von Sekundärtugenden wie Sauberkeit, Gehorsam und Pünktlichkeit in die Mikrofone plärrten, haben mit letzterem bei ihr wenig Erfolg gehabt.

Auf dem gegenüber liegenden Fußgängerweg geht eine junge Frau. Sie ist schlank, trägt enge schwarze Jeans und ein ebenso eng anliegendes azurblaues T-Shirt. Ihr Gesäß ist gut geformt und ihre Brüste, so scheint es auf die Entfernung, ebenso. Im vollen schwarzen Haarwust steckt eine hoch geschobene Sonnenbrille. Der linke, mir zugekehrte freie Oberarm ist mit einer Arabeske tätowiert. Sie ist ein erfreulicher Anblick und verdrängt den Gedanken an Kraschert, der gerade gegen meinen Willen von mir Besitz ergriffen hat.

Es geht nichts über den Frühling. Im Mai zeigen die jungen Frauen mehr von ihren äußerlichen Vorzügen als im zurück liegenden harten Winter und in den darauf folgenden verregneten Wochen. Selbst die Studentinnen der Fachhochschule, die häufig dieselbe Buslinie wie ich benutzen, putzen sich heraus. Im Winter kamen sie unförmig verpackt und wie unscheinbare Mäuse daher, anscheinend kannten sie außer Schwarz, Dunkelbraun, Dunkelgrau und dem schmutzigen Blau ihrer Jeans keine anderen Farben. Allenfalls ein Schal war mal rot oder gelb. Jetzt geben sie zunehmend den Blick auf ihre Busen und Hintern frei und es sind durchaus sehenswerte darunter. Zumindest, wenn man, wie ich, nicht allzu anspruchsvoll ist.

Auch jetzt mit über siebzig gefallen mir hübsche Frauen. Früher hatte ich gemeint, Alter bedeute, nur noch mit stierem Blick, dumpfem Hirn, schlotternden Knien und nutzlos vor sich hin bammelndem Glied durch die Gegend zu tapern, ohne die dargebotenen weiblichen Reize wahrzunehmen. Von wegen!

Ich schaue die Frauen gerne an und auch hinter ihnen her. Dass nicht mehr drin ist als Gucken, ist mir klar. Ich tue es sehr dezent, um nicht dabei erwischt zu werden und mich lächerlich zu machen. »Schau mal, der alte Knacker, wie der unter meinen Rock zu schielen versucht!«, das möchte ich nicht hören. Schon seit etlichen Jahren werde ich zum Glück nicht mehr von plötzlichen Erektionen überfallen, wenn ich sehr dicht neben einer attraktiven Frau sitze, von der ein erregender Parfümduft ausgeht. Die Libido ist verpufft, ich bin mit meiner lauen Altmännererotik zufrieden.

Schade nur, dass die meisten jungen Frauen so schnell verblühen Gut aussehende Dreißiger- und Vierzigerinnen gibt es wenige in Luckendam. In Berlin ja, zumindest in den besseren Einkaufsgegenden, in der Friedrichstraße und am Hackeschen Markt zum Beispiel. Doch es ist selbst in diesen Gegenden viel Schrott unterwegs, vor allem unter den Touristinnen, wenn sie in ihren Flipflops Unter den Linden entlang watscheln und mit aufgerissenen Mäulern Waffeleis schlecken oder Döner hinunter würgen. Ute gehörte nach Überschreiten der Vierzig leider auch zu denen, denen man nicht mehr hinterher schaut.

Ganz anders Gabriele.

Manchmal überkommt mich der Wunsch, wieder jung zu sein, wenn ich hübsche Frauen sehe. Ich war in meiner Jugend nicht gerade der große Feger, habe zwar ab und zu Freundinnen gehabt, bin aber zumeist nicht sehr weit bei ihnen gekommen. Daran würde sich vermutlich nichts ändern, wenn ich jetzt jung wäre. So viel Ehrlichkeit muss sein. Also, was soll's! Ich war nicht der Typ wie mein Studienkollege Richard Steidengrien, der grundsätzlich alle Frauen, die ihm über den Weg liefen, anhaute und nichts dabei fand, sich haufenweise Körbe zu holen. »Mensch Gerhard, sei nicht so schüchtern. Wenn von zehn Weibern eine anspringt, reicht es doch!«, versuchte er mich aufzumuntern. »Man darf nicht wählerisch sein und keine verachten. Gerade die Hässlichen sind die dankbarsten.«

Nein, das war nicht mein Ding. Obwohl ich mich ärgerte, dass mein Berufskollege Karl Söfgen, dieser unglaubliche Schleimer, Erfolg bei den Frauen hatte. Angeblich hat er jede erreichbare Sekretärin und Sachbearbeiterin, die nicht bei drei auf dem Baum war, flach gelegt. Der Kerl, der mir am Ende die Karriere versaut hat.

Auch jetzt noch treffe ich auf solche Aufreißer. Der unscheinbare rundköpfige Hartwig Reder vom Historischen Verein, ein ehemaliger Musikagent, der von einer großen Erbschaft lebt, ist nur zehn Jahre jünger als ich, läuft aber ständig mit neuen Frauen durch die Gegend. Die Meisten sind jenseits der vierzig, ja fünfzig, und nicht besonders ansehnlich, aber hin und wieder ist auch ein Treffer dabei. Je älter er wird, desto häufiger wechselt er seine Begleiterinnen. Oder sie wechseln ihn. Wenn man sich mit ihm unterhält und es geht eine junge Frau vorbei, hört er nicht mehr zu und bekommt einen angespannten Gesichtsausdruck, so, als nähme er Witterung auf. In letzter Zeit kränkelt er, vielleicht wegen Überanstrengung. Das schöne Segelboot, mit dem er im Sommer die Frauen köderte, hat er verkauft.

Der Bus kommt. Ich bin immer noch der einzige Fahrgast an der Haltestelle und steige ein, nehme einen Fahrschein aus meiner Brieftasche und drücke ihn in den Entwerter. Ich kaufe die Scheine nie beim Busfahrer, sondern in einem Zeitungskiosk, und habe immer vier auf Vorrat. Wenn es weniger sind, werde ich unruhig. Eine Monatskarte lohnt sich für mich nicht. Im Schnitt würde ich für sie fünf Euro mehr als für

Einzelfahrscheine ausgeben. Ich habe ein halbes Jahr lang akribisch darüber Buch geführt.

Als der Bus bereits auf Touren gekommen ist, wird er halsbrecherisch von einem Sportwagen mit offenem Verdeck überholt. Es war Leo von der Sonnenbank, der da vorbei raste und den Bus nach dem Überholen gefährlich schnitt. Leo von der Sonnenbank, die Peinlichkeit in Person. Tatsächlich heißt er Leopold von Solinski, aber für Ute und mich trägt er diesen Spitznamen. Er ist etwa so alt wie der Frauenverbraucher Hartwig Reder, aber während dieser noch eine gewisse Seriosität ausstrahlt, ist Leo von der Sonnenbank nur grell. Er wohnt eine Straße weiter in einem Einfamilienhaus mit großem

Swimmingpool, ohne Familie, mit zwei Dobermännern und wechselnden, meist sehr blonden Gefährtinnen. Er ist zu jeder Jahreszeit solariumgebräunt, trägt ein Goldkettchen um den Hals und ein Toupet und läuft in betont jugendlicher, sehr bunter Kleidung herum, einer Kleidung, die normale Jugendliche niemals tragen würden. Er scheint es mit aller Macht darauf anzulegen, dem Klischee des nicht altern wollenden Schönlings, des unwiderstehlichen Wüstlings zu entsprechen, allerdings, wie mir scheint, bierernst und ohne jegliche Ironie. Einmal sind wir zusammen gejoggt, als wir uns zufällig im Wald trafen. Es hat mich schwer getroffen, dass ausgerechnet dieser Leo von der Sonnenbank, der bestimmt Viagra schluckt, schneller und ausdauernder war als ich und mich beim abschließenden Spurt weit hinter sich ließ. Die Natur ist manchmal sehr ungerecht!

Nur hundert Meter von Gabrieles Blumengeschäft entfernt laufe ich einem Mann über den Weg, der mich mit » Hallo, wie geht es Ihnen? « anspricht. Ich halte und antworte ebenfalls mit » Hallo! «, obwohl ich dieses unverbindliche Wort nicht mag. Der Mann kommt mir bekannt vor, aber ich kann ihn nicht einordnen.

Als ich ihn irritiert anblicke, sagt er: » Wir kennen uns von der Einwohnerversammlung her, ich saß hinter Ihnen. Das Tierheim, Sie erinnern sich? «

Mir dämmert es: » Oh ja, Herr ... «

»Carstensen!« hilft er mir, als ich seinen Namen nicht herausbringe.

»Selbstverständlich erinnere ich mich an Sie. Ich war gerade in Gedanken versunken und habe Sie nicht bemerkt«, lüge ich. »Ja, ja, das Tierheim.

Das lässt auf sich warten, wenn es denn überhaupt gebaut wird. Sie leben hier?«

»Ja, gleich um die Ecke. Wenn es Sie wundert: Meine alte Mutter wohnt in der Nähe des geplanten Tierheims, für sie bin ich zur Versammlung gegangen. Sie befürchtet, dass das Hundegebell bis zu ihr zu hören sein wird.« Er drängt sich nahe an mich heran, so, als wolle er mir den Weg versperren.

Es ist die Einwohnerversammlung, auf der am Ende jeder eine der ausgelegten Listen für oder gegen das Tierheim unterschreiben sollte. Ich habe es nicht getan. Ich unterschreibe grundsätzlich keine Listen. Auf Versammlungen nicht, wenn Unterschriften an der Haustür gesammelt werden nicht und auf Straßen schon gar nicht. Gleichgültig worum es geht, ob um den Schutz der Wale oder gegen das Glockengeläut am Sonntagvormittag, für neue Fahrradwege oder gegen den Abriss eines vergammelten Jugendtreffs, meinen Namen mit Adresse erhält niemand. Unterschriftensammlungen bewirken nichts, die Listen werden von den Adressaten scheinbar verständnisvoll entgegen genommen, vor allem wenn Presse anwesend ist, aber anschließend abgeheftet und vergessen. Außerdem wüsste ich nie, in welcher Gesellschaft ich mich am Ende wieder finden würde. Mit NPD-Genossen zum Beispiel. Unterschriftenlisten sollen andere unterschreiben, ich nicht.

Statt eine Informationsveranstaltung zu werden, geriet die Einwohnerversammlung zu einer heftigen, nicht zu bändigenden Protestversammlung. Dieser Carstensen hat wohl zweimal das Wort ergriffen und Unsinn geredet, welchen, habe ich vergessen. Auf jeden Fall wird er wegen seiner Mutter wie Gillhaupt gegen das Tierheim gewettert haben. Ja, jetzt sehe ich diesen Fünfzigjährigen mit der unförmigen Brille und dem Fünftagebart wieder vor mir. Der typische Choleriker. Als er sich in Rage geredet hatte, begann er zu stottern und jeden Satz zwei-, dreimal zu wiederholen. Ich verspüre keine Lust, mich mit ihm zu unterhalten, denn er würde wieder gewaltig vom Leder ziehen. Über die Stadtverwaltung, über die Landesregierung, über den bei der Versammlung anwesenden unsympathischen Landtagsabgeordneten Böllandt, über die Politik im Allgemeinen und über die Politik nach der Wende im Besonderen. Überall wird er Unfähigkeit, Missachtung des Bürgerwillens und Korruption beklagen. Ich rede gelegentlich ebenso, will es aber nicht von ihm hören. Außerdem möchte ich zu Gabriele.

»Schön, Sie wieder zu treffen, Herr Carstensen. Nehmen Sie es mir nicht übel, ich muss weiter. Ich muss zu einem wichtigen Termin«, versuche ich ihn abzuwimmeln.

Gabriele wartet auf mich, um mir eine Erpressung zu schildern und um mich vermutlich um Rat oder gar Hilfe zu bitten und ich soll mir hier diesen Quark über ein nicht existierendes Tierheim anhören!

»Schade, ich hätte gerne Ihre Meinung ...«

»Es tut mir leid, wirklich leid«, unterbreche ich und täusche Atemlosigkeit vor, um meinen Termindruck glaubhaft zu machen. »Sind Sie nicht Mitglied im Historischen Verein?«, frage ich, obwohl ich weiß, dass er es nicht ist. Der Verein hat nicht viele Mitglieder und da ich Vorsitzender werden will, habe ich alle Namen parat.

»Nein, das bin ich nicht.«

»Ich frage nur, weil wir uns dann heute Abend bei einem Vortrag hätten treffen können.«

»Schade. Na, denn ein anderes Mal«, sagt Carstensen enttäuscht, fragt aber noch: »Humpeln Sie? Mir war so. Haben Sie sich verletzt?«

»Nein, nicht dass ich wüsste. Tschüss!«

Carstensen wendet sich endlich zum Gehen. In Zukunft werde ich geflissentlich wegsehen, wenn ich ihm begegne, und bei Zurufen den Schwerhörigen spielen.

Vor dem Laden halte ich an und blicke durch die Schaufensterscheibe. Ich sehe Gabriele, aber sie sieht mich nicht. Sie ist damit beschäftigt, Topfblumen umzustellen, die auf dem Boden beiderseits der Ladentür stehen, und hat mir den Rücken zugekehrt. Sie ist anscheinend allein.

Die Zwanzigstunden - Kraft, die sie angestellt hat, hilft vor allem vor den Wochenenden aus und wenn Gabriele unterwegs ist. Vermutlich wird sie einen dieser Hungerlöhne erhalten, die in den Medien angeführt werden, wenn es um Mindestlöhne geht. Floristinnen und Friseurinnen stehen ganz unten auf der Lohnskala, und Floristinnen bekommen nicht mal Trinkgeld.

Hat Gabriele ein soziales Gewissen und zahlt sie mehr als sie müsste? Ich weiß es nicht, werde sie auch nicht danach fragen. Sie hat klein angefangen und dürfte sich daran erinnern, wie es ist, wenn man wenig Geld im Portemonnaie hat. Damals, als sie in einem Blumenladen mit dürftigem Angebot ihre Ausbildung begann, in einem dunklen, kaum zu lüftenden Souterrainladen, einer Bruchbude mit kleinen Fenstern und einer Treppe, deren Stufen völlig schief getreten waren. Gabriele hat mir den Raum einmal gezeigt. In ihr verkauft jetzt ein Vietnamese billige Frauenkleidung, Büstenhalter in unglaublichen Größen und scheußliche Hauspantoffeln. Sie hat, glaube ich, auch in einer Gärtnerei gearbeitet und nach der Wende kam sie im ersten Gartencenter der gesamten Umgebung unter, hat schwere Karren mit Erde, Gartengerät und - möbel geschoben und wurde nach kurzer Zeit, wir hatten uns gerade kennen gelernt, eine Art Abteilungschefin. Danach hat sie sich selbständig gemacht. Sie ist tüchtig, die Gabriele. Ein Energiebündel, das sich nicht die Butter vom Brot nehmen lässt. Ihr darf niemand dumm kommen. Darin gleicht sie ausnahmsweise Ute.

Warum sie den Floristikberuf ergriffen hat, kann ich schwer nachvollziehen. Sie hätte mehr erreichen können. Sie sagt, als sie jung war, hätte sie sich davon eine lockere, freie Lebensführung erhofft. Sie wollte in keinem Großbetrieb arbeiten, wo alles durch Kollektive und die Partei geregelt wurde und wo man nur klar kam, wenn man brav auf Linie blieb. Blumen waren in der DDR Mangelware und so ein Beruf musste doch, so glaubte sie, mit einem guten Renommee verbunden sein. Außerdem hat sie früh geheiratet, früh eine Tochter bekommen und kein Interesse an einer Fernausbildung verspürt. Mittlerweile istsie geschieden und Großmutter.

Gabriele richtet sich auf, dreht sich um und wischt sich eine blonde Locke aus der Stirn. Als sie mich sieht, lacht sie und macht eine einladende Handbewegung. Ich drücke die angelehnte Tür auf und warte, bis sie sich, immer noch lächelnd, die Gummihandschuhe ausgezogen hat. Wir geben uns die Hand.

Ich sage: » Guten Tag, hier bin ich «, und lächle zurück.

» Hallo, du kommst früh. Wie immer. Hast dich nicht geändert, aber das ist in Ordnung. «

Gabriele tritt einen Schritt zurück, um mich vorbei zu lassen. Ich hatte beabsichtigt, ihr einen beidseitigen Wangenkuss zu geben, wie das heutzutage Mode ist, wenn man ein weibliches Wesen trifft, wie zum Beispiel Herr Sarkozy die Bundeskanzlerin oder unser Oberbürgermeister, der jeder Frau, die ihm bei Empfängen in greifbare Nähe gerät und irgendwie von politischer oder kultureller Bedeutung zu sein scheint, links und rechts seinen Mundgeruch ins Ohr haucht. Aber das scheint Gabriele nicht zu wollen. So fällt die Begrüßung aus, als wäre ich ein Kunde, wenn auch ein guter. Der Liebhaber von früher ist passé und mittlerweile zweiundsiebzig Jahre alt.

Gabriele sieht immer gepflegt aus. Zwischen Arbeit und Freizeit macht sie keinen Unterschied. Im Gegensatz zu Ute, die im Haus in ausgebleichten Pullovern und ungebügelten Hosen herumschlappt. Gabriele ist ein erfreulicher Anblick. Die sportliche Kurzfrisur steht ihr gut, sie ist dezent geschminkt und trägt ein luftiges Sommerkleid mit einer grünen Schürze, die an ihr wie ein modisches Accessoire und nicht wie eine Arbeitsbekleidung wirkt.

Sie dreht das an der Tür hängende Schild » Vorübergehend geschlossen « so herum, dass es von außen zu lesen ist, und sperrt die Tür ab. » Gehen wir nach hinten, um diese Zeit kommen selten Kunden «, sagt sie und fasst mich am linken Oberarm, an dem sie mir vor Jahren blaue Flecken geschlagen hat, als sie mich aus ihrer Wohnung warf. » Dort lässt es sich besser reden. «

Der kleine Raum, den wir betreten, ist Arbeitszimmer und Lager zugleich. Das Rollo vor dem großen, leicht gekippten Fenster ist halb heruntergelassen und lässt das Sonnenlicht nur gedämpft herein. Im Zimmer stehen ein Tisch mit einem PC, zwei Stühle und an jeder Wand Regale, voll mit Aktenordnern und den Utensilien, die ein Blumengeschäft braucht, zusätzlich zu denen, die vorne im Laden bereit liegen. Packpapier in den verschiedensten Farben, Draht- und Schnurrollen, Werkzeug, Zeitungspapierstapel, Hölzer, Steine, Blumentöpfe, auf Besen reitende kleine Hexen aus Stroh, Terrakotta - Katzen und etwas, was ich Gabriele nie zugetraut hätte: Schubkarren schiebende Gartenzwerge. Es riecht aufdringlich, aber nicht unangenehm, nach Blumen und auch nach Gabrieles Parfum. Welche Blumen ich rieche, weiß ich nicht, dafür fehlt mir jegliches Unterscheidungsvermögen. Ob Rosen, Tulpen, Gerbera, Narzissen, sie riechen alle gleich, wenn sie denn überhaupt riechen, diese Gewächshauspflanzen aus den Niederlanden, der Türkei oder sonst woher. Sogar aus Israel und Kenia sollen Rosen eingeflogen werden. Ich reibe meine Nase. Sie ist groß, aber anscheinend ein unzulängliches Riechorgan.

»Kaffee?«, fragt Gabriele und hebt eine schwarze Thermoskanne einladend in die Höhe. Ich schüttle verneinend den Kopf. Sie schenkt sich eine halbleere Tasse randvoll ein und sagt: »Setz dich. Aber auf den braunen Stuhl. Er wackelt nicht.«

Der Stuhl steht dicht neben dem Schreibtisch mit dem PC. Auf ihm liegen ein Stapel Papier, anscheinend Rechnungen, Stifte, ein Notizbuch und ein Handy, mehr nicht. Er ist aufgeräumt wie mein Schreibtisch. Das gefällt mir.

»Wie geht es dir, was macht das Geschäft?«, will ich wissen. Ich nehme mir vor, sie nicht zu fragen, was sie von mir möchte. Damit soll sie anfangen. Sie will etwas von mir, nicht ich von ihr. Ihre Nähe erregt mich, wenn auch nicht besonders stark. Ich verspüre ein angenehmes, entspanntes Gefühl, aber es kribbelt nicht mehr wie früher. Wenn es denn Erotik ist, was ich fühle, so ist es eine bedächtige, genügsame, aber keine drängende Erotik.

Ich fühle mich von Gabriele angezogen, das schon, würde ihr gerne ganz nahe kommen und ihr doch noch einen Begrüßungskuss geben.

Ich lasse es aber lieber sein, will mir keine Abfuhr holen. Stattdessen versuche ich ihr Parfum einzuatmen. Zwei-, dreimal ganz tief, aber so, dass sie es nicht bemerkt.

»So lala«, antwortet sie. »Könnte besser laufen, aber ich habe mein Auskommen. Und du? Bist du nur Rentner oder tust du was?«

»Na ja, was Rentner halt so tun: Schriftverkehr erledigen, zum Friseur gehen, Nasenhaare schneiden, im Garten helfen, Klopapier einkaufen, das Auto säubern. Es plätschert dahin.«

»Was macht dein Historischer Verein?«

»Er ist nicht mein Verein. Ich bin einfaches Mitglied. Ich will allerdings Vorsitzender werden. Das weiß aber niemand.«

»Das warst du schon mal, wenn ich mich richtig erinnere.«

»Stimmt. Ich habe vor zwei Jahren die Lust verloren, es gab zu viel Ärger. Doch mein Nachfolger ist ein furchtbarer Wichtigtuer, den viele loswerden wollen. Man hat mich angesprochen, ob ich bereit wäre, erneut zu kandidieren. Ich habe es offen gelassen. Wenn ich in den Ring steige, will ich auf Nummer sicher gehen.«

»Das tust du immer.«

Das Vorsitzendenamt war mir damals lästig geworden. Ständig war jemand beleidigt oder hat mit seinem Austritt gedroht, oftmals wurde lauthals oder hinten herum über das Programm gemeckert, aber nichts Besseres vorgeschlagen, immer wieder musste ich Leuten hinterherlaufen und an Termine oder Versprechen erinnern. Es war das typisch deutsche Vereinsleben. Dazu kamen die lästigen Bittgänge zur Stadtverwaltung und möglichen Sponsoren, um Geld für Vorträge, Ausstellungen und Exkursionen zu erhalten. Wenn es gut ging, bekam ich ein paar Hunderter rübergeschoben, musste mir aber lange Vorträge über die schlechte Finanzlage des Gebers anhören. Ich war des Vereins überdrüssig und ließ es die anderen merken. Sie haben dann Wustermann, diesen öden Schwätzer, zum Vorsitzenden gewählt und mit Vorschusslorbeeren förmlich zugeschüttet. Aber er hält nicht, was er versprochen hat.

»Ich habe zu früh die Waffen gestreckt, beim zweiten Mal werde ich es besser machen.«, sage ich und hoffe, dass es wirklich so sein wird. »Jetzt kenne ich das Spiel. Ich will den Mitgliedern zeigen, wie es mit einer ruhigen, sachlichen Vereinsführung besser läuft als mit der unerträglichen Einmann - Show meines Nachfolgers. Heute Abend ist übrigens ein Vortrag.«

Dass ich vermutlich in Carsten Magendorf, einem vierzigjährigen Historiker, einen starken Konkurrenten haben werde, behalte ich für mich. Im Historischen Verein gibt es Mitglieder, die den Vorstand unbedingt verjüngen wollen, da passt Magendorf besser als ich ins Konzept. Zwar wäre er bestimmt kein Hauptgewinn, aber jung ist per se immer gut. Zum Glück ist der Frauenanteil im Verein gering, sonst hieße der Wahlspruch möglicherweise »jung und weiblich«, selbst im verknöcherten Historischen Verein Luckendam.

»Na ja, so genau will ich es mit dem Verein nicht wissen.« sagt Gabriele und schenkt sich noch mal Kaffee ein. »Ich kenne diesen Wustermann nicht, aber ich kenne dich. Du hörst dich auch gerne reden. Was hast du mich vollgequasselt! Am Anfang war es durchaus interessant und manchmal amüsant, aber mit der Zeit ziemlich ermüdend. Ich kam mir ständig wie eine Nachhilfeschülerin vor, der die Welt erklärt wird. Ich erinnere mich daran, wie du mir weismachen wolltest, im Rechtsstaat dürften Versicherungen unter bestimmten Umständen sogar die Leute bescheißen.«

Bevor ich darauf eingehen kann, springt Gabriele zu einem anderen Thema über.

»Ich war gestern in Berlin. Es war viel los auf den Straßen. Vor allem die Touristen aus dem Ausland waren unterwegs. Erinnerst du dich an unsere zwei, drei Berlinbesuche Anfang der neunziger Jahre? Du hast den großzügigen Gönner aus dem Westen gegenüber einer Landpomeranze gespielt.«

»Na ja, etwas geprahlt habe ich«, gebe ich zu und bin gespannt, wann sie endlich zum Thema Wolfgang Krenkloh kommt. »Ich habe halt den lockeren Mann von Welt gespielt, was ich nicht bin. In der DDR war der Kunde Bittsteller, nicht König, das weißt du besser als ich. Ich wollte dir das Gegenteil vorführen, dir zeigen, dass man auch Kellner in Schwung bringen kann und in Geschäften den Verkäuferinnen das Leben schwer machen darf, obwohl ich das sonst nicht gerne tue.«

Gabriele scheint vergessen zu haben, dass es für sie in Westberlin leichter war, Kleidung zu kaufen, wenn ich sie begleitete. Die überheblichen Westzicken getrauten sich zwar, ihr gegenüber herablassend aufzutreten, wenn sie alleine war, sie schienen es förmlich zu riechen, dass sie von drüben kam.

Aber mir gegenüber, der, in einem Sessel sitzend, den galanten älteren Herrn gab, umgarnten sie Gabriele wie charmante Kokotten einen Freier und sie zeigten, dass sie in der Lage waren, meine wesentlich jüngere Frau Gemahlin zur vollen Zufriedenheit zu bedienen.

»Was ich damals nicht merkte: Im Grunde genommen bist du ein Spießer, wenn auch ein harmloser«, sagt sie lachend.

»Hast du noch mehr Komplimente auf Lager? Ich dachte, du willst etwas von mir. Ist das die neue Methode, heikle Angelegenheiten einzuleiten? Eine Erpressung ist ja wohl heikel oder schlimmeres, meinst du nicht auch?« Meine angenehme Erregung ist verflogen, ich beginne sauer zu werden.

»Tut mir leid, es ist mir rausgerutscht. Ich habe es nicht so gemeint«, wiegelt Gabriele ab. »Glaube mir, du warst der erste angenehme Westler, dem ich begegnet bin. Du hast viel geredet, aber einem nichts aufschwätzen wollen. Die meisten, die gleich nach der Wiedervereinigung nach Luckendam herüberkamen, waren grässliche Typen. Versicherungsvertreter, Immobilienmakler, Rechtsanwälte und bankrotte Geschäftsleute, die die Ossis für Kongoneger hielten, denen der große, weiße Mann für ein paar bunte Glasperlen alles abluchsen darf. Dazu kamen die Ehemaligen, die abgehauen sind und jetzt ihre Hinterlassenschaften zurück haben wollten. Nein, so warst du nicht.«

»Das freut mich ungemein.«

Gabriele hat nicht unrecht. Es war im Osten so, wie ich mich an das Jahr 1945 erinnere, als die US-Truppen Bayern besetzten und ich noch ein Kind war. Dort waren wir in der Nähe von München bei Verwandten untergekrochen. Nach einer Odyssee durch ein in Auflösung begriffenes

Restdeutschland und inmitten von Flüchtlingstrecks, zusammen gewürfelten Truppenteilen und Tieffliegerangriffen zu Fuß, mit der Bahn und auf von Holzvergasern getriebenen Lastkraftwagen. Die US-Soldaten mit ihren komischen Topfhelmen und Gummi besohlten Schnürschuhen waren Menschen von einem anderen Stern. Selbstsicher, locker, großzügig und etwas unbedarft. Sie hatten von Deutschland keine Ahnung, staunten über alles Neue, kapierten vieles nicht und sie benahmen sich wie Sieger. Misstrauisch, gutmütig und arrogant zugleich. Vor allem hatten sie alles: Kaugummi, Schokolade, Konserven, Zigaretten, Coca Cola, all das, womit der Westen am 1. Juli 1990 im Osten die Ladenregale füllte, nachdem er die eingeführten Ostprodukte rigoros auf den Müll geschmissen hatte.

Da Gabriele immer noch keine Anstalten macht, das Gespräch endlich auf den Punkt zu bringen, tue ich es: »Also, was ist nun mit der Erpressung und mit deinem Wolfgang, mit deinem Lebensgefährten oder was er sonst ist?«, frage ich und richte mich auf, um der Frage Nachdruck zu verleihen. »Ich bin nicht nur zum Small Talk hergekommen. Schieß los.«

»Ich wollte nicht gleich mit der Tür ins Haus fallen, die Sache ist heikel. Sagen wir einfach, Wolfgang ist mein Freund. Allerdings nicht mehr lange, ich werde ihm den Laufpass geben. Anfangs ging es mit ihm gut, doch jetzt verlottert er mehr und mehr und ich kann nichts dagegen tun. Er trinkt, er raucht wie ein Schlot, er nimmt irgendwelches Mistzeug, um sich aufzuputschen. Er ist ein entfernter Verwandter von mir und war ein guter Freund meines verflossenen Mannes. Beide sind Automechaniker, rannten in ölverschmierten Klamotten herum und vergaßen oft, sich die Hände zu waschen. Deshalb hat mich sein nachlässiges Auftreten, als wir uns nach Jahren wieder trafen, nicht gestört, Hauptsache ich war gepflegt. Ich habe mich sogar amüsiert, wenn die Leute kopfschüttelnd hinter uns her glotzten und sich vermutlich das Maul zerrissen. Aber jetzt ist Schluss. Er liegt mir nur noch auf der Tasche.«

»Und was habe ich damit zu tun? Warum schmeißt du ihn nicht raus?«

»Ganz einfach: Er braucht dringend Geld, viel Geld und das will er von mir. Weil ich es ihm nicht geben kann, sollst du es tun. Er steht gewaltig unter Druck, hat sich verzockt und die Kerle, denen er das Geld schuldet, sind so 'ne Art Bandidos oder Hells Angels. Die verstehen keinen Spaß, wenn es um ihren Zaster geht. Die helfen schnell mit dem Messer oder Baseballschläger nach, um zum Ziel zu kommen. Fast jeden Tag steht was über sie in der Zeitung.

Wolfgang hat die Hosen gestrichen voll und wird alles tun, um aus der Bredouille zu kommen. Auch Ungesetzliches. Es geht um 25 000 Euro. Ein großer Happen, ich weiß. Wenn er sie hat, zahlt er seine Schulden und verschwindet aus meinem Leben. Das hat er versprochen.«

»Der spinnt wohl!«, rufe ich lachend und haue auf den Tisch. Ich lache, aber mir ist nicht danach zumute, weil ich spüre, dass da noch etwas nachkommt. »Warum sollte ich einem Ganoven Geld schenken, noch dazu eine derartige Summe! Wieso kommt er auf mich? Wie konntest du dich nur mit so einem Versager einlassen!«

»Schimpf nicht, das hilft mir nicht weiter. Ich möchte Wolfgang loswerden und ich möchte vor allem nicht in diese Sache hinein gezogen werden. Wenn die Bandidos oder Mafialeute - was auch immer sie sind - Wolfgang aufs Dach steigen, krieg ich auch was ab. Und nicht zu knapp. Die verwüsten mir die Wohnung oder das Geschäft, die nehmen mich als Geisel oder schneiden mir ein Ohr ab, was weiß ich.« Gabriele stoppt ihren Redefluss. Gegen Ende ist sie immer lauter und erregter geworden. Sie atmet einige Mal tief durch und fährt etwas ruhiger fort: »Du bist in die Sache verwickelt, ob du willst oder nicht, weil Wolfgang damit droht, deiner Frau, deiner Familie unser früheres Verhältnis zu stecken. Er will dich erpressen. Er glaubt, dass du klein beigeben wirst. Er ist dazu fähig, glaub mir. Er wird auch nicht davor zurück schrecken, es bei dir mit Gewalt zu versuchen.«

»Wie bitte?«, entfährt es mir und ich stehe auf. Es ist mir unmöglich, weiter ruhig sitzen zu bleiben, auch wenn das wie eine Theaterpose wirkt. »Er will mich erpressen? Du hast ihm über uns erzählt? Vielen Dank! Hast du gut gemacht. Aber zu einer Erpressung gehören zwei:

Jemand, der erpresst, und jemand, der sich erpressen lässt. Warum sollte ich darauf eingehen? Unsere Affäre liegt weit zurück und sie war nur kurz, das bekäme ich mit Ute bestimmt irgendwie geregelt. Wir leben im Jahr 2010 und nicht vor fünfzig Jahren. Das ist doch heutzutage keine Katastrophe.«

Ich weiß, dass ich den Mund voll nehme. Für mich steht einiges auf dem Spiel, das wird mir sofort klar. Auch wenn Ute die Angelegenheit schlucken sollte, was nicht sicher ist, so wäre mein Ruf in der Familie ruiniert. Weiter jedoch komme ich nicht mit meinen Überlegungen, sie werden von Gabriele unterbrochen.

»Gerhard, glaube mir, die Sache geht mir an die Nieren«, sagt sie mit theatralisch aufgerissenen Augen und ausgebreiteten Armen. Jetzt stehen wir uns wie in einem Bühnenstück gegenüber. Einem Schlechten, vermute ich mal. »Aber was soll ich tun? Von wo anders bekomme ich das Geld nicht. Und noch eines: Wolfgang weiß genau, dass mein Ruf beschädigt würde. Es bräche zwar nicht die Welt zusammen, wenn unser Verhältnis bekannt würde, aber die Art und Weise, wie die Leute es erführen, wäre höchst peinlich.«

»Erwartest du, dass ich zusage?«

»Eigentlich schon, es muss aber nicht gleich sein. Überlege es dir. Du würdest mir sehr helfen. Wenn es nicht 25 000 sein können, dann vielleicht ein kleinerer Betrag. 15 000, wäre das o.k.? Ich müsste versuchen, für den Rest einen Kredit zu bekommen. Ich habe allerdings noch einen laufen, das ist das Problem. Es wird nicht einfach werden. Außerdem bekäme ich das Geld nicht schnell genug.«

»Damit eines klar ist: Ich besitze keine Reichtümer. Für 25 000 Euro muss eine alte Frau lange stricken. Auch für 15 000. Ich habe weder geerbt noch krumme Geschäfte gemacht, nur mein Gehalt bekommen und jetzt meine Rente. Abgesehen davon, wer sagt dir denn, dass dein Wolfgang wirklich so viel verzockt hat? Es könnten doch auch nur 10 000 sein. Den Rest will er einschieben. Er ist ein Dreckskerl!«

»Ich weiß, ich weiß. Doch ist bin mir sicher, dass die Summe stimmt. Die Leute, die Wolfgang im Nacken sitzen, zocken um hohe Beträge.«

Plötzlich ist mir Gabriele nicht mehr sympathisch und sie ist auch nicht mehr hübsch. Sie ist eine Frau, der man ihr Alter ansieht und deren Gesicht außer Kontrolle geraten ist, weil sie Angst hat. Ihre Augen sind verkniffen, ihre Stirnhaare verschwitzt und ihre Hände gerötet. Ich will nur noch eines: Raus! Raus aus diesem engen Raum mit seiner schlechten Luft, raus und weg von dieser Frau. Und ich will nichts mehr über diesen Wolfgang hören. Von meiner Erbschaft wird Gabriele nie etwas erfahren.

Draußen klopft jemand laut und ungeduldig gegen die Schaufensterscheibe. Gabriele lugt durch die angelehnte Tür hinaus in den Laden.

» Oh, Frau Sadler! «, ruft sie. » Sie hat ein Blumengesteck bestellt, das sie unbedingt braucht. Wird sowieso Zeit, das ich aufschließe. «

» Na gut, ich gehe. «.

» Bitte noch nicht. Warte bis die Sadler fort ist, ich will nicht, dass wir so auseinander gehen. «

» Es ist doch alles gesagt. «

» Bitte! «

» Gut, ich bleibe. «

Als Gabriele den Raum verlassen hat, strecke ich mich. Das rechte Bein schmerzt. Nicht nur das Knie, der Schmerz zieht den Oberschenkel hoch. Ob ich nicht doch einen Arzt, einen Orthopäden aufsuchen sollte? Ungern. Der würde alle Geräte anschmeißen und langwierige Durchleuchtungen von allen Seiten vornehmen lassen, nur damit es Geld in die Kasse spült. Da ich privat versichert bin, lohnt es sich. Dafür wartet man bei dem alt eingesessenen Orthopäden in einem eigens für Privatpatienten frei gehaltenen und mit den neuesten Illustrierten und Geo - Magazinen ausgestatteten Raum. In Luckendam gibt es noch Reste der Klassengesellschaft.

Das schmerzende Bein ist nichts gegen die Wut, die ich auf Gabriele habe. Wie konnte sie mich nur in eine derart groteske Situation bringen! Wenn mein Seitensprung samt Erpressung herauskommt, bin ich bei Ute und der gesamten Familie unten durch, vor allem bei Sabine und Maximilian, mit denen ich am meisten im Clinch liege. Ich könnte mich nie mehr als das aufspielen, was ich gerne bin, korrekt bis in die Knochen. Und die Nachbarn, die im Verein und alle anderen Bekannten würden sich amüsieren, wenn sie es erführen. So etwas bleibt auf Dauer nicht unter der Decke. Vielleicht werden einige mich sogar für einen tollen Hecht halten, weil sie mir so etwas nicht zugetraut haben, aber dafür kann ich mir nichts kaufen. Sicher ist nur: Ich sitze so oder so in der Tinte. Zahle ich nicht, kriege ich Probleme, denn wie mir Gabriele die Sache schildert, wird Wolfgang nicht nur Ute aufklären, sondern auch gewalttätig werden, um zum Ziel zu kommen. Er ist trotz seines Alkoholkonsums stärker als ich. Zahle ich aber, dann verliere ich Geld und werde weiter erpresst, weil es so glatt gelaufen ist. Das ist so bei Erpressungen, das kennt man ja aus den Kriminalfilmen, und warum sollte sich ein Typ wie Wolfgang anders verhalten? Und seine Erpresser wiederum werden bestimmt rausbekommen, von wem er das Geld hat, und in mir eine fette Beute wittern.

Ich kann nur zwischen Pest und Cholera wählen. Trotzdem: Es muss doch möglich sein, Wolfgang so einzuschüchtern, dass er von seinem Vorhaben ablässt. Wie, weiß ich nicht, aber vielleicht fällt mir noch etwas ein.

Um mich abzulenken, blicke ich konzentriert auf die gerahmten Fotos, die auf dem gegenüber stehenden Regal zwischen einer Terrakotta - Katze und einer blauen, gesprungenen Vase aufgebaut sind. Da ist Gabriele auf ihrem Motorrad, fröhlich in die Kamera lachend, dahinter, klein und unscheinbar, ein Foto von Wolfgang, aufgenommen vor dem Roten Rathaus in Berlin. Ein eigenartiger Hintergrund. Auch hier sieht er unrasiert und ungepflegt aus, macht aber mit einem langen, roten Schal den Eindruck eines Bohemien und nicht eines versoffenen Automechanikers.

Daneben steht das Foto eines alten Paares, sie mit weißem, gewelltem Haar, er mit Vollglatze und buschigen Augenbrauen wie Jörg Schönbohm. Beide blicken ernst in die Kamera. Sicher Gabrieles Eltern. Von ihnen weiß ich nur, dass sie sich in der DDR vor allem um ihre Datsche kümmerten und um den Ruderverein, dem sie seit ihrer Jugend angehörten. Dann ist da noch ein großes Foto im Silberrahmen mit einer jungen dunkelhaarigen Frau und Zwillingsmädchen im Alter von etwa zehn, offensichtlich Gabrieles Tochter Janina mit ihren Kindern. Gabriele ist bereits mit Anfang vierzig Großmutter geworden, wie das in der DDR keine Seltenheit war. Wenn die Enkelkinder im vorgegebenen Tempo weitermachen, wird Gabriele bald Urgroßmutter. Ob ihr das bewusst ist, wie sie da entspannt auf ihrer schnellen Maschine sitzt, in Lederkleidung, den schwarzen Helm vor sich auf dem Tank?

Plötzlich wird es laut im Laden, sehr laut. Gabriele beschimpft einen Mann und der motzt zurück.

» Nein, du gehst da nicht rein, du verschwindest, aber schnell! «, keift Gabriele.

» Du hast mir gar nichts zu sagen! «, brüllt einen dunkle Männerstimme zurück. Offensichtlich die von Wolfgang.

» Ich mache mir einen Kaffee. «

» Aber nicht bei mir. Geh in deine Kneipe! «

» Halt den Mund! Ist jemand drin, den du vor mir verstecken willst? «

» Verschwinde! Ich sage es zum letzten Mal! «

» Papperlapapp! «

Die Tür wird aufgestoßen und im Rahmen steht Wolfgang. Er ist überrascht und starrt mich drei, vier Sekunden lang wortlos an. Dann beginnt er zu lachen. Erst lautlos, dann krächzend mit hüstelnden Unterbrechungen. Ich starre schweigend zurück und überlege krampfhaft, was ich tun soll, wenn er mir körperlich zu nahe kommt. Er ist etwas größer als ich und wirkt in seinem weit über den Hosenbund herabhängenden, schmuddeligen T-Shirt erstaunlich athletisch für einen Säufer. Seine sehr blauen Augen sind klar, er scheint nüchtern zu sein.

» Schau, schau, der Herr Nodlich «, ruft er, als er sich beruhigt hat. » Hat sich Gabi bei Ihnen ausgeweint? Hat sie mich schlecht gemacht? Ja, ja, ich bin ein Schwein. Und Sie werden auch ein Schwein, mein Sparschwein, wenn Gabi nichts ranschafft. « Er lacht wieder und schnippt mit den Fingern. » Mein Sparschwein! «

» Lass ihn in Ruhe! «, ruft Gabriele aus dem Hintergrund und versucht ihn weg zu ziehen. Doch er schlägt mit der rechten Hand nach hinten und sie lässt ihn los. »Du bist ein widerlicher Rüpel!«, ruft sie. »Das ist mein Laden, raus mit dir!«

»Lassen Sie mich durch«, sage ich so energisch, wie ich nur kann. Ich gehe mit zitternden Knien die drei Schritte, die uns trennen, auf Wolfgang zu. Völlig unerwartet macht er den Weg frei und tritt zurück in den Laden. »Es ist mir eine Ehre, Sie vorbeizulassen. Ich hoffe, wir werden Freunde.

Vergessen sie nicht, Freunde unterstützt man in der Not«, sagt er grinsend. Ärgerlich bemerke ich, dass er jetzt, wo er nicht schreit und hämisch lacht, eine angenehm sonore Stimme hat.

Als ich mich an ihm vorbeidränge, zischt er leise: »Wenn du nicht spurst, kracht es!« Ob es Gabriele gehört hat, weiß ich nicht. Sie öffnet den Mund, bringt aber keinen Ton heraus. An der Ladentür angekommen, drehe ich mich kurz um.

»Tut mir leid!«, ruft Gabriele. Sie will offensichtlich noch etwas sagen, aber da bin ich bereits aus dem Laden und kann sie nicht mehr hören.

Auf der gegenüber liegenden Straßenseite steht Carstensen auf dem Gehweg und blickt herüber. Er hat mir gerade noch gefehlt. Ohne auf ihn zu achten, stürme ich davon.

An der Kreuzung Kellermann-/Gitterstraße wechsle ich die Straßenseite, um auf direktem Weg nach Hause zu gelangen. Als die Ampel Grün anzeigt, gehe ich eilig hinüber und sehe, drüben angelangt, in einiger Entfernung den Landtagsabgeordneten Böllandt auf dem Gehweg stehen und mit einer Frau reden. Wenn ich jetzt jemanden nicht treffen will, so ist es Böllandt. Da ich an den beiden vorbei muss, laufe ich eng an den Schaufenstern der Geschäfte entlang und hoffe, nicht entdeckt zu werden. Aus den Augenwinkeln sehe ich, dass der dickliche Böllandt trotz des warmen Frühlingswetters wie üblich seinen dreiteiligen dunklen Anzug trägt. Die rotblonde Frau hat eine schreiend gelbe Bluse und einen weiten braunen Rock an. Neben ihr steht aufgebockt ein Damenfahrrad mit vollem Einkaufskorb und leerem Kindersitz. Sie fuchtelt heftig mit den Armen umher, während der Abgeordnete anscheinend geduldig zuhört.

Als ich bereits einige Schritte an den beiden vorbei bin, schreit Böllandt plötzlich: »Herr Nodlich, Herr Nodlich, hallo!«, und als ich anhalte und mich zu ihm wende: »Haben Sie einen Moment Zeit? Bitte warten Sie, ich möchte Ihnen unbedingt etwas sagen.«

Ich tue ihm den Gefallen, wenn auch widerwillig, und gehe zu dem Paar zurück. Böllandt ist Mitglied im Historischen Verein. Zwar lässt er sich nur bei Veranstaltungen sehen, die wegen eines interessanten Themas oder eines renommierten Referenten die Presse anlocken, aber er hat Einfluss auf die seiner Partei nahe stehenden Mitglieder. Er soll ein gutes Wort für mich einlegen, wenn ich für den Vorsitz kandidiere.

Ich stelle mich seitlich von den beiden auf, um das Gesprächsende abzuwarten. Will Böllandt sich, wie es Politiker tun, nur in Erinnerung bringen und zeigen, dass er mich, einen potenziellen Wähler, erkannt hat und meinen Namen weiß, oder will er mich für irgendetwas einspannen oder zu einer Sache aushorchen? Gleichgültig was es ist, heute kann mich nichts mehr schrecken.

Es lässt sich nicht vermeiden, dass ich das Gespräch mitbekomme.

»Frau Kranzberger, ich nehme mich der Sache an«, höre ich Böllandt mit gequälter Stimme sagen. »Ich habe es versprochen und wenn ...«

»Dafür kann ich mir nichts kaufen!«, unterbricht ihn die Frau in harschem Ton. »Versprochen haben Sie viel, aber gehalten nichts. Rein gar nichts.

Wir Anwohner haben jahrelang still gehalten, aber jetzt nicht mehr, und wenn Sie ...«

»Sie wissen doch genau so gut wie ich, dass dies eine Bundesstraße ist und dass ...«, versucht Böllandt erneut zu Wort zu kommen, aber die Frau schneidet es ihm sogleich wieder ab: »Lassen sie mich ausreden, das weiß ich alles. Aber niemand hat uns Anwohnern bisher überzeugend erklärt, warum wir für die Verlegung eines Lärm mindernden Straßenbelags zur Kasse gebeten werden. Bei einer Bundesstraße! Anscheinend muss ich mich noch mal wiederholen ...«

Worum es geht, kenne ich aus der Zeitung. Die Bundesstraße, die durch einen Ortsteil Luckendams führt, besteht in diesem Bereich seit DDR-Zeiten aus schlecht verfugten Betonplatten, die einen erheblichen Krach erzeugen, wenn über sie der Verkehr hinwegdonnert. Seit Jahren versucht eine Bürgerinitiative dagegen vorzugehen. Sie will die Umleitung des Lastwagenverkehrs, zumindest aber einen anderen Straßenbelag erreichen. Die Frau redet wie ein Wasserfall und unterstreicht ihre Worte mit eigenartig unkoordinierten Armbewegungen. Sie rechnet Böllandt die Anzahl der am Tag vorbeifahrenden Autos vor und macht Kreise in der Luft. Sie schildert ihm, wie die Lastkraftwagen mit kreischenden Kupplungsgeräuschen und schrillen Bremsvorgängen die Anwohner erschrecken und teilt Boxhiebe in Richtung seines nicht zu übersehenden Bauchs aus.

Böllandt scheint zu merken, dass er gegen die Frau nicht ankommt, und sagt eine Weile nichts mehr. Er verzieht sein Gesicht zu einem sanften, geduldigen Lächeln, das zeigen soll, dass er durchaus Verständnis für die Kümmernisse und Wünsche der Basis hat, aber dass letztendlich nur er weiß, was geht und was leider nicht geht.

Ich werde im Gegensatz zu ihm ungeduldig. Auch wenn ich Böllandt für mich einnehmen will, so gibt es doch Grenzen. Ich gebe ihm noch zwei Minuten Zeit, wenn er bis dahin das Gespräch mit dem geifernden Weib nicht beendet hat, gehe ich.

Da unterbricht die Frau ihren Redefluss, so als hätte sie mein Ultimatum gehört, und fragt: »Und was macht die Untersuchung zur Entlastungsstraße im Norden?«

»Wie bitte?«, fragt Böllandt zurück. Anscheinend hatte er geistig abgeschaltet.

»Die Entlastungsstraße! Was ist mit ihr? Sie würde das Problem mit den Lkw zum Teil lösen.«

»Liebe Frau Kranzberger, das ist schwierig. Dann beschweren sich die Anwohner im Norden.«

»Ich bin nicht Ihre liebe Frau. Sollen sie sich beschweren, wenn wir nur unsere Ruhe bekommen, das will ...«

» Aber ... «

» Ich weiß, dort oben wohnen Leute, die Sie wählen sollen. Die dürfen nicht vergrätzt werden. Meinen Sie, Sie würden von uns gewählt, wenn Sie uns im Stich lassen? «

» Ich habe ihnen doch versprochen ... «

» Blabla. Damit kommen Sie bei uns nicht durch. «

Doch da geschieht ein Wunder. Die Frau ruft: » Oh je, ich muss nach Hause, ich erwarte einen Handwerker! « Sie packt hastig ihr Fahrrad und haut resolut mit dem Fuß den einklappbaren Ständer nach oben. » Herr Böllandt, sie hören von mir! «, droht sie noch, dann tritt sie kräftig in die Pedale und fährt mit aufgeblähtem Rock auf dem Gehweg davon.

Böllandt blickt ihr erleichtert nach. Er holt ein tiefrotes Taschentuch hervor und wischt sich über die schweißnasse Stirn.

» Uff, das war ein schwieriges Gespräch «, wendet er sich Verständnis heischend an mich. » Tut mir leid, es hat ein wenig länger gedauert. «

» Ein etwas einseitiges Gespräch. « Die Bemerkung kann ich mir nicht verkneifen.

» Finden Sie? Man muss die Leute reden lassen. Was meinen Sie, was ich mir im Verlaufe eines Tages so anhören muss? In meinem Bürgerbüro oder an einem Informationsstand wie heute Morgen auf dem Goetheplatz. Ich ... «

» Ich habe nicht viel Zeit «, unterbreche ich. Ich will seine Leidensarie nicht hören. Jetzt ist er es, der nicht zu bremsen ist.

» Nur ganz kurz, Herr Nodlich, nur ganz kurz. Ich bin Landespolitiker, soll aber gefälligst etwas zu den Hundehaufen auf der Hauptstraße und dem voll gesauten Luckenbach sagen. Und dann war da eine Frau mit einem Baby vor der Brust und einem etwa zweijährigen Kind in der Karre, die war noch aggressiver als die Kranzberger. Die hat mich angegiftet, weil ich die Gründung einer reinen Jungenschule unterstütze, und mir doch tatsächlich ins Gesicht geschrien, ich sei ein unausstehlicher Reaktionär. Und das mir, der sich so für den Jugendclub in der Zetkinstraße einsetzt. Und dann der alte Odolke, Sie kennen ihn sicherlich, er hat mich angegriffen, weil ich gegen die Förderung des Karnevalvereins bin, in dem der Oberbürgermeister als Ehrenkarnevalist das große Wort führt. Sachen gibt es, Herr Nodlich, Sachen, die Sie sich nicht vorstellen können. Der OB aus dem drögen Vorpommern als Karnevalist!«

»Aber er ist nicht so maulfaul wie die indigenen Pommeraner«, werfe ich ein. »Quatschen kann er.«

»Stimmt. Wenn er zu den Kleingärtnern über Rosenzucht reden soll, aber mal wieder keine Ahnung hat, dann kommt er geschickt auf die Zucht im Allgemeinen zu sprechen und endet bei der Hundezucht oder der Stadtentwicklung in den Randgebieten, Dinge, von denen er wenigstens etwas Bescheid weiß. Die Leute merken es nicht einmal und wenn ich dabei bin, muss ich mir den Blödsinn auch noch widerstandslos anhören. Na ja, wenigstens ist er nicht von meiner Partei.«

»Es zwingt Sie niemand, Abgeordneter zu sein«, werfe ich ein und warte darauf, dass er mir endlich sagt, was er will.

»Ja, ja. Es gibt ja auch angenehme Dinge. Kürzlich das Prominentenschwimmen im Zentralschwimmbad zum Beispiel. Ich bin in der Landtagsstaffel mitgeschwommen und habe über meine Leistung gestaunt. Mein Kraulstil war beachtlich, wenn ich das, ohne eitel zu sein, sagen darf. Wenn meine Badehose auch etwas eng geworden ist.« Böllandt lacht und klopft sich kokettierend auf den Bauch.

»Herr Böllandt, ich muss weiter. Sie wollten mich sprechen.«

»Ach ja! Ich hatte nach der Frau Kranzberger eine kleine Auszeit nötig. Es geht um das Luisenschlösschen. Ich bedauere außerordentlich, dass gerade Sie, den ich sehr schätze, im Historischen Verein meine Aktivitäten für dieses Projekt herabgesetzt haben. Wie können Sie mir das antun, mir, der ich dieses Kleinod gegen den Widerstand der linken Schreiberlinge, der unwilligen Landesregierung und der unfähigen Denkmalschutzbehörde wieder zum Glänzen gebracht habe? Ich habe von Ihnen Verständnis dafür erwartet, dass das heruntergekommene Schloss nur mit dem Anbau gerettet werden konnte, in dem daran erinnert wird, was dort im 3. Reich geschah.«

Was im 3. Reich geschah, weiß ich: Im Schlösschen hatten im Auftrag von Hermann Göring Kunstsachverständige und Kunsthändler von

Trinkgelagen begleitete Besprechungen abgehalten, wie man am effektivsten an die Kunstschätze der im Krieg besetzten Gebiete herankomme, um sie anschließend ohne Federlesens ins Deutsche Reich und vor allem nach Carinhall zum Herrn Reichsmarschall zu verfrachten.

»Ich habe nichts gegen einen modernen Anbau aus viel Glas«, wiegle ich ab. »Ich habe nur behauptet, die Ausführung sei unbefriedigend ausgefallen und es sei ein Skandal, dass etliche der großen Fensterscheiben beim ersten Sturm zu Bruch gegangen sind.«

»Aber bin ich dafür verantwortlich? Das ist die Schuld der Stadtverwaltung und des von ihr beauftragten Baukonsortiums. Ja, die Stadtverwaltung ist unfähig, aber wenn Mist gebaut wird, werden erst einmal wir Politiker angegriffen. Finden Sie das gerecht?«, stöhnt er theatralisch und schaut mich um Zustimmung heischend an. Ich reagiere nicht, warte ab, ob er noch etwas sagen will.

»Na ja, die Verwaltung kann mich sowieso nicht leiden«, fährt er fort und kratzt sich heftig am Kinn. »Vor allem dieser Krexnot, der Kämmerer. Weil ich mich für den Luckendamer Kunstverein, das Kindertheater ›Federball‹ und sogar für die autonome Frauentanzgruppe stark gemacht habe, damit sie in Zukunft wie andere Kultureinrichtungen finanziell gefördert werden und Planungssicherheit bekommen. Die sind dem Herrn zu modern und aufmüpfig. Ich habe ihm kräftig die Meinung gesagt, das dürfen Sie mir glauben. Allerdings, ganz im Vertrauen unter uns, Herr Nodlich, kann ich mit der Ausstellung des Kunstvereins ›Das Element Wasser‹ in der Remise am Schloss nichts anfangen. Ein Bild ist nur schwarz wie die Nacht mit einer blauen Schlangenlinie in der Mitte und eines zeigt eine nackte Frau, die sich anscheinend die Haare wäscht. Was soll das? Ich habe dem Vereinsvorsitzenden trotzdem gesagt, ich hielte die Ausstellung für gelungen. Bin ich deshalb ein Heuchler?«

»Nein, natürlich nicht«, beruhige ich ihn, obwohl ich annehme, dass es mit seiner Hilfestellung für die kulturellen Einrichtungen nicht weit her ist, er nur schwadroniert. Er glaubt, schon modern zu sein, weil er Monet gut findet. Und mit dem Schlösschen, da hat er unrecht. Nicht nur die

Ausführung des Baus war Pfusch, sondern bereits die Planung und da hatte er ständig seine Hände im Spiel gehabt, mit der Begründung, nur er kenne sich mit den Fördermitteln aus und nur er könne als gelernter Historiker das Projekt kompetent begleiten. Ich mache trotzdem einen Rückzieher: » Das, was Sie jetzt gesagt haben, ist genau meine Meinung. Es war ein Fehler, der Stadtverwaltung zu viel Spielraum zu lassen. Herr Böllandt, nichts lag mir ferner, als Sie persönlich anzugreifen. «

Ich hoffe, mich genügend eingeschleimt zu haben und tatsächlich nimmt er den Ball auf. » Dann sind wir uns ja einig, wunderbar. Es wäre schön, wenn Sie bei einer etwaigen erneuten Diskussion diese Position mit allem Nachdruck vertreten würden. «

» Aber ja! «, bekräftige ich ohne Skrupel, weil am Sachverhalt nichts mehr zu ändern ist. Das Schloss samt Anbau steht und mit der Zeit gewöhnt man sich an alles.

» Wir haben doch Probleme, die vordringlicher sind, nicht wahr? «, beendet Böllandt das Thema. » Das Tierheim gehört dazu. Sie waren doch damals wie ich bei der Einwohnerversammlung anwesend. Ganz im Vertrauen: Ich mag sie nicht, diese Versammlungen. Sie müssen sein, ich weiß, ich weiß, aber ich hasse sie, wenn der Saal gerammelt voll ist und des Volkes Seele kocht. Furchtbar! «

Ja, so war es gewesen. Als die Beigeordnete, die die Versammlung leitete, zu beschwichtigen und etwas in Ruhe zu erklären versuchte, da wurde erst recht rabiat gebrüllt. Aus Jux und Tollerei und weil es wunderbar war, die Verwaltung vorzuführen. Als man sich etwas beruhigt hatte, kam wie üblich die Stunde der Rentner, die seit Beginn der Veranstaltung ungeduldig hin- und her rutschend auf eine Gelegenheit gelauert hatten, endlich loslegen zu dürfen.

Sie zitierten aus Leserbriefen und jüngsten Beschwerdeschreiben und Eingaben an den Oberbürgermeister und den Ministerpräsidenten und wenn sie sich verhaspelten, begannen sie alles noch einmal ganz von vorne, oft am Mikrofon vorbei redend, sodass sie kaum zu verstehen waren. Ich hoffe, nicht wie diese Rentner zu sein, bin mir aber nicht sicher.

» Ich konnte mich anfangs zurückhalten und die Verwaltung das

Gefecht führen lassen«, sagt Böllandt. »Doch als ich mich zu Wort meldete, wurde ich ausgezischt, weil ich eine Überprüfung durch außen stehende Gutachter, einen Beirat anregte. Das hätte die Kuh vom Eis gebracht, nicht wahr?«

»Ja«, sage ich, obwohl ich nicht dieser Meinung bin. Beiräte hat die Stadt zu Genüge, ich habe mal gehört, über einhundertzwanzig. Ich frage mich, ob er vergessen hat, dass ich einer dieser ihn nervenden Rentner gewesen bin, auch wenn ich nicht aus Leserbriefen und Eingaben zitiert habe. Sagt er es aus Höflichkeit nicht? Ich habe wenig Beifall bekommen und Gelächter geerntet. Sicher auch von Kraschert, dem ehemaligen Bergsteiger und unliebsamen Nachbarn. »Ich muss jetzt wirklich weiter. Wir sehen uns heute Abend zum Vortrag?«

»Leider nicht«, bedauert Böllandt. »Es wäre bestimmt höchst interessant, den Botschafter von Liechtenstein über sein Land und seine Geschichte reden zu hören. Ich muss zu einem wichtigen Termin in Berlin.«

Es muss dies tatsächlich etwas Wichtiges sein, wenn er sich einen Vortragsabend entgehen lässt, bei dem mit Sicherheit Presse, möglicherweise sogar die überregionale, anwesend sein wird. Außerdem ist anschließend ein Buffet vorgesehen. Böllandt isst und trinkt reichlich, wenn es nichts kostet. Einmal hat er sich Würste für seine drei Hunde einpacken lassen. Was zu einer Satire in den »>Märkischen Neuesten Nachrichten« geführt hat.

Beinahe hätte ich vergessen, wegen dem Vereinsvorsitz vorzufühlen. »Wir wählen bald einen neuen Vorstand. Werden Sie zur Verfügung stehen?«, frage ich möglichst beiläufig.

»Ich? Nein. Ich glaube, Magendorf als Vorsitzender wäre eine gute Wahl. Er ist jung und vom Fach wie ich. Hat sich noch ein Bewerber gemeldet?«

»Mir ist nichts bekannt. An mich sind einige Mitglieder heran getreten, ob ich zu einer Kandidatur bereit wäre.«

»Ja, kandidieren Sie, Herr Nodlich, kandidieren Sie!« ruft Böllandt fröhlich und klopft mir aufmunternd auf die Schulter. »Konkurrenz ist immer gut. Magendorf soll es nicht zu einfach haben.«

Fünftes Kapitel

Um 18 Uhr 30 bin ich zum Vortragsabend des Historischen Vereins aufgebrochen. Mit schlechtem Gewissen. Als ich von Gabriele zurückkam, wollte Ute mir etwas sagen, ich weiß nicht was, vielleicht eine neue Variante zum Erbschafts - Dauerstreit. Ich habe sie sofort angeherrscht, sie solle mich verdammt noch mal in Ruhe lassen, bin hoch ins Arbeitszimmer und habe mich eingeschlossen. Ich wollte nichts hören. Nichts über Sabine oder Peter, nichts über die Nachbarn oder andere Dinge und sei es nur die Frage, ob sie mir einen Kaffee machen solle. Sie hat mir nachgerufen, ich benähme mich wie ein Müllkutscher, ist aber diesmal nicht hoch vor das Arbeitszimmer gekommen, um an die Tür zu klopfen und mich anzusprechen oder anzuschreien. Nach einer Weile ist sie mit dem Auto weg gefahren, im laut aufjaulenden ersten Gang, und war noch nicht zurückgekommen, als ich losging. Auf die Idee, sie mit dem Handy anzurufen, das nutzlos in der Schreibtischschublade herumliegt, um mich zu entschuldigen, bin ich nicht gekommen.

Zu Fuß dauert es gut eine halbe Stunde bis zur Volkshochschule, wo die Veranstaltung stattfindet. Ich habe Zeit. Der Vortragsbeginn ist wie üblich auf 19 Uhr 30 angesetzt, was jedoch 19 Uhr 45 oder später bedeutet. Einige Mitglieder, es sind stets die gleichen, bequemen sich erst nach langen Gesprächen im Foyer zum gemächlichen Einrücken in den Saal.

Wustermann, der gern den energischen Vorsitzenden mimt, getraut sich nicht, ohne sie anzufangen. Sie könnten es übel nehmen und als Reaktion dem nächsten Vortrag fernbleiben und die zumeist geringe Besucherzahl noch mehr verkleinern. Eine Blamage vor einem eigens angereisten Referenten, die Wustermann nicht riskieren will. Auch befürchtet er wohl, eine Missachtung der Nachzügler könne ihr Verhalten zu seinen Ungunsten beeinflussen, wenn er sich nochmals zu Wahl stellt, was ich stark annehme. Ich jedenfalls habe in meiner Zeit als Vorsitzender immer auf pünktlichen Beginn geachtet, auch wenn dies manchen nicht passte. Luckendam liegt im ehemaligen Preußen und damals waren derartige Sekundärtugenden groß geschrieben.

Die meisten Gehwege in dieser Gegend sind so breit, dass ich nicht durch die Radfahrer gefährdet werde, die auf ihnen ohne Rücksicht auf Fußgänger entlang brettern, weil sie nicht auf den holprig gepflasterten Straßen durchgeschüttelt werden wollen. Am kräftigsten treten die Frauen in die Pedale, auf deren Gepäckträger ein leerer Kindersitz klappert. Sie haben es immer eilig.

Ich versuche entspannt dahin zu schlendern und mich an den jungen Frauen zu erfreuen, die mit bloßen, glatten und gelegentlich schon gebräunten Beinen und freizügigen Dekolletees lässig in den Straßencafés sitzen, über die Luckendam mittlerweile in größerer Anzahl verfügt.

Das lenkt ab. Ich will nicht an den leidigen Erbstreit denken und schon gar nicht an Gabriele und ihren Wolfgang und die mögliche Erpressung. Ich habe es zu Genüge nach meiner Rückkehr zu Hause getan. Ich habe mir Utes Reaktion vorgestellt, wenn ich diesem Wolfgang zuvor käme und ihr meinen uralten Ehebruch beichtete. Was würde sich in ihren Gesichtszügen widerspiegeln? Unsicherheit, Ungläubigkeit, Entsetzen, Wut, Verachtung? Was wären ihre ersten Worte? »Das ist doch Unsinn!« oder »Machst du einen Witz?« Vielleicht auch »Warum rückst du erst jetzt damit heraus?« oder entrüstet »So eine Schweinerei habe ich dir schon immer zugetraut!« Sie könnte aber auch völlig überraschend sagen: »Das weiß ich schon! Ich bin dir vor Jahren auf die Schliche gekommen! Halte mich nicht für blöd, nur weil ich dich nicht zur Rede gestellt habe.« Vorstellbar wäre auch »Was sollen die Kinder von dir denken!«. Und was geschähe dann? Würde sie ruhig sitzen bleiben und zuhören oder wütend aufspringen und aus dem Haus laufen oder würde sie mir eine runterhauen und schreien: »Ich bringe dich um!«?

Vor Jahrzehnten habe ich in einem französischen Film gesehen, wie eine Frau zufällig in der Kleidung ihres Mannes einen Hinweis findet, dass er fremdgegangen ist. Sie nimmt ohne zu zögern ein Jagdgewehr, verbirgt es unter ihrem Mantel und marschiert schnurstracks zu dem Café, in dem ihr Mann Kaffee trinkt und die Zeitung liest. Ohne ein Wort zu sagen, erschießt sie ihn und der Film ist zu Ende. Ein ähnliches Verhalten schließe ich bei Ute aus, nicht nur, weil sie nicht weiß, dass ich eine Waffe in meinem Schreibtisch versteckt habe.

Nach einer Weile habe ich diese Gedankenspielereien sein lassen, sie führten zu nichts. Stattdessen dachte ich angestrengt darüber nach, welche Wege es geben könnte, um mich aus meinem Dilemma zu befreien. Mir fiel nichts ein. Als Ute weggefahren war, habe ich Gabriele angerufen. Sie war kurz angebunden, meinte nur, mir bliebe nicht viel Zeit, um mich so oder so zu entscheiden.

» Wolfgang wird etwas unternehmen, was, weiß ich nicht « , sagte sie. » Als du weg warst, hat er sich königlich amüsiert und gemeint, es habe ihm unwahrscheinlich gut getan, dir einen Schrecken einzujagen. Er will dich nicht lange zappeln lassen, sondern bald zuschlagen. Außerdem sind 25 000 für ihn nicht das Ende der Fahnenstange, er will mehr aus dir herauspressen und er wird dir keine Zeit zum Taktieren lassen, damit er schnell seine Spielschulden begleichen kann. Ihm ist jedes Mittel recht, um aus der Klemme zu kommen. Tut mir leid, so hat er sich ausgedrückt. «

» Und was hast du getan? «

» Ich habe ihn rausgeworfen. Ich wollte ihm auch meine Wohnung verbieten, habe es aber nicht getan. Dazu ist es noch zu früh, er läuft sonst vielleicht Amok. Ich hätte nicht geglaubt, dass er zu Gewalt fähig ist. Aber es scheint so zu sein. «

» Ich zahle nicht. «

» Lass uns noch einmal in Ruhe darüber reden. «

Jetzt bin ich so schlau wie zuvor. Ich versuche meine Lage wie die Militärs zu bewerten, die haben Begriffe wie Haupt- und Nebenkriegsschauplatz. Dem Hauptkriegsschauplatz muss die Hauptanstrengung gelten, während auf dem Nebenkriegsschauplatz hinhaltend gekämpft werden darf. Es sei denn, man entschließt sich, diesen zuerst mit einem Schlag zu bereinigen, um sich anschließend ungestört und mit aller Kraft dem Hauptkriegsschauplatz zuzuwenden. Doch wie ist es bei mir? Ist der Streit um die Erbschaft hauptsächlich und die Erpressung nebensächlich oder ist es umgekehrt oder, was noch vertrackter wäre, sind beide von gleicher Bedeutung? Wenn ich das Hin und Her mit Sabine und Peter beende und das Geld zusage, wird dann meine Position bei der Erpressung besser? Oder, wenn ich Wolfgang das Geld gebe und weitere Erpressungsversuche riskiere, aber dafür bei Sabine und Peter mauere, ist das günstiger für mich?

Immerhin geht es bei den Kindern um eine viel höhere Summe, und es wäre möglich, dass auf diese Weise Ute nichts von meinem Ehebruch erfährt. Eine verzwickte Lage, bei der mir das Militär anscheinend auch nicht weiterhelfen kann. Auch der Luckendamer Ehrenbürger Hindenburg nicht. Der hatte im Jahr 1914 nur einen Kriegsschauplatz, nämlich Ostpreußen. Ein Königsberger Opa von mir war bei der Schlacht von Tannenberg dabei, ist aber nie zum Schuss gekommen, sondern nur tagelang durch endlose Wälder marschiert. Eines Nachts hat es Alarm gegeben, aber statt feindlicher Russen brachen Wildschweine durchs Gehölz.

Schade, dass ich keines der Probleme aussitzen kann.

Wenigstens hat mich Kraschert vor einigen Minuten beim Weggehen nicht beleidigt. Was mich überrascht, ja fast enttäuscht hat, denn das entspricht nicht dem Bild, das ich von ihm habe. Der Grill qualmte und aus seinem Garten klangen raue Männerstimmen herüber, aber die Musik war nicht eingeschaltet und der befürchtete Westwind, der den Rauch vom Grill und vom Lagerfeuer zu uns hätte wehen können, war anscheinend eingeschlafen.

Mir wird warm, obwohl die Abendkühle bereits eingesetzt hat. Das kommt von meiner Kleidung. Ich trage einen grauen Anzug mit Krawatte und mit einem Hemd, das am Hals zu eng ist. Ich bin immer komplett angezogen, wenn ich abends das Haus zu einer Veranstaltung verlasse, nicht nur, wenn es zum Verein geht. Das ist bei uns Alten nicht mehr selbstverständlich. Heute Abend werden mit Sicherheit welche im Pullover oder nur im Hemd kommen, auch wenn der Botschafter von Liechtenstein erwartet wird. Der stellvertretende Direktor des Geschwister-Scholl-Gymnasiums kam beim letzten Mal im T-Shirt und trug zu den Jeans einen breiten, metallbeschlagenen Gürtel, den er wohl von seinem Sohn ausgeliehen hatte. Wenn das mein Vater noch mitbekommen würde, er wäre entsetzt. Auf allen Fotos, ausgenommen der Urlaubsbilder, ist er im Dreiteiler zu sehen und im Freien mit Hut. Selbst, wenn er ausnahmsweise mal ein Fußballspiel ansah oder mit Bekannten Skat spielte. So war das früher. Wenn die Alten heute wenigstens nur bei Kaffeefahrten und Seniorennachmittagen schlampig herumliefen. Aber nein! Peter hat eine Zeit lang, als er den absoluten Tiefpunkt seiner turbulenten Berufslaufbahn erreicht hatte, gemeinsam mit einem Busunternehmer solche Ausflüge organisiert. Es wird nicht vornehm zugegangen sein, wenn sie den alten Leuten Heizdecken und Schnellkochtöpfe zu überhöhten Preisen angedreht haben.

Auf dem Gehweg der Gegenseite hinkt ein Mann mit struppig weißem Haar an der Adventskirche vorbei. Ich kenne ihn nur vom Sehen, weiß nichts über ihn. Doch ich bin überzeugt, er ist alleinstehend, wie manche der alten Männer, denen ich in der Stadt immer wieder begegne und die mir wie alte Bekannte vorkommen. Sie tragen fast ausnahmslos abgewetzte und unpassend zusammengestellte Kleidungsstücke, was nicht bedeutet, dass sie arm sind. Vielleicht glauben sie, ein Neukauf lohne sich nicht mehr. Hätten sie eine Ehefrau, selbst wenn sie sehr alt, ja vielleicht sogar hinfällig wäre, oder hätten sie Kinder, die im Haus oder in nächster Nachbarschaft lebten, die alten Männer liefen nicht mit ungebürsteten, von Schuppen bedeckten und zerknitterten Anzügen und Mänteln herum und wären im Winter nicht zu sommerlich und in der warmen Jahreszeit nicht zu unförmig wie Gillhaupt angezogen. Und ihre Schnurrbärte wären nicht braungelb vom Rauchen.

Es sind kaum mehr als ein halbes Dutzend Männer, die ich auf diese Weise wahrnehme. Mit den Jahren wird ihr Gang langsamer und schlurfender und am Ende bewegen sie sich nur noch zaghaft und tastend am

Stock, einer sogar an einem weißen Blindenstock. Und dann fällt mir auf, dass ich den Mann mit der proletarischen Schiebermütze und den Mann, der immer Operettenmelodien vor sich hin pfeift, schon seit Monaten nicht mehr auf ihrer stets gleich bleibenden Route im Schlosspark oder auf der Hauptstraße gesehen habe. Sie sind gestorben oder im Pflegeheim gelandet, neue Alte traten an ihre Stelle und ich frage mich, wann auch ich von der Bildfläche verschwinde. Was unterscheidet mich von diesen Männern? Nur die bessere Kleidung, für die Ute sorgt. Wäre ich unverheiratet oder verwitwet, ich hätte eine wesentlich kürzere Lebenserwartung und wäre möglicherweise schon tot oder ginge am Stock.

Während ich dem weißhaarigen Mann hinterhersehe, überlege ich, ob ich die Adventskirche von innen kenne. Ich kann mich nicht erinnern. Ab und zu, wenn mir danach ist, gehe ich in den Sonntagsgottesdienst der unserem Haus am nächsten gelegenen Pfingstkirche. Ich bin nicht tief gläubig, singe aber gerne die alten Kirchenlieder und wenn ich es voll Inbrunst tue, habe ich das Gefühl, kein schlechter Mensch zu sein. Ich bin mir sicher, dass da oben ein Gott existiert, der die Missetaten und krummen Dinge meines langen Lebens großzügig verzeiht. Zum Beispiel den Fehltritt mit Gabriele und meine harmlosen Lüsternheiten und dass ich Sabine und Peter zappeln lasse. So großzügig muss er schon sein, wenn er ein liebender Gott ist und nicht der alttestamentarische Wüterich oder der Spießer, für den ihn meine Großeltern hielten, einer, der vor allem bürgerlichen Anstand fordert und kleine Jungs, die onanieren, mit furchtbaren Krankheiten oder gar Blindheit bestraft.

Bislang hat mich meine Erbschaft nicht dazu bewogen, bei den Kollekten mehr Geld in den Klingelbeutel zu werfen. Möglicherweise später mal, später, wenn ich den ganzen Schlamassel hinter mir habe. Aber nur vielleicht.

Etwa hundert Meter weiter steht das imposante Geschwister - Scholl - Gymnasium mit seiner neoklassizistischen Fassade verlassen und abweisend im Abendlicht.

Ich habe mir oft vorgestellt, Sabines Familie wohnte in Luckendam und die Kinder gingen hier zur Schule, auch in dieses Gymnasium.

Daraus ist nichts geworden, weil Sabine nicht aus Düsseldorf fort wollte, nicht weg von ihren angeblich zwingenden Verpflichtungen und ihrem zusammengewürfelten Bekanntenkreis. Obwohl Maximilian in Berlin einen besser bezahlten Job hätte bekommen können als er ihn heute hat. Seit Jahren besetzt er dieselbe Stelle, ohne Aussicht auf einen baldigen Aufstieg.

Die Kinder könnten dieses renommierte Gymnasium besuchen, klug genug sind sie. Ich würde sie hin und wieder von der Schule abholen, mit ihnen Eis essen gehen und sie anschließend nach Hause begleiten, zumindest in dem Alter, in dem sie sich nicht schämen, mit ihrem Opa gesehen zu werden. Auch könnte ich heimlich überwachen, ob sie auf dem Schulweg rauchen oder ob sie sich in Gesellschaft von gepiercten Jungen und schwarz geschminkten Mädchen herumtreiben, wie man sie heutzutage leider auch an den Gymnasien antrifft. Eine Chance, meine Rolle als Opa voll auszuleben, habe ich nie gehabt. Ich bin nur für wenige Tage im Jahr einer. Schade. Sabine meint, ich würde die Enkelkinder, wenn ich sie ständig um mich hätte, zuerst viel zu sehr verwöhnen, aber danach, wenn sie älter geworden seien, mit meinen Ansichten unsäglich langweilen. Ein Großvater auf Distanz sei besser als einer gleich um die Ecke. Doch selbst das ist unsicher. Sabine hat am Telefon angedeutet, sie würde meinen Verkehr mit ihren Kindern einschränken, wenn ich sie nicht finanziell unterstützte, und Maximilian hat im Hintergrund applaudiert. Eine ziemliche Gemeinheit!

Ein Argument Sabines gegen den Umzug war die völlig andere Schulsituation, die sie den Kindern meinte nicht zumuten zu dürfen. Ein falsches Argument, aber sie wollte sich nicht vom Gegenteil überzeugen lassen. Die Kinder wären auf viel Bekanntes gestoßen. Das Bundesland Brandenburg wurde nach der Wende von Beamten aus dem Partnerland Nordrhein - Westfalen überschwemmt, die beim Aufbau einer effizienten Verwaltung helfen sollten, aber den Ossis nur beibrachten, wie man eine rechtsstaatlich aufgeblasene und jegliche Initiative lähmende Bürokratie errichtet. Besonders schlimm traf es die Schulen. Die Leihbeamten aus Nordrhein - Westfalen brachten die Unsitten des dortigen Schulsystems mit und betrachteten das ihnen ausgelieferte Land als willkommenes Experimentierfeld. Den Unsinn, den sie nicht einmal im Westen losgeworden waren, versuchten sie den Ossis überzustülpen. Sie machten Tabula rasa, wo es nicht vonnöten war und sie führten unerprobte Dinge ein, die prompt nicht funktionierten. Es war so, wie es Sabine und Peter als Schüler in den siebziger Jahren erging, als die Mengenlehre eingeführt wurde. Schüler, Lehrer und wir Eltern waren gleichermaßen bei Null gestartet und wir mussten uns parallel mittels Sonderprogrammen und Sonderlehrgängen etwas aneignen, von dem wir den Sinn nicht einsahen, oft auch nicht begriffen.

Ich bleibe stehen und luge durch das Gittertor auf den leeren Schulhof. Auf ihm hätte ich gerne während der Unterrichtspausen meine herumtobenden oder sich sittsam unterhaltenden Enkelkinder beobachtet. Selbstverständlich möglichst unauffällig, damit die Aufsicht führenden Lehrer nicht misstrauisch würden und mich für einen Spanner hielten.

Lehrer ist ein ziemlich trübsinniger Beruf. Ich habe mit dem Abitur in der Tasche und als Gefreiter der Reserve kurz daran gedacht, ihn zu ergreifen, bin aber schnell davon abgekommen. Die meisten Lehrer am Münchner Ludwig-Thoma-Gymnasium waren kein Ansporn für eine derartige Berufswahl. Viele waren wie aus dem Film »Die Feuerzangenbowle« entsprungen, nur nicht so lustig.

Ich sehe den bebrillten Mathematiklehrer Oberharzer mit seinem viereckigen Kopf vor mir, der nicht in der Lage und willens war, etwas anschaulich und schlüssig zu erklären und keuchend wie in einer Art Orgasmus die Tafel mit Formeln voll schmierte. Da war, wie einem Panoptikum entstiegen, der glatzköpfige, mit acht Kindern gesegnete, schwer atmende Deutsch- und Lateinlehrer Kruselberg, für den Gottfried Benn ein abartiger Schmierfink war und der es fertig brachte, eine Unterrichtsstunde lang an vier Zeilen Ovid herumzukauen. Hinzu kam der Geschichtslehrer Mantelbauer, ein ehemaliger höherer HJ-Führer mit lauter Befehlsstimme, der vom Freiheitswillen der Griechen und Polen im 19. Jahrhundert schwärmte, aber behauptete, Schwarze, damals noch Neger genannt, taugten nichts als Soldaten, weil sie sich vor der Dunkelheit fürchteten und deshalb nicht nachts eingesetzt werden könnten. Nicht zu vergessen der verrückte Musiklehrer Hirsch, der behauptete, im 3. Reich wegen seines jüdisch klingenden Namens verfolgt worden zu sein, weil man ihm anstatt eines Flügels nur ein schlichtes Klavier zugestanden hatte.

Das Geschichtsbuch der Oberklassen endete im Jahr 1890 mit Bismarcks Entlassung. Nur der gutmütige Religionslehrer Krampling erwähnte gelegentlich die Ermordung der Juden. Er hatte die Angewohnheit, bei schriftlichen Arbeiten das Klassenzimmer zu verlassen, weil er meinte, angehende Akademiker würden dies nicht zum Spicken ausnutzen. Er hat sich leider in uns geirrt.

Zu Hause und im Bekanntenkreis war das Schicksal der Juden allenfalls ein beiläufiges Thema. Das war nun mal geschehen, war ja auch furchtbar, aber man hatte jetzt andere Sorgen. Außerdem wusste man zu wenig und kannte nur das, was die Sieger behaupteten. Das war sicher übertrieben. Man selbst hatte ja keine Juden umgebracht. Es war Krieg gewesen und alle hatten Opfer bringen müssen. Außerdem waren die Juden schon wieder obenauf. Immerhin beherrschten sie in München den Zigarettenschwarzmarkt und sie erhielten später auch noch Wiedergutmachung. Sie bekamen Freitagabend sogar eine Feier der israelitischen Kultusgemeinde im Rundfunk übertragen. Horst Kramsauer, ein Nachbar und später ein renommierter Architekt, pflegte, wenn ihm etwas an der frechen, verwahrlosten Jugend oder an den ungereinigten Straßen missfiel, zu sagen: » Unter'm Hitler hätte es das nicht gegeben! «, um dann noch leise nachzuschieben:

» Nur das mit den Juden hätte er nicht tun dürfen. « Nicht tun dürfen, so, wie man eben Fisch nicht mit dem Messer essen oder in der Straßenbahn schwarzfahren darf.

Als am Gymnasium zum ersten Mal mit einer Feierstunde der » Tag der Opfer des Nationalsozialismus « begangen wurde, schrieb mir Mutter eine Entschuldigung wegen einer Erkältung. Ich war für sie zu jung, um mir so etwas anzuhören, und ich war nicht der Einzige, der damals unvermutet von einer Eintageskrankheit befallen wurde.

Letztes Jahr, als in den »Luckendamer Neuesten Nachrichten« eine Kontroverse über den Lehrerberuf abgedruckt wurde, habe ich süffisant über meine Erfahrungen mit bayrischen Lehrern geschrieben. Nur so aus Daffke, um zu provozieren. Ich erhielt Beifall von einigen DDR-Nostalgikern, die die Gelegenheit dankbar ergriffen, das Schulsystem der DDR als das fortschrittlichere zu schildern und in einem Aufwasch auf die niedrigen Mieten, die Kulturprogramme der Betriebe, die billigen Ferienangebote und die Abwesenheit von Arbeitslosigkeit in der DDR verwiesen. Dagegen hat ein aus dem Westen stammender Akademiker am Telefon geschimpft, ich betriebe Nestbeschmutzung, und der Abgeordnete Böllandt schrieb einen Leserbrief. Verständnisvoll, auf Ausgleich bedacht und so schwammig, dass man den Eindruck bekam, ich hätte im Grunde genommen gar nichts geäußert.

Ute war stocksauer gewesen. »Du quatschst nicht nur den Leuten die Hucke voll, du schreibst auch noch. Und das zum x-ten Mal. Es ist so peinlich, von Bekannten darauf angesprochen zu werden«, hatte sie gezischt und ihr Schlangengesicht aufgesetzt.

»Man muss den Kerlen einheizen.«

»Du bist Rentner, du bist ausgesondert, behalt deine Weisheiten für dich. Ich glaubte immer, im Alter würde man weise. Du musst anscheinend neunzig werden, um diesen Zustand zu erreichen.«

»Weise! Was heißt weise? Die meisten meinen, es sei weise, wenn alte Menschen nur noch milde und abgeklärt lächelnd durch die Gegend stolpern, alles hinnehmen, wie es ist, weil es ja doch nicht zu ändern ist und schon immer so war. Nicht mit mir, Ute, nicht mit mir! Warum soll ich mich zurückhalten, wenn ich merke, dass die Leute nicht aus Fehlern lernen und immer wieder den gleichen Bockmist produzieren?«

»Du nervst die Leute mit deinen arroganten Besserwissereien.«

»Warum nicht? Wenn ich den Sarg von innen zumache, ist damit sowieso Schluss.«

»Warum schreist du so?«

»Weil ich im Recht bin!«

»Quatsch!«

Sechstes Kapitel

Ich biege in die Straße ein, in der die Erich - Weinert - Volkshochschule liegt, ein stattliches neugotisches Gebäude, das früher als Gerichtshof diente, und in dessen großem Sitzungssaal der Verein seine Vortragsabende abhält. Drei, nein vier Männer streben vor mir dem Haus zu, betagte Herren mit silbrigem oder gar keinem Haar und dem knickebeinigen Gang alter Menschen.

Ich freue mich, gleich den zwei Jahre älteren Karl Dankwart zu treffen, mit dem ich mich gerne unterhalte. Er ist mein Freund, auch wenn wir uns siezen. Es stört uns nicht. Ich habe zwei, na ja, sagen wir drei Freunde. Was man halt so Freunde nennt. Früher waren es mehr. Sie sind entweder gestorben oder wir haben uns nichts mehr zu sagen und mit einem habe ich mich verkracht, weil er sich einer obskuren Sekte angeschlossen hat und auf den Weltuntergang wartet.

Dankwart ist eine Art Stadthistoriker, der sich vor allem mit dem 19. Jahrhundert in Luckendam befasst, weil es weniger erforscht ist als die Zeit des Großen Kurfürsten und Friedrichs des Großen. Er hat einiges veröffentlicht und ich habe alles gelesen, fand jedoch das 19. Jahrhundert wenig interessant. Dankwart sieht das anders. Er hat unter anderem herausgefunden, dass die Revolution von 1848 auch nach Luckendam gelangt war. Die Scheiben des Rathauses waren eingeschmissen und eine Polizeiwache angezündet worden. Nach der Verhaftung von zwei ortsfremden Rädelsführern war wieder Ruhe eingekehrt.

Was mit ihnen anschließend geschah, versucht Dankwart zurzeit herauszubekommen. Ob man sie hat laufen lassen, zu Festungshaft verurteilt oder gar am Galgen aufgeknüpft hat. Er besitzt zu Hause ein gut geordnetes Archiv, das den gesamten Dachboden einnimmt. Ich habe noch nicht erlebt, dass er Fragen zur Geschichte Brandenburgs und Preußens unbeantwortet ließ. Ute mag ihn nicht.

Als ich das Gebäude betrete, kommt Wustermann, zwei Stufen auf einmal nehmend, die Treppe herabgestürzt und bleibt abrupt vor mir stehen. Er ist ein großer, wuchtiger Mann mit einem stets bleichen und immer angespannt wirkenden Gesicht. Ich habe ihn bislang nur in dunklen Anzügen und mit unpassend grellfarbenen Krawatten gesehen.

» Guten Abend! Schön, dass Sie gekommen sind «, begrüßt er mich mit unruhigem Blick und reicht mir eine feuchte Hand. » Ich will am Eingang den Gast aus der Botschaft erwarten und ihn hoch geleiten. «

» Gast der Botschaft? Nicht der Botschafter selbst? «, frage ich.

» Nein, leider nur der Kulturattaché. Aber das ist ja auch was. Es ist dadurch nicht peinlich, dass der Oberbürgermeister in letzter Minute abgesagt hat. Für ihn kommt sein Büroleiter. In der Kürze der Zeit war wohl niemand aus der Beigeordnetenriege zum Einspringen bereit. «

» Heute ist viel los in Luckendam. Überall möchte man den Oberbürgermeister sehen. «

» Ich weiß, ich weiß. Wir sind aber wichtiger! Keine Begrüßungsrede durch den Oberbürgermeister ist eine maßlose Taktlosigkeit und der Herr Büroleiter sieht sich außer Stande, eine auf die Schnelle aus dem Ärmel zu schütteln. Armes Luckendam! Ich werde dem Büroleiter meine Meinung sagen, darauf können Sie sich verlassen. Ich muss weiter! «, ruft Wustermann und läuft mit den Armen rudernd zur Tür. Von hinten sieht er in seinem schwarzen Anzug und mit seinen schwarzen, halblangen Künstlerhaaren wie ein aufgeregt flatternder Rabe aus.

Der Büroleiter wird die Beschwerde nur in abgeschwächter Form weiter geben. Wenn überhaupt. Den Oberbürgermeister bei Gelegenheit selbst zur Rede zu stellen, ist Wustermann zu feige. Er ist ein Schlappschwanz. Mit mir wird das anders werden.

Oben im Foyer des Vortragssaales sehe ich den überschlanken, einen Meter neunzig großen Karl Dankwart vor einem der hohen Spitzbogenfenster stehen, das Gesäß an das Fensterbrett gelehnt. Er ist eine bemerkenswerte Erscheinung, nicht nur wegen seiner Größe, sondern auch wegen seinem verwegen nach oben stehenden, schlohweißen Haarschopf und dem länglichen Pferdegesicht mit den tiefbraunen Augen.

Im Foyer stehen ungeordnet einige Sessel und als neueste Errungenschaft zwei Bistrotische. Wie üblich hat man aus Tischen einen provisorischen Tresen aufgebaut, an dem die Besucher Kaffee, Wasser und Wein zu erschwinglichen Preisen erstehen können. Heute sind keine belegten Brötchen und Brezeln ausgelegt, wie dies sonst geschieht, vermutlich wegen des anschließenden Buffets. Die Organisation und den Verkauf hat Frau Wustermann übernommen, nachdem die Frau, die dies bis vor kurzem getan tat, einen größeren Gewinn und damit eine Verteuerung des Angebots gefordert hatte.

Dies war auf einer Mitgliederversammlung von der Mehrheit der durchaus gut situierten Rentner abgelehnt worden. Der Jahresbeitrag von 48 Euro sei belastend genug, hatten einige argumentiert. Ich wollte das Ganze erst ins Lächerliche ziehen, habe mir aber auf die Zunge gebissen. Damals hatte ich bereits mit dem Gedanken gespielt, wieder zu kandidieren und wollte niemandem auf die Füße treten. Schließlich wird es auf jede Stimme ankommen.

Also steht heute Frau Wustermann, eine energische, rothaarige Matrone, mit mehreren Thermosflaschen hinter dem Tresen und sieht mit beflissenem Lächeln zu, wie Gustav Müller in seinem Portemonnaie nach Kleingeld kramt. Müller hält sich für einen Fachmann in Sachen 2. Weltkrieg, weil er, wie er immer betont, ein Zeitzeuge sei, ohne allerdings zu erwähnen, dass er als Schüler nur Melder bei der Flak war und im Volkssturm einmal mit einer Panzerfaust den Abschuss auf einen einzeln stehenden Baum hat simulieren dürfen. Ich weiß das von Dankwart. Seinen Heimatort in der Nähe von Luckendam musste er nicht verteidigen, weil sich der Kreisleiter rechtzeitig gen Westen abgesetzt hatte.

Dankwart und ich begrüßen uns. »Der Botschafter kommt nicht. Weiß ich von Wustermann«, sage ich.

»Schade«, meint Dankwart und stellt sein halb leer getrunkenes Rotweinglas auf das Fensterbrett. »Viel wichtiger ist allerdings, wer den

Vortrag hält. Angeblich ein renommierter Historiker aus der Schweiz. Die Karte ist mir zu bombastisch«, sagt er und wedelt mit der aufwendig gestalteten Einladungs- und Programmkarte, die jedes Mitglied von der Liechtensteinischen Botschaft in Berlin zugesandt bekommen hat.

Der Historiker soll zu Liechtensteins Geschichte im 18. und 19. Jahrhundert vortragen und sich dabei mit dem Fürsten Josef Wenzel I. befassen, der in seinem Leben etliche Berührungspunkte teils friedlicher, teils kriegerischer Art mit dem Preußen von Friedrich dem Großen gehabt haben soll. Die erste Seite der Karte aus festem Karton zeigt den Fürsten gravitätisch auf einem barocken Gemälde, das fast ausschließlich aus glänzenden Tuchen und Teppichen von gewaltigen Ausmaßen besteht, die sich malerisch und völlig unnatürlich um Säulen, Möbel und um den Fürsten schlingen und sich zu wolkenähnlichen Gebilden aufplustern. Vom Portraitierten sind gerade noch ein kleiner, von einer weißen Perücke eingefasster Kopf und die Spitzen heller Schuhe zu sehen.

»Hoffentlich ist der Vortrag nicht wie diese komische Karte. Wie ist der Ablauf? Ich habe nicht nachgesehen«, will ich wissen. So etwas ist mir noch nie passiert. Ich gehe immer gut vorbereitet zu den Vortragsabenden, habe oft vorher Literatur zu dem betreffenden Thema gelesen. Diesmal haben mich das Theater um die Erbschaft und Wolfgangs Erpressungsversuch zu sehr in Beschlag genommen.

»Na ja, wie üblich. Wustermann begrüßt, bleibt hoffentlich unter fünf Minuten und versucht nicht wieder, all das los zu werden, was er sich eigens angelesen hat. Dann kommt der Kulturattaché zu Wort, danach der Referent. Anschließend heißt es ›Empfang im Foyer‹. Vielleicht gibt's Champagner. Vielleicht auch nicht, weil man uns Deutschen liechtensteinische Sparsamkeit demonstrieren will.«

Immer mehr Besucher treffen ein und stehen in kleinen Gruppen zusammen. Es scheint ein ungewöhnlicher Andrang zu herrschen. Da das Vortragsthema nicht besonders attraktiv ist, kann nur das angekündigte Buffet der Köder sein. Kostenloses Essen und Trinken zieht selbst bei so schönem Wetter wie heute Abend, vor allem bei der Generation, die im Krieg und kurz danach aufgewachsen ist. Auch wenn es niemand zugibt.

»Oh nein, nur das nicht!«, murmelt Dankwart, als sich uns ein Mann nähert. Es ist Gustav Müller, der selbst ernannte Weltkriegsexperte. Dankwart meint, er habe nicht alle Tassen im Schrank. Er ist jemand, der laut und fröhlich »Mahlzeit!« brüllt, wenn er eine Toilette betritt und einen Bekannten am Pinkelbecken stehen sieht.

Ohne dass wir uns abgesprochen haben, drehen Dankwart und ich uns gleichzeitig zum Fenster und blicken scheinbar konzentriert hinaus. Müller geht hinter unseren Rücken vorbei, sagt »Guten Abend!« und läuft hinüber zum Saaleingang. Um ihn brauche ich mich nicht zu bemühen, er ist eindeutiger Parteigänger von Wustermann und wenn der nicht kandidieren sollte, von Magendorf.

Wir bleiben am Fenster stehen und beobachten die eintreffenden Leute. Ab und zu machen wir belanglose Bemerkungen über sie. Wie sie gekleidet sind, wie sie sich begrüßen oder auch nicht, was der oder jener einmal bei irgendeiner Veranstaltung gesagt hat und wie sich wohl der Raumausstatter Tietze fühlt, dem vor kurzem die Frau abhauen ist. Aus heiterem Himmel hat sie sich unter Mitnahme der Bankunterlagen und des Schäferhundes ins Auto gesetzt und bei ihrer Schwester in Magdeburg Quartier bezogen.

Ich habe mir geschworen, heute auf keinen Fall endlos zu reden, so, wie ich das bei der letzten Abendveranstaltung getan habe. Ein Gymnasiallehrer hatte über das Tagebuch eines Luckendamer Grenadiers vorgetragen, der im Jahr 1904 zu der Truppe gehörte, die den Herero-Aufstand in Deutsch-Südwestafrika niederschlug. Als wir danach beim Rotwein saßen, habe ich alles kommentiert und mich, wie es gelegentlich – Ute behauptet, oft – bei mir geschieht, regelrecht in Rage geredet. Es war ein Rundumschlag über den Kolonialismus, den ich von mir gab, und über die Blödigkeit der Deutschen, sich hundert Jahre danach in eine überflüssige, typisch deutsche Schulddiskussion zu stürzen.

Die drei Herren, die anfangs mit am Tisch saßen, waren, Entschuldigungen murmelnd, einer nach dem anderen verschwunden. Der erste sagte, seine Frau sei krank, der nächste hatte am folgenden Vormittag einen Arzttermin, für den er ausgeschlafen sein musste, und der dritte wollte sich etwas zu trinken holen, tauchte aber nicht mehr auf. Nur Dankwart hat mich geduldig ertragen.

Ute hat mir einmal hämisch gesteckt, dass Frau Dankwart sie bedauere. »Sie Arme«, habe sie zu ihr gesagt, »sie Arme müssen wohl viel ertragen, wenn ihr Mann zu reden beginnt. Er ist ja nicht zu bremsen!«

Das muss lange her sein, denn Frau Dankwart hat vor zwei Jahren Suizid begangen. Als ihr Mann auf einer Exkursion war, hat sie sich zu Hause erhängt.

Es sind noch wenige Minuten bis 19 Uhr 30. Wustermann ist nicht zu sehen, er steht wohl immer noch am Eingang und wartet auf den Vertreter der Liechtensteinischen Botschaft und auf den Schweizer Historiker. Statt seiner läuft Magendorf herum und tut offiziell. Magendorf, mein möglicher Konkurrent um den Vereinsvorsitz. Seine weißblonde, schlanke Erscheinung mit der auffallend karierten Jacke ist nicht zu übersehen.

Er begrüßt jede und jeden mit Handschlag, Namen und ein paar persönlichen Worten, so als wolle er zeigen, dass ihm alle Mitglieder vertraut und alle Gäste gleichermaßen herzlich willkommen sind. Als er vor einem alten, leicht gebeugten Herrn mit Silberkrücke hält und einen Diener andeutet, sage ich ärgerlich zu Dankwart: »Was soll das Getue von Magendorf? Er spielt zu Unrecht den Vorsitzenden.

« Dankwart meint nur trocken: »Er übt schon mal. Er wird es wohl werden. Wustermann will nur für den Stellvertreter kandidieren, weil er sich für den Vorsitzenden keine Chancen ausrechnet. Ein Deal, wie man das auf Neudeutsch nennt.«

Magendorf wendet sich von dem Mann mit dem Krückstock ab und begrüßt ein Ehepaar um die fünfzig, er in einem dunklen Anzug mit glänzendem Hosenboden, sie in einem luftigen Kleid, das den Blick auf einen stattlichen Busen freigibt. »Gnädige Frau, wunderbar, dass Sie sich die Zeit genommen haben und Ihren Mann begleiten. Sie werden immer jünger, gnädige Frau!«, höre ich ihn bis zu uns rufen. Doch er hält sich nicht lange mit den beiden auf und eilt quer durch das Foyer auf einen neben uns stehenden Mann mit Schnurrbart und einem schlecht sitzenden Toupet zu, der mit einem Taschentuch verzweifelt versucht, das Wasser, das er sich über den Anzug geschüttet hat, wegzuwischen.

»Herzlich Willkommen, Herr Wiedemann!«, ruft Magendorf. »Ich darf Sie als neues Mitglied herzlich begrüßen. Wenn Sie erlauben, werde ich Sie nach dem Vortrag mit einigen Herrschaften bekanntmachen. Sie wissen, wie es zum Vortragssaal geht? Richtig. Dort drüben. Ich wünsche Ihnen viel Vergnügen.«

Mir reicht es. Wäre Magendorf nicht mein möglicher Konkurrent, ich würde mich nicht an ihm reiben. Dann wäre er mir gleichgültig. Jetzt jedoch will ich weg, bevor mir von seinem Getue schlecht wird.

»Gehen wir?«, frage ich Dankwart.

»Wir Schwerhörigen sollten uns um günstige Plätze bemühen. Die ersten sind bereits im Vortragssaal.«

»Sie sehen bleich aus. Fehlt Ihnen was?«, fragt Dankwart bereits im Gehen.

»Nein, ich bin kerngesund«, antworte ich, straffe mein Kreuz und nehme mir vor, mein Gesicht zu überprüfen, wenn ich später die Toilette aufsuchen sollte.

Als wir den Saal betreten, stelle ich mir vor, alle Anwesenden wüssten über meinen endlosen Streit mit Sabine und Peter Bescheid und sie wüssten, dass ich wegen meines Ehebruchs von einem verlotterten Alkoholiker erpresst werde. Würden sie, wenn ich Platz nähme, von mir abrücken oder nur die Nase rümpfen oder so tun, als ob nichts wäre? Vermutlich letzteres. Aber tuscheln würden sie über mich, da bin ich mir sicher.

Der Prolog zum Vortrag ist, wie es sich gehört, dem Vorsitzenden Wustermann vorbehalten. Er begrüßt den Kulturattaché, danach den zurzeit in Potsdam studierenden Prinzen Johann Maria Theodor Karlemann vom Hause Hardenlohe-Hohenberg, des weiteren Herrn Jürgen Quirlow, den Büroleiter des Herrn Oberbürgermeister, der das leider verhinderte Stadtoberhaupt vertritt sowie alle verehrten Mitglieder und Gäste und zudem die Vertreter der Presse.

Nach dem Begrüßungsritual erfolgt das Freuderitual: Wustermann freut sich, dass der Herr Kulturattaché Waldemar Grubinger ein Grußwort des Botschafters verlesen wird, er freut sich auf den Vortrag von Herrn Professor Grüntling, einer herausragenden Persönlichkeit und eines allseits anerkannten Fachmannes und er freut sich, dass im Anschluss an den Vortrag für das leibliche Wohl auf das Vorzüglichste gesorgt werden wird.

Wie zu erwarten, kann Wustermann der Versuchung, die Gelegenheit zum Schwafeln zu missbrauchen, nicht widerstehen und so bekommen wir die geografische Lage Liechtensteins und seine Bedeutung für Europa erklärt, gewürzt mit einer launigen Episode, die ihm auf einer Reise durch die Alpen in Liechtenstein passierte, als eine störrische Kuhherde einen Verkehrsstau verursachte. Nach zehn Minuten ist endlich Schluss und ich kann mich von Wustermanns lauter, fast schon brüllender Stimme erholen.

Der Kulturattaché macht es kurz. Er ist ein schlanker Herr mittleren Alters, der zum dunklen Anzug eine silberne Krawatte trägt. In den fünfziger, sechziger Jahren waren diese Krawatten in Mode, auch bei Vater, wenn er ausnahmsweise einmal mit Mutter ins Theater ging. Als wir nach Mutters Tod ihren Hausstand auflösten, fand ich Vaters Krawatte versteckt in einem Schrank, wo Mutter sie jahrelang aufbewahrt hatte. Ich hielt die Krawatte in den Händen, strich einige Male über sie und warf sie dann in einen mit uralten Zeitschriften und Kochbüchern vollgestopften Müllsack.

Der Kulturattaché dankt dem Verein, Liechtenstein einer Veranstaltung für würdig befunden zu haben, er freut sich über die große Anzahl sachkundiger Zuhörer, er empfiehlt einen Besuch Liechtensteins und er weiß, dass Professor Grüntling einen vortrefflichen Vortrag halten wird. Er vergisst nicht, uns Zuhörern Honig ums Maul zu schmieren und lügt, er habe schon viel Interessantes über das reizvolle Luckendam erfahren und werde demnächst an einem Wochenende wieder kommen, um die Stadt gründlich zu erkunden. Anschließend verliest er das Grußwort, das in etwa das Gleiche, aber wesentlich kürzer, verkündet, was er soeben gesagt hat. Begleitet von herzlichem Applaus setzt er sich in die erste Reihe zwischen Wustermann und Quirlow. Die drei bilden mit ihren Frisuren von hinten betrachtet eine bemerkenswerte Vielfalt: Wustermann mit seinen tiefschwarzen, vermutlich gefärbten Haaren, die über den Kragen hinunter reichen, der Kulturattaché mit seinem kurzen, streng gescheitelten braunen Haar und Quirlow mit seinem blonden Haarkranz um eine matt schimmernde Glatze.

Professor Grüntling gleicht in seinem Äußeren dem Schweizer Kabarettisten Emil Steinberger, er trägt eine blau gepunktete Fliege zu einem leicht lila getönten Sakko und er spricht fast ohne Akzent und sehr flüssig, doch leider öfters am Mikrofon vorbei, sodass Dankwart und ich nicht immer folgen können. Der Professor verliert, wie es üblich ist, viel Zeit mit der Einführung. Er stellt seine Laufbahn und seine wesentlichen Tätigkeiten vor, er erklärt, was er vortragen werde und was nicht, er schildert die Gliederung des Vortrages mit vielen Anmerkungen und er lobt Luckendam als eine leider noch weithin unbekannte Perle Brandenburgs. Damit sind die ersten zwanzig Minuten vorbei.

Ich nehme meine Brille ab, es gibt nichts zu sehen, was ich nicht mit bloßem Auge erkennen könnte, zum Beispiel den quellenden Busen der Frau, die Magendorf vorhin als immer jünger werdend begrüßt hat. Sie sitzt eine Reihe vor mir. Der hohe, gotisch düstere Saal ist voll besetzt, vor allem mit Menschen gehobenen Alters, darunter nur einige Frauen. Ich versuche, Magendorf zu entdecken, aber ohne Erfolg. Zumindest weiß ich, dass er nicht prominent in der ersten Reihe sitzt. Danach stoße ich Dankwart mit dem Ellenbogen an und deute unauffällig auf den seitlich von uns sitzenden Müller, den Weltkriegsnarren, dessen Kopf schon jetzt kurz nach Beginn langsam nach vorne sinkt und nach einem blitzartigem Hochschrecken so rasant nach rückwärts schnellt, dass ich den Schmerz in meinem eigenen Genick zu spüren vermeine.

Ich höre mir den Schnelldurchgang Liechtensteinischer Geschichte an sowie einige Merkwürdigkeiten über die napoleonische und nachnapoleonische Zeit, die dem Fürstentum die Souveränität brachte und im Jahr 1805 die allgemeine Schulpflicht. Ich erfahre, dass im Jahr 1861 die erste Bank Liechtensteins gegründet wurde und dass es einen Fürsten gab, der einundsiebzig Jahre lang regierte, länger noch als der benachbarte Kaiser Franz Josef.

Bei der allgemeinen Schulpflicht beginne ich mit halbem Ohr zuzuhören. Meine Gedanken schwirren ab, kehren mühsam zum Vortrag zurück und laufen sofort wieder davon. Ich leiste keinen Widerstand, weil mich der Vortrag nicht interessiert, zumindest nicht so stark, dass er gegen die Erinnerung an den Vorfall bei Gabriele ankommt. Ich bin in meinem Leben noch nie in eine derart groteske Situation geraten. Glaube ich wenigstens. Klar, ich musste damit rechnen, dass Ute einmal hinter meine Liaison kommt, aber doch nicht jetzt nach so vielen Jahren. Zumal es kein ausgesprochenes Bratkartoffelverhältnis mit ständigem Beischlaf gewesen ist, wie bei etlichen Kollegen, die sich die Trennung von zu Hause auf diese Weise erleichterten. Manche holten sich die Abwechslung für die langen Abende auch bei Kolleginnen, beziehungsweise diese holten sie sich, gleichberechtigt wie sie waren, bei den Kollegen, auch wenn die Auswahl nicht gerade überwältigend war. Mit Gabriele, das waren unregelmäßige Treffen, mal intimer, mal recht platonisch freundschaftlicher Art gewesen. Eine feste Bindung entsprach nicht meiner Natur. Die früheren Fehltritte weit vor Gabriele waren noch lockerer gewesen, nur kurz und fast belanglos, wie es das Wort Fehltritt beschreibt. Nun gut, Ehebruch ist Ehebruch, aber dieser hier ist für mich verjährt.

In mir steigt eine gewaltige Wut hoch und ich nehme mir vor, es diesem Wolfgang zu zeigen, ihn auf jeden Fall ins Leere laufen zu lassen. So ein Ganove führt einen Gerhard Nodlich nicht vor. Ich rede mir ein, durch Nichtreagieren einen Ehekrach riskieren zu dürfen, ja zu müssen, falls dieser Wolfgang tatsächlich Ernst machen sollte. In dem Alter, in dem Ute und ich stehen, wird es keinen irreparablen Schaden bewirken. Wieso soll das zur Scheidung führen? Es wird Ärger, Streit, Tränen, Brüllen, Schmollen, Racheschwüre, eheliche Erpressung geben, das ja. Oder zumindest einen Teil aus dieser Palette. Aber das würde ich durchstehen, da ich wüsste, es läuft sich tot. Und die Kinder? Und die Verwandtschaft und die Bekannten? Es muss doch verdammt noch mal möglich sein, dies vor ihnen zu verbergen. Wenn Ute mitspielt. Und dieser Wolfgang. Aber das wird er nicht tun. Wenn er nicht zum Ziel kommt, wird er sich rächen. Nachdem ihn seine Gläubiger zusammen geschlagen haben oder bereits vorher. Er hat viel zu verlieren. Nachdem sie ihn verprügelt haben, werden sie ihm weiter die Daumenschrauben ansetzen, um zu ihrem Geld zu kommen. Es droht eine endlose Geschichte zu werden und mir wird klar, dass die Erpressung der Hauptkriegsschauplatz ist und nicht der Streit ums Erbe. Nachher zu Hause oder morgen sehe ich es vielleicht schon wieder anders.

Ich verfluche Gabriele, die nicht den Mund gehalten hat. Warum hat sie gequatscht? Doch nicht um vor Wolfgang anzugeben, oder? Mit mir kann man nicht angeben. Ist es ihr zufällig mal rausgerutscht? Ich weiß es nicht und werde sie auch nicht danach fragen. Am Nachmittag in ihrem Geschäft hätte sie die Frage beantworten können, es aber nicht getan.

Weil ich nicht weiterkomme mit meinen Gedanken, weil sie sich ständig ergebnislos im Kreis drehen, versuche ich sie zu unterdrücken, schon deshalb, weil ich plötzlich wieder zu überlegen beginne, ob eine schnelle Entscheidung für Sabine und Peter die Folgen eines Geständnisses abmildern würde.

Obwohl der Saal angenehm kühl ist, beginne ich zu schwitzen.

Plötzlich lachen die Zuhörer. Vermutlich hat der Professor einen Witz gemacht, den ich nicht mit bekommen habe. Schlagartig bin ich wieder zurück beim Vortrag. Ich höre gerade noch, was Professor Grüntling zum Abschluss über Fürst Josef Wenzel I., den auf der Einladungskarte großspurig posierenden Herrn, sagt. Er schildert einige wenig bemerkenswerte Berührungspunkte mit dem Preußen Friedrichs des Großen, und meint in einer beiläufigen Anmerkung, dass Luckendam einen wesentlichen Beitrag zur Wirtschaft Preußens geleistet habe. Was sehr höflich ist, denn wenn eine Stadt im Preußen des 18. Jahrhunderts keine Rolle gespielt hat, dann war es Luckendam. Es ist im Siebenjährigen Krieg nicht einmal geplündert worden. Die Panduren hatten wohl nach in Augenscheinnahme entschieden, es lohne sich nicht. Allerdings haben im Jahr 1813 die alliierten Kosaken Hühner und sonstiges Viehzeug mitgehen lassen.

Der Professor erhält lang anhaltenden Beifall, auch von Dankwart und mir. Wustermann bedankt sich überschwänglich und bittet um Fragen, wenn sie denn nach diesem beeindruckenden Vortrag überhaupt vorhanden wären.

Es entsteht das Schweigen, das fast immer nach Vorträgen entsteht, wenn sie abrupt enden. Als es peinlich zu werden droht, springt Wustermann in die Bresche, wie man dies von einem Vorsitzenden erwartet. Er will wissen, ob das Fürstentum im 19. Jahrhundert eine absolute Monarchie gewesen sei. Der Professor nimmt die Frage dankbar auf und gibt eine langatmige und wohl formulierte Antwort, aus der die meisten Zuhörer vermutlich nicht klug werden, ob die Monarchie nun absolut war oder nicht.

Daraufhin kamen noch zwei Beiträge.

Adam von Krausnick, einer der wenigen Adeligen, die in den neunziger Jahren zurück nach Luckendam gefunden haben, berichtet umständlich von einem Wienbesuch vor zwanzig Jahren und wie sehr ihm diese Stadt gefallen hat. Er ist wohl auf Wien gekommen, weil Fürst Josef Wenzel I. lange Zeit in dieser Stadt gelebt hat. Eine Frage zu Liechtenstein stellt er nicht. Professor Grüntling sagt nichts, nickt nur zustimmend.

Danach meldet sich Magendorf und bewertet die guten Leistungen der vom Fürsten im Siebenjährigen Krieg entwickelten Artilleriegeschütze und dass diese wegen ihrer Treffsicherheit auch gerne von den Preußen benutzt wurden, wenn sie ihrer durch Eroberung habhaft wurden. Überhaupt sei die österreichische Artillerie zu allen Zeiten gut gewesen, selbst im Jahr 1866 in der für die Österreicher nicht sehr ruhmreichen Schlacht von Königgrätz.

Auch dieser Beitrag endet ohne eine Frage. Magendorf ist geschickt, das muss ich neidvoll zugestehen. Er breitet sein Wissen aus, lobt diplomatisch die liechtensteinisch - österreichische Seite, aber er erinnert im selben Atemzug an preußische Siege, was man im Verein gerne hört.

Ich hatte eine Frage zum Verhältnis Liechtenstein / Deutschland beim Ausbruch der Finanzkrise vorbereitet, lasse sie jedoch fallen, weil dies sicherlich das Publikum angesichts des im Foyer wartenden Buffets verärgern würde.

Als Dank für seinen Vortrag erhält Professor Grüntling von Wustermann einen Bildband über Luckendam mit einem von Dankwart verfassten Abriss der Stadtgeschichte überreicht, wobei Wustermann die Stadt ebenfalls als Perle Brandenburgs bezeichnet. Der Fotograf der »Märkischen Neuesten Nachrichten« schießt mehrere Bilder, mal vom Professor allein, mal zusammen mit Wustermann und anschließend vor seinen Zuhörern. Ich sehe, wie der wieder erwachte Müller sich von seinem Sitz hochstemmt, um mit aufs Bild zu kommen.

Danach schreitet das Viergespann Kulturattaché, Professor Grüntling, Wustermann und Quirlow als erstes aus dem Saal in das Foyer hinaus, wo eine Cateringfirma während des Vortrags geräuschlos das Buffet aufgebaut hat. Der prinzliche Student Johann Maria Theodor Karlemann vom Hause Hardenlohe-Hohenberg hastet hinterher und zwängt sich durch die halb geöffnete Saaltür, gemeinsam mit Frau Wustermann, die ebenso eilig ihrem Mann folgen will.

Die Botschaft von Liechtenstein zeigt sich großzügig. Jedem, der den Saal verlässt, werden von zwei jungen Frauen gut gefüllte Sektgläser angeboten. Sie tragen, wie man dies von Cateringfirmen kennt, weiße, um die Hüften geschlungene Schürzen. Zwei weitere Frauen durchschreiten im Foyer bedächtig und freundlich lächelnd die Reihen und offerieren kleine Happen, das, was heutzutage finger food heißt. An der den Fenstern gegenüber liegenden Wand sind die üblichen Tische weggeräumt und durch größere ersetzt worden. Auf ihnen präsentiert sich das mit Blumen geschmückte Buffet den hungrigen Blicken der Besucher.

Es zeigt das, was bei jeder Veranstaltung der gehobenen Art erwartet werden darf und mittlerweile von jedem Viersternehotel angeboten wird. Es ist ansprechend und abwechslungsreich, aber nicht exotisch oder gar extravagant, sondern strahlt provinzielle Luckendamer Gediegenheit aus: Geflügel- und Waldorfsalat, Kanapees mit Forelle, Lachs,

Hähnchenbrust und Schweinefilet, dazu die üblichen Dessertgerichte, vom Eis über kleine Kuchenstücke bis hin zum Mousse au Chocolat und zur roten Grütze. An einem Ende stehen silberne Terrinen mit den warmen Speisen. Viel Geschnetzeltes, Nackenbraten mit Kräuterkruste und Schweinerückenbraten »Burgunder Art« und die unvermeidlichen Kroketten, Kartoffelgratin und Butterreis.

Ein erfreulicher Anblick, allerdings nur so lange noch nicht alle Besucher aus dem Saal geströmt sind. Im überfüllten Foyer ist das Buffet, wenn man nicht unmittelbar davor steht, mehr zu erahnen als zu sehen. Alle halten sich vornehm zurück, doch nachdem der Kulturattaché sich eine erste Speise auf den Teller gelegt hat, ist der Bann gebrochen und das übliche Gerangel bis hin zum rücksichtslosen Gebrauch der Ellenbogen, das hastige Herauspicken und fieberhafte Aufhäufen von Delikatessen auf leider viel zu kleine Teller setzen ein.

Einer der Ersten, der sich bedient hat, ist der Landtagsabgeordnete Böllandt. In jeder Hand einen gehäuft vollen Teller und genüsslich kauend bewegt er sich auf den Attaché zu. Entweder war der dringende Termin in Berlin nur kurz oder Böllandt hat sich vor seinem Ende entfernt, um in den Genuss des kostenlosen Essens und Trinkens zu kommen. Er ist allseits als hemmungsloser Esser und gewiefter Plünderer von kalten und warmen Buffets bekannt. Was ihn nicht zu stören scheint. Keine Jubiläums- oder Geburtstagsfeier, kein Vereinsfest, kein Empfang, keine Geselligkeit jeglicher Art wird von ihm ausgelassen, wenn abzusehen ist, dass dort Ess- und Trinkbares angeboten wird. Seine Frau soll einmal geäußert haben, ihr Mann erspare ihr auf diese Weise oft tagelang das Kochen.

Ich esse nichts. Ich bin nicht hungrig und verspüre deshalb keine Lust, mich in die Warteschlange einzureihen, die sich stockend am Buffet vorbei schiebt. Stattdessen stehe ich, noch immer schwitzend, am Rand der dichten Menschenmenge.

Es ist niemand in der Nähe, mit dem ich mich unterhalten will. Dankwart, an seinen ein Meter neunzig leicht auszumachen, unterhält sich angeregt mit einigen Leuten, die in einer Gruppe im Türrahmen zwischen Vortragssaal und Foyer stehen geblieben sind. Ich nippe an meinem zweiten Glas Rotwein, den ich mir anstatt des Sekts habe geben lassen, und beobachte die Leute um mich herum. Leider gibt es nur wenige junge Frauen, die sich mit Tabletts zwischen den Leuten hindurchschlängeln. Sie sind mit ihren frischen, lächelnden Gesichtern und den engen, die Brüste betonenden Blusen ein erfreulicherer Anblick als die alten Frauen, die ihre meist noch älteren Ehemänner begleiten. Ich sage »begleiten«, weil der Verein nur sieben weibliche Mitglieder hat, die nicht weiter in

Erscheinung treten, bis auf eine Irina Mittenschnitt. Diese war in erster misslungener Ehe mit einem Historiker, einem anerkannten Preußen - kenner, verheiratet. Deshalb streitet sie in Diskussionen, die Preußens Kriege zum Thema haben, stets für die Gegner Preußens. Für die Sachsen, die Rheinländer, die Bayern. Auch wenn diese leider immer verloren haben. Vermutlich wird sie weder Magendorf noch mich wählen, sondern irgendeinen Einzelgänger vorschlagen, der dann nur ihre und seine eigene Stimme erhalten wird. Trotzdem mag ich sie. Weil sie selbst in aussichtsloser Minderheitenposition unbeirrt Kontra gibt und nicht so verschnarcht ist wie viele von uns.

Bestimmt sind unter den alten Frauen und Männern welche, die mir geistig und sprachlich in nichts nachstehen, vielleicht sogar überlegen sind, aber das wische ich beiseite, wenn ich, wie jetzt, in der Lästerecke stehe und mir diese Ansammlung von Leuten ansehe, von denen die meisten schon mit einem Fuß im oder doch zumindest am Grab stehen. Wer die Siebzig überschritten hat, der ist, von wenigen Ausnahmen wie Dankwart abgesehen, auf dem unumkehrbaren Abstieg zu körperlicher und geistiger Senilität, zu Verblödung und Hilflosigkeit. Ich fühle mich wie ein Dokumentarfilmer, der seine Umgebung und ihre Menschen nüchtern und emotionslos aufnimmt und sie so zeigt, wie sie sind. Würdevolle, souverän auftretende Greise und Greisinnen mit interessanten, vergeistigten Gesichtern, in die das Leben seine Furchen gezogen hat, sind eine aussterbende Rasse und in der Menge nur ganz vereinzelt zu erkennen.

Dass ich selbst alt bin, ändert nichts an meinem Recht, über andere Leute den Stab zu brechen. Ich werde mich so lange wie möglich gegen die drohende Senilität stemmen und weiterhin das Kreuz durchdrücken, mir regelmäßig die Nase putzen, den Fernsehkonsum rationieren und nicht in uralten Klamotten herumlaufen, sondern das anziehen, was mir Ute kauft. Und noch eines: Ich werde nie mit wackelndem Kopf und gewindeltem Hintern im Gemeinschaftsraum eines Altersheims sitzen und die von einer Betreuerin veranstalteten kindischen Spiele mit Luftballons oder bunten Bällen mitmachen, um die wenigen noch verbliebenen Lebensgeister in Schwung zu halten. Vorher mache ich Schluss. Wie weiß ich nicht, aber es wird mir sicher etwas einfallen.

Sterbehilfe ist für mich nicht tabu.

Julius Qualteck taucht plötzlich neben mir auf und sagt: »Hallo! Interessanter Vortrag, nicht wahr?«

Dass ausgerechnet der fanatische Preußenanhänger mit dem Uniformfimmel meint, mich in ein Gespräch hineinziehen zu müssen, behagt mir nicht. Seine Begeisterung für Preußen geht so weit, dass er sich für besondere Veranstaltungen in eine original preußische Uniform samt Kopfbedeckung zwängt. Er hat davon einen ganzen Schrank voll. Er trägt einen gezwirbelten Schnurrbart à la Wilhelm Zwo und ist Angestellter bei der Stadtverwaltung. Allzu gerne wäre er Reserveoffizier, doch die NVA hat ihn wegen ungleicher Beinlänge nicht gezogen. Zwar ist er etliche Jahre jünger als ich, aber wegen seiner verschrobenen Einstellung ist er ein Depp, dem man besser aus dem Weg geht. Qualteck kaut jedem, der sich auf ihn einlässt, ein Ohr ab. Jetzt versucht er mir einzureden, dass es falsch war, bei der letzten Mitgliederversammlung seinen Antrag abzulehnen, in Luckendam eine Straße nach Prinz Louis Ferdinand, dem im Jahr 1994 verstorbenen Chef des Hauses Hohenzollern, zu benennen.

»Der Prinz war ein honoriger Mensch und hat sich große Verdienste erworben. Zum Beispiel als er sich nach 1990 in der Landeshauptstadt sehr um das Wohlergehen seiner alten Schule gekümmert hat. Und das Polizeiorchester lag ihm ebenfalls am Herzen.«

» Das haben Sie schon auf der Versammlung vorgetragen «, werfe ich mufflig ein. » Es hat uns nicht überzeugt, so einfach ist das. Wir leben in Luckendam und nicht in Potsdam. Sie hätten in der Stadtverordnetenversammlung keine Mehrheit dafür bekommen. «

» Aber ich wurde unterstützt. «

» Von zwei Stimmen. Eine war die Ihre und die andere vom alten Krausnick. «

» Wollen Sie die Verdienste des Prinzen um den Zusammenhalt seiner Familie in schweren Zeiten leugnen? «, versucht es Qualteck erneut.

» Dazu kann ich nichts sagen. Schwere Zeiten hatten wir alle. Wen interessieren in Luckendam die alten Hohenzollern? Im 20. Jahrhundert waren sie eine Ansammlung von Schießbudenfiguren und Taugenichtsen. «

» Wie kann man nur so reden? Von Ihnen hätte ich eine andere Meinung erwartet. Immerhin sind sie Ostpreuße. Ein königstreues Land mit den besten Infanteriedivisionen. «

» Das ist lange her, ich war ein Kind. «

» Ich war letztes Jahr mit einer Reisegruppe in Ostpreußen auf Exkursion. Wir haben das Schlachtfeld von Tannenberg und die Marienburg besucht. Es war sehr erhebend. Sie waren sicher schon dort. «

» Nein. «

» Nein? Tatsächlich? «

» Nein. Ich werde auch nie hinfahren. Futsch ist futsch und ich will nicht daran erinnert werden. «

Ich lasse Qualtecks weiteren Redeschwall schweigend über mich ergehen, sage ab und zu » so, so « oder » ach ja « und achte darauf, dass er mit seinen fuchtelnden Händen nicht an mein Weinglas stößt. Ich bin nicht gewillt, mich auf einen endlosen Disput einzulassen. So tief bin ich dann doch nicht gesunken, dass ich mich um seine Stimme bemühe. Außerdem bekomme ich in dem Lärm wegen meiner Schwerhörigkeit nicht jedes seiner Worte mit.

Zum Glück drängt sich Wustermann, der überall auftaucht und sich sehen lässt, durch die Menge und will an mir vorbei. Um Qualteck loszuwerden ist mir sogar Wustermann recht. Ich rufe ihn an: »Der Vortrag hat Ihnen gefallen, nicht wahr?«

Wustermann bleibt stehen, schnauft kräftig durch und bellt mit seiner lauten Stimme zurück: »Ja, wunderbar! Genau das, was ich erwartet habe!

Eventuell wird der Professor nächstes Jahr wiederkommen und zu einem anderen Thema sprechen. Wie finden Sie das, Herr Nodlich?« Und dann beugt er sich verschwörerisch zu mir herunter und flüstert: »Möglicherweise übernimmt die Liechtensteiner Botschaft wieder das Honorar. Toll was? Sie dürfen mich ruhig auch mal loben.«

Doch bevor ich etwas entgegnen kann, hat sich Wustermann bereits durch eine neben uns stehende Menschengruppe gequetscht und ist verschwunden, mit Qualteck, der sich ein neues Opfer sucht, im Schlepptau.

Als ich überlege, ob ich mich auf Französisch verabschieden sollte, bricht plötzlich Lärm in meiner Nähe aus, eine Art Triumphgeheul, lauter noch als das beträchtliche Stimmengewirr. Dort stehen einige Männer in einem engen Kreis und prosten sich mit Sektgläsern zu. Einer von ihnen ist Magendorf. Die übrigen sind der vier, fünf Mann starke so genannte harte Kern des Vereins, die Unternehmungslustigsten unter den Mitgliedern, die immer bis zum Schluss bleiben und anschließend in einer Kneipe versacken. Witwer und Junggesellen, auf die zu Hause niemand wartet. Sie sind nicht mein Fall: zu laut, zu gewollt kraftmeierisch, zu sehr auf Schwerenöter machend, obwohl mir keiner von ihnen unangenehm ist. Magendorf gehört nicht zu ihnen, er ist nicht der Typ dazu, aber mir ist klar, warum er mitmacht. Er will sich wegen der Wahl mit allen gut stellen.

Magendorf löst sich aus der Gruppe und schiebt sich durch die Menge auf mich zu.

»Ich habe echten Champagner hinter dem Buffet entdeckt. Man wollte ihn nicht herausrücken, da habe ich ihn einfach geordert!«, ruft er fröhlich mit hochrotem Kopf und hält mir ein halb gefülltes Glas hin. »Kommen sie rüber, schließen sie sich an. Hier, nehmen Sie.«

Ich will »Nein danke, ich muss leider gehen« erwidern, schlucke es jedoch rechtzeitig herunter und sage stattdessen: »Vielen Dank. Bei Champagner mache ich gerne mit.« Auch ich muss auf Stimmenfang gehen. Es wäre ungeschickt, mich abzusondern, anstatt dem harten Kern zu zeigen, dass ich kein Kind von Traurigkeit bin. Ich nehme das mir entgegen gestreckte Glas und gehe mit Magendorf zu der Gruppe hinüber.

»Unser ehemaliger Vorsitzender!«, ruft Magendorf und die Runde lacht, als hätte er einen ausgezeichneten Witz gemacht.

»Und Sie wollen der nächste sein, nicht wahr?«, kontere ich.

»Mal sehen«, meint Magendorf. »Abwarten und Tee trinken.«

»Nein, Champagner!«, ruft einer und alle fallen in ein gackerndes Gelächter ein. Ihrer Stimmung nach zu schließen, haben sie sich seit dem Vortragsende einiges auf die Lampe gegossen.

Ich stelle mich in die Runde und zwinge mich mitzulachen. Der Champagner ist lauwarm. Bei Sekt würde mir jetzt schlecht, vor allem bei dem Halbtrockenen, der in Luckendam gerne bei Geburtstags- und sonstigen Feiern angeboten wird. Bei Champagner macht mir das nichts aus.

Ich stehe zwischen Martin Salten, einem hageren Endvierziger mit Rauchergesicht, der ein Immobilienbüro leitet, und Richard Heisig, einem ehemaligen NVA-Major, der mich öfters auf die Auslandseinsätze der Bundeswehr anspricht, wohl deshalb, weil er weiß, dass ich gedient habe und militärfreundlich eingestellt bin. Dass meine Dienstzeit gut fünfzig Jahre zurückliegt und ich es nur bis zum Gefreiten geschafft habe, scheint er nicht zu wissen. In mir hat er jemanden gefunden, der sich geduldig seine Schwärmereien über die Rekordzeiten anhört, mit denen in den achtziger Jahren sein Regiment nach einem Alarm die Gefechtsbereitschaft hergestellt hat. Trotzdem ist er mir irgendwie sympathisch, dieser Heisig.

Heisig prostet mir zu und meint: »Schön, dass man Sie bei uns sieht. Der Verein ist ziemlich lahm geworden. Als Sie Vorsitzender waren, war mehr Zug im Laden als jetzt. Sie sollten wieder kandidieren.«

»Meinen Sie wirklich?«, frage ich und dämpfe meine Stimme. Ich will nicht, dass die anderen mithören. »Ich habe noch nicht darüber nachgedacht.«

»Warum nicht? Meine Stimme haben Sie«, sagt Heisig und stößt mir seinen Ellenbogen aufmunternd in die Seite.

»Da kommt der Böllandt!«, ruft Salten.

»Hallo, Herr Abgeordneter!«

Böllandt stellt sich neben Magendorf, zupft an seiner Krawatte und macht Anstalten, in Politikermanier jedem die Hand zu schütteln, doch nachdem er damit bei Salten begonnen hat, unterbricht ihn Magendorf und will ihm ein Glas aufdrängen. »Hier, nehmen Sie! Es ist reichlich da.«

»Nein, nein, danke!«, wehrt Böllandt ab und nickt jedem an Stelle eines Handschlags der Reihe nach wohlwollend zu. »Es ist schon spät.«

»Nicht doch! Sie sind doch sonst nicht so. Hier wissen alle, dass Sie gerne trinken. Nicht wahr, die Herren?«

Alle lachen und Böllandt verzieht das Gesicht, zwingt sich aber zu einem säuerlichen Lächeln. »Nein, ich muss weiter, muss mit dem Prinzen sprechen.«

»Der ist schon lange weg«, mischt sich Heisig ein. »Aber wie heißt es so schön: Wer nicht will, der hat schon.«

»Außerdem fahre ich gleich Auto. Als Abgeordneter muss ich Vorbild sein, das ist Ihnen doch klar, meine Herren«, belehrt Böllandt. »Ich darf nicht mit Alkohol am Steuer erwischt werden.«

»Unsereins nimmt ein Taxi! Wir können uns das leisten! Ein Landtagsabgeordneter wohl nicht!«, ruft Salten und alle fallen in ein blökendes Lachen ein.

Doch Böllandt lässt sich nicht beirren, bleibt standhaft. Sonderbar, sonst läuft er jedem potenziellen Wähler hinterher und wir sind welche, wenn auch erst in einigen Jahren bei der nächsten Landtagswahl. Er legt Magendorf vertraulich seine linke Hand auf die Schulter. »Wir sehen uns am Sonntag?«, und zu uns gewandt: »Die Familie Kliering gibt einen Empfang im neu bezogenen Haus. Herr Kliering ist der neue Chef der Wohnungsbaugesellschaft, wie Sie sicher wissen. Auf Wiedersehen, meine Herren, noch einen schönen Abend!«, ruft er jovial und wendet sich ab.

Ich bleibe vor dem Gebäude auf dem Gehweg stehen und hole tief Luft. Es ist Nacht und angenehm kühl geworden. Mein rechtes Bein schmerzt vom langen Stehen.

Ich schlenkere es einige Male hin und her, aber das hilft nicht. Eine halbe Stunde bin ich noch geblieben, erst in der Champagner trinkenden Runde und anschließend zu einem kurzen Gespräch mit Dankwart. Ob es für meine Wahl etwas gebracht hat, weiß ich nicht. Eher nicht. Bis auf Heisig. Immerhin habe ich jeden in der Runde mit Namen und einer persönlichen Bemerkung angesprochen und mich bemüht, locker zu sein, und ich habe über alle einfältigen Sprüche mitgelacht. Zum Schluss bin ich regelrecht neben mir gestanden und habe mich gefragt, ob ich wirklich diesen Verein leiten will. Vielleicht werde ich eine Liste über die anlegen, die für mich stimmen könnten, wenn ich sie beackere, wie den alten Krausnick zum Beispiel, und eine mit den Namen derer, die sicher auf meiner Seite sind. Jetzt fällt mir neben Heisig nur Dankwart ein. Er muss mir seine Stimme geben, obwohl er damals sauer war, als ich den Bettel hinschmiss. Das ist er mir schuldig.

Ein Paar tritt aus der Tür, anscheinend ohne mich zu sehen.

»Du redest nur Quatsch, wenn andere dabei sind«, faucht der Mann seine Frau an, die verzweifelt in ihrer Handtasche kramt.

»Und du noch mehr!«, ruft die Frau zurück. »Ständig musst du dich wichtigmachen und ich muss mir deinen Mist zum x-ten Mal anhören. Halt doch einfach mal die Klappe und lass die anderen reden. Verflixt noch mal, wo ist mein Lippenstift?«

»Halt das Maul! Wozu brauchst du jetzt einen Lippenstift? Es sieht dich niemand und wenn dich jemand sähe, wäre es egal wie du aussiehst.«

»Blödmann! Los, gehen wir.«

Die beiden entfernen sich mit schnellen energischen Schritten. Nach einigen Metern hängt sich die Frau bei dem Mann ein. Es sind die

Bartels. Sie ist Direktorin einer Grundschule mit gutem Ruf, er ein Behördenleiter. Von welcher Behörde, weiß ich nicht. Beide sind keine Vereinsmitglieder.

Ich lasse die Haustür laut ins Schloss fallen, damit Ute mich hört. Sicherlich sitzt sie vor dem Fernseher.

Auf meinem Weg von der Bushaltestelle nach Hause musste ich an Krascherts Garten vorbeilaufen. Das Lagerfeuer loderte und ich konnte schemenhaft Menschen erkennen. Sie redeten laut, aber sonst war nichts von ihnen zu hören. Vielleicht funktioniert die Musikanlage nicht. Vor meinem Haus habe ich nur eine Andeutung von Rauch bemerkt. Wenigstens scheint mir der erwartete Ärger mit Kraschert erspart zu bleiben.

Ute hat in meiner Abwesenheit bestimmt stundenlang auf dem Sofa gesessen und durch die Fernsehprogramme der Privatsender gezappt, wie sie es auch an den Vormittagen mit ihren Telenovelas tut, wenn ich unterwegs bin. Sie sieht sich ohne Hemmungen ausgemachten Schrott an, allerdings immer nur zehn, fünfzehn Minuten lang. US-Serien mit Zuschauerapplaus und -lachen aus der Konserve, deutsche Klamauksendungen mit den immer gleichen Blödmännern und überdrehten Zicken, aber auch Dokumentarfilme über Killerwale und die Trinkwasserversorgung in zentralafrikanischen Trockengebieten. Mehr Ausdauer hat sie, wenn skandinavische Prinzen- oder Prinzessinnenhochzeiten anstehen. An ihnen kann sie sich stundenlang delektieren. Und sie guckt sich die Magazinsendungen mit Schaltungen zu Reportern vor Ort an, in denen diese zumeist mangels Fakten die Sendezeit füllen, indem sie Vermutungen anstellen, unbeteiligte und unwissenden Passanten befragen und sich ansonsten mit den Moderatoren im Studio hin- und her duzen - »Hallo, Karin, wie ist die Stimmung?« »Tja, Marcus einigermaßen unsicher, würde ich sagen.« Silvie, Rico, Sandy, Timo, Mario sind bei den Privaten angestellt. Bei den öffentlichen Sendern überwiegen die Vornamen der bildungsnahen Schichten, als da sind Hans-Peter, Florian, Reinhold, Stephanie. Dieser Unterschied zu den Privatsendern muss schon sein.

Wenn ich mit ihr im Wohnzimmer bin, sieht sich Ute derartiges selten an, weil ich ständig unerträgliche Kommentare abgebe. Behauptet sie jedenfalls. Vor allem will sie nicht meine Meinung über politische Talkshows hören. Ich halte sie für überflüssig, vor allem wenn abgefahrene Politiker und mumienhafte Ex-Wirtschaftsbosse zu Gast sind und mit staatsmännischer Wichtigtuerei den immer gleichen Mist erzählen und Ratschläge erteilen, die sie in ihrer aktiven Zeit nicht berücksichtigt haben. Das gleiche gilt für Ratesendungen. Ute findet sie unterhaltsam, ja sogar allgemeinbildend und freut sich ungemein, wenn sie richtig geraten hat, dass Deutschland Weltmeister im Schnittblumenimport ist.

Gestern hat es wieder Krach darüber gegeben, weil jeder etwas anderes einschalten wollte.

»Es können nicht alle so politisch interessiert sein wie du!«, hat sie mich angegiftet. »Ich muss mir nicht zum 88. Mal etwas über das Dritte Reich oder die DDR ansehen, über Göring, Lenin, Mielke, Goebbels und all die Konsorten oder irgendetwas Elitäres in Arte über Thomas Mann oder Richard Wagner. Wenn das so weiter geht, kaufe ich mir einen zweiten Fernseher und stelle ihn mir ins Schlafzimmer.«

Ich gehe in Socken ins Wohnzimmer, lasse mich in den rostfarbenen Sessel fallen und strecke die Beine weit von mir.

Ute schaltet den Fernseher mit der Fernbedienung aus und fragt: »Wie war's?«

»Geht so. Ich weiß jetzt, wann in Liechtenstein die allgemeine Schulpflicht eingeführt wurde.«

»Ihr müsst euch was Interessanteres einfallen lassen. Nicht nur Liechtenstein oder die Bronzezeit in Brandenburg.«

»Die Bronzezeit in Brandenburg« war der einzige Vortrag, zu dem Ute mich begleitet hat. Seitdem nicht mehr, es war ihr zu langweilig gewesen und die vielen alten Leute hatten sie gestört. »Alt bin ich selbst, ich will nicht mit lauter Grau- und Weißhaarigen zusammenhocken«, hatte sie spöttisch gemeint.

»Du könntest noch mal kandidieren, um den Verein in Schwung zu bringen. Was hältst du davon?«, fragt sie.

» Du hättest dann eine Beschäftigung. Zu alt dafür bist du nicht. « Ich bin mir nicht sicher, ob sie es ernst meint.

» Es werden sich andere bewerben. Mich brauchen sie nicht. «

» Dann eben nicht. Peter hat angerufen, er lässt dich grüßen. Er freut sich auf das Treffen mit dir. Schade, dass er nicht bei uns übernachtet. Er schläft in Berlin, weil er morgen früh eine entscheidende Unterredung hat. «

» Er wird sich ein gutes Hotel genommen haben. In der Beziehung ist er nicht kleinlich. Hoffentlich hat er Glück und kommt aus seiner Misere heraus. Ich drücke ihm die Daumen. «

» Das reicht nicht «, sagt Ute schroff. » Sage Peter bitte klipp und klar, was er erwarten darf, und sei großzügig. Nur so kommt er auf die Sprünge und zwar für immer. Sein Hin und Her, sein Auf und Ab muss ein Ende haben. Denk immer daran: er hat Familie, die Sicherheit braucht. «

» Du brauchst mir nicht zu sagen, was ich zu tun habe «, erwidere ich genauso schroff. » Erst muss ich mir seine Pläne anhören und vor allem, was für einen Partner er bei seinem geheimnisvollen Projekt hat. Der letzte ist getürmt und hat einen Berg Schulden hinterlassen. Das darf nicht noch einmal vorkommen. «

» Ist gut, du wirst schon das Richtige tun. Ich muss noch in die Küche und in den Keller und danach gehe ich ins Bett. Tu das auch, du siehst angeschlagen aus. Ist was? «

» Dankwart fragte mich, warum ich bleich aussehe, du meinst, ich sei angeschlagen. Nichts ist los, Ute, nichts. Ich muss nicht immer taufrisch durch die Gegend hampeln. «

» Damit du es weißt, ich bekomme mit, dass du dir die rechte Schulter massierst und an deinem rechten Knie rumfummelst, wenn du dich unbeobachtet fühlst. Du bist nicht so kerngesund, wie du vorgibst. «

Ute erhebt sich, um das Zimmer zu verlassen, sagt aber noch: » Fast hätte ich es vergessen: Hartmut hat auch angerufen. Er wird es morgen noch einmal versuchen. «

» So, so. Hat die Klagemauer gesagt, was sie will? «

»Nein, das will er dir morgen erzählen. Nenn ihn nicht so. Warum soll er nicht sagen, wenn ihn etwas bedrückt oder wenn er Sorgen hat?«

»Mein lieber Bruder hat immer Sorgen, schon von Kindesbeinen an. Er hätte sich an mir, seinem älteren Bruder, aufrichten können, hat es aber nicht getan. Ich habe ihm oft den Weg frei gemacht. Unsere Eltern erlaubten ihm und Edeltraut Dinge, die sie mir strikt verboten haben. Aber das hat nicht geholfen, das Leben war für ihn von Anfang an ein einziges Jammertal. Damit ist er allerdings gut gefahren. Auch seine ewigen Krankheiten sind ihm scheint's so schlecht nicht bekommen.«

Bei meinen letzten Worten hat Ute bereits das Zimmer verlassen.

Ich bleibe sitzen, wie ich Platz genommen habe, in den Sessel gefläzt und die Beine weit von mir gestreckt. Das schont das rechte Knie. Ich will nicht an Hartmut denken und darüber sinnieren, was er mir sagen wollte. Ganz gewiss geht es um die Erbschaft und dass er sich den Vorschuss, den ihm Mutter zu seinem Haus gegeben hat, nicht anrechnen lassen will. Wenn es ums Geld geht, kann das Weichei Hartmut sehr unnachgiebig sein.

Ich nehme die Brille ab, die ich beim Betreten der Wohnung aufgesetzt habe, um den Absender eines, auf der Anrichte liegenden, Briefes zu lesen. Ich brauche sie zum Lesen und Fernsehen und wenn ich etwas genau betrachten will, in einer Ausstellung oder in einem Museum, aber nicht beim Autofahren. Bis zum fünfundfünfzigsten Lebensjahr bin ich ohne sie ausgekommen, obwohl ich meine Augen mit dem Lesen unzähliger Akten strapaziert habe. Meine Kolleginnen und Kollegen liefen fast alle bebrillt herum und ich habe es gerne gehört, wenn jemand erstaunt tat, dass ich in meinem Alter noch so gute Augen hatte.

Mir ist weder nach Lesen noch nach Fernsehen zumute, auch wenn sie mich von Gabrieles Freund und seinem Erpressungsversuch oder der leidigen Geldgeschichte ablenken würden. Auch den Vortrag möchte ich mir nicht in Erinnerung rufen. Ich sehe jedoch den Vorsitzenden Wustermann vor mir, wie er aufgeregt hinunter zur Eingangstür lief und wie er nach dem Vortrag im Foyer hin- und her scharwenzelte, um jeden zu sehen und von jedem gesehen zu werden.

Er ist ein verdammter Narr, dieser Wustermann, ein Kerl, der sich gerne reden hört, aber nur warme Luft produziert und nichts für das Anwachsen der bescheidenen Mitgliederzahl tut.

Ich habe seinerzeit etliche Mitglieder geworben, vor allem jüngere Leute. Ich traue mir dies auch jetzt noch zu. Magendorf, mein Konkurrent, war darunter gewesen und zwei, die wieder abgesprungen sind. Abgesprungen, nachdem es in einer Mitgliederversammlung zu einer heißen Diskussion gekommen war, weil sie einen scharf formulierten Leserbrief in den »Märkischen Neuesten Nachrichten« veröffentlicht hatten, in dem sie dem Verein Lethargie in der Zusammenarbeit mit Vereinen der Partnerstädte in Polen und Frankreich vorwarfen. Die Mitglieder hatten von unglaublicher Nestbeschmutzung gesprochen und den beiden unerhörte Selbstgerechtigkeit und mangelndes Verständnis für die Aufgaben eines historischen Vereins vorgeworfen. Die zwei Störenfriede wurden mit überwältigender Mehrheit aufgefordert, sich umgehend per erneutem Leserbrief von Ihren Behauptungen zu distanzieren.

Das taten sie nicht. Sie traten stattdessen aus dem Verein aus. Danach waren sich die meisten Mitglieder darin einig, man hätte vorher ahnen können, wen man sich mit ihnen einhandelte. Vor allem der damalige Vorsitzende hätte sie sich gründlicher ansehen müssen. Also ich.

Der eine war Martin Magart, der das Gymnasium ohne Abitur beendet hatte, danach mit einem Wanderzirkus durch die Lande gezogen war und seit einigen Jahren einen kleinen Literaturladen betreibt, der keine Bücher über Preußen ins Schaufenster legt. Der andere war Rechtsanwalt Sebastian Tersonnen, der unter anderem Leute aus der linken Szene verteidigt, die in zwei unsanierten Villen am Rande von Luckendam mit Billigung der Eigentümer hausen und statt zu arbeiten lieber im Garten Federball spielen und an einem Lagerfeuer schaurige Revolutionslieder aus längst vergangenen Zeiten singen.

Wustermann wurde in dieser Affäre das volle Vertrauen der Mitglieder ausgesprochen. Ich habe ebenfalls die Hand gehoben. Auch unter meinem Vorsitz war es um einen Rauswurf gegangen, um den von Horst Wagenknecht, einem Autor von Kinderbüchern und Mundartgedichten, der sich als inoffizieller Mitarbeiter des MfS entpuppte. Die Mitglieder hatten sich schwer getan, obwohl er jahrelang unter dem Decknamen »Rilke« über jeden Kulturschaffenden in Luckendam seitenlange Berichte geschrieben hatte. Von Wagenknechts Unterstützern wurde wie üblich argumentiert, er habe niemandem geschadet und seine Kinderbücher seien nette, harmlose Literatur gewesen. Selbst der alte Krausnick und der gerade eingetretene Magendorf hatten für die weitere Mitgliedschaft plädiert. Gegen den Verbleib hatte sich, wie ich, der ehemalige NVA-Major Heisig ausgesprochen, während sich Dankwart bedeckt hielt.

Nach wochenlangem Hin und Her und einigen Artikeln und Leserbriefen in den »Märkischen Neuesten Nachrichten« hatte sich die Sache von selbst erledigt. Der verwitwete Wagenknecht war nach Greifswald umgezogen. Danach habe ich von ihm das Märchen »Schneewittchen und die sieben Zwerge« in einer sozialistischen Version gelesen. Das Schneewittchen war ein Mädchen namens Sabinchen und die sieben Zwerge waren ein Volkspolizist, der es sicher über die Straße geleitet, ein Bergmann, der die Wohnungsöfen mit Kohle versorgt, ein Panzerfahrer der NVA, der den Faschisten das Fürchten lehrt und eine Straßenbahnfahrerin, die es in die Schule fährt. Die restlichen Drei waren eine Kranführerin in einem modernen Stahlwerk, ein LPG-Melker, der dem Sabinchen morgens frische Milch auf den Frühstückstisch stellt sowie ein vor Pinochet geflüchteter Chilene, der ihr über die Unterdrückung der aufrechten Sozialisten in Südamerika erzählt.

Ich fühle mich plötzlich schlaff, so als wären alle Körperteile eingeschlafen. Meine Beine scheinen nicht mehr stehen, meine Arme und Hände nicht mehr greifen zu können. Ich richte mich mühsam auf und schiebe mein Gesäß nach hinten. Vielleicht kommt es davon, dass ich im Sessel, müde wie ich bin, mehr liege als sitze. Am Besten ich folge Ute und gehe ins Bett. Doch ich zögere.

Ich fürchte, nicht sofort einschlafen zu können, was häufig geschieht, vor allem wenn ich am Tag Ärger hatte. Ich weiß, dass Wolfgangs Erpressungsversuch, die unsicheren Aussichten auf den Vereinsvorsitz und die

Entscheidung über die gewaltigen Geldsummen, die Sabine und Peter beanspruchen, regelrecht auf der Lauer liegen, um meine Gedanken zu übermannen.

Es ist quälend, wenn ich mitten in der Nacht aufwache und von bedrückenden und unsinnigen Gedanken, von ungelösten Problemen und hinaus geschobenen Entscheidungen heimgesucht werde. Auch dies ist häufig geworden, etwa einmal die Woche. Fast mit Sicherheit überfällt es mich nach zu hohem Alkoholkonsum, wobei das Quantum von Jahr zu Jahr geringer wird. Erst waren es mehrere Whiskys oder eine Flasche Rotwein, jetzt bin ich bei drei nicht einmal großen Gläsern Rotwein angelangt, zumal wenn ich sie kurz hintereinander trinke. Heute Abend habe ich mit zwei Gläsern Rotwein und mehreren Gläsern Champagner die Marke auf jeden Fall überschritten. Es zeigt sich wieder einmal: Alter ist scheiße!

Erinnerungen und Probleme, die bei Tageslicht betrachtet harmlos oder unsinnig sind, machen mich in der Nacht fast verrückt. Ich halte in endlosen Schleifen und mit steigender Wut die Reden, die ich, als sie möglich waren, nicht über die Lippen gebracht habe. Ich stelle mir in ständig neuen Anläufen vor, wie ich jemanden hätte zur Schnecke machen sollen oder wie ich jemanden geschickter hätte hofieren müssen. Ich ärgere mich, in bestimmten Situationen zu feige, zu inkonsequent, zu gleichgültig oder einfach zu doof für ein richtiges Argument gewesen zu sein und hadere mit mir, zu wenig verständnisvoll und aufmerksam und zu meiner Familie, vor allem zu Ute, zu lieblos zu sein. Hin und wieder versuche ich angenehme Erinnerungen als Schlafmittel zu benutzen, einen harmonischen Urlaub mit Ute in Spanien oder Peters kurze, aber beachtliche Sportlaufbahn, doch das funktioniert fast nie.

Es kommen uralte Sachen hoch, selbst solche, die fünfzig und mehr Jahre zurückliegen. Die ungerechte Benotung einer Chemiearbeit im letzten Schuljahr, die Verweigerung des Wochenendausganges durch den hierzu nicht berechtigten Zugführer, weil ich zu Rufnagel, dem Gefreiten vom Dienst, beim Revierreinigen gesagt hatte, er sei ein blöder Hund. Und es gibt die frischen Ereignisse, wie die absurde Diskussion mit einem Polizeibeamten, ob ich einem Radfahrer mit dem Auto die Vorfahrt genommen hätte, oder wie ich mich nicht getraut habe, in einem Restaurant ein kalt serviertes Gericht mit noch dazu falschen Beilagen zurück zu schicken und ich dem herablassenden Kellner auch noch Trinkgeld gegeben habe. Nichts ist zu blödsinnig oder zu überflüssig, als dass es mich nicht bedrängte, und Peters Eskapaden und Sabines Biestigkeiten tauchen ebenfalls auf.

Es ist lange her, seit ich stets einen guten, durchgehenden Schlaf hatte. Ja, das Alter ist scheiße! Und die nachts neben mir ruhig atmende Ute kann mir nicht helfen. Das probate Mittel früherer Zeiten, mich an ihren Rücken zu pressen, um in den Schlaf zu versinken, hilft nicht mehr.

Auch im Badezimmer fühle ich mich schlaff und ausgelaugt. Was ich im Spiegel erblicke, ist nicht erfreulich. Ute und Dankwart haben recht, ich bin weiß wie ein Bettlaken und sehe mit den Ringen um die Augen angeschlagen aus. Die vollen Haare liegen gut, wie soeben gekämmt, aber das ist das einzig Positive an mir. Meine große Nase hängt traurig nach unten und die Mundwinkel ebenfalls. Ich versuche zu lächeln, aber es kommt nur ein einfältiges Grinsen heraus.

Habe ich vorhin beim Vortragsabend so geschafft ausgesehen wie jetzt? Wer bitte wählt mich, wenn ich so alt wirke, älter als ich tatsächlich bin?

Ich überlege, ob mich jemand mitleidig betrachtet hat oder sich ein Erschrecken über meine Erscheinung hat anmerken lassen. Mir fällt niemand ein, nur Dankwart hat eine kurze Allerweltsbemerkung gemacht. Immerhin hat man mich in die fidele Champagnerrunde aufgenommen und wollte mich nicht wieder gehen lassen. Also wird es so schlimm nicht gewesen sein. Ich fange an zu spinnen! Vielleicht liegt mein Aussehen nur an der zu grellen Badezimmerbeleuchtung.

Ute hat sie, wie den überdimensionierten Spiegel im Vorraum, gegen meinen Willen installieren lassen. Plötzlich glaube ich mein Gesicht im Tod zu sehen, eine hagere Totenmaske mit spitzer Nase und eingefallenen Wangen. Vor Schreck und Schwäche setze ich mich auf den herunter geklappten Klodeckel.

Ich denke nicht oft an den Tod, nur hin und wieder. Meist zufällig wie eben jetzt und nur kurz. Ich möchte nicht jeden Morgen beim Rasieren über ihn sinnieren, wie dies angeblich der Apotheker Friedelherr tut. Er hat es mir gesagt, als ich Hühneraugenpflaster kaufte.

Werde ich auf den Tod angesprochen, so sage ich, der Tod gehöre zum Leben, dass ich ihn deshalb nicht fürchte und dass ich hoffe, geistig und körperlich einigermaßen fit zu bleiben und niemandem zur Last zu fallen. Das ist nicht besonders originell, ich weiß. Na und! Was ich nicht sage, sind die Befürchtungen, die mich des Nachts quälen: inkontinent zu werden, in meiner eigenen Pisse und Scheiße zu schwimmen und den Hintern von rabiaten Pflegerinnen gewischt zu bekommen.

Was nach dem Tod kommt, darüber mache ich mir keine Gedanken. Irgendetwas wird schon geschehen. Wenn nicht, dann wäre das Leben völlig sinnlos. Da es Gott gibt, wird er sicher etwas mit mir vorhaben. Immerhin spreche ich bei meinen gelegentlichen Gottesdienstbesuchen ohne Skrupel das Glaubensbekenntnis, also auch, dass ich an die Auferstehung der Toten und das ewige Leben glaube. Ute ist in dieser Beziehung radikal atheistisch.

Ich stehe auf und strecke mich mehrmals. Ich spüre kaum Schmerzen. Vermutlich hat auch sie meine Schlaffheit erfasst und betäubt. Sicherheitshalber massiere ich meinen rechten Oberschenkel und streiche mehrmals über das rechte Knie.

Ich putze die Zähne, pinkle, verlasse das Bad und schalte das Licht aus.

Mittwoch

Siebtes Kapitel

Was für eine furchtbare Nacht!

Ich stehe mit entblößtem Oberkörper und krampfhaft eingezogenem Bauch im Badezimmer vor dem großen Wandspiegel und rasiere mich. Wie jeden Tag sehe ich meinen Oberkörper ohne mir groß Gedanken zu machen. Er ist wie er ist. Ich bin muskulös und wenig behaart. Die Brüste sind vor Jahren fast über Nacht fett geworden und die Brustwarzen nach unten gerutscht. Auf meinem rechten Oberarm sind zwei blaue Flecken, Rückstände von meinem gestrigen Treppensturz. Ich rasiere mich nass, mit einem billigen Plastikschaber. Mein Trockenrasierer liegt sauber geputzt und in eine Plastiktüte gewickelt in einer Schublade meines Schreibtisches. Für den Fall, dass ich einmal in ein Krankenhaus eingeliefert werden sollte.

Das erste Mal war ich jäh aus dem Schlaf aufgeschreckt, als das Leuchtzifferblatt des Weckers drei Uhr anzeigte. Ich hatte sofort mit aller Kraft versucht, wieder einzuschlafen, aber es funktionierte nicht. Es muss gegen vier Uhr gewesen sein, als ich in einen unruhigen Halbschlaf versank, aus dem ich nach wenigen Minuten wieder auftauchte, um mich anschließend schätzungsweise erneut eine Stunde lang schlaflos im Bett hin- und her zu wälzen. Zum Glück habe ich noch Schlaf gefunden, einen bleiernen Tiefschlaf mit wirren Träumen, den der Wecker um sieben Uhr fünfzehn brutal unterbrach.

Ich fühle mich schlaff und lustlos, würde am liebsten wieder ins Bett kriechen, obwohl ich weiß, dass ich trotz meiner Müdigkeit nicht schlafen könnte. Meine rechte Schulter schmerzt, wenn ich beim Rasieren den rechten Arm in die Waagerechte bringe. Entweder eine Spätfolge meines gestrigen Sturzes oder weil ich zu lange verkrampft auf der rechten Seite gelegen habe. Das Weiß meiner blassblauen Augen ist gerötet. Ein wunderbarer Morgen!

In ungeordneten Fetzen schießen mir die Gedanken durchs Hirn, mit denen ich mich in der Nacht herum gequält habe, und ich finde, während ich routiniert die eingeseifte Gesichtsunterhälfte erst mit dem Strich, dann gegen ihn, sorgfältig und ohne Hast abschabe, dass ich im Grunde genommen eine ziemliche Pfeife bin, ein Jammerlappen, meinem Bruder Hartmut nicht unähnlich. Nur gut, dass niemand ahnt, auch Ute nicht, was mich in manchen Nächten heimzusuchen pflegt. Routiniert schneide ich die erforderlichen Grimassen, um an die Ecken unter den Flügeln meiner großen Nase und an die widerborstigen Haare der Mund- und Kinnpartie zu gelangen.

Als ich zum ersten Mal wach lag, schoben sich Sabine und Peter ständig vor meine geschlossenen Lider. Ich sah sie vor mir, Sabine mit ihren harten Augen und dem angespannten, schlanken Körper, und den schlaksigen, groß gewachsenen Peter in seiner nonchalanten Wurstigkeit, und ich vermeinte ihre ewig gleichen Argumente zu hören, mit denen sie mich seit Wochen zu einer finanziellen Unterstützung drängen. Gequält und unkonzentriert versuchte ich meine Position darzulegen, doch meine Gedanken verwirrten sich ständig und meine Gegenreden sprangen undiszipliniert von einem Punkt zum anderen, endlos wie ein Hamster in seinem Rad. Die Stille im nachtschwarzen Schlafzimmer, in das nur wenige Male ein entferntes Motorengeräusch drang, umgab mich wie Watte. Was ich bereits x-mal gebetsmühlenartig am Tag durchdacht hatte, erschien mir grotesk. Ich glaubte, mich vor aller Welt lächerlich zu machen, was mich noch mehr gegen mich aufbrachte und erst recht einen erlösenden Schlaf verhinderte.

Irgendwann bin ich in einen Halbschlaf versunken oder besser, in ein dumpfes Dösen, aus dem ich schnell wieder auftauchte, scheinbar hellwach, aber in einer verkrampften, fast schmerzenden Wachheit. Währenddessen schlief Ute ruhig und entspannt neben mir. Am liebsten hätte ich sie wach gerüttelt und gezetert, wie sie dazu käme, mich in meinem sinnlosen Gedankenchaos allein zu lassen. Jetzt, da ich noch einmal Rasierschaum im Gesicht verteile - ich rasiere mich ausnahmsweise zweimal, da ich heute Nachmittag in Berlin eine glatte Gesichtshaut haben will -, jetzt fallen mir die quälenden Gedanken zur Vorstandswahl und zur Erpressung ein.

Die Gründe für eine Kandidatur erschienen mir in beklemmender Weise peinlich. Es ist doch nur Eitelkeit, wenn ich den Mitgliedern zeigen will, was noch in mir steckt. Und ist es nicht ebenso Eitelkeit, durch den Vorsitz wieder zu den Honoratioren zählen zu wollen, die zu allen wichtigen Veranstaltungen der Stadt eingeladen werden? Noch schlimmer aber ist die Angst, ohne dieses Amt in die tödliche Langeweile vieler langlebiger Menschen zu versinken, in ein Leben, in dem ich überflüssig sein würde wie ein Kropf und mich nichts mehr auf Trab hielte Ich würde nur noch auf den Tod zu leben. Morgens beim Frühstück, nach dem Mittagsschlaf, beim nachmittäglichen Spaziergang, vor dem Fernsehapparat und beim abendlichen Zubettgehen. Mit dem Vorsitz könnte ich mich noch zwei, vielleicht sogar mehr Jahre lang an das wirkliche Leben klammern, wie die Politiker, die nicht los lassen können und regelrecht aus dem Amt geprügelt werden müssen. Die Ministerpräsidenten und Minister, die Bundestags- und Landtagsabgeordneten, ja selbst die siebzigjährigen Knacker in der Luckendamer Stadtverordnetenversammlung. Mit vom Hin - und Herwälzen schmerzendem Kreuz beschloss ich, mir meine Kandidatur nochmals ernsthaft zu überlegen, um endlich zur Ruhe zu kommen.

Als mich auch noch der Gedanke an die Erpressung überfiel, da versuchte ich krampfhaft und nach einer Weile mit Erfolg, nicht an diesen Wolfgang zu denken, sondern herauszubekommen, ob Ute von meinem Seitensprung wüsste. So weit es meinem schweren Kopf möglich war, ging ich die Situationen durch, die mir wahllos einfielen. Hatte Ute nicht gleich nach ihrer Ankunft in Luckendam gesagt, mein unbeaufsichtigtes Junggesellenleben mit all seinen Versuchungen sei nunmehr zu Ende und damit eine Liaison gemeint? Was war mit ihrer Bemerkung in einer angeheiterten Freundesrunde, sie lege für mich nicht die Hand ins Feuer, was meine Solozeit in den neuen Bundesländern betraf? Ein ernsthafter Verdacht oder nur ein Scherz? Und hatte sie nicht öfters behauptet, ich hätte mir im Osten plötzlich selbständig Kleidung gekauft, etwas, was ich bis dahin nie getan hätte. Ob da nicht weibliche Initiative und Beratung dahinter gesteckt habe? Und, und, und. Die Gedanken schwirrten durch den Kopf, drehten sich sinnlos im Kreis wie ein Karussell. Nach vermutlich einer Stunde hatte mich das ausweglose Sinnieren so zermürbt, dass ich kapitulierte und endlich einschlief.

Jetzt im Badezimmer bin ich mir sicher, dass Ute nichts weiß und nur so dahergeredet hat. Wäre es anders, sie hätte mich irgendwann argwöhnisch auf die Frau angesprochen, die mit mir im Jahr 1994 in einem Wahllokal so vertraulich geredet hat. Es war Gabriele gewesen, die mich in Verlegenheit hatte bringen wollen.

Vor der Rasur hatte ich keine Lust gehabt, mich zu duschen. Jetzt hole ich es nach. Anfangs warm, fast heiß, dann lau und zum Abschluss eiskalt. Das durchblutet den müden Körper und bringt die Lebensgeister in Schwung. Der harte, kalte Wasserstrahl und das heftige Trockenreiben schmeißen den Motor wieder an, ich fühle, wie der Kreislauf in Fahrt kommt und ich weiß, dass es völliger Quatsch ist, mich mit dem Jammerlappen Hartmut auf eine Stufe zu stellen. Das war in der Nacht und die ist passé. Ich drücke das Kreuz durch und ziehe den Bauch noch kräftiger ein. Ich will wieder der entschlussfreudige Gerhard Nodlich sein, ich will, was mich bedrückt, in den Griff bekommen. Ich hoffe, dass der Albtraum, wie es mir immer nach solchen Nächten ergeht, verblasst und dass meine verwirrten Gedanken zu Makulatur werden. Doch das ist diesmal nicht sicher. Ich bin noch nie in einer Zwickmühle wie jetzt gewesen, ich habe noch nie brutale Gewalt fürchten müssen.

Draußen scheint Gott sei Dank die Sonne.

Ich drücke Zahncreme auf die Zahnbürste. Nicht zu viel, Erbsengröße reicht völlig aus. Ich benutze die einfache, weiße Paste, so wie ich es von Kindheit an tue. In den Regalen des Drogeriemarktes ist sie manchmal nicht auf Anhieb zu finden. Sie verbirgt sich hinter den gut gehenden Zahncremesorten, als da sind: welche mit Naturkräuter- und mit

Fluorgeschmack, welche für starke und welche für von Karies befallene Zähne. Manche verkünden, sie seien frisch oder superfrisch oder pfefferminzfrisch. Sie liegen in Einfach- und Mehrfachfarben vor mir und in den verschiedensten Abstufungen von Weiß, wie sie sich nur hirnrissige Werbefachleute ausdenken können: Naturweiß, Brillant-Weiß, Sensitiv-Weiß, Classic-Weiß, Medizinisch-Weiß. In der Regel nehme ich die Tube, deren Beschriftung am unscheinbarsten gestaltet ist oder die sich blöderweise »classic« nennt.

Ich putze die Zähne. Systematisch wie immer, erst die untere, dann die obere Zahnpartie und nicht nur die Zähne, sondern besonders intensiv das Zahnfleisch. Ich muss nur selten das Zahnarztehepaar Preisel in der Karl-Liebknecht-Straße aufsuchen, auch wenn sie mich mit Postkarten an eine unbedingt erforderliche Prophylaxe erinnern. Ich versuche, nicht Frau Preisel in die Hände zu fallen. Während er ein ruhiger, netter Typ mit Mundgeruch ist, der nur tut, was er für unumgänglich hält, ist sie scharf aufs Geld und versucht mir langwierige Behandlungen mit mindestens drei Terminen aufzuschwatzen. Einem Bekannten hat sie unter vollem Körpereinsatz und laut schnaufend einen Zahn gezogen, den ihr Mann kurz zuvor für völlig gesund erklärt hatte.

Ich bücke mich, um die Seife, die mir aus der Hand geglitten ist, aufzuheben. Als ich mich ruckartig aufrichte, stoße ich mit dem Kopf gegen das Waschbecken. Ich fluche »Verdammte Scheiße!« und reibe die schmerzende Stelle auf der Kopfhaut. Auf ihr sind mehrere schlecht verheilte Narben verteilt, die, bis auf eine, alle von den Haaren bedeckt werden. Nur der Friseur kennt sie, und Ute. Ich verletze mich oft am Kopf, zumeist wenn ich nach dem Bücken wieder hoch komme, so wie jetzt. Ich knalle gegen offen stehende Schubladen, im Gartenhaus gegen Geräte, beim Einsteigen ins Auto gegen den Türrahmen. Meine Sensoren arbeiten nur noch fehlerhaft. Ute schimpft, wenn es geschieht.

»Nimm dich gefälligst zusammen! Wo soll das noch mit dir enden?«

»Meinst du, ich tue es mit Absicht?«

»Das wäre ja noch schöner. Du bist zu oft mit deinen Gedanken wo anders. Überlegst dir wohl deine nächste Rede.«

» Welche Rede? «

» Was weiß ich. «

Auch, wenn ich etwas verschütte oder mir etwas aus der Hand fällt oder wenn ich über eine Treppe stolpere, soll ich mich zusammennehmen. Gestern ist mir im Badezimmer unvermittelt die Zahncremetube aus der Hand geschossen, so, als wäre sie ein glitschiger Fisch. Sie flog haarscharf am offenen Klo vorbei. Wäre sie hineingeplumpst, ich hätte sie herausgeholt, abgewischt und wieder an ihren Platz gestellt.

Während ich mich im Schlafzimmer anziehe, fasse ich zum x-ten Mal einen Entschluss: Über die finanzielle Unterstützung der Kinder werde ich erst entscheiden, wenn mir Peter detailliert gesagt hat, wofür er das Geld haben will, und wenn ich der Überzeugung bin, dass sich Maximilian in Zukunft weniger arrogant verhalten wird. Meine Tendenz bleibt: nicht zahlen. Beim Erpressungsversuch werde ich abwarten, was Wolfgang unternimmt. Der Mistkerl erhält auf keinen Fall etwas, er wird nicht einen Cent zu sehen bekommen. Ich werde ihn notfalls anzeigen, wenn es mulmig zu werden droht. Und meine Kandidatur für den Vereinsvorsitz werde ich so lange verfolgen, wie ich glaube eine Chance zu haben. Auf keinen Fall werde ich mich lächerlich machen.

Entschlossen gehe ich zur Treppe. Als ich die erste Stufe betrete, fällt mir ein, dass ich hier gestern mit Schwung gestürzt bin. Ein jäher Stich im rechten Knie unterstützt die Erinnerung. Behutsam setze ich ein Bein vor das andere und umfasse das Geländer mit der rechten Hand. » Vorsicht ist die Mutter der Porzellankiste «, sagte mein Vater immer. Wer hat heutzutage noch so einen Spruch drauf? Nur wir Alten.

Ute steht zehn Minuten früher auf als ich. Während ich im Badezimmer war, hat sie den Tisch gedeckt, sich die erste Tasse Kaffee eingeschenkt und mit dem Lesen der » Märkischen Neuesten Nachrichten « begonnen, die sie zuvor aus dem Briefkasten geholt hat. Unter der Woche lesen wir nur diese Zeitung. Am Samstag kaufe ich zusätzlich eine Überregionale. Am Kiosk neben dem Supermarkt. Allerdings muss ich mich sputen, es werden meist nur zwei, drei Exemplare ausgelegt. Langschläfer gehen leer aus.

Sie blickt kurz auf, als ich die Treppe herunterkomme. »Du hast lange gebraucht«, sagt sie. »Du siehst müde aus. Hast du schlecht geschlafen?«

»Warum sollte ich? Alles in Ordnung.«

Ich nehme den Zeitungsteil, der für mich auf dem Tisch bereitliegt, und verschanze mich hinter ihm. Über den Zeitungsrand hinweg mustere ich verstohlen die lesende Ute. Was wäre, wenn sie von meiner prekären Lage wüsste? Müsste sie mit ihrer weiblichen Intuition nicht wahrnehmen, dass etwas nicht in Ordnung ist? Langsam frage ich mich, ob sie mich schon mal betrogen hat. Ich habe mir in der Vergangenheit diese Frage nur dann gestellt, wenn ich selbst über den Zaun gegrast habe oder dazu bereit war. Es war dies allerdings nur ein Gedankenspiel, das ich schnell wieder vergessen habe.

Als wir uns kennenlernten, war die hübsche Ute kein Kind von Traurigkeit, aber dass sie in unserer Ehe fremdgehen würde, ist mir nie ernsthaft in den Sinn gekommen. Ich kann mir nicht vorstellen, dass sie sich heimlich mit irgendeinem Kerl untertags keuchend und wild zappelnd auf die Schnelle in einem Stundenhotel vergnügte oder gar ein längeres Verhältnis mit all seinen Heimlichkeiten, Lügen und Ausreden laufen hatte. Dazu war sie nicht der Typ und die Gelegenheit zu selten. Obwohl Frauen, wenn es etwas zu vertuschen gilt, raffinierter sind als wir tumben, einfach gestrickten Männer.

Nur einmal war ich argwöhnisch geworden, das war, als ich in Luckendam das Verhältnis mit Gabriele hatte, und Ute mir an den Wochenenden zu oft ihren neuen Chef erwähnte und dass er sie bereits zweimal zum Essen eingeladen hätte. Sie hat ihn mir danach in Hannovers Innenstadt beim samstäglichen Vormittagseinkauf vorgestellt, als wir uns zufällig begegneten.

Er war in Begleitung seiner Frau, einer drallen Rothaarigen, die ihn ganz offensichtlich unter ihrer Fuchtel hatte. Ein netter, leise sprechender Herr mit traurigem Bernhardinerblick und kleinem Spitzbauch. Nein, da war bestimmt nichts gewesen zwischen den beiden! Sie mir nackt und eng umschlungen vorzustellen, dafür reichte meine Fantasie nicht aus.

Als Ute letztes Jahr » Effi Briest « zum ersten Mal las, meinte sie zum tragischen Ende lakonisch, man solle eben Liebesbriefe aus vergangenen Zeiten nicht aufbewahren, und schon gleich gar nicht in einem Nähkästchen.

» Werde ich später mal in deinem Nachlass Briefe von einem unbekannten Nebenbuhler finden? «, fragte ich ironisch.

» Natürlich nicht. «

» Klar, weil es keine gibt. «

» Nein, weil du, da du früher stirbst, nicht in meinen Sachen herumkramen wirst. «

Ich muss etwas verdutzt geschaut haben, denn sie meinte trocken: » Jetzt bist du platt, was? « Womit sie recht hatte.

Ich nehme den Zeitungsteil, der für mich auf dem Tisch bereit liegt und beginne zu lesen.

» Iss doch erst mal «, sagt Ute, wie sie es jeden Morgen tut.

» Ich will nur die Überschriften lesen, dann mache ich es «, antwortete ich, wie ich es ebenfalls immer tue. » Du weißt, ich lege die Zeitung gleich beiseite. Ich lese erst nach dem Frühstück. Ich bin nicht wie mein Vater. «

» Mein Gott, Gerhard, wie oft hast du das schon gesagt. Lass deinen Vater ruhen. «

Mutters vergeblicher Wunsch war ein gut bürgerliches Familienfrühstück gewesen. Ein Frühstück, bei dem wir fünf, die Eltern und die drei Kinder, gesittet am Tisch saßen, in Ruhe aßen, tranken, uns nett unterhielten und nicht durch Radiomusik und Zeitungslesen abgelenkt wurden. Doch das war mit Vater nicht zu machen. Er las ständig beim Frühstück und trank, ja schlürfte hastig seinen Kaffee und mampfte zwei Brötchen ohne aufzusehen. Ab und zu grunzte er, wenn er etwas las, was ihm missfiel, hin und wieder lachte er in sich hinein, ohne uns zu sagen, worüber. Erst wenn er die Politik- und die Sportnachrichten gelesen hatte, war er zu ein paar Sätzen bereit, redete aber selten über das, was er soeben gelesen hatte. Dann bekamen wir Kinder einen Klaps auf den Hinterkopf, Mutter einen angedeuteten Wangenkuss und er stürzte zu seinem Herrenausstattungsgeschäft davon. Ich habe, glaube ich, nie etwas anderes erlebt.

Und weil Vater sich nicht Mutters Wunsch fügte, färbte dies auf uns Kinder ab. Wir waren entweder morgenmufflig und maulfaul oder wir stritten uns wie die Kesselflicker. Wenn Mutter dann schimpfte, waren wir für eine Weile liebe Kinder, aber das hielt nie lange vor. Vater ist übrigens nicht so alt geworden, wie ich jetzt bin.

Allerdings lebten wir erst ab den fünfziger Jahren gut bürgerlich. In den ersten Jahren, als wir nicht mehr bei Mutters Verwandten hausten, hatten wir in zwei zugewiesenen Zimmern mit schlecht funktionierender Ofenheizung und Klo im Treppenhaus gewohnt und es war wie überall sehr dürftig zugegangen. Vater, der sich nach seiner Rückkehr aus der Kriegsgefangenschaft unter widrigen Umständen eine Existenz aufbaute, hätte, auch wenn er gewollt hätte, nicht wie ein saturierter, gestandener Familienvater am Frühstückstisch warten können, bis wir Kinder aus dem Haus waren, um dann würdevoll zur Arbeit zu schreiten. Mutter wird nur wenig Butter und nur selbst eingemachte Marmelade und Kunsthonig auf den Tisch gebracht haben, dazu den als Muckefuck bezeichneten Kaffeeersatz und bläulich schimmernde Magermilch. Kein Antrieb, gemütlich am Frühstückstisch zu sitzen. Als es aufwärts ging mit der Bundesrepublik, Vaters Geschäft in Schwung kam und wir in eine große Wohnung umzogen, wurden Hartmut und ich bald zu alt, um lange als gehorsame Söhne am Frühstückstisch zu sitzen. Nur Edeltraut wird Mutter Gesellschaft geleistet haben. Und gelegentlich Hartmut, um sich einzuschmeicheln, wenn er von Mutter etwas erreichen wollte.

»Du siehst nicht gut aus. Deine Augen sind verquollen«, sagt Ute und legt die Zeitung beiseite. Sie gibt keine Ruhe!

»Ich weiß nicht, was du hast. Vorhin im Spiegel habe ich ausgesehen wie immer«, antworte ich.

Ich lasse mir nicht anmerken, dass sie mich nervt. In nächster Zeit will ich unbedingt mit ihr in Harmonie leben. »Hast du gelesen, bald wird in Luckendam eine Aids-Aktion gestartet? Kannst dich wieder melden.«

» Sehr witzig! «, murmelt sie.

Ute möchte ungern an den Welt-Aids-Tag im Dezember letzten Jahres erinnert werden. Sie hatte sich von Elvira Kugelrecht, unserer Nachbarin aus der anderen Doppelhaushälfte, dazu überreden lassen, mit ihr und einigen anderen Aktivisten einen Informationsstand in der Hauptstraße zu betreiben. Unter ihnen war auch Martin Magart, der Buchhändler, gewesen, der später im Unfrieden aus dem Historischen Verein ausschied, und über den man tuschelte, er sei schwul, obwohl er mit einer Krankenschwester und zwei von ihm gezeugten Kindern zusammenlebte. Alles nur Tarnung, wurde gewispert.

Es sollten möglichst viele Bürger dazu gebracht werden, die roten Aids-Schleifen anzunehmen und sichtbar an der Kleidung zu tragen. Ute hatte einen ganzen Packen genommen und forsch begonnen, Passanten auf der Hauptstraße anzusprechen. Ohne Erfolg. Nur einmal nahm ihr jemand eine Schleife ab. Zu Hause hat sie mir gestanden, dass sie nach einer Weile die Hauptstraße verlassen hat und in den Nebenstraßen spazieren ging. Bevor sie zum Informationsstand zurückkehrte, warf sie die Schleifen in eine Mülltonne und behauptete, alle verteilt zu haben.

Die Kugelrecht hat am nächsten Tag regelrecht geschwärmt, wie engagiert Ute sich beteiligt habe und dass sie auch in diesem Jahr auf ihre Unterstützung hoffe. Die Frau ist nicht unsympathisch, aber eine Nerve, weil sie ständig in Aktion ist und bei den verschiedensten Initiativen und Projekten mitrennt. Sie will sogar eine Beuys-Ausstellung nach Luckendam bringen.

» Sie kennen doch Beuys, nicht wahr? «, hat sie mich mal gefragt. » Was halten Sie von ihm? «

» Nichts! «, hätte ich am liebsten gesagt, aber stattdessen feige geantwortet: » Ich kenne zu wenig von ihm, weiß nur, dass er immer einen Hut trug und Schultafeln vollgekritzelt hat. «

» Das ist ja immerhin etwas «, hat die Kugelrecht gönnerhaft gemeint.

» Nimm es mir nicht krumm, wenn ich daran erinnere «, versuche ich Ute zu besänftigen.

» Ich habe dir damals gesagt, du hättest zu bürgerlich ausgesehen, hättest nicht zu den anderen gepasst. «

» Nicht zu bürgerlich, sondern zu alt, das meinst du doch «, schnappt Ute. » Dabei habe ich mich wenigstens einmal in der Öffentlichkeit engagiert. Du redest immer davon, machst aber nichts. Nur einmal haben wir etwas zusammen getan, das war bei der Wahl 1994 als Wahlhelfer. Seitdem ruht der See. Das hätten wir doch wiederholen können, oder? «

Da ist sie wieder, die Wahl, bei der Gabriele im Wahllokal erschien und mich auf den Arm nehmen wollte, aber anscheinend von Ute nicht bemerkt wurde. Ich sage: » Ja, ja, du hast ja recht «, aber nicht mehr. Jetzt nur nicht Ute gegen mich aufbringen. Zum Glück klingelt das Telefon.

» Es wird Hartmut sein. Er ruft gerne früh an «, sage ich, doch Ute, die schon den Hörer ergriffen hat, winkt ab.

» Hallo Sabine «, ruft sie. » Ist was Besonderes los, dass du schon wieder anrufst? Luise hat Fieber und muss das Bett hüten? Die Arme. Du bleibst doch sicher zu Hause, oder? Ja, das ist vernünftig. Hoffentlich steckt sie Ferdinand und Katharina nicht an. Du musst auf jeden Fall ... «

Ich stehe auf und nehme die Zeitung mit. Das Telefongespräch kann lange dauern. Wieso haben Frauen die Fähigkeit, am Telefon endlose Gespräche zu führen? Ich rede gerne und ausgiebig, aber nie am Telefon. Ich will meinen Gesprächspartner beobachten, seine Mimik, seine Gesten, seine Versuche, selbst zu Wort zu kommen. Die weibliche Lust am Telefonieren fängt schon bei den kleinen Mädchen an. Eine Binsenweisheit. Wenn ich Bekannte anrufe, die Töchter und Söhne im Kindesalter haben, dann nehmen die Töchter die Hörer ab. Falls ich, wenn sie im Teenageralter sind, überhaupt durchkomme und nicht ständig das Besetztzeichen ertönt. Luise, Sabines Älteste, und Nele, Peters Tochter, führen bereits berüchtigte Dauergespräche.

Vor kurzem habe ich zu Sabine gesagt, ihre Tochter Luise würde eine richtige Schönheit werden. Woraufhin sie wütend zurückblaffte: » Typisch! Das ist dein Weltbild: Mädchen und Frauen haben schön und brav, Jungen und Männer intelligent und sportlich zu sein. So verstaubte Ansichten möchte ich nicht über meine Kinder hören. «

»Nun übertreibe mal nicht. Ich habe nur gesagt, Luise würde mal schön werden. Was ist Schlimmes daran?«

»Und Katharina ist das hässliche Entlein?«

»Nein, natürlich nicht. Abgesehen davon, dass im Märchen aus dem Entlein ein herrlicher Schwan wird. Mein Gott, Sabine, es war ein Kompliment. Bei ihrem letzten Besuch habe ich Luise beobachtet, wie sie ganz vertieft ein Buch las, und hatte plötzlich das Bild vor mir, wie schön sie in wenigen Jahren aussehen wird. Nicht nur das Gesicht, auch die Beine.«

Das saß. Trotz allem alternativen Getue ist Sabine eitel und mit ihren dünnen Storchenbeinen unzufrieden. Aber sie revanchierte sich, schließlich ist sie nicht auf den Mund gefallen: »In wenigen Jahren? Lebst du dann noch?«

Sabine war als Kind zurückhaltend und ausgeglichen gewesen. Sie hat ihre Umgebung aufmerksam beobachtet und ist beinahe das gewesen, was man früher mit dem altmodischen Wort »sittsam« belegte. Sie verhielt sich an unserem Frühstückstisch als einzige mustergültig. Ich sehe Ute immer nur zwischen Esstisch und Küche hin- und herrennen und irgendetwas holen oder wegbringen, und ich sehe mich hinter einer breit auseinander gefalteten Zeitung. Sabine hingegen saß gewaschen, gekämmt und vollständig angezogen am Tisch, aß ruhig, redete ab und zu und machte sich überpünktlich auf den Weg. Peter hingegen schlurfte spät ins Zimmer, die Haare verstrubbelt und das Hemd über der Hose hängend, und schlang maulfaul mehrere Brötchen runter. Meist las er mit mürrischem Gesichtsausdruck ein Heft oder ein Schulbuch und versuchte zu lernen, was er am Vortag vergessen oder wozu er keine Lust verspürt hatte. Das Pensum, das er nicht schaffte, setzte er entweder in der Straßenbahn fort oder er riskierte es, in der Schule nichts zu wissen. Ab seinem sechzehnten Lebensjahr hatte ich es aufgegeben, ihm Vorwürfe zu machen und ihm das Lernen am Tisch zu untersagen. Peter war faul, aber redegewandt und hatte ständig neue Ausreden, warum er unbedingt am Frühstückstisch lernen musste. Ute hat sich bei derartigen Debatten nie eingemischt. Ich war fürs Grobe zuständig.

Achtes Kapitel

Ich setze mich in den Sessel vor der Terrassentür, blicke kurz hinaus auf Utes Garten und überfliege dann den Stadtteil der Zeitung. Ich lese keinen Artikel zu Ende. Die Überschriften und die Anfangs- und Schlusszeilen reichen mir aus.

Die Polizei vermeldet in einer Extraspalte einen Auto- und zwei Fahrraddiebstähle, einen betrunkenen Radfahrer mit 2,4 Promille, einen Zusammenstoß auf einer Kreuzung, weil einer der Fahrer die Rotschaltung der Ampel nicht beachtet hat. Besonders ausführlich geschildert wird, wie eine Frau eine andere Frau brutal vom Fahrrad stieß und übel beschimpfte, weil sie auf dem Gehweg fuhr. Ansonsten wird über die Grundsteinlegung für eine Kita berichtet und dass der Oberbürgermeister eine Schülergruppe aus Minnesota empfing.

Die Diskussion im Hauptausschuss über die geplanten Fahrpreiserhöhungen des öffentlichen Nahverkehrs wird langatmig beschrieben und der Landtagsabgeordnete Robert Böllandt wird mit seiner Forderung, ein reines Jungengymnasium zu eröffnen, zitiert. Der Antrag der Bündnisgrünen, auf dem Dach des Rathauses Solarzellen zu installieren, wird in einem Kommentar wohlwollend begrüßt. Auch hat es die Redaktion der Erwähnung wert befunden, dass die Beigeordnete für Soziales Birgit Elonar der hundertjährigen Wilhelmine Gurstow zum Geburtstag gratuliert hat, und dass das an den Rollstuhl gefesselte Geburtstagkind versicherte, jeden Tag die »Märkischen Neuesten Nachrichten« zu lesen und abends ein Glas sauren Unstrutwein zu trinken, weil er die Lebensgeister weckt.

Das alles habe ich in etwa fünf Minuten überflogen.

Hartmuts Anruf steht noch aus. Wenn er sich nicht bald nach Utes Telefongespräch rührt, werde ich ihn anrufen. Ich bin ziemlich sicher, dass es um die Erbschaft geht. Er hat vor Jahren von Mutter 170 000 D - Mark für seinen Hauskauf bekommen, und Edeltraut und mir war nachträglich versichert worden, dies sei im Vorgriff auf seinen Erbteil geschehen. Davon will er jetzt nichts wissen und im sehr allgemein gehaltenen Testament werden wir drei Geschwister zu gleichen Teilen berücksichtigt, was ich nicht hinzunehmen bereit bin. Doch ich wollte unmittelbar nach Mutters Tod keinen Stunk machen. Vor drei Wochen habe ich es getan. Per Mail und nicht am Telefon, weil ich mir Hartmuts Gesülze nicht anhören wollte. Wenn er erst jetzt reagiert, so ist dies typisch für ihn. Egal, worum es sich handelt, er schiebt alles auf die lange Bank. Meine Geschwister sind eben schwierig.

Ute meint, ihre Geschwister seien ärmer dran als meine und mehr vom Schicksal gebeutelt. Das stimmt.

Schwester Gerlinde lebt, zum zweiten Mal verheiratet, in Erfurt und trägt einen ellenlangen Doppelnamen. Eine Zeit lang hat sie wie wir in Hannover gewohnt, wo ihr erster Mann bereits mit fünfzig an einem Herzinfarkt starb. Er war der erste Tote, den ich, friedlich in seinem Bett liegend, in natura sah. Gerlinde hat fünf Kinder großgezogen, von denen eine Tochter und zwei Söhne etwas geworden sind, die beiden jüngsten Kinder jedoch nicht. Die Tochter ist angeblich in London versackt, so genau weiß es die Mutter nicht. Zuvor war sie in Cambridge mit einem Antiquitätenhändler verheiratet. Der Sohn hat bereits mehrere Gefängnisse von innen kennengelernt und sitzt zurzeit wegen Hehlerei ein.

Utes Bruder Volker, ein Junggeselle, schlägt sich als freier Mitarbeiter einer Regionalzeitung durchs Leben und ist ständig am Basteln und Hoffen, mit einer seiner vielen, bisher nutzlosen Erfindungen einen Durchbruch zu erzielen und an das große Geld zu kommen. Ich habe ihn nur wenige Male getroffen. Wir kommen gut mit einander aus. Wenn er seine Erfindungen und Experimente mit einer unglaublichen Begeisterung schildert, vergesse ich, dass er mit ihnen bisher nur an die Wand gefahren ist. Und es auch weiter tun wird. Einmal hat ihm die Familie finanziell unter die Arme gegriffen, als seine gepachtete Werkstatt bei einem chemischen Versuch in die Luft flog und er den Totalschaden ersetzen musste.

Im Grunde genommen habe ich eine sehr gewöhnungsbedürftige Verwandtschaft. Ute denkt ähnlich, sagt es aber nicht so drastisch.

Als meine Gedanken von der Verwandtschaft zu Gabriele und der Szene von gestern wandern, kommt Ute, den Telefonhörer am Ohr, ins Zimmer, sucht etwas und verlässt gleich wieder den Raum, ohne die Tür hinter sich zu schließen. Ich höre, dass sie immer noch mit Sabine spricht, aber mich interessiert nicht, worüber die beiden reden. Gut, dass Ute nicht Gedanken lesen kann, auch damals im Herbst 1994 nicht. Es war die Bundestagswahl, bei der es Helmut Kohl noch einmal schaffte, und Ute und ich Wahlhelfer waren, also das gemacht haben, was wir ihrer Meinung am Frühstückstisch nach wieder tun sollten.

Nicht mit mir! Ich mache mich auf meine alten Tage nicht zum Deppen und hocke stundenlang untätig in einem Wahllokal herum und warte auf Wähler. In Luckendam waren es bei der letzten Bundestagswahl gerade mal fünfzig Prozent der Wahlberechtigten, die ihr Kreuz gemacht haben.Das Wahllokal war in einem Klassenzimmer des unsanierten Geschwister - Scholl - Gymnasiums eingerichtet. Das Mobiliar war abgenutzt und zerschlissen und die vermieften Toiletten unzumutbar. Ute, erst seit kurzem in Luckendam lebend, und ich waren schlichte Beisitzer, das heißt, wir mussten die Wahlunterlagen austeilen und überwachen, dass die Leute ihre Wahlscheine in die aus einem großen Karton gefertigte Wahlurne korrekt einwerfen. Es war das erste und letzte Mal, dass wir dies taten. Wir hatten geglaubt, in unserer neuen Heimat eine demokratische Mission erfüllen zu müssen. Dieses Sendungsbewusstsein ist mir abhandengekommen. Jahrzehntelang haben die DDR - Bürger nur Scheinwahlen erlebt und jetzt, wo sie endlich demokratisch wählen dürfen, bleiben sie zu Hause!

Ich auch. Nachdem ich per Brief gewählt habe. Die Stadtverwaltung, die unter den Rentnern händeringend Wahlhelfer sucht, stößt bei mir auf taube Ohren.

Die Wahlbeteiligung war schon damals nicht hoch und dem wollten zwei ältere Frauen, die die Wählerlisten führten und offensichtlich sehr viele Bewohner des Wahlbezirks kannten, abhelfen. Sie fragten aufdringlich und unnachgiebig Wähler, wann endlich ihre Tochter zur Wahl erschiene, ob die Lubowskis, ihre Nachbarn, zur Wahl kämen, ob die alte Frau Obermann zu krank sei, um zu wählen und wo die Familie Behlow bliebe, die doch ganz bestimmt nicht per Brief gewählt habe. Ab und zu machten die beiden Zwischenbilanz und notierten auf Schmierzetteln nach Straßen geordnet, wer von ihren Bekannten auf den Listen noch offen geblieben war. Ich sagte erst nichts, wollte mich als Wessi nicht unbeliebt machen, aber nach einer Weile fragte ich die Leiterin, eine zum Wahldienst abgeordnete Sachgebietsleiterin der Stadtverwaltung, ob sie nicht eingreifen wolle. Sie reagierte unwirsch. Nein, sie sehe in dem Verhalten der beiden Frauen nichts Unerlaubtes und übrigens seien die beiden sehr engagierte freiwillige Helferinnen in einer Zweigstelle der Stadtbibliothek.

Am Nachmittag rückte das Stammpersonal nach alter DDR-Gewohnheit mitten im Wahllokal Tische zusammen und baute eine gemütliche Kaffeetafel auf.

Deshalb durfte der Neuling Ute vertretungsweise eine Wählerliste führen, während ich weiterhin vor mich hin dösend die Wahlurne bewachte. Da erschien plötzlich putzmunter und umwerfend aussehend die damals noch nicht vierzigjährige Gabriele. Sie hatte den hellen Mantel an, den wir gemeinsam in Berlin gekauft hatten, und sie trug unverschämt hochhakige Schuhe. Sie hielt vor dem Tisch, an dem Ute saß, und fragte, ihre Wahlbenachrichtigung schwenkend, ob sie im richtigen Wahllokal sei. Ute warf einen kurzen Blick darauf und meinte: »Tut mir leid, Sie sind hier falsch«, und nannte ihr die Adresse des zuständigen Wahllokals.

»Ach, das macht nichts, wenn ich mich geirrt habe«, rief Gabriele fröhlich. »Ich war nach 1989 noch nie zur Wahl!« Was, wie ich wusste, nicht stimmte. »Ich schau' mich mal kurz um, das ist ja wohl erlaubt.« Und sie kam auf mich zu, sehr langsam und ohne nach links und rechts zu blicken, so, als wolle sie ihren Auftritt auskosten. Ute blätterte in ihrer Wahlliste und die anderen Frauen packten ihre mitgebrachten Kuchen und Thermosflaschen aus. Niemand schien uns zu beachten.

»Guten Tag«, sagte Gabriele und blieb so dicht vor mir stehen, dass ich ihr Parfum roch. »Sie bewachen die Urne, ich meine die Wahlurne, nicht wahr? Was muss man dabei beachten? Dürfen Sie mir das sagen?«

»Natürlich«, antwortete ich. Ich blieb sitzen und schaute ihr voll ins Gesicht. »Der Wahlschein muss so gefaltet eingesteckt werden, dass man nicht erkennen kann, was man gewählt hat, und anschließend lege ich dieses Papier wieder auf den Schlitz bis der nächste Wähler kommt.«

»Eine sicherlich sehr verantwortungsvolle Tätigkeit. Dazu braucht es Erfahrung, nehme ich mal an. Haben Sie das schon öfters getan?« Auch Gabriele blickte mich voll an und verzog keine Miene.

»Nein, nein, es ist ein einfacher Job.«

»So, so«, lachte Gabriele kurz auf und sah sich im Raum um. »Ich habe mir das anders vorgestellt. Irgendwie feierlicher, mit einer Fahne an der Wand oder so. Das ist doch eine wichtige Wahl.«

»Die Demokratie ist schlicht, nicht pompös. Die Wähler stehen heute im Mittelpunkt.«

»Ach ja, das haben Sie schön gesagt. Meinen Sie, dass der Kohl wieder gewinnt?«

»Dazu darf ich mich nicht äußern. Hier im Wahllokal herrscht partei-politische Neutralität.«

»Was Sie nicht sagen! Wenn ich jetzt ganz nahe an Sie heran trete, würden sie es mir dann ins Ohr flüstern?«

»Sie dürfen gerne nahe heran kommen. Ich sage aber trotzdem nichts.« Obwohl mir langsam unbehaglich wurde, weil Ute jeder Zeit von ihrer Liste aufblicken und uns beobachten hätte können, musste ich grinsen, während Gabriele weiterhin ihren todernsten Gesichtsausdruck beibehielt »Sie sollten sehen, dass Sie zu Ihrem Wahllokal kommen, sonst wird es eventuell zu spät.«

»Glaube ich nicht. Sagen Sie, haben wir uns schon einmal irgendwo gesehen? Mir ist so. Sie haben ein sehr sympathisches Gesicht.«

»Vielen Dank für das Kompliment«, sagte ich und unterdrückte ein Lächeln. »Ich kann mich nicht erinnern. Vielleicht bei REWE in der Warteschlange vor der Kasse? Oder bei einem Vortragsabend? Alles ist möglich.«

»Ja, das stimmt, alles ist möglich«, bestätigte Gabriele und nickte zustimmend. »Vorträge sind allerdings nicht mein Fall. Vielleicht bin ich mal in einem Café von Ihnen zu auffällig fixiert worden und das habe ich in Erinnerung behalten. Das Leben hält immer Überraschungen bereit. Stellen Sie sich vor, heute habe ich schon einen Menschen überrascht.«

»Hat er sich gefreut?«

»Ich hoffe es. Nun, ich muss weiter. Tschüss, vielen Dank für die Information.« Gabriele zwinkerte mir zu, deutete einen Luftkuss an und wendete sich ab.

Ich sah ihr nicht hinterher, sondern blickte ostentativ zu einem Mann mit Ballonmütze hinüber, der in eine Wahlkabine verschwand. Ich war nicht sauer auf Gabriele, aber froh, dass das Spielchen zu Ende war.

Einige Minuten später kam Ute zu mir und nannte die Zahl der bisherigen Wähler.

»Kanntest du die Schnepfe, die sich mit dir so angelegentlich unterhalten hat?«, fragte sie und zog die Augenbrauen hoch. Also hatte sie mich doch beobachtet.

»Nein. Es gibt Leute, die jeden anquatschen.«

Zum Leidwesen der Frauen, die wie Hühner gackernd an ihrer Kaffeetafel saßen, waren wir nicht mehr in der DDR. Viele der bereits von westlichen Sitten und Gebräuchen verdorbenen Luckendamer trudelten erst am Spätnachmittag kurz vor Schließung des Wahllokals ein und so mussten sie immer wieder aufstehen und tätig werden.

Nachher, bei der Stimmauszählung, wurden zwei Stimmen weniger festgestellt als in den Listen notiert waren. Ich insistierte gegenüber der Leiterin, dass nochmals durchgezählt würde, was diese und die übrigen Frauen nicht hatten tun wollen, um schnell nach Hause zu kommen. Der Fehler wurde auch beim zweiten Mal nicht gefunden und Ute und ich wurden beim Auseinandergehen stehen gelassen, ohne dass sich jemand von uns verabschiedete. Auch die Leiterin nicht. Wir beide waren zu Luft geworden.

» Du bist ein alter Rechthaber «, schimpfte Ute auf dem Nachhauseweg. » Ich habe dir zugeraunt, es sein zu lassen und nicht den Besserwisser - Wessi zu spielen, aber du musstest ja partout deinen Senf dazu geben. Die Leiterin hat mich sonderbar angeschaut. Vielleicht tat ich ihr leid, weil ich mit dir verheiratet bin. «

Ute hat ihr Telefongespräch beendet. Sie kommt ins Zimmer und hält mir den Apparat hin: » Hier, nimm, für den Fall, dass Hartmut anruft. Wann gehst du in die Stadt? «, fragt sie und verlässt ohne zu warten das Zimmer.

» Bald! «, rufe ich hinterher.

Ich beschließe, selbst anzurufen, um die Sache hinter mich zu bringen. Doch das Telefon klingelt und als ich abhebe, meldet sich Hartmut.

Gedankenübertragung.

» Wie geht's? «, frage ich.

» Schlecht. Ich liege im Bett, habe Fieber und Herzbeschwerden. Am Nachmittag kommt der Arzt vorbei. Ich brüte etwas aus. «

Jetzt geht das schon wieder los! Ich versuche meiner Stimme einen mitleidig verständnisvollen Ton zu geben: » Und was deiner Meinung nach? «

» Irgendetwas, ich weiß nicht, was. « Hartmut atmet schwer und ich muss mich anstrengen, um ihn zu verstehen. » Mir geht es seit Tagen schlecht. Nachdem ich ein Beet umgegraben und Säcke mit Kompost geschleppt habe. Ich bin nicht mehr der Jüngste. Inga hat mich gewarnt. Wenn ich nur auf sie gehört hätte. «

» Ich bin auch alt. «

» Das weiß ich. Du bist der Ältere, aber du hast es im Beruf leichter gehabt als ich. Du hast Papier bearbeitet wie ein Verwaltungsbeamter, während ich zupacken musste. Ich hatte nie eine Vierzig - Stunden - Woche. Ich habe immer von der Substanz gelebt und dafür muss ich jetzt zahlen. Mal sehen, wie lange ich es noch mache. «

» Ist ja schon gut, du Armer. Soll ich dir mal einen Vortrag darüber halten, was ich getan und geleistet habe? Du müsstest dir viel Zeit dafür nehmen. Also ich beginne mal mit der Volksschule im Jahr 1944 ... «

» Um Gottes willen nein, dann würde ich noch kränker «, unterbricht mich Hartmut, der keinen Sinn für Ironie hat. Ich sehe ihn vor mir: Er wird unrasiert, mit rot angelaufener Nase und ungekämmt im Bett sitzen, einige Kissen im Rücken, einen Schal um den Hals und eine Menge Medikamente neben sich auf dem Nachttisch stehen haben und er wird einen uralten gestreiften Schlafanzug tragen, wie es Vater getan hat. Ute meint, Hartmut sei ein gut aussehender Mann, auch jetzt im Alter noch. Wenn er nur nicht die Mundwinkel so sauertöpfisch herunterziehen und immer schwitzen würde.

» Weshalb willst du mich sprechen? Ich habe nicht viel Zeit «, lüge ich.

» Obwohl es mir schlecht geht, will ich eine Sache ein für alle Mal klar stellen. Es geht um die 170 000 Mark, die mir Mama für den Hauskauf gegeben hat, und die du unbedingt auf mein Erbe anrechnen willst. Sie hat mir damals gesagt, es sei ein Vorgriff auf mein Erbe und sie würde dich und Edeltraut deshalb im Testament um diese Summe besser stellen ... «

» Was sie nicht getan hat «, unterbreche ich ungeduldig.

» Ich weiß. Voriges Jahr, ein Jahr vor ihrem Tod, hat sie mir gesagt, sie würde es nicht tun «, fährt Hartmut unbeirrt fort. » Ich sei der einzige von uns dreien, hat sie gesagt, der Verständnis für die wohltätigen Spenden habe, die sie in letzter Zeit gemacht habe. Für den Münchner Tierpark, den Wildpark im Bayerischen Wald und einige andere Sachen. Sie war sehr großzügig, vor allem für Tiere hatte sie viel übrig. Als sie noch gut zu Fuß war, ist sie fast jeden Monat einmal im Tierpark umher gelaufen. Ich habe dir und Edeltraut nichts gesagt, weil mir Mama absolutes Schweigen auferlegt hat. «

» Dass du etwas auf unsere Kosten bekommen hast, scheint dich nicht gestört zu haben. Sie hat es dir nicht wegen deines Verständnisses für ihre Spenden gesagt, sondern weil du immer ihr Lieblingskind warst. Man bleibt das wohl sein Leben lang, wie alt man auch wird. «

» Fang bitte nicht damit an. «

» Doch, das tue ich. Weil es wahr ist «, sage ich wütend. » Du warst ihr gehätschelter Liebling, weil du ständig auf krank und schwach gemacht hast. An mir hat sie immer rum erzogen und mich wie einen Hanswurst behandelt. Als Junge musste ich noch lange Strümpfe mit Strapsen anziehen, als es kein Kind mehr tat, und eine kackbraune Baskenmütze aufsetzen und im Winter noch als Siebzehnjähriger eine von ihr gestrickte Bommelmütze. Ich wäre wie ein Clown herumgelaufen, wenn ich mir das Zeug, kaum aus dem Haus, nicht vom Kopf gerissen hätte. Du hattest nie solche Probleme. Eigenartig, was? Als Erwachsener wurde ich von ihr angemosert, wenn ich keinen Hut und im Winter keinen Schal und Handschuhe trug. ›Ihr jungen Leute seid zu leichtsinnig‹, hat sie dann behauptet. ›Dein Vater hat immer einen Hut getragen.‹ In so einem Fall kam ihr Papa als Referenzperson gerade recht, sonst nie. Ich trage auch jetzt keinen Hut. Du taperst sicher wie viele alte Trottel mit einem coolen Basecap durch die Gegend und im Winter mit einem breitkrempigen schwarzen Hotzenplotzhut. «

» Die Behauptung, ich hätte auf krank und schwach gemacht, ist gemein «, protestiert Hartmut mit weinerlicher Stimme.

» Tut mir leid, ich gebe nicht nach, ich bleibe dabei: Du lässt dir die 85 000 Euro, die du bereits erhalten hast, von deinem Erbe zu Edeltrauts und meinen Gunsten abziehen und wir begraben das Kriegsbeil. Zinsen brauchst du dir nicht anrechnen zu lassen. Vielleicht verzichtet Edeltraut sogar, sie empfindet die Erbschaft sowieso als unanständig hoch. «

» Das Reden fällt mir schwer «, ächzt Hartmut und atmet mehrmals laut japsend durch. » Immerhin habe ich Mama davon abzubringen versucht, auch noch für die Münchner Pinakothek der Moderne zu spenden. Sie hat leider nicht auf mich gehört. Ich habe davon erfahren, weil sie der Verein ›Freunde und Förderer der Münchner Pinakotheken‹ zur Einweihung als Ehrengast geladen hatte. Wegen der ansehnlichen Summe für einen Bildankauf. Auf einem Zeitungsfoto strahlt sie über das ganze Gesicht. Sie hat einen großen Hut auf, wie die Queen, aber fescher. Da war sie noch sehr rüstig, trotz des Stocks, den sie schon damals benutzte. Ist es nicht schön, dass sie so etwas erleben durfte? «

»Ja, ja, ist ja toll. Dafür, dass du krank bist, war das eine lange Rede. Eine wunderbare Schilderung. Fehlt nur noch, dass mein Sohn Peter dabei war. Der große Kunstgalerist. Er hat dort in der Design-Abteilung eine Olivetti-Reiseschreibmaschine entdeckt, die gleiche, die er irgendwo gebraucht gekauft hat und schon wegwerfen wollte, weil die Walze voller Tipp-Ex-Flecken war und einige Tasten wackelten. Jetzt bewahrt er das alte Ding auf und hofft auf Wertsteigerung. Diese Story hat er überall herumerzählt.« Ich lache gequält.

»Es ist gut, dass du die Erbsache anscheinend doch auf die leichte Schulter nimmst.«

»Da täuschst du dich gewaltig, du Idiot!«, schreie ich unvermittelt, so sehr, dass ich über mich selbst erschrecke. »Was Mama mit ihrem Geld tat, war ihre Sache. Aber ich habe nie einen Hehl daraus gemacht, dass sie sich ausnutzen ließ. Wer Geld für kulturelle und soziale Projekte brauchte - seriöse, aber auch dubiose-, wusste, dass es bei ihr etwas zu holen gab, weil Papa viel zurückgelassen hat, vor allem durch den Verkauf des Geschäfts und des Grundstücks, das dazu gehörte.

Noch mal: Wir können die Sache beenden, wenn du dir 85 000 Euro anrechnen lässt. Wenn nicht, dann bist du ein Scheißkerl!

Noch einmal zum Mitschreiben: ein Scheißkerl.«

»Beschimpf mich nicht, bitte nicht«, beschwört mich Hartmut kaum hörbar. »Ich habe das Geld doch ausgegeben.«

»Aber nicht deine Erbschaft. Das ist eine Menge Holz. Unsere Mutter haute die Hunderttausender raus und du einfältiger, blöder Hund hast ruhig daneben gestanden. Das mit den Tieren wusste ich, aber nicht, dass die alte Frau einen auf Kunst-Mäzenin machte. Darüber hast du uns nichts gesagt.«

»Sprich nicht so von Mama.«

»Ich habe sie gemocht. Deshalb bin ich furchtbar enttäuscht.«

»Ich habe übrigens Peter von dem Geld 30 000 abgegeben«, murmelt Hartmut schwach. »Ich beende das Gespräch.«

»Nein, das tue ich!«, brülle ich und lege auf.

Ich habe gerade die rote Aus-Taste gedrückt, als mir einfällt, was

Hartmut zum Schluss gesagt hat: Peter habe von den 170 000 Mark profitiert. Ich rufe sofort bei Hartmut zurück, lasse das Freizeichen endlos läuten, aber niemand hebt ab. Das wird auch so bleiben, Hartmut ist auf Tauchstation gegangen, feige wie er ist.

Ute kommt hereingeschossen und legt sofort los: »Ich habe mitgehört. Bist du noch bei Trost? So geht man nicht mit seinem Bruder um.«

»Ich schon. Immerhin hat er Geld vereinnahmt, das ihm nicht gehört.«

»Diese verfluchte Erbschaft. Du denkst wohl nur noch ans Geld?« Ute stellt sich kampfeslustig vor mich hin und schießt böse Blicke auf mich ab.

»So verflucht ist die Erbschaft nicht. Ich behaupte, Sabine und Maximilian denken mehr ans Geld als ich. Sabine hat sich bestimmt vorhin wieder beklagt.«

»Das ist etwas anderes.«

»Was anderes?«

»Hör mit deinen Spitzfindigkeiten auf. Noch mal zu Hartmut: Begreife endlich, dass er nicht so hartgesotten ist wie du. Er ist nun mal labil und schwach und jetzt auch noch krank. Und was tust du? Du pfeifst ihn auf derart grobe Weise an. Hast du mal darüber nachgedacht, dass ein Typ wie Hartmut hochgradig suizidgefährdet ist?«

»Der nicht«, erwidere ich mit einem kurzen Lachen und hebe beide Hände abwehrend in die Höhe. »Er ist gerade der Typ, der so etwas nicht tut. Es geht ihm gut mit seiner ewigen Flennerei. Inga umsorgt ihn und alle nehmen Rücksicht auf ihn. Er wird gehätschelt und gepflegt und jetzt sitzt Inga sicherlich gleich an seinem Bettchen und gibt ihm mit dem Löffelchen sein Breichen. Warum sollte er sich was antun?«

Von den 30 000, die Hartmut Peter gegeben haben will, sage ich nichts. Erst muss ich Peter dazu hören, heute Nachmittag in Berlin. Ich hoffe, es stimmt nicht, was Hartmut behauptet. Aber die Hoffnung steht auf schwachen Füßen. Warum sollte Hartmut lügen?

»Gerhard, manchmal bin ich sehr erschrocken über das, was du daher redest. Ich hoffe, du meinst es nicht so.«

»Doch das tue ich. Apropos Suizid: Wenn ich jetzt gemein wäre, würde ich dich an meinen Selbstmordversuch erinnern.«

Ute geht zurück zur Tür. »Blödsinn, es war kein Selbstmordversuch, sondern ein Experiment. Allerdings ein Experiment, das nur dir einfallen konnte.

Je älter du wirst, desto dämlicher wirst du.«

»Dafür wirst du immer schlauer. Übrigens, wie konntest du wissen, dass es nicht ernst gemeint war?«

»Für wie dumm hältst du mich?«, ruft sie und ist verschwunden.

Vor zwei Jahren hat sich Frau Dankwart in ihrer Wohnung an einem Gitter erhängt. Frau Dankwart, die einmal gemeint hat, es sei sicherlich schwierig, mit mir verheiratet zu sein. Dankwart hat nie über den Grund gesprochen, auch nicht mit mir. Gustav Müller vom Historischen Verein, der selbst ernannte Zeitzeuge für den 2. Weltkrieg, vermutete, sie hätte unheilbar an Krebs gelitten und sich in ihrem Alter nicht mehr einer Operation mit ungewissem Ausgang unterziehen wollen. Er meinte, der Suizid sei eine beachtenswerte Leistung gewesen, weil eine Selbsttötung an einem Treppengitter äußerst schwierig sei und viel Energie und Geschick erfordere. Was er der alten Frau nicht zugetraut hätte.

Woher er denn wisse, dass es nicht einfach sei, habe ich ihn gefragt. Müller grinste und meinte seelenruhig, man könne es ja selbst versuchen. Was ich tat.

Ich habe aus dem Keller ein langes, sehr schmales und dennoch festes Seil geholt und den Esstisch an das Gitter herangerückt, das die Treppe zum Obergeschoss absichert. Ich habe mich auf ihn gestellt und dann versucht, das Seil derart an einem quer verlaufenden Gitterstab zu befestigen, dass es sicher verankert war, mir aber Spielraum ließ, um mit voller Kraft vom Tisch zu springen und mich mit der notwendigen Wucht zu strangulieren, ohne dass die Füße den Boden berühren. Es war nicht einfach, Müller hatte recht. Erst nach mehreren Knüpfversuchen und Berechnungen schienen alle Voraussetzungen für eine reibungslose Erdrosselung erfüllt zu sein. Ich hielt mir die Schlinge mit beiden Händen vor die Brust, stellte mir vor, ich legte sie mir um den Hals, und ich versuchte mir auszumalen, wie es sei, wenn ich so hoch wie möglich spränge, um anschließend mit einem derart gewaltigen Schwung hinunter zu krachen, dass mir sofort der Kehlkopf zerquetscht wurde oder das Genick brach oder beides.

Etwa eine Minute lang verharrte ich in dieser Position, dann ließ ich die Hände sinken und sprang vom Tisch. Kurz bevor ich dies tat, sah ich Ute draußen am Fenster stehen und zu mir herüber blicken. Es dauerte zwei, drei Sekunden lang, dann wandte sie sich ab, ohne in irgendeiner Weise zu reagieren. Ich erwartete, dass sie sofort in die Wohnung gestürmt käme, aber es dauerte etwa zehn Minuten, bis sie in aller Ruhe erschien. Ich hatte bereits den Tisch zurück geschoben und das Seil zu einem akkuraten Kreis zusammengelegt

» Na, hast du alles weggeräumt? «, fragte sie und stellte eine mit Gemüse voll gestopfte Einkaufstasche ab. » Ich war ziemlich überrascht, dich auf dem Tisch stehen zu sehen. Was sollte das bedeuten? «

» Ich habe den Selbstmord von Frau Dankwart nachgestellt. Aus reiner Experimentierlust. «

» Das ist ja pervers. Drehst du völlig durch? «

» Mag sein. Aber warum kommst du erst jetzt? Was wäre gewesen, wenn ich ernst gemacht hätte? Du wärst zu spät gekommen. «

Ute lachte ungläubig. » Frau Gillhaupt hat mich vor der Haustür aufgehalten, sie will unseren Rasenmäher ausleihen. Der Ihrige ist defekt. Außerdem habe ich erstens von draußen nicht klar erkannt, was du getrieben hast, und zweitens: Warum solltest du Selbstmord begehen? Dir geht's doch gut. «

» Das ist kein Grund, es nicht zu tun «, antwortete ich lahm. » Dankwart war bestimmt ohne Ahnung und völlig überrascht, als er von seiner Exkursion nach Hause kam und seine Frau tot vorfand. «

» Das kann ich mir gut vorstellen. Gerhard, damit das klar ist: Wenn du noch einmal so einen Blödsinn machst, hat das gewaltige Folgen. Ich weiß nicht welche, aber mir wird was einfallen. «

Ute hatte ihren Schlangenblick und ich sagte nichts mehr.

In den folgenden Wochen habe ich noch öfters an den Vorfall gedacht. Vor allem an Utes Reaktion. Sie war eigenartig gewesen, ohne Zweifel. So völlig gleichgültig, so, als wenn sie mich beim Auswechseln einer Lampenbirne beobachtet hätte. Manchmal beschlich mich der Gedanke, sie hätte tatsächlich gemeint, ich versuche mich zu töten, und sie hätte mich deshalb gewähren lassen. Einfach so, um zu sehen, ob ich es bis zum bitteren Ende ernst meinte. Und dann begann ich mich meines Versuchs zu schämen. Weiß der Teufel, was mich da geritten hat. Vermutlich der Teufel selbst. Ich habe niemandem von meinem Experiment erzählt und Ute kam nicht mehr darauf zurück, nicht einmal bei einem Streit. Das Seil liegt im Keller in einem Regal, aber so, dass ich es nicht sehe, wenn ich unten zu tun habe.

In den heutigen »Märkischen Neuesten Nachrichten« steht die Überschrift »Vermisster Mann beging Selbstmord«. Ich greife nach der Zeitung und schlage den Regionalteil auf. Der Mann, ein Rentner aus Birkow, war eine Woche zuvor zum letzten Mal von seinen Nachbarn gesehen worden, und da er alleinstehend war und zurückgezogen lebte, war sein Verschwinden niemandem aufgefallen. Eine Spaziergängerin, die ihren Hund ausführte, hat ihn in einem kleinen, abgelegenen Waldstück auf einer Bank liegend entdeckt. Er hatte sich in den Mund geschossen. Die Frau steht unter Schock und muss psychologisch betreut werden.

Ich lese den Artikel entgegen meiner sonstigen Gewohnheit zu Ende. Nicht, weil ich kurz zuvor an meinen Selbstversuch gedacht habe, sondern weil er mich an den einzigen Suizid in meiner Familie erinnert. Er liegt schon lange zurück und hat sich in Vaters entfernter Verwandtschaft zugetragen. Es wurde darüber geredet, allerdings, da der Suizid im 3. Reich erfolgte, nur heimlich und in Andeutungen, wie man eben über eine Leiche im Keller zu sprechen pflegt. Es ist peinlich, dass es sie gibt, und es darf nichts über sie nach außen dringen. Erst als ich zwanzig Jahre alt war, hat mir ein Onkel bei einer Geburtstagfeier erzählt, was wirklich vorgefallen ist.

Der Mann hieß Eduard Kannengießer und war ein dicklicher, dunkelhaariger Bohemien, der ein Fotolabor betrieb, ständig eine Fliege trug und sich in den zwanziger Jahren, als er in Berlin lebte, stets ein Monokel vor das linke Auge klemmte. Die Nationalsozialisten waren ihm ein Gräuel, er hatte, sensibel wie er war, beim Anblick von marschierenden und Lieder grölenden SA- und HJ - Trupps geradezu unter Brechreiz gelitten, dies aber nicht zu zeigen gewagt. Er war kein Held.

Das Drama begann, als seine Frau, die bis zu ihrer Heirat unpolitisch gewesen war, ab 1935 eine rigorose Nationalsozialistin wurde und eine schwärmerische Begeisterung für Adolf Hitler entwickelte. Sie begann ihre kleinen Kinder mit nationalsozialistischem Gedankengut voll zu stopfen. Die Mädchen trugen Zöpfe und Dirndlkleider und die Jungs Lederhosen und kurz geschorene Köpfe mit Segelfliegerohren. Als der Krieg ausbrach, wurde es für Eduard Kannengießer unerträglich. Seine Frau, die ihren jüdisch klingenden Namen Judith verleugnete und sich Sieglinde nennen ließ, war nur noch unterwegs, um Mädchen vom BDM an Heimatabenden und in Ferienlagern für die Sache des Führers zu begeistern. Als sie dabei einen blonden, groß gewachsenen, aber unabkömmlich gestellten Abteilungsleiter eines Rüstungsbetriebes kennen lernte und mit ihm in aller Öffentlichkeit als Paar auftrat, wurde es ihrem Mann zu viel. Er ging in einen nahe gelegenen Wald und erschoss sich. Woher er die Pistole hatte, blieb ungeklärt. Sein Abschiedsbrief wurde von der Gestapo konfisziert. Die Frau kam bei einem Bombenangriff ums Leben, die Großeltern nahmen sich der Kinder an.

Ich lege die Zeitung beiseite und schließe die Augen. Manchmal, wenn mich die Müdigkeit überkommt, schlafe ich im Sessel ein. Vielleicht kann ich etwas Schlaf nachholen, bevor ich in die Stadt aufbreche. Mir fällt die Pistole ein, die ich im Schreibtisch versteckt habe, und von der niemand weiß. Ob ich sie je einmal benutzen werde? Wenn das Ding überhaupt noch losgeht. Dann schweifen meine Gedanken von den Kannengießers zu meinen Eltern. Ich lasse sie treiben, verscheuche sie nicht. Wenn sie mich ermüden und durcheinander geraten - umso besser. Dann denke ich wenigstens nicht an Bruder Hartmut und Erpresser Wolfgang. Auch ein Zehnminutenschlaf reicht mir gelegentlich, um in Schwung zu kommen.

Meine Eltern haben sich im 3. Reich ähnlich wie die Kannengießers verhalten. Nur ein Selbstmord fand nicht statt. Mutter war eine überzeugte Nationalsozialistin, wovon sie jedoch mit zunehmendem Alter nichts mehr wissen wollte und sich gegen Ende ihres Lebens angeblich nur noch schemenhaft erinnern konnte. Noch in den sechziger Jahren erzählte sie freimütig, dass sie, wenn sie vor dem Jahr 1933 volljährig gewesen wäre, bei den Nazis ihr Kreuz gemacht hätte, und sie schwärmte von den zwei überwältigenden Parteitagen, die sie erlebt hatte, und den olympischen Spielen im mit Hakenkreuzfahnen geschmückten Berlin. So eine beeindruckende Organisation hätte kein anderes Land, nur das Deutsche Reich hinbekommen. Sie war Mitglied in der NS-Frauenschaft und sie schloss sich den Deutschen Christen an, bevor sie im Krieg aus der Kirche austrat. Gegen Kriegsende schien sie allerdings nicht mehr vom Endsieg ihres Führers überzeugt gewesen zu sein. Als die entscheidende Januaroffensive der Roten Armee über die Weichsel losbrach, verließen wir, ohne Aufsehen zu erregen, rechtzeitig Königsberg und gelangten über mehrere Stationen nach Bayern, wo wir bei Verwandten unterkrochen.

Mutter konnte sich, wenn es darauf ankam, immer durchschlagen, da war ihr jede Finte und jede Lüge recht, und da sie jung und hübsch war und charmant sein konnte, verstand sie es, die Männer einzuwickeln. Dass sie auf dem Weg von Königsberg nach Bayern eine Kapsel mit Zyankali am Körper getragen hat, gestand sie mir erst im hohen Alter, ohne damit herauszurücken, für welche Fälle sie sich das Gift besorgt hatte und ob sie es auch uns Kindern gegeben hätte. Wenn wir bei einem Bombenangriff in einem Keller verschüttet oder unter einem Eisenbahnwaggon eingeklemmt gewesen wären? Um einer Vergewaltigung durch Rotarmisten zu entgehen? Oder hatte sie das Zyankali nur so dabei gehabt, weil es sich damals viele Menschen besorgt hatten, nicht nur ein Heinrich Himmler und die sonstige Parteiprominenz? Als perverses Statussymbol sozusagen? Mutter schwieg eisern. Auch konnte sie sich angeblich nicht erinnern, was sie mit der Kapsel nach dem Krieg getan hat.

»Ich werde sie weg geschmissen haben«, sagte sie lapidar.

»Du musst doch wissen, wo. Hast du die Kapsel in ein Gebüsch geworfen oder ins Klo oder hast du sie vergraben?«

»Ich weiß es nicht mehr. Lass mich in Ruhe.«

»Zyankali ist ein Gift und kein Lutschbonbon. An so etwas erinnert man sich. Von wem hattest du die Kapsel?«

»Von einer Apothekerin. Ich sage es noch mal, lass mich in Ruhe!«

Vater war kein Typ wie Eduard Kannengießer, sondern ein Geschäftsmann, nüchtern und abwägend. Er gab den Nazis nur ein bis zwei Jahre und als er sah, dass er sich getäuscht hatte, hielt er sich zurück und kümmerte sich nur um sein Geschäft. Mutters Firlefanz sah er mit wachsendem Unbehagen. Ende 1941 wurde er eingezogen. Er diente in Frankreich, wo er wohl einen Druckposten hatte, und kam nach Italien, als dort die Alliierten landeten. Er wurde verwundet, beendete den Krieg mit dem Dienstgrad Feldwebel und geriet 1945 bei Küstrin mit einer zusammengewürfelten Genesendeneinheit in russische Gefangenschaft. Er sprach nur selten über das 3. Reich, seine Zeit in der Wehrmacht und in der Gefangenschaft. Einmal hat ihm Mutter in einem Streit vorgeworfen, es gerade mal bis zum Eisernen Kreuz zweiter Klasse gebracht zu haben. Wie Hunderttausende ebenfalls.

»So was Läppisches!«, hat sie gegiftet »Mit so einem wie dir konnte man bestimmt keinen Krieg gewinnen. Ein Cousin von mir hat das Ritterkreuz und ein anderer immerhin das Deutsche Kreuz in Gold verliehen bekommen. Das waren Kerle und Vorbilder für ihre Soldaten.«

»Und jetzt modert der eine in Russland und der andere in der libyschen Wüste. Ich aber bin zurückgekommen«, hat Vater trocken geantwortet. »Ich war kein Held, ich wollte nur überleben und das habe ich.«

Mit dem Schlaf wird es nichts. Auch wenn ich mich müde fühle. Die Zimmertür steht offen und ich höre Ute in der Küche wirtschaften. Anscheinend räumt sie die Geschirrspülmaschine aus. Sie hat schlechte Laune. Das höre ich daran, wie sie das Besteck, das Geschirr und die Töpfe mit Krach und Knall in die Schubladen und Fächer verteilt, zum Teil wohl auch wirft. Es ist besser, wenn ich ihr noch eine Weile aus den Augen bleibe.

Die Eltern redeten nur selten über das 3. Reich und den Krieg, und wenn, zumeist nur Anekdotisches wie es in allen Familien geschah, die ich kenne. Zum Beispiel, wie sie die Unterlagen für den Ariernachweis nur unter Schwierigkeiten zusammen bekamen, weil sich herausstellte, dass Mutters Großmutter ein uneheliches Kind gewesen war, von dem der Vater nicht festgestellt werden konnte. Oder wie sich die junge Polin anstellte, die im Haushalt half und vorher nie eine Wasserspülung gesehen hatte oder wie sie beim Hamstern Nahrungsmittel gegen die Kerzen eintauschten, die Vaters Kompagnon aus dem Versammlungslokal eines SA - Sturms hatte mitgehen lassen. Der Kompagnon, der wegen eines krummen Rückens nicht eingezogen wurde und Vaters Geschäft weiterführte, als er Soldat wurde. Von der Reichspogromnacht und vom Abtransport der Juden aus Königsberg in die Konzentrationslager wollte Mutter nie etwas erfahren haben. Vater allerdings hatte eine Synagoge brennen sehen, aber er erzählte auch ohne Skrupel, wie seine Einheit in Italien auf dem Rückzug eine Kirche, einschließlich der Glockenaufhängung, vermint hatte und wie sie von einer Anhöhe amüsiert beobachteten, wie die Kirchturmspitze mit einem gewaltigen Detonationsblitz in die Luft flog, als die Bewohner ihre Befreiung und das Einrücken der US - Army mit Glockengeläut feiern wollten.

Dies alles darf ich Ute nicht erzählen. Sie will vom Krieg und von den Nazis nichts hören und auch nicht, wie es meiner Familie erging. » Ich langweile dich auch nicht mit meiner Familie « , sagt sie dann. Und wenn ich in ihrer Gegenwart anderen hierüber etwas erzählen will, dann atmet sie heftig durch und meint vorwurfsvoll: » Muss das sein? Jetzt, wo es gemütlich wird « , und schneidet rigoros ein neues Thema an.

Vater war der ruhende Pol der Familie. Das heißt, wenn er anwesend war, was oft erst spät abends und an den Wochenenden nur am Sonntag geschah. Das Geschäft fraß ihn auf. Er war der Typ, der geduldig zuhören konnte, ausgenommen, wenn er am Frühstückstisch seine Zeitung las, dann ging ihm alles, was wir Kinder und Mutter sagten, zum einen Ohr hinein und zum anderen wieder hinaus. In Gesprächen redete er erst, nachdem sich die anderen ausgequatscht hatten.

Etwas, was ich nie schaffe, auch wenn ich es mir immer wieder vornehme. Selbst wenn ihn ein Thema nicht interessierte, hörte er höflich zu und ließ sich nicht anmerken, dass er gelangweilt war. Er tadelte selten, lobte aber noch weniger. Dass man seine Arbeit engagiert und fleißig verrichtete, war für ihn eine Selbstverständlichkeit, die nicht der Erwähnung bedurfte. Er hatte viele Dauerkunden, die ihn mochten. Als er herausbekam, dass einer seiner Angestellten schwul war, hatte er ihn gefeuert. Das war in den sechziger Jahren.

Das Sagen in der Familie hatte Mutter, und Vater war dies recht. Trotzdem, oder gerade deswegen, war er in schwierigen Situationen die letzte Instanz. Er lachte selten, doch wenn er einmal aus sich heraus ging, waren alle angenehm überrascht. Ich habe ihn einmal betrunken gesehen, als er vom Oktoberfest heimkam. Er liebte seine Frau, aber auf eine sehr spröde Art. Komplimente waren nicht seine Sache, was ihm Mutter übel nahm. Er war mit Sicherheit treu, hat seine Frau nicht wie ich betrogen.

Ich habe ihn geliebt. Gesagt habe ich es ihm nie. So etwas tat man nicht. Es wurde mir auch erst bewusst, als er tot war. Habe ich Mutter geliebt?

Ich nehme es an, bin mir aber nicht sicher.

Nicht nur Ute winkt ab, wenn ich von meiner Familie erzählen will, auch Sabine und Peter. Von den Enkelkindern ganz zu schweigen, leider auch von Luise, die ich besonders mag und die mehr an mir hängt als die anderen. Einmal hat sie gefragt, ob ich im Krieg war. Als ich ihr von meiner Kindheit in Königsberg erzählen wollte, unterbrach sie mich: »Ich meine, warst du so ein Soldat wie Papas Opa. Der hatte ein Pferd, einen Rappen, und nur einen Arm und viele Orden.« Damit konnte ich nicht dienen und die Sache war für immer erledigt.

Würden Mutter und Vater vor ihren Nachfahren nicht besser dastehen, wenn diese wüssten, wie sie die schwierigen Zeiten durchgestanden und gemeistert hatten? Sicherlich. Auf jeden Fall besser als es jetzt läuft, wo sie nur Menschen sind, die in Fotoalben ein vergessenes Dasein fristen. Aber es hört mir niemand zu und wenn, dann nur gelangweilt oder sogar ärgerlich. »Jetzt fängt der Kerl schon wieder mit diesem Schwachsinn an!«, denken sie dann genervt. Alte Leute sind ein Kreuz! Sabine hat bei den zwei-, drei Mal, die ich es bei ihr versuchte, sofort mit einem Gegenangriff über das deutsche Tätervolk reagiert. Zu dem für sie ihre Oma als Angehörige der NS-Frauenschaft und ihr Opa als Wehrmachtsartillerist unzweifelhaft gehörten. Einmal hat sie sogar gefaselt, die beiden hätten wichtige Führungspositionen innegehabt.

Mit meinen Erinnerungen an die Kriegs- und Nachkriegszeit ist es wie mit den Büchern, die ich und mein Banknachbar Gernot Kuchel in unserer Jugend verschlungen und die uns vermutlich sehr geprägt haben. All die Schwarten und Wälzer, ein Buch dicker als das andere und manches unverdaulich. Ich habe niemanden getroffen, den es ehrlich interessierte, welchen Stoff lesehungrige Schüler in den fünfziger Jahren, so kurz nach dem Krieg, in sich hinein stopften. Ich werde die Erinnerung daran mit ins Grab nehmen. Wenn ich dies Ute so drastisch sagte, würde sie verächtlich durch ihre schmale Nase schnaufen und widersprechen: »Na und? Geht der Welt etwas verloren?«

Mutter war mit allen Wassern gewaschen, wie Vater immer behauptete. Ich bin der festen Überzeugung, dass Ute, wäre sie in ähnlich existenzielle Situationen wie sie gestoßen worden, ihr in nichts nachgestanden hätte.

Bei unserer fluchtartigen Abfahrt aus Königsberg drängte Mutter beim Besteigen des Zuges alte, mit Koffern und Kartons beladene Frauen rigoros beiseite und ergatterte für sich und ihre drei Kinder zwei Sitzplätze. Als der Kontrolleur erschien, ein alter, schnauzbärtiger Eisenbahner, inszenierte sie eine verzweifelte Suche nach der nicht vorhandenen Sonderfahrerlaubnis. Der Mann kam mehrmals wieder und meinte beim letzten Mal augenzwinkernd:

»Lassen sie es gut sein, junge Frau. Kümmern sie sich mal um ihre netten Kinder.«

Später wurde auf unserer Odyssee der Zug, den wir in Thüringen oder schon in Bayern benutzten, so genau weiß ich es nicht, von Tieffliegern angegriffen. Die Lokomotive wurde getroffen und der Zug blieb auf offenem Feld stehen. Die Fahrgäste flüchteten nach draußen und warfen sich,

Deckung suchend, in den tiefen Schnee. Die Jagdbomber griffen noch zweimal an und beharkten die Waggons mit ihren Bordkanonen. Als sie verschwunden waren, standen die Leute zögernd auf und betrachteten mit Grauen die durchlöcherten und qualmenden Waggons und die trotz des Treffers noch unter Dampf stehende Lokomotive. Manche fluchten, manche weinten, manche waren starr vor Schreck und wie gelähmt. Eine Frau schrie mit gellender Stimme: »Alles, was ich hatte, ist futsch! Diese verfluchten Schweine!« Wie Mutter uns drei Kinder inmitten dieses Chaos aus dem Zug gebracht hatte, das weiß ich nicht mehr, es muss rasend schnell und rücksichtslos gewesen sein. Aber ich sehe, wie wir in einer Schneewehe eng aneinander gepresst unter und neben Mutter lagen und dass sie inmitten des immer wieder aufjaulenden Motorenlärms, dem Rattern der Bordkanonen und der explodierenden Geschosse auf uns einschrie: »Es passiert euch nichts, es passiert euch nichts!« Nachher, als der Spuk vorbei war, kletterte sie als Erste in den Waggon und stellte fest, dass das Wenige, das wir hatten, fast unversehrt geblieben war.

Auch die Hamstertouren, zu denen Mutter mich in die Umgebung Münchens mitnahm, finden bei niemandem Interesse, obwohl sie manchmal amüsant waren.

Ich war unwahrscheinlich dürr, meine Beine sahen in den, damals nicht einmal die Oberschenkel bedeckenden, kurzen Hosen wie Bohnenstangen aus. Mit dieser Magerkeit und mit meinem bleichen, von riesigen Ohren eingefassten Gesicht und den dunklen Zahnlücken sollten die Bauern mitleidig gestimmt werden.

Mutter handelte unter anderem mit Eau des Toilette, das sie verdünnt auf mehrere Flaschen verteilt hatte. Ich habe nie erfahren, woher sie das Zeug hatte, und ich kann mir nur schwer vorstellen, wie sich die gut katholischen, oberbayrischen Bäuerinnen nach dem Ausmisten des Stalles und dem Kühemelken diese wohlriechenden Essenzen an den Hals gerieben haben. Aber egal, das Eau de Toilette bewirkte die Herausgabe von Butter, Eiern oder Topfen. Zumindest, wenn die Bäuerin allein war und der Bauer ihr diesen städtischen Schmarren nicht verweigerte.

Es ist gut möglich, dass Mutter die Nachkriegszeit auch erträglich fand: Sie war selbstständig und nicht von Vater abhängig. Sie arbeitete halbtags in einer kleinen Firma als Schreibkraft. Doch das dauerte nur, bis Vater Anfang 1948 aus der russischen Kriegsgefangenschaft entlassen wurde und plötzlich abgemagert und unrasiert in einem verschlissenen Wehrmachtsmantel mit umgehängtem Brotbeutel vor der Tür stand. Er trat für eine Übergangszeit in die gleiche Firma ein, woraufhin Mutter entlassen wurde. »Weil der zurückgekehrte Gatte nunmehr allein für seine Familie sorgt«, wie es in dem Zeugnis hieß, das ihr mit auf den Weg gegeben wurde.

Krach hatte es gleich nach Vaters Rückkehr gegeben, als er von ihren Beziehungen zu einigen US-Besatzungssoldaten erfuhr. Sie besorgte ihnen Alkohol aus Beständen, die eine Nachbarin bei Kriegsende aus einem Depot geplündert hatte, und erhielt dafür Zigaretten, mit denen sie wiederum auf dem Schwarzmarkt handelte. Den Gewinn teilte sie sich halbe-halbe mit der Nachbarin. Vater fiel aus allen Wolken.

»Weißt du, wie man das nennt? Kollaboration!«, hat er gezetert. »An sich könnte es mir wurst sein, der Krieg ist zu Ende. Aber dass ausgerechnet du, die übereifrige Naziwalküre, den Amis schön tust und mit dem Arsch wackelst, das ist ein starkes Stück. Du warst sogar sauer, weil es nicht zum Mutterkreuz gereicht hat. Noch ein Kind mehr und es hätte geklappt, aber ich hatte immer zur falschen Zeit Heimaturlaub.«

»Spiel dich nicht auf. Mach hier nicht den Moralapostel. Wer hat die Kinder durchgebracht? Ich! Ich!«

»Und ich war auf Erholungsurlaub in halb Europa, nicht wahr? Ich sage dir: ich werde uns eine Zukunft ohne krumme Geschäfte aufbauen, so wahr mir Gott helfe. Und du unterstützt mich dabei, aber nicht als Amischickse.«

»Ich gebe dir gleich 'ne Amischickse, du Mistkerl! Weißt du eigentlich, was du mir mit dem Wort unterstellst?«

»Ist ja schon gut. War nicht so gemeint. Lass das Keifen vor den Kindern.«

»Ich keife, wann es mir passt. Und so lange du nicht mehr Geld nach

Hause bringst als jetzt, so lange handle ich mit Zigaretten. Sie werden ja nicht ewig unsere Ersatzwährung bleiben. Und im Übrigen, ich wackle nicht mit meinem Arsch, auch nicht für dich. «

Vater hat danach unter großen Mühen sein Geschäft aufgebaut, mit Erfolg geführt und Mutter nach seinem Tod eine erhebliche Erbschaft hinterlassen. Ansonsten wollte er in Ruhe gelassen werden. Er war korrekt, manchmal bis zur sinnlosen Prinzipienreiterei, und sparsam bis ins hohe Alter. An Paketen dröselte er die verknoteten Bindfäden auf und versteckte sie, weil Mutter sie sonst weggeschmissen hätte.

Mutter hat den Schwarzhandel nicht eingestellt, als Vater dies wollte, aber dennoch bald mit ihm aufgehört. Er rentierte sich nach der Währungsreform nicht mehr.

Von Vaters pedantischer, oft sogar quälend korrekter Lebenseinstellung bin ich in den Augen meiner Kinder und auch von Ute nicht allzu weit entfernt. Zwar horte ich keine gebrauchten Büroklammern, Gummiringe, Kartons und altes Packpapier, aber ich werfe kein Brot weg, ruiniere mir lieber die Zähne wenn es alt und zäh geworden ist, drehe im Winter in einem Zimmer, das nicht benutzt wird, die Heizung aus, wasche mich stets mit kaltem Wasser und ich zähle das Geld nach, das mir an der Ladenkasse ausgehändigt wird.

Dankwart ist genauso pingelig, sogar noch mehr, seit seine Frau tot ist. Gillhaupt wohl auch. Er trägt seine alten Winterklamotten ab, weil ihm ständig kalt ist, aber auch, um zu sparen. Es ist ein Erbe aus schlechten Zeiten, das wir bis an unser Ende mit uns herumtragen werden.

Magendorf, mein Mitkonkurrent um den Vereinsvorsitz, betet das übliche Gewäsch herunter, wenn er auf die Nachkriegszeit zu sprechen kommt. Sie wäre die spießige, muffige Adenauerzeit gewesen, deren Bürger sich wohlig von der Fress- und danach von der Autowelle hätten überschwemmen lassen. Und die SBZ-, später DDR - Bürger seien nicht besser gewesen, hätten lediglich systembedingt kürzer treten müssen.

Ich werde mir überlegen, wie ich Magendorf wegen dieser Meinung bei den alten Vereinsmitgliedern aus Ost und West auf diskrete Weise madig und damit unwählbar machen kann.

» Ich ziehe mich um und haue ab «, sage ich zu Ute, als ich das Wohnzimmer verlasse. Sie sitzt im Esszimmer am Tisch und liest einen Brief. » Ich komme auf jeden Fall vor der Fahrt nach Berlin noch mal nach Hause. «

» Nimm bitte heute Nachmittag Peter nicht in die Mangel, sei nicht zu hart. Sei nett zu ihm. Er ist nun mal in Schwierigkeiten und nicht alle sind selbst verschuldet. Stelle endlich deinen Rundumschlag ein. «

» Jetzt fängst du schon wieder an! Welchen Rundumschlag? «

» Du weißt schon, was ich meine. Du trittst momentan jedem auf die Zehen. Den Kindern, deinen Geschwistern, vor allem Hartmut, diesem Kraschert. Was weiß ich, wem noch. Du hast dir leider im Beruf manchen Ast abgesägt, auf dem du saßt, und zuletzt auch noch in deinem Verein. Du warst schwierig, deshalb haben sie dich nicht wiedergewählt, obwohl du tüchtig warst. Tut mir leid, dir das sagen zu müssen, Gerhard, ich kenne dich und weiß, du meinst manches nicht so, wie du es rüber bringst, aber anderen gefällt das nicht, sie kapieren auch deine Art von Humor nicht. «

» Erstens habe ich mich aus freien Stücken nicht zur Wahl gestellt und zweitens werde ich ja wohl meine Meinung sagen dürfen, auch meinen Kindern! «, brause ich auf. » Ruhig bleiben! «, befehle ich mir und senke die Stimme. » Abgesehen davon, wirf die Kinder bitte nicht mit Kraschert, diesem Oberproleten, in einen Topf. Und Edeltraut passt auch nicht hierher. Sie benimmt sich unmöglich, das sagst du doch selbst. «

» Ist schon gut, reg dich nicht auf. Du musst erlauben, dass ich mir Sorgen um dich mache. Ich möchte nicht meine letzten Jahre mit einem Eigenbrötler zusammen leben, der sich ständig auf den Schlips getreten fühlt. Nur mit Gillhaupt und diesem Dankwart scheinst du noch auszukommen, weil sie dir nicht widersprechen. Komm, beruhige dich, mach dir dein Leben nicht unnötig schwer. «

Was sie sagt, passt mir nicht. Sie sorgt sich um ihre Kinder, das ja, wie eine Glucke. Nicht um mich, ich komme allenfalls an zweiter Stelle. Doch ich will jetzt keine Auseinandersetzung und gehe zur Treppe, die hoch ins Obergeschoss führt.

» Was macht dein Bein? «, ruft Ute hinter mir her.

» Nichts. «

» Wirklich? Ich glaube dir nicht. «

» Meinetwegen. «

Als ich oben angelangt bin, fällt mir ein, dass ich meine Brille im Wohnzimmer habe liegen lassen.

» Warum kommst du wieder runter? «

» Brille vergessen. «

» Brauchst nicht so vital herumzuhampeln. Ich sehe, dass du nicht normal auftrittst. «

» Unsinn! «

Am liebsten würde ich mich, statt in die Innenstadt zu fahren, im Arbeitszimmer einschließen und niemanden sehen. Und mit niemandem reden. Meine Wut auf Hartmut hat sich nicht gelegt, der Saukerl hat nicht mal ein schlechtes Gewissen, dass er mich reingelegt hat. Das zahle ich ihm heim!

Neuntes Kapitel

Ich wäre gerne mit dem Fahrrad in die Innenstadt gefahren. Das geht auch mit schmerzendem Knie. Doch es steht nutzlos im Gartenhaus, weil das Hinterrad einen Platten hat. Ich verspüre keine Lust, meine rudimentären technischen Fähigkeiten an der komplizierten Gangschaltung zu erproben, ohne deren Abbau ich nicht an den Schlauch gelangen kann. Früher, so vor zwanzig Jahren, habe ich das noch selbst hinbekommen, die Demontage und das anschließende Flicken, nachdem ich nach alter Väter Sitte den Schlauch in eine Wasserschüssel gehalten und an den Luftblasen das Loch erkannt hatte.

Stattdessen muss ich jetzt den Bus nehmen. Das Wetter ist schön und ich hätte mit einem intakten Fahrrad zwei Fahrkarten, eine für die Hin- und eine für die Rückfahrt gespart. Ich werde dadurch mein sorgsam errechnetes Monatsbudget an Busfahrten überziehen müssen, zumal ich am Nachmittag wieder den Bus benutzen muss. Nächste Woche werde ich auf jeden Fall das Rad zur Reparatur bringen.

Ich fahre oft mit dem Fahrrad. Nicht aus ökologischen Gründen. Ich bin kein überzeugter Grüner, wie manche meinen, die mich radeln sehen, aber nicht näher kennen. Ich habe diese Leute nie gewählt. Auch wenn sie sich gewandelt haben. Die im Fernsehen gezeigten Parteitage werden anscheinend nicht mehr wie früher ausschließlich von bärtigen Zauseln und ständig strickenden, alternativen Frauen dominiert. Dafür haben sie jetzt eine Vorsitzende, die schreiend bunt gefärbtes Haar, grelle Kleider und Schals trägt und mich dazu verleitet, bei Fernsehinterviews immerzu auf ihre Warze an der linken Nasenkante zu starren. Radfahren ist billiger als Auto- und Busfahren und ich bin beweglicher und unabhängiger. Das sind meine Gründe, und wenn die Grünen ebenso denken, meinetwegen. Ich fahre wie die meisten Luckendamer auf den Gehwegen, aber in mäßigem Tempo. Das bucklige Pflaster ist eine Zumutung, die reinste Hämorrhoidenschaukel, wie es Gillhaupt ausdrückt. Er fährt allerdings nie Rad.

Moderne Fahrräder sind schnittig und bequem und ihre Beleuchtungsanlagen sind eine Wohltat. Kein Dynamo mehr, der des Nachts laut surrend die in den Vorgärten lauernden Wachhunde aufscheucht und zu wütendem Gekläff provoziert, und kein Antriebsrädchen mehr, das bei Regenwetter ständig durchrutscht und nur noch ab und zu schwach flackerndes Licht erzeugt. Leider sind die Fahrräder anfällig und schwierig zu reparieren. Zur Freude der Fahrradhändler.

Als ich beim letzten Mal dort einen Angestellten auf die Anfälligkeit - zweimal war das Tretlager defekt gewesen - ansprach, meinte er: » Die Fahrräder werden in großen Mengen fabrikmäßig hergestellt, da kommt so etwas vor. «

» Früher wurden sie nicht fabrikmäßig, sondern von Hand hergestellt? «, fragte ich scheinheilig. » Früher vor zwanzig, dreißig, vierzig Jahren? «

» Weiß ich nicht. Jedenfalls anders. «

» Aha. «

Ich sah den Mann an, er sah mich an und keiner sagte etwas. Ich hielt ihn für dämlich und er mich sicher ebenfalls.

Als ich an Krascherts Haus vorbei gehe, ist niemand zu sehen. Kraschert nicht und seine Kumpel auch nicht. Es ist still und die Fenster sind geschlossen.

Der Grill steht auf der Terrasse und daneben lehnt eine lange Leiter an der Wand. Vielleicht sind die Kerle im Suff mit ihr ins obere Stockwerk gelangt, als sie sich dort schlafen legen wollten, weil es ihnen in ihren Schlafsäcken auf der Terrasse zu unbequem geworden war. Möglicherweise ein alter Bergsteigerbrauch.

Lodemann kommt mir mit seinem kleinen Sohn entgegen. Ich rede öfters mit ihm, aber nicht so häufig wie mit Gillhaupt.

Wir grüßen uns und da Lodemann stehen bleibt, tue ich es auch, obwohl ich nicht allzu viel Zeit bis zur Busankunft habe.

» Die Wildschweine waren wieder bei uns im Garten. Sie haben alles umgewühlt. Wo ich doch gerade den Schaden vom letzten Mal behoben habe! «, klagt Lodemann und sein Sohn ruft: » Die Schweine sind böse! « und wirft mir zwei Steine, die er verborgen in der Hand gehalten hatte, auf meine blank polierten Schuhe. Sein Vater übersieht es geflissentlich.

» Das ist ja furchtbar «, sage ich und heuchle Mitgefühl. Recht geschieht es ihm. Lodemann ist zu geizig, um seinen Vorgarten einzuzäunen. Das hätte die Viecher vielleicht abgehalten. » Wir kamen glimpflicher davon. Bei uns haben nur Rehe in der Nacht Blumen weg gefressen. «

» So ist das halt, wenn man in der freien Natur lebt «, sagt Lodemann resigniert.

» Tut mir leid, ich muss zum Bus. Ein andermal. «

» Oh, ich möchte Sie nicht aufhalten. Auf Wiedersehen! «

» Auf Wiedersehen! «

» Tschüss! «, kräht der Junge. Im Weitergehen höre ich ihn » Ist das der olle Quatschkopf, Papa? « fragen.

Lodemann ist mit 58 Jahren noch Vater geworden und stolziert gerne mit seinem fünfjährigen Sohn durch die Gegend. Er ist seit einem Jahr Rentner und hat Zeit. Bis vor kurzem ging Kevin in den Kindergarten, aber das ist vorbei. Der Junge ist so verzogen und ungebärdig, dass Lodemann ihn herausnehmen musste und ihn nunmehr selbst betreut. Was ihm wohl nicht ungelegen kam, weil er sich von den Kindergärtnerinnen nicht angenommen fühlte, wenn er Kevin zu ihnen brachte und am Nachmittag wieder abholte. Für sie war er erstens ein Mann, also keine Mutti, zweitens alt und drittens jemand, der alles besser wusste. Lodemanns Frau arbeitet im Bürgerbüro eines Landtagsabgeordneten, vielleicht sogar in dem von Böllandt. Beim nächsten Treffen werde ich Lodemann danach fragen. Vielleicht ergibt sich eine Chance, unverfänglich an Böllandt heran zu kommen, um Stimmung für den Vereinsvorsitz zu machen. Die Frau ist eine gut erhaltene Mittvierzigerin und hat ihren Mann angeblich gehörnt. Mit

Solinski, dem Leo von der Sonnenbank. Es kann aber auch ein Gerücht sein. Das Viertel, in dem wir wohnen, ist, was den Tratsch anbelangt, wie ein Dorf.

Ich stehe an der Haltestelle und warte. Ich fühle mich nicht besonders. Der Kopf ist dumpf und die Beine schwer. Ich habe die quälende Nacht noch nicht verkraftet. Ein sehr langsames Joggen würde mir jetzt vielleicht gut tun. Trotz des schmerzenden Knies. Morgen werde ich es versuchen, wenn mir heute das Zufußgehen in Berlin keine allzu großen Probleme bereitet.

Der Bus hat Verspätung, ist bereits drei Minuten über der Zeit. In etwa fünfzig Metern Entfernung überquert Lodemann mit seinem Sohn die Straße und geht in die Richtung weiter, aus der der Bus kommen wird. Kevin bleibt stehen und setzt sich auf den Gehweg und hämmert mit den Fäusten auf den Boden.

Lodemann bleibt ebenfalls stehen und redet auf ihn ein, ohne dass dieser Anstalten macht, sich zu erheben. Ob Lodemann in derartigen Situationen seinem Leben mit Beruf, aber ohne Kevin nachtrauert?

Eine halbes Jahr nach Beginn seines Rentnerdaseins, im letzten Herbst, hat er mir sein Leid geklagt. Wir saßen in der Oktobersonne auf unserer Terrasse und Kevin spielte auf dem Rasen neben dem Gartenhaus. Ihm fehle sein alter Beruf, sagte Lodemann fast weinerlich, und er habe sich ein Herz genommen und seine alte Dienststelle aufgesucht, nur mal so, um guten Tag zu sagen.

Aber niemand hatte Zeit für ihn, alle taten so, als freuten sie sich, ihn wiederzusehen, hasteten aber gleich weiter. Zu Besprechungen, zu Auswärtsterminen, zum Chef oder aufs Klo. Er solle wiederkommen, wenn es ruhiger zuginge, rieten einige aus purer Höflichkeit. Lediglich ein gewisser Schabert, ein Würstchen, das nur mit Scheinaufgaben beschäftigt wird, nahm sich Zeit für ihn.

»Es erging Ihnen wie Jack Nicholson in dem Film ›About Schmidt‹«, sagte ich. »Er wurde bei seiner festlichen Verabschiedung gebeten, unbedingt weiterhin der Firma mit Rat und Tat zur Verfügung zu stehen, aber als er nach einiger Zeit seinen Nachfolger aufsuchte, wechselte der gerade mal ein paar Worte mit ihm und fing zu telefonieren an. Die Kartons mit dem Projekt, an dem er bis zuletzt gearbeitet hatte, standen unberührt und zum Abtransport bereit in einer Ecke. Haben Sie den Film gesehen?«

»Nein, ich gehe nicht ins Kino, das ist mir zu langweilig.«

»Der Film kam im Fernsehen. Sie gehen wirklich nie ins Kino?«

»So ist es. Ich hoffe, das ist keine Schande. Kann sein, dass der letzte Film, den ich gesehen habe, vor Jahrzehnten einer mit Manfred Krug gewesen ist. Bevor er in den Westen abhaute. An den Titel kann ich mich nicht erinnern und an den Inhalt auch nicht.«

Danach haben wir über alte Männer, die noch einmal Vater werden, im Allgemeinen und über Lodemann im Besonderen gesprochen und dass manche ihn irrtümlich oder ganz bewusst als Großvater anreden: »Ach, Sie sind ja ein netter Opa!« oder »Na Kevin, bist du auch brav zu deinem Opa?« Es gehört sich nicht, im hohen Alter ein Kind zu zeugen!

Nachdem Lodemann fort war, ging ich zur Hütte, um etwas zu holen, und sah, dass der liebe Kevin einen dort stehenden offenen Farbeimer umgestoßen hatte. Die gesamte blaue Farbe war ausgelaufen. Obwohl ich nichts an Kevins Kleidung entdeckt hatte, als die beiden gingen, hoffte ich inständig, der liebe Kleine habe sich furchtbar eingesaut.

Endlich kommt der Bus. Mit sechs Minuten Verspätung. Ich werde den Fahrer darauf ansprechen.

Luckendams Innenstadt besteht aus dem Wilhelmplatz und den sternförmig auf ihn zulaufenden Straßen. Eine davon ist die Hauptstraße mit einem Kaufhaus, mehreren Banken und einer Vielzahl von Läden, darunter etliche Ramschläden mit drei Paar Socken zu zehn Euro und einer Gastronomie mit Schnellimbissen, Cafés und sogenannten Bistros, in denen ich noch nie eingekehrt bin. Einige Gebäude stammen aus der Barockzeit, die Mehrzahl aus der Gründerzeit und der Zeit vor dem 1. Weltkrieg. Viele mussten nach der Wende von Grund auf saniert werden. Das Kaufhaus ist ein moderner Kasten aus Glas und Stahl, der ein heruntergekommenes Gebäude aus dem beginnenden 20. Jahrhundert ersetzte, das in den oberen Stockwerken ausgebrannt war, vermutlich durch Brandstiftung.

Luckendam war im Februar 1945 bombardiert worden. Angriffsziel war der Bahnhof gewesen und dabei hatte das Zentrum einige Fehlwürfe abbekommen. Die Rote Armee hat einige Tage gebraucht, bis sie die Stadt völlig erobert hatte. Der sinnlose Widerstandswille der deutschen Truppen war weniger von dem Glauben an den Endsieg als von der Furcht vor den Standgerichten beflügelt worden.

Das Stadttheater hatte Artillerietreffer abbekommen und war nicht mehr bespielbar gewesen. Auf Geheiß Walter Ulbrichts hatte man die gut erhaltene Fassade im Jahr 1955 gesprengt. Sie war ihm mit ihren Säulen und neogriechischen Skulpturen zu feudal gewesen. Ein der neuen Zeit entsprechendes Theater war jahrelang geplant, aber aus Geld- und Materialmangel nie errichtet worden. Das nahe gelegene Berlin bot den Bürgern genügend Gelegenheit, sich Theater- und Opernaufführungen anzusehen und den Luckendamer Betrieben wurden nach Meinung der Bezirksleitung genügend Kartenkontingente für ihre Werktätigen zur Verfügung gestellt.

Als die Stadtverwaltung sich kurz vor der Wende zu einem Neubau aufraffte, war es zu spät. Die erste demokratisch gewählte Stadtverordnetenversammlung verfügte sofort einen Baustopp und danach den erneuten Abriss, weil der Weiterbau Unsummen verschlungen hätte. Seitdem gibt es in Luckendam zwei, drei kleine freischaffende Theater, die sich mal mit großem Enthusiasmus und Mut zur Selbstausbeutung gründen, mal nach einiger Zeit aus Besucher- und Geldmangel auflösen, um sich jedoch nach kurzer Zeit erneut unter anderem Namen und an anderem Ort mit einem geänderten Programm zu konstituieren. Gelegentlich schießt die Stadtkasse für besondere Projekte gegen den Widerstand des Kämmerers, aber auf Weisung des Oberbürgermeisters, etwas zu, aber das ist zum Sterben zu viel und zum Leben zu wenig. Der Herr will nicht als der Kunstbanause gelten. Das große Geld der Landesregierung fließt nach Potsdam in das dortige Theater, wo der Intendant, wenn ich den »Märkischen Neuesten Nachrichten« glauben darf, ständig die Leidensfähigkeit seiner Abonnenten austestet.

Ich bin auf dem Weg zu dem Laden, in dem ich meine Druckpatronen kaufe. Anschließend muss ich zur Bank, um Geld aus dem Automaten zu holen. Viel Zeit habe ich nicht. Gegen dreizehn Uhr fährt der Zug nach Berlin, wo ich Peter treffen werde.

Etwa hundert Meter vor dem Laden begegnet mir jemand, den ich kenne. Ein kleiner, alter Mann in zugeknöpfter Lederjacke und mit einer Ledermütze.

Luckendam ist ein Provinzkaff, in dem man immer jemanden trifft, den man kennt, und wenn es nur vom flüchtigen Sehen ist. Man steht ständig unter Beobachtung. Wer seinen abgelaufenen Parkzettel auf den Boden fallen lässt und glaubt, nicht dabei erwischt zu werden, irrt sich gewaltig. Zum x-ten Mal frage ich mich, ob mein Verhältnis mit Gabriele tatsächlich verborgen geblieben ist. Ob es nicht zumindest einige Kollegen gewusst und ihre Witze darüber gerissen haben.

Ich sehe dem Mann, zu einem Gruß bereit, direkt ins Gesicht, doch er verzieht keine Miene und blickt durch mich hindurch. Mir fällt sein Name nicht ein, obwohl er häufig unter Leserbriefen steht. Er kommt immer zu Wort, weil der Chefredakteur der »Märkischen Neuesten Nachrichten« stets bemüht ist, Minderheiten besonders zu bevorzugen. Der Mann ist Angehöriger des Kreisverbandes der DKP und schreibt und spricht auch so. Der Verband scheint nur aus drei Mitgliedern zu bestehen. Die Zeitungsfotos von den Kranzniederlegungen am 8. Mai und 1. September zeigen stets dieselben drei alten Männer. Mit trutziger Miene und durchgedrücktem Kreuz gedenken sie der Befreiung durch die Rote Armee und der schönen Zeit, als sie als SED-Funktionäre das Volk kujonieren durften.

Der Mann ist mir bekannt, seit der Historische Verein mit einem Informationsstand für den Erhalt des alten Kaufhauses, insbesondere wegen seiner schützenswerten Fassade, warb. Er war wie wir für den Erhalt des Gebäudes, unterschrieb aber nicht. Er sei sein Leben lang Kommunist gewesen, blaffte er mich an, und er sei noch immer überzeugt von seiner Sache und froh, die DDR erlebt zu haben. Er verabscheue aus tiefstem Herzen den Kapitalismus, der dieses Gebäude, das jahrzehntelang die Bevölkerung mit allem, was der Mensch benötigt, versorgt habe, einem protzigen Bau opfere. Einem Bau, mit dem der verarmten Bevölkerung ihr weniges Geld aus der Tasche gezogen werden solle. Das sei Ausbeutung, wie sie schon Marx und Engels und später der große Lenin angeprangert hätten.

Erst haben wir einigermaßen ruhig miteinander geredet, doch nach einer Weile waren wir in Fahrt geraten und hatten uns angekläfft. Zum Glück war Dankwart hinzugetreten und hatte mich am Ärmel gezogen. »Kommen Sie, es hat keinen Zweck mit dem Herrn zu diskutieren.«

Nachher war ich wütend auf mich gewesen. Warum, verdammt noch mal, ließ ich mich immer wieder provozieren, warum ließ ich mich zu derart sinnlosen Diskussionen hinreißen? Und das in meinem Alter! Anstatt dem Mann ironisch zu kommen, ihn in Ruhe auflaufen zu lassen, hätte ich ihn am liebsten geohrfeigt.

Der Mann mit der Mütze gehört, obwohl ich ihn nie mit einer Frau gesehen habe, nicht zu den verwahrlosten alten Männern, denen ich immer wieder begegne.

Allerdings ist er einer der furchtbaren Samstagseinkäufer, über die ich mich schon in Hannover als Berufstätiger geärgert habe. Er läuft an Samstagen mit prall gefüllten Einkaufstaschen und -netzen herum, wie die Rentner in Hannover, die, obwohl sie die ganze Woche über Zeit hatten, ausgerechnet am Samstagvormittag mit von Lebensmitteln überfrachteten Einkaufswagen die Kassen blockierten. In den Warteschlangen habe ich oft nur grau- und weißhaarige Köpfe vor mir gehabt. Ute hält sich an den Samstagen zurück, im Gegensatz zu Mutter.

Auf dem restlichen Weg zum Laden mit den Druckpatronen ärgere ich mich, wieder einmal einen Namen nicht parat gehabt zu haben. Ein Makel, der auf viele Alte zutrifft. Aber das ist kein Trost. Nur die Namen von Personen, die ich vor langer Zeit gekannt habe, sind mir immer präsent. Auch eine Alterserscheinung. Horst Swoboda hieß der Junge mit den roten Haaren, der in der vierten Klasse vor mir saß. Der Soldat, der in der Grundausbildung im Doppelstockbett unter mir lag, hieß Volker Koch und der Student, mit dem ich mich bei einer Handelsrechtsklausur ausgetauscht hatte, war Gunter Staudinger. Von den Mitarbeitern meiner letzten Dienststelle kann ich nur noch wenige mit Namen benennen. Geradezu katastrophal ergeht es mir mit Filmschauspielern und Politikern der zweiten Reihe. Nicht mal Robert Mitchum fiel mir ein, als ich jemandem den Film »Ein Köder für die Bestie« schilderte. Gut, dass Ute ein besseres Gedächtnis hat und mir in Gesellschaft aushilft, bevor es peinlich wird.

Bei den Namen der Vereinsmitglieder funktioniert mein Hirn. Weil sie noch frisch sind und weil ich sie ab und zu vor mich hin memoriere. Das muss sein. Wer wählt schon jemanden zum Vorsitzenden, der ihn nicht mit Namen anspricht?

Der »PC Service and Consult« - Laden liegt im Erdgeschoß eines der wenigen Barockhäuser, die in der Hauptstraße stehen. Seine Fassade ist, wie bei vielen Häusern der Innenstadt, bis in Armhöhe mit tags voll gesprüht.

Der Historische Verein ist bei Hauseigentümern vorstellig geworden, deren Gebäude zu lange ungereinigt blieben, mit wenig Erfolg. Das ständige Reinigen sei zu teuer und die Stadtverwaltung möge erst einmal an Schulen und anderen öffentlichen Gebäuden mit gutem Beispiel vorangehen.

Ich sage einem der Verkäufer, was ich will und zeige ihm die leere Verpackung der Druckpatrone, die ich vor einiger Zeit in dem Laden gekauft habe. Sicherheitshalber, denn ich kann mir die Bezeichnung der Patrone nicht merken. Der etwa zwanzigjährige Mann verschwindet in einen Nebenraum. Der große, helle Laden steht voll mit Flachbildschirmen, Druckern, Rechnern, Fernsehgeräten, die alle synchron laufen und eine Elefantenherde an einem morastigen Wassertümpel zeigen. Die Geräte stehen auf Tischen und in Regalen so eng aneinander, dass fast kein Durchkommen ist. Dazwischen sind die Kasse und drei Arbeitstische mit PC eingerichtet, an denen junge, in weiße Hemden gekleidete Männer mit freundlich allwissendem Gehabe die Kunden nach ihren Wünschen befragen und dann blitzschnell auf der Tastatur ihres PC zu klimpern beginnen. Es ist nicht meine Welt. Ich bin noch nie mit neugierig angespanntem Blick durch Medienmärkte gestreift, um begeistert die neuesten Errungenschaften zu bestaunen. Mein PC ist für mich eine bessere Schreibmaschine, nicht mehr und nicht weniger, und ein Instrument, um über das Internet ohne Verzug an Informationen und Nachrichten zu gelangen.

Ich bringe nicht einmal eine einigermaßen nutzbare Tabelle auf dem Bildschirm zustande. Was für Sabine und Peter eine Kleinigkeit ist. Ich erhalte nur wenige Mails von Bedeutung und schicke durchschnittlich einmal am Tag eine los. Ich bekomme meine Telefonrechnung per Mail, öffne sie aber nicht, weil mir dies zu umständlich ist. Hauptsache, der Endbetrag hält sich im Rahmen des Üblichen.

Ansonsten wickle ich nichts online ab. Ich traue dem System nicht, auch wenn Bekannte anderer Meinung sind und Ute mich belächelt. Sie bestellt alles Mögliche online: Bücher, Spielsachen für die Enkelkinder, Bekleidung, Lebkuchen in der Adventszeit, Fahrkarten bei der Deutschen Bahn. In technischen Alltagsdingen war sie immer fixer als ich, was mir vor langer Zeit als Frischverliebter gefallen hat.

Peter hat mir bei einem Besuch » Favoriten « , » Kontakte « und einige andere Hilfen eingestellt. Ich bediene mich ihrer, bin aber nicht in der Lage, sie zu verändern oder zu ergänzen. Nur löschen, das kann ich. Vor allem die ungebetenen Werbeangebote, mit denen ich zugemüllt werde, darunter, wie man seinen Schwanz per Operation verlängern kann.

Der Verkäufer kommt zurück und legt zwei Schachteln mit den gewünschten Druckpatronen auf den Kassentisch. Ich zahle mit meiner EC - Karte.

» Brauchen Sie eine Quittung? « fragte der Mann, Kaugummi kauend.

» Ja, gerne, wenn es keine Mühe macht. «

» Warum sollte es Mühe machen? «

» Ich meine ja nur. «

Der Verkäufer reicht mir ein fast leeres DIN A 4 - Blatt, das er soeben aus seinem Drucker gezogen hat. Unter einem überdimensionierten Briefkopf stehen klein und unscheinbar die Bezeichnung der Druckpatronen und der Rechnungsbetrag.

» Viel Papier « , meine ich.

»Das ist hier so Brauch. Viele Kunden wünschen es. Tipp von mir: Wir haben Ihre Adresse und das, was Sie bereits bei uns gekauft haben, gespeichert. Sie brauchen Ihre leere Schachtel nicht aufzubewahren und zu uns mitzuschleppen.«

»Das macht mir nichts aus.«

»War nur ein Tipp. Sie nutzen Ihren PC sicher nicht oft.«

»Muss ich das?«

»Nö. Kann ich sonst noch was für Sie tun? Hier, den Katalog mit den neuen Angeboten und Nutzertipps, den dürfen Sie ruhig mitnehmen. Es ist nicht allzu schwierig, ihn zu kapieren.«

Als ich nichts sage, geht der Mann grußlos zu einem Kollegen hinüber, der einen Drucker vom obersten Regalbrett herunter holt. Ich lasse den Katalog liegen. Ich verstünde ihn sowieso nicht.

Der Verkäufer hat mich herablassend behandelt. So etwas lasse ich mir selten gefallen, doch in einem derartigen Laden ist es anders. Wäre ich jung, ich verhielte mich sicherlich ebenso, wenn ich einen alten Trottel vor mir hätte, der den Anschluss an das moderne Leben verloren hat.

Wie soll ich mich in so einem Laden verhalten, wenn ich einmal mehr kaufen muss als nur eine simple Druckpatrone? Ständig nachfragen, wenn ich etwas nicht kapiert habe und den Betrieb aufhalten? Oder so tun, als ob ich alles verstünde? Das würde so ein Kaugummi-Kauer sofort durchschauen, weil ich keines der gängigen Fachwörter routiniert beherrsche, mit denen man zeigt, dass man zur Familie gehört. Wie meine Enkelkinder und nicht nur Ferdinand, der Älteste von ihnen. Oder soll ich mit meinem Unwissen kokettieren, wie es Dankwart tut? Eine um Sympathie buhlende Altershilflosigkeit vorspielen, die die Allwissenden zu wohlwollender, mit Verachtung gemischter Hilfestellung verleitet? Nein, lieber nicht.

Wenn ich etwas nicht verstehe, frage ich nach. Wenn ich dann immer noch Bahnhof verstehe, gebe ich auf. Ich bewege mich nun mal am Rande der digitalen Welt und das wird sich nicht ändern.

Der Vorraum der Bank, in dem die Automaten stehen, ist hell und kundenfreundlich eingerichtet. Das Sonnenlicht fällt ungehindert durch große Fenster und die gläserne Eingangstür, die Wände sind weiß gestrichen und mit bunten Postern behängt, auf denen fröhlich lachende Frauen und Männer verkünden, wie gut sie durch die Bank beraten würden, und dass ihre Rente, ihr Haus, die Schul- und Berufsausbildung ihrer Kinder und sonstige Dinge, die der Mensch so braucht oder auch nicht, bestens gesichert seien. An zwei Automaten lassen sich Kunden ihren Kontostand ausdrucken, die beiden Geldautomaten hingegen sind frei.

Als ich beim Durchqueren des Vorraums kurz in den Schalterraum hinüber blicke, entdecke ich Wolfgang. Er steht mit dem Rücken zu mir und spricht mit einer Bankangestellten. Es scheint ein heftiges Gespräch zu sein. Er fuchtelt mit den Armen und die Frau macht abwehrende Handbewegungen. Ich bleibe stehen, auch auf die Gefahr hin, von ihm gesehen zu werden, und dass er zu mir herüber kommt und fordert, jetzt gleich Geld für ihn zu besorgen. Ich bin am Überlegen, ob ich die Bank verlassen und später wieder kommen soll, als Wolfgang seinen Kopf in meine Richtung dreht.

Es ist nicht Wolfgang, sondern ein mir unbekannter Mann. Sein Gesicht gleicht in keiner Weise dem von Wolfgang, allenfalls haben beide die gleich schiefe Körperhaltung.

Ich sehe bereits Gespenster!

Am ersten Geldautomaten angekommen, prüfe ich seinen Zustand. Vor einiger Zeit habe ich in der Eile einen kleinen Zettel mit der Mitteilung »Defekt, bitte Nachbarautomat benutzen« übersehen, meine Karte eingegeben und nicht mehr zurück bekommen. Ich musste eine Bankangestellte bitten, sie wieder herauszuholen, was mir sehr peinlich war. Zumal es nicht das erste Mal war, dass mir Derartiges geschah. Einmal, als der Automat den Ausgabeprozess bereits abgeschlossen hatte, lenkte mich eine Frau ab. Sie fragte, wo die nächste Sparkassenfiliale läge, und als ich, vielleicht etwas zu umständlich, mitten in meiner Wegbeschreibung war, gab es ein schnappendes Geräusch und die Karte schnellte zurück in den Automaten. Die Frau entschuldigte sich mehrmals und meinte tröstend: »Na ja, wir alten Leute müssen halt noch lernen, mit dem Zeug umzugehen. Es wird für uns immer schwieriger.«

Was ich nicht gut fand. Ein PC ist mir in Vielem ein Rätsel, nicht aber ein Bankautomat.

Oben im ersten Stockwerk sitzt jetzt möglicherweise der Bankangestellte, nein, der Private Banking Kundenbetreuer Martin Kulking und empfiehlt einem Kunden bestimmte Wertpapiere zu verkaufen und stattdessen andere, wesentlich sicherere zu erwerben. Kulking ist ein gut aufgelegter, unaufdringlicher, aber überzeugender Berater, der stets wie aus dem Ei gepellt wirkt und auch bei heißem Sommerwetter zum kurzärmeligen Hemd eine Krawatte trägt. Er kann in einfachen Sätzen ohne allzu viele Fachbegriffe kompliziert gedrechselte Zusammenhänge erklären, die ich auf Anhieb verstehe, aber nach kurzer Zeit wieder vergessen habe. Er hatte vor der Erbschaft nicht viel für mich zu verwalten und davon hat er auch noch einiges durch die Finanzkrise in den Sand gesetzt.

In einem Beratungsgespräch vor dem Bankendesaster hatte ich etwas verkaufen sollen, was ich erst vor Monaten auf seinen Rat hin gekauft hatte. Ja, ja, das stimme schon, hatte Kulking gemeint und sich entschuldigt, aber die Bank habe nun mal ihre Strategie gewechselt und das wäre ihm damals leider nicht bekannt gewesen. Aber das, was er mir jetzt vorschlüge, sei auf jeden Fall sicherer und gewinnbringender als die derzeitige Anlage. Zur Unterstützung zeigte er auf einem Ausdruck auf eine blaue und eine rote Kurve, von der die blaue, die nunmehr empfohlene, nach oben führte, die rote sich aber ziemlich steil auf den unteren Rand der Tabelle zubewegte. Das Ganze garnierte Kulking mit Auslassungen über Portfoliomanagement, Kern- und Satellitenmärkte, Marktsegmente, langfristig steigende Wertentwicklungen und was weiß ich noch. Obwohl die einmalige Bankprovision drei Prozent betrug, habe ich zugestimmt. Im Herbst 2008 stellte sich heraus, dass ich mit Zitronen gehandelt hatte.

Es ist noch nicht allzu lange her, da hießen diejenigen, die in leitenden Funktionen Bankgeschäfte abwickelten, Bankiers. Das klang solide und war es auch. Sie waren fachkundige, unaufgeregte Zigarrenraucher, Rotweintrinker und Mercedesfahrer. Jetzt sind daraus Banker geworden, windige, gierige Dreckskerle, die mittags Müsli und Salat fressen, Innenstadtappartements bewohnen, Cabrios fahren und nur auf schnelle Millionen aus sind. Für sich selbst, versteht sich. Kulking ist dagegen nur ein kleines Licht.

Sabine hat es noch härter erwischt als mich, Maximilian hatte voll auf Risiko gesetzt. Peter dagegen war nicht betroffen, er hatte nichts zum Anlegen, was er hätte verlieren können. Ein Glück, dass Vater das Geld sicher angelegt hatte und dass Mutter nicht daran gerührt hat, obwohl ihr Peter und wohl auch Hartmut ungefragt Ratschläge gegeben haben, und Maximilian lästerte, wie naiv es sei, Geld bei einer Sparkasse zu belassen. In welcher Zeit lebte diese Frau! Wie konnte sie sich nur einer todsicheren Geldvermehrung verweigern!

Kürzlich hat sich Kulking telefonisch gerührt und ein Gespräch darüber angeboten, wie man die geerbten Papiere und den hohen Geldbetrag besser anlegen könne, der auf das Konto geflossen war, von dem Ute nichts weiß. Ich hätte zurzeit keinen Bedarf, habe ich ihm beschieden. Er hat es mit einem freundlich verständnisvollen »Gut, warten wir noch etwas ab, das ist vernünftig, Herr Nodlich!« quittiert.

Zum Glück ist die blaue Linie mittlerweile, wie von Kulking versprochen, nach oben gekrochen. Nicht viel, aber immerhin. Als ich die Bank verlasse, stelle ich mir vor, wie es wäre, wenn ich jetzt eine Aktentasche voll mit 25 000 Euro in Scheinen trüge, um sie bei Gabriele an Wolfgang zu übergeben. Es ist keine angenehme Vorstellung, doch sie wird unterbrochen. Eine Frau ruft: »Hallo, Sie da! Haben Sie das Geld im Automaten vergessen?«

Ich bleibe stehen und drehe mich um. Eine Frau in geblümtem Sommerkleid steht in der Tür und wedelt mit Geldscheinen. »Ich bin nach Ihnen an den Automaten gegangen«, erklärt sie. »Das muss Ihnen gehören.«

»Dreihundert Euro? Ja, es ist mein Geld. Vielen Dank! Ich war mit meinen Gedanken ganz wo anders.« Ich gehe auf die Frau zu und nehme das Geld. Wir geben uns die Hände. Sie hat einen kernigen Händedruck. »Nochmals vielen Dank! Tut mir leid, dass Sie sich um mich bemühen mussten.«

»Keine Ursache. Kann passieren. Machen Sie's gut.«

Ich stecke das Geld ein und bin erleichtert, dass ich es zurückbekommen und sauer auf mich, weil ich es vergessen habe. Gut, dass ich nicht an den Falschen geraten bin. Dann wären die dreihundert Euro futsch. Vor Jahren ist mir Ähnliches passiert. Bereits nach fünf Minuten hatte ich gemerkt, dass ich das Geld nicht an mich genommen hatte und war zurück gehetzt. Doch das Geld war weg. Es steckte nicht im Automaten und niemand hatte es einem Bankangestellten übergeben. Die Versuchung war zu groß gewesen.

Verdammtes Alter! Verdammte Schusseligkeit! Die miese Nacht hinterlässt schon wieder ihre Spuren. Ich bin ein Idiot! Das ist jetzt das vierte Mal, dass mir ein Missgeschick an einem Automaten passiert. Wenn Ute das wüsste!

Aus einiger Entfernung kommt mir Leo von der Sonnenbank entgegen. Im ersten Moment denke ich erschrocken, ich hätte mich auch diesmal getäuscht, wie vorhin mit dem angeblichen Wolfgang. Aber er ist es. Er hat mir gerade noch gefehlt. Gut, dass er das mit dem Geldautomaten nicht mitbekommen hat.

»Tag Herr Nodlich«, ruft er laut und zeigt lachend sein blendend weißes Porzellangebiss. »Haben Sie sich mit Geld eingedeckt? Das muss ich auch noch tun. Ich will am Wochenende mit dem Flieger nach London. Mal wieder so richtig gut und edel shoppen gehen. Leider sind die Engländer stur und bleiben bei ihrem Pfund, da muss man immer umtauschen. Sie kennen sicher London.«

»Ja, kenne ich. Zur Genüge«, erwidere ich, ohne stehen zu bleiben. »Ich muss dringend weiter.« Ich war noch nie in London.

»Verstehe, verstehe. Noch einen schönen Tag. Wann joggen wir mal wieder zusammen? Hat mir damals gut gefallen mit Ihnen.«

»Demnächst, demnächst!«, rufe ich über die Schulter zurück und beschleunige meine Schritte.

Sollte es zu dem gemeinsamen Joggen kommen, werde ich ihn beiläufig fragen, ob er eine Frau Lodemann kennt, die für einen Landtagsabgeordneten arbeitet. Ich verspüre im rechten Knie einen so schmerzenden

Stich, dass ich zusammen zucke. »Ich bin auch noch da«, will es mir sagen.

Ich habe erledigt, was ich erledigen wollte, und könnte auf kürzestem Weg zur Bushaltestelle oder auch zu Fuß nach Hause gehen. Stattdessen schlendere ich durch die Kastanienstraße, eine Nebenstraße, die Ruhe und Solidität ausstrahlt. Die Gehwege sind sauber, die Geschäfte haben einen gehobenen Standard und die Gastronomie ist ansprechender als auf der Hauptstraße. Vor den zwei Cafés sitzen vor allem Frauen, und jede hat entweder einen Kinderwagen neben sich stehen oder ein Kleinkind auf dem Schoß und dazwischen lungern Hunde aller Rassen, vor allem Golden Retriever. Auf diesen Stadtteil trifft offensichtlich die bedenkliche demografische Bevölkerungsentwicklung Brandenburgs nicht zu. Vor einer Ladentür sitzt eine schwarzgrau gestreifte Katze und leckt intensiv ihre linke Pfote. Ich mag Katzen, ich liebe ihre elegante Schönheit und ihren unbeeinflussbaren Charakter. Leider dürfen wir keine halten, Ute ist allergisch gegen Katzenhaare.

Ich bleibe vor Martin Magarts Literaturladen stehen, dem Mann, der einem Rausschmiss aus dem Historischen Verein durch seinen Austritt zuvorgekommen war. Ich setze meine Brille auf. In den zwei Schaufenstern liegt, wie vom Verein bemängelt, auch diesmal nichts, was sich mit Preußen befasst. Während das eine Fenster gängige Literatur mit den derzeitigen Bestsellern zeigt, dazu auch einen Bildband über Bertolt Brecht und eine Biografie über Fjodor Dostojewski, ist das andere ein ausgesprochen linkes Refugium. Magart bietet Lesestoff an zur Geschichte und den Perspektiven der Anarchie, zum Wüten des globalen Kapitalismus in Afrika, eine Anleitung zur Besetzung von Häusern, Dokumente über das Chile von Allende und Pinochet und eine Handreichung zur Kindererziehung in einer repressiven Gesellschaft. Dazwischen hat sich ein Band von Peter Handke verirrt, der bescheiden neben Schriften von Karl Liebknecht und Rosa Luxemburg liegt.

Rosa Luxemburg. Die ehemaligen Luckendamer SED-Genossen sagen andächtig »Rosa«, so als wären sie alle mit ihr auf das Engste verwandt und so, als hätten sie sie noch erlebt. Sie wurde kanonisiert, ist in den sozialistischen Himmel aufgefahren und wehe, man kratzt an ihrem Heiligenschein! Ich habe mich nie mit ihrem Leben und ihren Ansichten befasst, habe nur einiges in Zeitungen über sie gelesen und einen Film gesehen. Noch im Westen, irgendwann in den achtziger Jahren. Regisseurin war eine gewisse Trotta. In den Zeitungen schrieben Kenner, die Luxemburg sei in ihrer eigensinnigen, rechthaberischen und stets gleich denkenden Art gut getroffen worden. Sie muss eine ziemliche Nerve gewesen sein. Hätte man sie nicht ermordet, sie wäre wahrscheinlich im Exil von Stalin in den Gulag geschickt worden, ohne dass Ulbricht und Pieck einen Finger gerührt hätten.

Ich nehme an, der Vereinsvorsitzende Wustermann hat noch nie in dieses Schaufenster geblickt. Hätte er es getan, er hätte bestätigt gefunden, dass ein Mensch wie dieser Magart, der noch dazu, obwohl schwul, mit einer Krankenschwester in wilder Ehe lebt und zwei Kinder gezeugt hat, nichts, aber auch gar nichts im Verein zu suchen hatte.

Ein Mann in Jeans und schwarzem Hemd verlässt den Laden in dem Augenblick, in dem ich mich zum Gehen wende. Es ist Magart.

»Guten Tag«, sagt er und nickt mir zu. »Wir kennen uns.«

»Guten Tag. Ja, aus dem Verein, dem Historischen Verein.«

»Ach der! Schon lange her. Stellen Sie sich vor, vor kurzem war dieser Wagenknecht bei mir im Laden, Sie erinnern sich, der IM »Rilke«, der auch mal Mitglied bei Ihnen war. Er sei zu Besuch in Luckendam, sagte er, wolle aber ansonsten mit niemandem etwas zu tun haben. Er sei schmählich behandelt worden und das habe er bis heute nicht verwunden. Er machte auf verfolgte Unschuld. Sie hatten einen Vortrag über Liechtenstein? Ich habe es in der Zeitung gelesen. War er interessant?«

»Nicht allzu sehr«, erwidere ich. »Ein Programm zusammenzustellen ist nicht einfach. Ich habe das als Vorsitzender leidvoll erfahren müssen. Wie läuft das Geschäft?«

»Könnte besser sein. Man wurstelt sich durch.«

»Na ja, mit Ihrem Angebot haben Sie es nicht leicht in Luckendam«, sage ich und weise auf die Auslage mit der linken Literatur.

»Das wird wohl stimmen. Aber warum soll so etwas nicht in

Luckendam angeboten werden? Leute wie ich können ja nicht alle auf einem Haufen hocken. Ich passe wohl besser nach Kreuzberg, aber da laufen viele rum wie ich. Die reinste Inzucht. Keiner guckt über den linken Tellerrand.« Magart schnaubt belustigt durch die Nase. »Das Leben in der Diaspora hat auch seine Reize. Dass sich jemand vom Verein meine Schaufenster betrachtet, wundert mich. Hätte ich nicht erwartet.«

»Wissen Sie, was ich denke und meine, das weiß ich. Das muss ich nicht ständig bestätigt bekommen. Ich interessiere mich auch für andere Meinungen, ob Sie es glauben oder nicht. Soll ich Ihnen sagen, was ich so alles lese? Wenn ich nur dieses Jahr nehme und mir in Erinnerung rufe, was ich ...«

»Tut mir leid«, unterbricht Magart freundlich, aber bestimmt. »Ich muss weiter, den Stadtverordneten Erdmann treffen. Sie kennen ihn?«

»Aus der Zeitung. Das ist der sonderbare Heilige, der den Antrag gestellt hat, aus Gründen der Gleichberechtigung die Einwohnerversammlungen in Einwohner- und Einwohnerinnenversammlungen umzubenennen.« Ich merke, wie ich in Fahrt komme. Das ist ein Thema für mich! »Daran kaut jetzt der Hauptausschuss, weil im Nachhinein auch die Einwohnerfragestunden zu Einwohner- und Einwohnerinnenfragestunden werden sollen. Der Erdmann hat nicht alle Tassen im Schrank und alle in der Stadtverordnetenversammlung fallen auf ihn rein. Weil man um Gottes willen politisch korrekt ...«

»Na ja, das kann man auch anders sehen«, unterbricht mich Magart erneut, diesmal nicht so freundllich. »Sie sind halt ein Konservativer. Trotzdem, beehren Sie mich mal. Ich verkaufe an jeden. Bis dann!«

Schade!, denke ich. Ich hätte Magart gern erzählt, was ich in meiner Jugend gelesen habe und was ich heute als alter Knochen lese. Vielleicht wäre er jemand, der mir endlich zuhörte. Dass ich mir als Schüler Oswald Spenglers »Untergang des Abendlandes« und Hans Grimms »Volk ohne Raum« angetan habe, hätte ich ihm nicht gesagt, aber Thomas Manns »Doktor Faustus« hätte ich erwähnt. Damit hätte ich vermutlich Eindruck geschunden, obwohl ich mich durch das Buch gequält habe, ohne es so recht zu verstehen.

Sonderbar, dass ich nichts gegen Magart habe, dass ich ihn fast mag. Ist das nur, weil Wustermann und seine verschnarchte Mannschaft gegen ihn sind?

Zwei Häuser weiter ist das Kino »Luise« in einem Hinterhof untergebracht, ein kleines, baufälliges Haus mit einem Innenhof, das vor allem alte und wenn neue, dann die vom breiten Publikum unbeachteten Filme zeigt und immer am Rand der Insolvenz entlang balanciert. Es ist neben dem großen Kino in Bahnhofsnähe das einzige Filmtheater Luckendams und gilt als Szenekino, was sich nicht nur im Programm ausdrückt, sondern auch im Gehabe der Besucher. Popcorn wird verschmäht, aber kräftig Bier und Rotwein getrunken, was während der Vorstellung zu häufigen Toilettengängen führt, und wenn man Pech hat, sitzt man neben einer dieser jungen Frauen, die ständig an einer Wasserflasche nuckeln. Schuhe werden gerne ausgezogen und die Füße, mit oder ohne Socken, auf die Lehne des Vordersitzes gelegt.

Das Kino erinnert mich an meine Münchner Zeit, als ich ins Occam- und Rex-Kino ging, Kinos mit künstlerischem Anspruch und ausgewählten Filmen, die nicht jedermanns Geschmack waren. Es waren Szenekinos, ohne bereits so zu heißen. Zur Erinnerung daran war ich zweimal im »Luise«, um mir französische Filme von damals anzusehen. Ich kam mir wie ein alt gewordener Intellektueller vor, der auf der Suche nach seiner Jugend befriedigt feststellt, schon früher ganz passabel gedacht und gehandelt zu haben. Nur mein Aussehen stimmte nicht. Ich hätte zumindest einen roten, um den Hals geschlungenen Schal, eine Jacke mit Lederstücken an den Ellenbogen und schlabberige Cordhosen tragen müssen. So aber kam ich sogar mit einer Krawatte daher. Allerdings mit einer vielfarbig Gestreiften. Ute hatte sich geweigert, mitzugehen. Diesen alten Kram möge ich mir gefälligst alleine ansehen. Anständige Leute gingen nicht in ein von ungewaschenen Jugendlichen frequentiertes Kabuff, das nach Klo, Bier und Achselschweiß stinke.

Als wir uns kennen lernten und in der ersten Zeit unserer Ehe ist sie fast immer mit ins Kino gegangen. Und wir haben verliebt Händchen gehalten.

Wann haben wir dies das letzte Mal getan? Ich entsinne mich nicht.

»Das Spiel ist aus« nach Jean-Paul Sartre war der erste der zwei Filme, die ich sah. Vor Jahren bereits. Er hatte mir in München gut gefallen, doch ich war enttäuscht. Micheline Presle war nicht so atemberaubend schön, wie ich sie in Erinnerung hatte, die Handlung war einfach gestrickt und die Darsteller agierten steif und hölzern. Vor allem störte mich die unprofessionelle Nachkriegs-Synchronisation, in der sich die Kommunisten ständig pathetisch mit »Kameraden« anredeten, als wenn sie beim Kommiss oder der Feuerwehr wären. Der Film war kein Meisterwerk.

Der zweite Film hatte ein anderes Kaliber, trotz schlechter Kopie. »Kinder des Olymp«, der über dreistündige, mitten im Krieg in Frankreich gedrehte Film. Ich war begeistert, obwohl der Besuch nicht ohne Hindernis verlief. Das erste Mal hatte ich mich verspätet, weil ich zuvor etwas für Ute hatte besorgen müssen, und als ich eintraf - was waren schon zwanzig Minuten Verspätung bei drei Stunden! - da war der Film abgesetzt worden.

»Bei Beginn um 18 Uhr war niemand da und es hatte auch niemand eine Karte gekauft. In so einem Fall wird der Film nicht gezeigt, ist doch klar, oder?«, gab die junge Frau an der Kasse lapidar zur Auskunft und blätterte dabei in einer Illustrierten.

»Wenn ich um 18 Uhr da gewesen wäre?«

»Dann wäre die Sache gelaufen. Sie wären herzlich willkommen gewesen. Am Freitag wird der Film wiederholt.«

»Ich werde kommen.«

»Schön, wir warten«, sagte die Frau und taxierte mich. »Wir freuen uns über jeden Senioren, der zu uns findet. Ehrlich!«

Am Freitag waren es vier Besucher, die sich im Kinosaal mit seinen plüschigen Sitzen verloren. Ich und drei junge Frauen, von denen eine ständig mit ihrem Handy hantierte. Ich konnte es am hell aufleuchtenden Display erkennen.

Im Schaukasten des »Luise« hängt ein Plakat für den Film »Bomben auf Monte Carlo« mit Heinz Rühmann und Hans Albers. So ein

Film in diesem Kino? Doch warum nicht? Vielleicht amüsiert sich das Publikum ganz besonders über einen derart albernen Operettenfilm mit dem Kraftkerl Albers, über seine Sprüche und wie er mit den Weibern umgeht. Eine Spielbank auszuplündern oder gar zusammenzuschießen hat etwas geradezu Antikapitalistisches an sich.

Glücksspiel ist nicht mein Ding. Ich war in meinem langen Leben nur einmal in einem Spielcasino und das ohne Erfolg. Ich bin nie auf die Idee gekommen, nach Potsdam zu fahren, um dort mein Glück im Spielcasino zu versuchen. Wenn ich früher ab und zu Lotto und noch früher Fußballtoto gespielt habe, kam nichts dabei heraus. Mal vier Mark fünfzig, mal an die zwanzig Mark, wenn ich mich richtig erinnere, auf jeden Fall kaum mehr.

Und meine Familie? Kann ich sie mir in einem Spielcasino vorstellen? Vater ganz bestimmt nicht. Ihm war alles, was auch nur nach Glücksspiel roch, verdächtig, er hat allenfalls mal Skat gespielt. Schwester Edeltraut verurteilt derartiges bestimmt als oberflächlich, außerdem müsste sie sich hierzu unter Menschen wagen, und Hartmut ist zu geizig, um auch nur einen Euro zu riskieren. Und da Sabine solchen Zeitvertrieb bestimmt ablehnt, bleiben nur noch Peter und Mutter. Meinem Sohn traue ich zu, um Geld zu zocken, aber er wird, wie ich ihn kenne, auch hier keinen Erfolg haben. Er ist der Typ, der auf Anfangserfolge hereinfällt, immer glaubt, cleverer als andere zu sein, und dann alles riskiert und scheitert oder in schlechter Gesellschaft über den Tisch gezogen wird. Und Mutter? Vielleicht hat sie sich auf ihre alten Tage als Witwe fein gemacht und ist mit irgendwelchen Scharteken aus ihrem Bekanntenkreis losgezogen, um noch einmal etwas zu erleben, was sie zuvor nie gewagt hat.

Sie ist in ihrem hohen Alter in manchen Dingen erstaunlich locker geworden, hat auch mal fünf gerade sein lassen, zum Kummer von Hartmut, der, obwohl ihr Lieblingskind, immer furchtbare Angst hatte, sie könnte ihr Geld nicht nur für ihre geliebten Tiere, sondern auch für andere Dinge zum Fenster hinausschmeißen. Hartmut, der angeblich Peter 30 000 Mark hat zukommen lassen. Warum ausgerechnet er? Ich kann es mir nicht erklären. Entweder Hartmut lügt oder es gibt einen völlig verqueren Grund für diese eigenartige Transaktion. Hoffentlich klärt mich heute Nachmittag Peter auf. Wenn er nicht mauert und es abstreitet.

Mein einziger Besuch eines Spielcasinos war in Aachen, abends nach einem Seminar, das meine Versicherung mit führenden Mitarbeitern in einem Hotel durchführte. Es hatte bizarr angefangen, weil ausgerechnet Söfgen, dem Seminarleiter, der Zutritt verwehrt wurde. Er trug eine Jeanshose und das war, weil der Seriosität einer Spielbank nicht angemessen, untersagt. Für zehn Mark musste er sich eine für derartige Zwecke bereit gehaltene, Stoffhose mieten.

Ich habe mehr getrunken als gespielt, so wie es die meisten taten. Ich setzte beim Roulette auf Rot oder Schwarz und verlor langsam, aber stetig. Zum Schluss probierte ich beim Black Jack mein Glück, allerdings nur im Stehen ohne Einfluss auf das Spiel. Einer der Boxinhaber war ein Araber mit öligem Haar und einer Rolex - Uhr und ich nahm an, er sei ein versierter Spieler. Trotzdem beteiligte ich Trottel mich bei einem weißblonden Deutschen, der prompt verlor. Der Araber gewann. Alles Geld, das ich mir als Obergrenze gesetzt hatte, es waren wohl zwei - oder dreihundert Mark, wurde von der Bank eingesackt. Ute erfuhr nichts davon, obwohl sie es sicher hingenommen hätte. Sie hätte mir aber bei dieser Gelegenheit wieder die leidige Geschichte von einem Großonkel erzählt, der seine noch junge Familie durch Spielschulden ruiniert hat. Noch im Kaiserreich, als man von einem anständigen Kerl erwartete, sich nach einem derartigen Fehlverhalten wenigstens zu erschießen. Das tat der Großonkel allerdings nicht, sondern haute nach Südamerika ab, wo er kurz darauf verstarb. Wenn die Todesnachricht denn stimmte und nicht fingiert war und er nicht stattdessen in Argentinien ein lustiges Leben mit einer heißblütigen Señorita führte, wie manche in Utes Familie tuschelten.

Söfgen, der Mann, der die Hose wechseln musste, hat Karriere gemacht, bis ganz oben, dorthin, wohin ich gern gekommen wäre, es aber nicht geschafft habe. Dank Söfgen.

Wir beide hatten nur wenige berufliche Berührungspunkte, er war immer einen Schritt weiter als ich. Im Jahr 1992 schwärzte er mich bei der Zentrale an, weil ich Mitarbeiter an die Kandare nahm, die allzu eifrig mittellosen und gutgläubigen Ossis Policen aufschwätzten. Ich habe es nur hintenherum und zu spät erfahren. Ich war zu jemandem geworden, der gegen übergeordnete Interessen verstieß und sich anmaßte, von der Zentrale vorgegebene Richtlinien eigenmächtig zu ändern.

Söfgen tat sich nicht durch besonderes Fachwissen, sondern durch Anpassungsfähigkeit und eine beharrliche Pflege nützlicher Bekanntschaften hervor. Er war ein unterhaltsamer und gesuchter Erzähler von Witzen und Anekdoten. Das konnte er vorzüglich und in allen Dialekten, einschließlich dem holländischen. Da war er die rheinische Frohnatur in Reinkultur, aber trotzdem einer der Idioten, die mich Anfang der neunziger Jahre vom Westen aus bei meiner Arbeit im Osten behinderten. Ich war leider zu stur und selbstgefällig gewesen, um mir wie er Zug um Zug persönliche Beziehungen aufzubauen und zu erhalten, das, was man heutzutage Netzwerk nennt.

Jetzt ist Söfgen an Alzheimer erkrankt und wird in einem Altersheim gepflegt. Ein ehemaliger Kollege, mit dem ich lockeren Kontakt halte, hat ihn besucht, doch Söfgen hat ihn nicht erkannt, obwohl sie viele Jahre lang eng zusammen gearbeitet haben.

Zehntes Kapitel

Mit dem Regionalzug dauert es fünfunddreißig Minuten, um von Luckendam bis zum Berliner Hauptbahnhof zu gelangen.

Ich verspüre keine Lust, nach Berlin zu fahren. Jetzt, am Bahnhof von Luckendam, will ich Peter plötzlich nicht mehr sehen, will nicht mit ihm sprechen. Es wird mir alles zu viel, mir wächst das Theater der letzten Tage über den Kopf. Das Hin und Her um die Erbschaft, Wolfgangs Erpressungsversuch, meine geringen Erfolgsaussichten für den Vereinsvorsitz, meine körperliche Verfassung. Ich bin zweiundsiebzig Jahre alt, verdammt noch mal! Ich brauche eine Auszeit.

Ich bin mir sicher, dass Peter ein riskantes und nebulöses Projekt präsentieren wird, irgendetwas Todsicheres und bislang nicht Dagewesenes, das ihm endlich den großen Durchbruch bringen soll, und bei dem es sich lohnt, die horrende Summe von 150 000 Euro einzusetzen. Ich will da nicht mitspielen, auch wenn er mein Sohn ist. Eine fünfstellige Zahl im unteren Bereich, darüber ließe ich mit mir reden, aber das wäre bereits ein gewaltiges Entgegenkommen. Ich, der Vater, fürchte die Auseinandersetzung mit Peter, meinem Sohn, so einfach ist das. Ich habe plötzlich Schiss vor seinem Insistieren, seinem Mich-Totquatschen, seinem Beleidigtsein, seiner Enttäuschung und Verzweiflung, wenn ich nicht auf seinen Zug springe.

Am liebsten würde ich auf dem Absatz kehrt machen und nach Hause fahren. Auch wenn dies feige wäre. Noch kurz vor meinem Aufbruch hatte ich nicht daran gezweifelt, dass es meine Vaterpflicht sei, Peter anzuhören und zu prüfen, ob eine Unterstützung sinnvoll wäre. Das ist wie weg geflogen. Ich will mich nicht mit etwas befassen müssen, was sich mit Bestimmtheit als eines der üblichen Luftschlösser Peters herausstellen wird. Ich bekomme Magenkrämpfe bei dem Gedanken, Peter am Ende unserer Unterredung im Zorn in Berlin zurücklassen zu müssen. Ich schwitze wie gestern beim Vortrag des Historischen Vereins.

Und dann hat mich Ute noch wegen meinem lädierten Bein angegiftet. Nein, sie wolle mir mein scheinheiliges Getue nicht mehr abkaufen, sie wisse genau, dass ich beim Gehen Schmerzen habe, und deshalb werde noch diese Woche zum Orthopäden marschiert. Basta! Ich habe nachgegeben, und versprochen, mir einen Termin geben zu lassen. Ich traute mich nicht, mich ihrer diesmal echten Fürsorge zu verweigern. Ich wollte aus dem Nebenkriegsschauplatz »Ute und der Kampf ums Erbe« keinen Hauptkriegsschauplatz machen, keine Doppelschlacht um meine Erbschaft und um meine Widerborstigkeit gegen den von ihr geforderten Arztbesuch. Sie hat das Wort »Gebrechen« in den Mund genommen, ein Wort, das ich nur im Zusammenhang mit dahin siechenden Greisen kenne. Ja, ich werde mich um einen Termin bemühen. Ja, ja, in Gottes Namen! Morgen oder übermorgen. Wenn sich bis dahin nichts gebessert hat.

Ich stehe auf dem Bahnsteig genau an der Stelle, an der der zweite Wagen des Zuges mit seiner zweiten Eingangstür zum Halten kommen wird. Ich weiß dies von früheren Fahrten und bis auf einmal konnte ich einsteigen, ohne vor- oder zurücklaufen zu müssen. Es warten nur wenige Leute auf den Zug und um diese Tageszeit wird er nicht voll besetzt sein, trotzdem verspüre ich in mir den unbedingten Drang, als Erster den Wagen zu besteigen, um anschließend die Treppe hinauf in den Oberstock zu stürmen und einen günstigen Fensterplatz zu ergattern. Ich versuche, die auf dem Bahnsteig auf- und abgehenden Fahrgäste daraufhin einzuschätzen, ob sie sich in meiner Nähe aufstellen werden und damit zu Konkurrenten würden. Auch die Raucher im fünfzig Meter entfernten eigens für sie markierten Geviert behalte ich im Auge. Sie sind unberechenbar. Sie könnten auf kürzestem Weg den vordersten Wagen benutzen, sie könnten aber auch zurücklaufen und dort in den Zug einsteigen wollen, wo ich stehe.

Der Zug fährt mit zwei Minuten Verspätung ein und die Wagentür kommt akkurat dort zum Stehen, wo ich es erwartet habe. Ich bin der Erste im Wagen und der Erste, der im wenig besetzten Oberstock ankommt. Jetzt gilt es, auf Anhieb vor den nachdrängenden Fahrgästen die richtige Platzwahl zu treffen, womöglich einen der wenigen Einzelsitze zu ergattern, doch das ist selten möglich. Auf keinen Fall will ich einen Platz in einer Vierersitzgruppe. In denen machen sich meist Paare mit viel Handgepäck oder Personen mit plärrenden, herum wuselnden Kindern breit. Auch möchte ich keinen Fensterplatz haben, bei dem die Sicht durch eine Verstrebung eingeengt ist, und schon gar nicht einen Platz, in dessen unmittelbarer Nähe jemand mit dem Handy telefoniert oder Brote kaut und aus einer Flasche oder gar Thermosflasche trinkt, was vor allem Ausländer und alte Leute tun. Es ist, so die Zeit reicht, ebenfalls ratsam, Jugendliche daraufhin zu taxieren, ob sie potenzielle Dauertelefonierer sind, und ganz schlecht ist es, wenn sich auf den nahen Plätzen Gruppen breit gemacht haben. Frauenkegelvereine auf einer Sauftour oder eine verschworene Männergemeinschaft in Radler- oder Wanderkluft. Solche werden schnell laut und finden es urkomisch, bereits am helllichten Tag, begleitet von deftigen Trinksprüchen, die Flasche kreisen zu lassen. Die von mir erkannten Gefahren können so weit gehen, dass ich schleunigst in den nächsten Wagen flüchte, allerdings auf die Gefahr hin, dort nur noch ungeeignete Plätze vorzufinden, sozusagen vom Regen in die Traufe zu kommen.

Ein besonderer Fall ist ein Wagen, in dem fast alle Plätze belegt sind. Ich muss dann mit dem vorlieb nehmen, was frei ist. Haben Fahrgäste einen Sitz mit Gepäck belegt, so beanspruche ich, wenn mich die Laune überkommt, ausgerechnet diesen Platz, auch wenn ich mich woanders hinsetzen könnte.

»Sind Sie bitte so nett und machen den Sitz frei?«

»Und wo soll ich mein Gepäck unterbringen?«

»Im Gang, oben auf der Ablage, irgendwo.«

»Es ist sehr schwer.«

»Sie sind doch kräftig, oder?«

Ist der Fahrgast sehr unwillig, einen Platz frei zu machen, so warte ich ab, bis er seine Taschen, Plastiktüten oder Koffer mühsam und fluchend verstaut hat und sage dann großzügig, ich würde mir doch lieber einen anderen Platz suchen.

» Vielen Dank für Ihre Bemühungen. «

Warum nicht ab und zu Leute auf den Arm nehmen?

Ich schaffe es auch diesmal, sofort einen günstigen Fensterplatz zu besetzen, dessen Nachbarsitz hoffentlich bis Berlin Hauptbahnhof frei bleiben wird. Wenn ich alleine fahre, ist eine taktisch geschickte Platzinbesitznahme verhältnismäßig einfach zu bewerkstelligen, schwierig wird es dagegen, wenn Ute mitfährt. Da sie meine Unruhe kennt, macht sie alles betont langsam, um mich zu ärgern. Sie lässt beim Einsteigen anderen Fahrgästen unnötig den Vortritt und kommt dann feixend den Gang entlang geschlichen ohne mein ungeduldiges Winken zu beachten, mit dem ich sie zur Eile antreiben will.

» Warum bist du so gelaufen? Du hättest ruhig auf mich warten können «, sagt sie, wenn sie endlich vor mir steht und blickt in aller Ruhe kritisch umher, während ich nervös zu ihr aufsehe und hoffe, dass sie sich endlich setzt.

» Du erzählst immer das Gleiche. Weil ich einen guten Platz für uns erwischen wollte «, erwidere ich ungehalten.

» Der hier ist nicht gut. Man sieht mehr von der Gegend auf der anderen Seite. Vor allem ist der Blick auf Berlin interessanter. «

» Da ist nichts frei. «

» Doch, da drüben. «

» Der Mann gegenüber isst eine dicke Wurst. Was meinst du, wie die stinkt. Er hat seine Schuhe ausgezogen, ich sah es im Vorbeigehen. «

» Na ja, du musst immer recht haben. Meinetwegen «, seufzt Ute dann Gott ergeben und setzt sich gemächlich neben mich. » Willst du einen Pfefferminzbonbon? Gibst du mir was von der Zeitung ab? «

» Nein, danke, keinen Bonbon. Ich denke, du willst die Gegend ansehen. «

» Du sitzt doch am Fenster. «

» Wollen wir tauschen? «

» Nein, bleib, wo du bist «, wehrt sie ab und nimmt ostentativ ihre Brille ab.

Zwei mit schweren Taschen und Plastikbeuteln bepackte Männer schieben sich durch den Gang. Dunkelhaarige, unrasierte Typen, die Sonnenbrillen hoch über die Stirnen geschoben. Sie rufen sich Sprachbrocken zu, die ich nicht verstehe. Es klingt nach einer der vielen verwirrenden Ostsprachen.

Ich habe einige Zeit gebraucht, bis ich mich nach der Wende daran gewöhnt habe, nicht nur die bislang vertrauten Westsprachen im In- und Ausland zu hören. Sprachen, die ich, wie Englisch und Französisch, wenn sie nicht zu schnell gesprochen werden, leidlich verstehe, und andere, die ich dem Klang nach einzuordnen vermag, wie die skandinavischen oder romanischen Sprachen. Und wenn etwas völlig aus dem Rahmen fällt, dann ist es im Zweifelsfall immer Finnisch. Anfangs hatte ich geradezu eine Phobie entwickelt, als ich auf Berlins Straßen diese neuen Sprachen hörte, vor allem, wenn sie aus Besuchergruppen heraus ertönten, die den Gehweg versperrten oder die angesichts der Warteschlangen vor dem Reichstag oder dem Pergamonmuseum mit Vorzug behandelt wurden. Mittlerweile glaube ich Russisch und Polnisch heraushören zu können. Gelegentlich sogar Tschechisch oder Slowakisch, das ist für mich eins, weil ihr Singsang dem ähnelt, was in meiner Jugend der Bayerische Rundfunk mit seinen furchtbaren Polkaschlagern abgenudelt hat, um die sudetendeutschen Flüchtlinge zu erfreuen.

Das alles trifft auf Berlin zu, nicht auf Luckendam. Dorthin verirren sich nur wenige Ausländer aus dem Osten, obwohl es nicht weit bis zur polnischen Grenze ist. Ich mag unsere Stadt, aber ich würde sie nie im Urlaub besuchen.

Dankwart hofft, mit seinen historischen Forschungen Vergangenes ans Tageslicht zu bringen, was für ausländische Touristen interessant wäre. Leider sind die Häuser, die niederländische Architekten um das Jahr 1700 gebaut haben, nach dem Krieg wegen Baufälligkeit abgerissen worden. Die Stadt hätte sie sonst vielleicht, wie in Potsdam das Holländische Viertel, zu einer Attraktion für niederländische Besucher machen können.

Die beiden Fahrgäste kann ich keiner Nationalität zuordnen. Ich tippe auf ehemalige Jugoslawen, auf Serben oder Kroaten. Nicht wegen der wenigen Sprachbrocken, die ich gehört habe, sondern wegen ihres Aussehens. Begründen könnte ich es nicht, es geschieht aus dem hohlen Bauch heraus. Sie sehen aus, wie ich mir Zigarettenschmuggler, Pferdediebe und Türsteher vorstelle, sind aber wohl Aushilfsköche oder Kellner, die im einzigen Balkanrestaurant Luckendams beschäftigt sind und in den Heimaturlaub fahren. Als die beiden in entgegengesetzter Richtung erneut vorbei kommen, beachte ich sie nicht mehr.

Danach wandert ein altes Paar auf der Suche nach Plätzen vorbei. Sie schreitet mit Tasche und umgehängter Kamera rüstig vorneweg, er kommt mit kurzen trippelnden Schritten und Kopf wackelnd hinterher, einen ausgebleichten Rucksack auf dem Buckel.

»Warum läufst du denn immer weiter?«, ächzt er atemlos.

»Weil es hier zieht.«

»Aber die Fenster sind doch alle geschlossen.«

»Es zieht trotzdem.«

Ich schätze die Frau auf über siebzig Jahre, den Mann auf Etliches über achtzig, vielleicht sogar Anfang neunzig. Ein Hochbetagter sozusagen. Ein Wort, das ich früher nicht kannte. Sie werden immer mehr, diese Hochbetagten. Sie vermehren sich wie die Karnickel, wie es Gillhaupt einmal in einem schiefen Vergleich, aber drastisch ausgedrückt hat. Bald werden Ute und ich auch zu dieser Gruppe gehören, wenn wir denn so lange durchhalten. Hochbetagt sind Alte über fünfundachtzig, aber man meint in Wirklichkeit Leute, denen ständig die Nase läuft, die bei Rot über die Straße latschen ohne das wilde Hupen der heran brausenden Autos zu hören und ansonsten nicht zur Kenntnis nehmen wollen, dass es höchste Zeit ist, vom Schlitten zu fallen. Betagt, hochbetagt, das klingt nach Steigerung. Wie könnte der Superlativ lauten? Superbetagt? Höchstbetagt? Endbetagt? Mutter war mit ihren über neunzig Jahren hochbetagt, aber im Unterschied zu vielen ihres Alters bis zum

Ende erstaunlich rüstig. Buchheim, der Autor von »Das Boot«, der mit der Augenklappe, der mal gebrüllt hat, das Alter sei scheiße, er wurde immerhin neunundachtzig. Das macht seinen Aufschrei verständlich, vor allem da er auch noch im Rollstuhl saß.

Die Strecke nach Berlin bietet nichts Neues. Um mir die Zeit zu verkürzen, lese ich, was ich mir, bevor ich das Haus verlies, aus dem Bücherhaufen gegriffen habe, der auf dem Stuhl im Arbeitszimmer liegt. Ein vergilbtes Taschenbuch, die Seiten aus spröde gewordenem Papier. Die »Ansichten eines Clowns« von Heinrich Böll. Ich habe es vor einiger Zeit angefangen und wieder weggelegt.

Die Welt der fünfziger Jahre, wie sie Böll im leicht schmierigen, engstirnigen, erzkatholischen Rheinland schildert, ist mir fremd. Ich kann mich nicht erinnern, diesen Autor bereits damals gelesen zu haben, ich glaube, eher später. Das Milieu sagte mir nichts. Für mich waren diese Jahre und die gesamte Adenauerzeit nicht miefig und unerträglich konservativ gewesen. Es hing wohl damit zusammen, dass ich jung war, und mich die Alten und ihre Probleme nicht kümmerten. Die Alten, das waren die bereits über Dreißig- oder zumindest Vierzigjährigen. Auf Fotos sehen sie mit ihren von Krieg und Not herb gewordenen, oft aber auch schon wieder angefressenen Gesichtern um viele Jahre älter aus als die Gleichaltrigen von heute. Sie machten nichts her, die Männer in ihren grauen Hüten und Zweireiheranzügen, die Frauen in ihren schlichten Kostümen und langweiligen Dauerwellen. Wir Gymnasiasten liefen, als wir siebzehn waren und die Tanzstunde besuchten, anders gekleidet herum, um bei den Mädchen Eindruck zu schinden. Mit schmalzigen Haartollen à la Elvis Presley, breitschultrigen Jacken und schmalen windsorgeknoteten Krawatten, mit lässig über die Schulter geworfenen Matchsäcken und in Badehosen, die mehr zeigten als verbargen. Optimismus war angesagt.

In allen Bereichen ging es steil nach oben, das Ausland sah mit verschreckter Verwunderung auf unser Wirtschaftswunderland und die Mädchen haben, wenn man es energisch und geduldig anpackte, auch nicht immer nein gesagt. Auch im schwarzen Bayern nicht, das einen erzkatholisch eifernden Moralapostel namens Alois Hundhammer aus Tuntenhausen als Kultusminister hatte, und Staatsanwaltschaften, die gerne eingriffen, wenn sie in einem Film unziemlich nackte Haut entdeckten oder in Büchern Schmutz und Schund witterten. Das Aufführungsverbot des Balletts »Abraxas« von Werner Egk durch diesen Hundhammer wegen Gefährdung der öffentlichen Moral machte Bayern weit über seine Grenzen hinaus lächerlich und war für uns ein ziemlicher Jux. Heute dürfte man dieses Ballett wohl auch an Kindergeburtstagen aufführen.

Die Hauptfiguren Bölls und die Art und Weise, wie sie sich durchs Leben schleppen, erscheinen mir weinerlich und läppisch. Am liebsten würde ich ihnen über die Jahrzehnte hinweg zurufen, es mal mit Arbeit zu versuchen. Vater, der wenig las und kaum über Literatur sprach, hat sich einmal ähnlich geäußert. Er hatte kein Verständnis für Leute aus seinem Bekanntenkreis und für Romanfiguren, die nicht bereit waren, im Schweiße ihres Angesichts ihr Brot zu erwerben.

An einer Station steigt ein Mann mit Zwillingsjungen im Alter von etwa sechs Jahren ein. Er trägt Crocs-Plastikschuhe, die ich genauso schlimm finde wie Flip-Flops. Sie scheinen sich unaufhaltsam zu verbreiten. Sogar in den Alpen wurden sie bereits an den Füßen von Bergwanderern gesichtet. Die Kugelrecht, unsere umtriebige Nachbarin, und ihre Tochter latschen mit ihnen in die Innenstadt, die Kugelrecht, die den Welt-Aids-Tag mit organisiert hat und eine Beuys-Ausstellung nach Luckendam bringen will.

Der Mann und die Kinder nehmen, zwei Reihen von mir entfernt, auf einer gerade frei gewordenen Vierersitzgruppe Platz. Die Kinder fangen sofort an, miteinander zu rangeln, steigen auf die Sitze, schlagen sich ihre Baseballkappen von den Köpfen und laufen zweimal sich gegenseitig jagend durch den Gang.

Den Vater stört es nicht, er greift nicht ein. Ich sehe nur einen Teil von ihm. Er scheint um die vierzig Jahre alt zu sein und ist weißblond, wie der Historiker Magendorf.

Unwillkürlich frage ich mich, was ich über meinen Konkurrenten um den Vereinsvorsitz weiß. Es ist nicht viel. Ich kenne sein Auftreten, einige seiner Ansichten, weiß, dass er promoviert hat und in Berlin arbeitet. Wo und was, weiß ich nicht. Er hat es nie in meiner Gegenwart erwähnt, obwohl ich ihn vor etwa drei Jahren für den Verein geworben habe. Er ist, glaube ich, verheiratet, aber mir ist nicht bekannt, ob er Kinder hat. Ich kenne seine Hobbys nicht, habe mir nicht gemerkt, welches Auto er fährt, und ob er sich außer im Historischen Verein sonst noch wo engagiert. Er ist Norddeutscher, aber ob aus dem Osten oder Westen, war mir bislang gleichgültig. Das muss sich ändern, ich muss mehr über ihn erfahren. Es könnte sein, dass er durch sein Privatleben Punkte sammelt, dass er den Vereinsmitgliedern als ein Mann erscheint, der mitten im Leben steht, der voll in der Gegenwart lebt und nicht der Vergangenheit angehört wie ich. Zum Beispiel dadurch, dass seine Frau Elternsprecherin einer Schule ist, dass er der städtischen Mehrheitspartei angehört und für sie als sachkundiger Einwohner im Kulturausschuss sitzt oder dass seine Kinder bei Musik- und Sportwettbewerben Preise gewonnen haben. Besser wäre es, wenn er Probleme irgendwelcher Art oder gar eine Leiche im Keller hätte. Ein Verfahren wegen Alkohol am Steuer oder ein Nachbarschaftsstreit wegen Hundegebell wäre nicht schlecht. Ich merke, dass ich einiges tun muss, um zum Erfolg zu kommen, nicht nur Listen über sichere und unsichere Wähler anlegen. Ich muss Erkundigungen über ihn einziehen. Als erstes werde ich Dankwart anzapfen und im Adressenverzeichnis des Vereins Magendorfs Wohnung heraussuchen. Ich besitze es noch aus meiner Zeit als Vorsitzender. Ich werde mir ansehen, wie er wohnt. Vielleicht entdecke ich dort seine Familie und weitere Einzelheiten.

Ich kehre zu Heinrich Böll zurück, will mich nicht weiter von den sich balgenden Kindern ablenken lassen. Ich versuche inzwischen, Kinderlärm stoisch zu ertragen und mich nicht mehr wie früher darüber aufzuregen. Kinder dürfen mittlerweile überall schreien und niemand schreitet ein. In Gottesdiensten ertönt das Gequake von Säuglingen und Kleinkinder sausen während der Predigt um das Taufbecken herum, und in den Theateraufführungen, die ich zwei-, dreimal mit meinen

Enkelkindern besuchte, liefen Kinder vor der Bühne hin und her oder kommentierten lauthals das Stück.

Das Buch zieht mich durchaus in seinen Bann, auch wenn ich die Personen nicht mag. Böll hilft mir, nicht an Peter und seine Finanzforderungen zu denken. Das hebe ich mir für später auf. Ich will versuchen, zu dem Treffen nicht mit schlechter Laune zu erscheinen. Auch wenn es schwer fällt.

Könnten Sabine und Peter eine von Bölls Figuren sein? Die unnachsichtige und abweisende Sabine möglicherweise ja, aber sie müsste dann eine in ihrer Gemeinde aktive Katholikin sein, ein bigotte Frau, der das Bibelwort »Richtet nicht, auf dass ihr nicht gerichtet werdet« unbekannt ist. Allerdings passte Maximilian, der sich gerne wie ein Adeliger aufspielt, nicht in dieses Bild. Obwohl völlig areligiös, hat er etwas gegen Katholiken. Katholisch ist für ihn gleichbedeutend mit hinterhältig und verklemmt. Er beruft sich auf Bismarck, der diesen Brüdern zu Recht eingeheizt habe. Peter hingegen wäre auf den ersten Blick auch einer dieser Verlierer, auf Neudeutsch Loser, die für ihre Misere stets anderen und nie sich selbst die Schuld geben.

Als über den Zuglautsprecher eine hohe Frauenstimme verkündet, der Zug nähere sich dem Berliner Hauptbahnhof, schrecke ich hoch. Ich war eingeschlafen. Ob es ein Sekundenschlaf war oder mehrere Minuten gedauert hat, weiß ich nicht. Die Müdigkeit hatte mich schlagartig übermannt. Eine Spätfolge des wenigen und schlechten Schlafs von letzter Nacht. Ich schaue mich schuldbewusst um, aber niemand blickt zu mir herüber. Warum auch? Ich schnarche und sabbere nicht und halte meinen Mund beim Schlafen zumeist geschlossen. Schnell schiebe ich das Taschenbuch in die linke Seitentasche meiner Sommerjacke. Ich schaue dabei auf meine rechte Hand und sehe die Hand meines alt gewordenen Vaters. Die gleiche altersmagere, leicht fleckige Hand mit den gleich verlaufenden graugrünen Adern und dem nach rechts verdrehten Zeigefinger. Je älter ich werde, desto mehr kommt Vater durch; er, dem ich bis vor etwa fünfzehn Jahren auf allen Fotos nicht die Spur geähnelt habe. Die herabgezogenen Mundwinkel und die Falten um die Augen sind von ihm. Zum Glück habe ich nicht seine Halbglatze geerbt, sondern das volle Haupthaar von Mutters Familie. Die kleine freie Stelle auf dem Hinterkopf, meine Tonsur, ist eine Dreingabe von Vater.

Ich sehe auf die Uhr. Der Zug hat seine Verspätung von zwei Minuten nicht eingeholt. Ich beschließe, nach dem Aussteigen ein WC aufzusuchen. Bis zum Treffen mit Peter ist noch eine Stunde Zeit. Er ist sicher noch in seiner wichtigen Besprechung, von der er bei unserem letzten Telefongespräch vage Andeutungen gemacht hat. Das Wort Antiquitätenhandel war gefallen, aber auch die Organisation von Ausstellungen und Märkten. Mal sehen, ich will mich überraschen lassen. Ich bin dankbar dafür, nichts zu wissen. Einzelheiten hätten mich unnötig beschäftigt, möglicherweise sogar belastet.

Das WC im Hauptbahnhof ist klein und versteckt und deshalb für Ortsunkundige schwer zu finden. Vor allem, wenn man unter Druck steht und nervös ist. Hat Herr Mehdorn, der die um hundert Meter zu kurzen Überdachungen verbockt hat, auch beim WC das letzte Wort gesprochen? Hat er gemeint, der Bahnhof sei ein Bahnhof und kein öffentliches Klo? Wer abreist, kann im Zug auf die Toilette gehen, und wer ankommt, hat dies bereits im Zug verrichtet, und wer weder das eine noch das andere tut, hat nichts auf dem Bahnhof zu suchen oder ihn zumindest zu verlassen, bevor der Entleerungsdrang unerträglich wird.

Ich reihe mich in eine Schlange von einem guten Dutzend Wartenden ein, die vor dem Automaten steht, der gegen Bezahlung den Eintritt in den WC - Bereich gewährt.

Elftes Kapitel

Die Sonne scheint, es ist angenehm warm, aber nicht heiß. Inmitten der Menschentrauben, die aus dem Südausgang des Hauptbahnhofs durch die geräumigen Drehtüren heraustreten, bietet sich mir der weite Panoramablick auf das politische Berlin jenseits der Spree.

Auf das gleißend helle, mit viel Glas ausgestattete Bundeskanzleramt und die ebenso gestalteten Abgeordnetenhäuser, die sich wie ein Riegel quer vor den Reichstag und die Ausläufer des Tiergartens schieben. Die Glaskuppel des Reichstages hebt sich gestochen scharf gegen den blauen Himmel ab und in der dunstigen Ferne sind die Hochbauten am Potsdamer Platz zu erkennen. Dazwischen liegt trutzig, wie eine Burg, der graue Klotz der Schweizer Botschaft und reckt die Fahne mit dem weißen Kreuz empor, stolz darauf, nicht bedeutungslos inmitten der um den Pariser Platz angesiedelten Botschaften der großen europäischen Staaten und der USA stehen zu müssen oder irgendwo versteckt ein unerkanntes Dasein wie Nicaragua oder die Mongolei zu fristen. Eine ständige Mahnung an die Kanzlerin, angesichts des von Griechenland ausgelösten Finanzdesasters besonders sorgsam mit der grundsoliden Schweiz umzugehen und das Botschaftsgebäude als eidgenössischen Stachel im bundesdeutschen Fleisch zu spüren. Wenn Frau Merkel denn überhaupt noch Zeit hat, aus dem Fenster zu blicken. Auf der einzigen Fußgängerbrücke über die Spree wälzt sich der ständig aus dem Bahnhofsgebäude quellende Menschenstrom erwartungsvoll und fotografierbereit auf dieses Panorama zu, ohne sich von der davor liegenden trostlosen Brache irritieren zu lassen. Berlin zeigt sich von seiner einladenden Seite. Ich mag Berlin. Oder besser gesagt, ich mag es wieder.

In den fünfziger Jahren, noch als Schüler, hat mir Westberlin imponiert und ich habe, ohne nachzudenken, das »Notopfer« für die umzingelte Stadt in Form von Zweipfennig-Sonderbriefmarken auf die Briefkuverts geklebt. Zumal sie mit ihren Messen, Filmfestivals und musikalischen Großveranstaltungen dynamischer zu sein schien als alle deutschen Großstädte zusammen. Wer prominent war oder glaubte, es zu sein, kam an Berlin nicht vorbei.

Danach aber ist mir die Stadt gleichgültig geworden. Die Krawalle, Demonstrationen und Besetzungen, die sich dort seit 1967 an den Hochschulen und auf den Straßen abspielten, waren nicht meine Welt. Die Stadt hing mir zu sehr am Subventionstropf und musste alles importieren, sogar die Politiker. Ich war zweimal beruflich dort, die Stadt erschien mir wie ein Fossil. In Ostberlin bin ich nicht gewesen. Ich hatte keine Lust, mich von Volkspolizisten kontrollieren zu lassen.

Meine Einstellung hat sich nach der Wende geändert. Vor allem seit der Bundestagsdebatte im Jahr 1991, die zu dem heftig umkämpften Beschluss führte, den Sitz des Parlaments und der Regierung von Bonn nach Berlin zu verlegen. Ich bin an diesem 20. Juni gegen Abend mit dem Auto in Brandenburg unterwegs gewesen und habe während der Fahrt den Reden zugehört. Ich hörte mit Freude den Befürwortern und mit Wut den Gegnern zu. Später war ich ziemlich verblüfft, in Gesprächen mit Brandenburgern zu hören, man hätte nichts gegen Bonn einzuwenden gehabt. Berlin verdiene es nicht, Bundeshauptstadt zu werden. Zumindest nicht Ostberlin, das immer auf Kosten der gesamten DDR gelebt habe und dies nicht schlecht. Und dass dort auf dem Alexanderplatz am 4. November 1989 eine gewaltige Demonstration gegen das SED-Regime zusammen mit einem gewissen Markus Wolf stattgefunden habe, geschenkt! Später, als ich Dankwart kennen lernte, sagte er mir, er hätte, wenn er gekonnt hätte, für Bonn gestimmt, sich jedoch mittlerweile mit der Bundeshauptstadt Berlin arrangiert.

Bei meinem ersten Besuch Ostberlins war ich überwältigt von der Mischung aus verwilderten Brachen, schönen, aber verfallenen Altbauten, trostlos monotonen Wohnsilos, aber auch aus um Weltläufigkeit bemühten Renommiergebäuden wie dem Fernsehturm und dem Palast der Republik. Der sterile, zugekleisterte Alexanderplatz, den ich mit Döblins Roman assoziierte, entsetzte mich, die sanierungsbedürftige Museumsinsel begeisterte mich und selbst der Karl - Marx - Allee konnte ich etwas abgewinnen.

Kurz danach besuchte mich Sabine und ich wollte sie, die als Wahldüsseldorferin päpstlicher als der Papst war und nichts von Berlin wissen wollte, für die Stadt einnehmen. Wir haben uns neben den üblichen Sehenswürdigkeiten auch Wohnviertel angesehen. Am Prenzlauer Berg hat sie gemeint: » Hier müsste man zuschlagen und billig kaufen. «

» Den Schrott? «

» Er wird nicht lange Schrott bleiben. Du wirst sehen, das ist ein Viertel mit Zukunft. Wer jetzt Geld in die Hand nimmt und kauft, liegt richtig, glaube mir. Du verdienst doch viel Geld als Belohnung dafür, dass du die armen Ossis übers Ohr haust. Leg die Hand auf eines dieser Häuser. «

» Das hast du nett ausgedrückt. Mein Verdienst hält sich in Grenzen. Ich bin kein in den Osten abgeordneter Beamter, der für eine Dreitageswoche einen Haufen Steuergeld hinterhergeschmissen bekommt. Abgesehen davon, wäre es mir zu riskant, hier zu investieren. Ich bin kein guter Geschäftsmann. Sieh dir mal die Balkone da oben an. Die können jeden Moment herunter krachen und mit ihnen die gesamte Fassade. Und so sieht es überall aus. Ich möchte nicht wissen, wie die Dächer und die sanitären Anlagen beschaffen sind. Klo im Treppenhaus, keine Badezimmer, dazu Braunkohleheizung, die die Gegend verpestet.

Wer soll das bezahlen? «

» Es werden sich genügend finden, die hier einsteigen. «

Sabine hat damals den richtigen Riecher gehabt. Aber damit kann sie sich heute keine Eigentumswohnung in Düsseldorf kaufen. Mittlerweile wird die Gegend von gut betuchten Leuten mit vielen kleinen Kindern bewohnt, die sich lässig alternativ geben und einem betagten Grünen, einem sich als moralische Instanz gebärdenden Fahrradfahrer, der unter dem stets offenen Hemdkragen die Unterhemden verkehrt herum trägt, ein Direktmandat für den Bundestag bescheren.

Im Gegensatz zu Sabine war Peter begeistert, als Berlin Bundeshauptstadt wurde. Er ist schnell Feuer und Flamme, aber genauso rasch bricht das Strohfeuer wieder in sich zusammen. Eine Ausnahme bilden diese Stadt und ihre Bewohner. Er glaubt immer noch, hier Verwandte im Geiste gefunden zu haben. Nicht, dass er sie wie Goethe für einen verwegenen Menschenschlag hält. Das ist nicht seine Ausdrucksweise und der Dichterfürst ist für ihn jemand, der ihn in der Schule mit seinem »Faust« belästigt hat. Peter, der nur wenige Berliner kennt und die nur flüchtig, ist der felsenfesten Überzeugung, sie seien alle witzig, immer sehr direkt, aber auch ungeduldig zu Provinzlern wie mir und von schneller Auffassungsgabe wie er selbst. Und die ausgesucht unhöflichen Taxifahrer seien von unübertrefflich gesundem Mutterwitz. Auf meine Frage, wie er denn richtige Berliner definiere, musste er passen. Das interessiert ihn nicht. Berliner sind halt Berliner.

Vater sagte einmal, die richtigen Berliner seien entweder aus Schlesien oder aus Sachsen zugewandert. Das wird früher gestimmt haben. Mit den Schlesiern hat es sich erledigt, aber die Sachsen, die sind noch da. Ihren Dialekt höre ich oft auf den Straßen der Stadt. Und nachdem Berlin zur Bundeshauptstadt wurde, hat die Zuwanderung aus allen Bundesländern und dem Ausland eingesetzt und die Rheinländer haben ihren nervtötenden Karneval an der Spree installiert.

In Luckendam haben die Berliner einen schlechten Ruf und heißen deshalb in der Regel Scheißberliner, vor allem wenn sie mit Berliner Kennzeichen falsch einparken oder bei Gelb vor einer Ampel halten, weil sie nicht wissen, dass in Luckendam Rot nur eine Empfehlung ist, die ein zügiges Weiterfahren gestattet. Es sei denn, es steht zufällig ein Polizeibeamter an der Ampel. Mir rutscht das Wort gelegentlich beim Autofahren heraus, wenn ich in Berlin geschnitten oder ausgebremst werde oder wenn Berliner, was sie gerne tun, auf der Autobahn die mittlere Fahrbahn blockieren anstatt die rechte zu benutzen.

Ich mache mich auf den Weg und reihe mich in den Menschenstrom ein, der sich über die Spreebrücke schiebt, vorbei an der Schweizer Botschaft, zwischen dem Bundeskanzleramt und dem Paul-Löbe-Haus hindurch auf die weite Rasenfläche vor dem Reichstag. Es ist noch eine Stunde Zeit bis zum Treffen mit Peter in einem Café in der Nähe der Weidendammbrücke, ich kann mich treiben lassen. Ich habe ein klammes Gefühl, wenn ich an ihn denke. Hoffentlich legt es sich. Ich gäbe einiges dafür, wenn unser Treffen ausfiele.

Vor dem Reichstag stehen, wie jeden Tag, Touristen in einer langen Warteschlange und schieben sich geduldig und überraschend diszipliniert in kurzen Schüben vorwärts. Pfingsten vor einem Jahr habe ich hier mit Sabine und ihren drei Kindern gestanden, um die Glaskuppel des Gebäudes zu besteigen.

Maximilian war nicht mitgekommen. Er hatte es vorgezogen, einen entfernten Onkel in Dahlem zu besuchen. Es hat den vieren gefallen, was sie vom Reichstag herab von der nahen und fernen Umgebung und von dem Gewimmel am Brandenburger Tor sahen. Die Kinder waren zweimal begeistert die Spiralen in der gläsernen Kuppel empor- und wieder hinabgelaufen. Selbst Ferdinand, der Älteste, den Sabine dieses Jahr so ungern nach Frankreich fahren lässt, hat sein übliches Jungengemuffel vergessen und eifrig fotografiert.

Wieder unten vor dem Reichstag hörten sie einigermaßen interessiert zu, als ich von der Verhüllung des gesamten Reichstages durch Christo im Jahr 1995 erzählte.

Danach habe ich sie um das Gebäude geführt und ihnen die von den Straßenkämpfen im Frühjahr 1945 herrührenden Einschussstellen gezeigt.

» Die Schlacht um Berlin war der blanke Wahnsinn. Keine Schlacht, sondern ein furchtbares Schlachten «, sagte ich. » Jeder Straßenzug, jedes herausragende Gebäude wurde sinnlos bis zum Letzten verteidigt. Wenn ihr aufpasst, werdet ihr auch an anderen Gebäuden Einschlagspuren entdecken, auf der Museumsinsel zum Beispiel. Fast jedes Haus in der Innenstadt hat etwas abbekommen. Die meisten waren allerdings schon vorher Ruinen gewesen. Durch die Bombenangriffe. Der Reichstag galt als eine besondere Siegestrophäe. Es gibt ein berühmtes Foto, auf dem Rotarmisten die sowjetische Fahne auf dem Reichstag hissen. «

»Kenne ich alles aus dem Geschichtsunterricht. Wann gehen wir weiter? Ich bin müde«, maulte Ferdinand.

»Hast du mit gekämpft?«, fragte Katharina.

»Nein, so alt bin ich nicht. Dort drüben ist der Verlauf der Mauer auf dem Boden gekennzeichnet«, fuhr ich unbeirrt fort, ich wollte keine Unterbrechung zulassen. »Wollen wir hingehen? Ich kann euch etwas über die Mauertoten sagen, für die da drüben die Kreuze stehen.«

»Oh ja!«, rief die brave Luise.

»Ich will lieber ein Eis«, widersprach die kleine Katharina. »Opa, du hast uns ein Eis versprochen.«

»Aber erst, wenn wir uns alles angesehen haben. Also nun hört mal gut zu, wenn ...«

»Ich will aber ein Eis!«

»Ja doch, Katharina, warte noch eine Weile. Das mit der Mauer solltest du schon wissen.«

»Ich zeige sie ihr zu Hause in Düsseldorf in meinem Geschichtsbuch«, unterstützte Ferdinand seine Schwester.

»Aber hier seht ihr die Praxis und nicht nur die Theorie!«, rief ich mit Nachdruck. Ich wollte nicht meine Felle davonschwimmen lassen.

»Was ist Theorie?«, wollte Katharina wissen.

»Also, wenn du mich so fragst, dann ...«

»Papa«, unterbrach mich Sabine und zupfte mich am Ärmel. »Lass es gut sein, die Kinder sind müde. Wie wäre es, wenn du uns davon in Luckendam erzähltest?«

Ich fügte mich, obwohl ich wusste, dass in Luckendam niemand eine Frage zum Mauerbau stellen würde, und ich sagte nichts, als ich hörte, wie Sabine ihrem Sohn zuflüsterte: »Er belehrt halt gerne, euer Opa. Das war in meiner Jugend genau so. Ich habe oft auf Durchzug gestellt.«

Die Gehwege sind voll von Menschen. Am Brandenburger Tor und auf dem Pariser Platz stehen dicht gedrängt Besuchergruppen und lauschen ihren Führern. Oder auch nicht. Bei den Ausländern überwiegen die eifrig fotografierenden Japaner. Viele der Japanerinnen, manche hochbetagt und gekrümmt und verhutzelt wie die sieben Zwerge, schützen sich mit Sonnenschirmen oder breitkrempigen Mützen und Hüten gegen die fast steil einfallenden Sonnenstrahlen. Die meisten Touristen laufen genauso schlampig herum wie die Berliner und sind wie diese ständig am Mampfen. An Hamburgern, Brezeln, Gyros, Currywürsten, Döner, Muffins, Waffeln, Gebäck oder mitgebrachten belegten Broten.

Die Straßenmusikanten, die Gaukler und die Leute, die sich für Geld in Uniformen der NVA und der Sowjetarmee fotografieren lassen, werden von Menschen umringt. Das war auch beim Rundgang mit Sabine und ihren Kindern so.

Luise und Katharina sind damals neugierig vor jeder Standfigur stehen geblieben und haben darauf gewartet, dass eine von ihnen zuckt oder Grimassen schneidet. Doch weder der vergoldete Engel, noch der römische Legionär, noch der silbern glänzende griechische Gott tat ihnen den Gefallen. Ferdinand zeigte plötzlich Interesse und stellte sich zu den beiden Schaustellern, die sich als Rotarmisten verkleidet hatten. Wer sich fotografieren lassen wollte, durfte sich eine der in einem Karton liegenden sowjetischen oder NVA - Uniformmützen aufsetzen.

» Soll ich auch mal? « , fragte mich Ferdinand.

» Was auch mal? «

» Na ja, fotografiert werden. Wäre doch ein Gag. Ich zeige es zu Hause meinen Freunden. «

» Ich hätte das von dir nicht erwartet. Ich bin der Meinung, dass das ein ziemlicher Dummenfang ist. Das gibt's doch überall. Am Checkpoint Charlie hüpfen sie in US - Uniformen herum, in Rom stehen sie am Kolosseum als Prätorianer und in Wien vor dem Stephansdom in Rokoko - Kostümen. Schau dir mal die Leute an, die das machen und du ... «

» Ist schon gut, Opa, ich meinte ja nur. «

Sabine hatte es mit gehört und schimpfte Ferdinand aus: » Du glaubst doch wohl nicht, dass ich dir erlaubt hätte, eine dieser speckigen Mützen aufzusetzen, die schon x - mal auf verschwitzten Köpfen geklebt haben? Ein so schöner Platz und so viele Idioten. Gehen wir weiter, bevor uns Opa erzählt, wie sich solche Schausteller in Tokio oder in Stockholm mit den Touristen fotografieren lassen. «

Ich lasse mich nicht von den Menschentrauben aufhalten und überquere den Pariser Platz. Vor dem Hotel Adlon sitzen Gäste, trinken Kaffee, unterhalten sich und beobachten gelassen das nur ein, zwei Meter von ihnen entfernte Fußgängerdefilee. Sie sind leger, aber teuer gekleidet, die Frauen, vor allem die alten, sorgfältig geschminkt und frisiert. Man erkennt sofort, dass sie zu Recht hier sitzen und nicht zum vorbeiflanierenden Pöbel gehören. Eine schwarze Limousine fährt vor. Eilfertig springt ein Boy in Livree herzu und reißt die hintere Seitentür auf. Ihr entsteigt ein großer, hagerer Mann, eine Zigarre im Mund, und latscht, ohne sich zu bedanken, durch den überdachten Eingangsbereich ins Hotel. Der Boy ist schwarz, seine Haut glänzt und seine Haare sind kraus. Wie in den alten amerikanischen Filmen, als das Hotel- und Zugpersonal fast immer schwarz war, oder wie der Sarotti - Mohr. Damals hießen die Schwarzen allerdings noch Neger. Also Schwarze.

Vor einem Jahr haben wir uns nach unserem Rundgang hier zu Kaffee und Kuchen, die Kinder zu Orangensaft und dem versprochenen Eis, niedergelassen. Ich hatte eingeladen, um die Stimmung anzukurbeln.

» Das ist doch sicherlich teuer « , hat Sabine eingewendet.

» Na und wenn schon. Haben wir es nicht? Das wäre doch gelacht. Maximilian würde sofort Ja sagen. «

» Der sitzt bei seinem Onkel und trinkt Kaffee. Bei einem Onkel, der ständig in grüner Jagdkleidung herumläuft, aber noch nie einen Hasen geschossen hat. «

» Der Uraltadel unter sich « , lästere ich und treffe damit einen wunden Punkt. Die Brostows sind Beamtenadel, seit irgendwann im 19. Jahrhundert.

Allerdings musste ein direkter Vorfahre Maximilians seinen Adelstitel wegen Überschuldung und Suff ablegen. Was ihn furchtbar wurmt, aber nicht davon abhält, seinen ihm an sich zustehenden Adel zu erwähnen und scheinbar unabsichtlich an seinem Siegelring zu drehen. Er hätte gerne eine längere Ahnenreihe samt einer Bildergalerie mit finster dreinblickenden Feldherren in Brustharnischen und Damen mit strahlend weißen Dekolletés und riesigen, gepuderten Perücken. Wenn er von seinen Eltern spricht, nennt er sie »meine alte Dame« und »mein alter Herr«. Ich habe die Beiden seit Jahren nicht gesehen. Jedes Neujahr tauschen wir kurze Briefe aus, in denen wir uns gegenseitig der Absicht versichern, uns im kommenden Jahr ganz gewiss zu treffen, es wird aber nie etwas daraus.

Sabine war Maximilians Fimmel zu Beginn ihrer Ehe ziemlich egal, doch mit der Zeit hat sie einen gewissen Stolz entwickelt, sich zumindest Brostow nennen zu dürfen. Aus dem Wort hört doch jeder Gutwillige unweigerlich den Adel heraus. Sie ist, obwohl sie Grün wählt und auch sonst ziemlich alternativ eingestellt ist, gerne etwas Besonderes.

Als ich die Rechnung vorgelegt bekam, habe ich nicht gelacht.

Damals konnte ich nicht ahnen, dass es, abgesehen von Luises Besuch in den Sommerferien, vielleicht für lange Zeit der letzte Besuch von Sabines Kindern bei uns sein könnte. Wenn ich Sabine nicht finanziell unterstütze, wird sie ihre Drohung wahr machen und meine Kontakte mit den Enkelkindern radikal einschränken. Ich kenne meine Tochter. Wenn ihr etwas verquer läuft, kennt sie kein Pardon. Peter würde nie auf eine derartige Idee kommen. Schon deshalb nicht, weil für ihn Kinder nicht so wichtig sind wie für Sabine. Sie als Erpressungspotenzial zu nutzen, käme ihm nie in den Sinn.

In kurzen Abständen fahren Touristenbusse Unter den Linden entlang und überholen die Pferdedroschken, mit denen sich schaulustige Besucher vom Pariser Platz aus durch die Innenstadt kutschieren lassen, während die Busse wiederum von ungeduldig hupenden Taxis überholt werden. Radfahrer kurven auf den Straßen und Gehwegen als sei für sie die Straßenverkehrsordnung außer Kraft gesetzt. Die Cafés und Restaurants mit Service im Freien sind gut besetzt. Die Frauen zeigen freie Beine und Busen, die Männer stramme Bäuche und behaarte Beine. Filmteams sind unterwegs und man kann sicher auch heute, so man aufpasst, ab und zu in der Menge ein von Film oder Fernsehen bekanntes Gesicht ausmachen.

Die Polizeibeamten, die vor der US-Botschaft und den Botschaften von Frankreich, Großbritannien und an den Straßenkreuzungen und

- ecken herumstehen, dösen vor sich hin und lassen die Leute in Ruhe, auch wenn sie bei Rot über die Straßen laufen. Es sind gemütlich aussehende Onkels mit Bierwampe und schlapp herunter baumelnden Pistolentaschen, die man anscheinend kurz vor ihrer Pensionierung noch einmal in den Außendienst gescheucht hat.

Die Polizisten, die die Russische Botschaft und in der entfernten Oranienburger Straße die Synagoge bewachen, sehen ähnlich aus. Sie haben nichts Abschreckendes an sich, sollen wohl durch ihre offen zur Schau gestellte Harmlosigkeit deeskalierend auf potenzielle Terroristen wirken. In der Luft knattert ab und zu ein Hubschrauber.

Ich wechsle auf den von Bäumen umsäumten Mittelstreifen hinüber. Ich mag den Blick, den man von hier aus hat. Auf die teils restaurierten, teils neu erbauten, aber gemäßigt modernen Gebäude, auf die Cafés, Restaurants, den brausenden Verkehr und die weiß beschürzten Kellner und Kellnerinnen, die auf dem Mittelstreifen bedienen. Das gibt mir das Gefühl, in einer Stadt zu sein, die den Metropolen Paris, London, Rom und Wien das Wasser reichen kann. Der ehemalige Regierende Bürgermeister Diepgen hat Berlin sogar noch über diese Städte erheben wollen und von einer Hauptstadtmetropole gefaselt. Etliches ist noch unfertig, manches im Bau und mit Planen verhängt und nicht weniges ist durch Kriegszerstörungen unwiederbringlich verschwunden. Und dennoch, Berlin hat für mich etwas, was ich nicht exakt beschreiben kann. Was es auch ist - das kreative Chaos, der Wirrwarr der Baustile und Lebensformen, die scheinbar ziellose Dynamik, die jüngste Geschichte, die sich vielerorts aufspüren lässt, der gleichgültige Umgang der Berliner miteinander - es zieht die Menschen aus dem In- und Ausland an. Es ist eine andere Stadt als die, die mich über zwei Jahrzehnte lang nicht interessiert hat.

Mutter, so reiselustig sie im hohen Alter war, habe ich bei einem Besuch nur einmal dazu gebracht, von Luckendam nach Berlin zu fahren. Danach wollte sie von der Stadt nichts mehr wissen, sie war für sie unten durch. Zu laut, zu dreckig, zu ungemütlich und kein Vergleich mit München, lautete ihr lapidares Urteil. Vater hat die Wiedervereinigung nicht mehr erlebt. Er wäre bestimmt ohne Vorurteile nach Berlin gefahren. Seine Mutter stammte aus Berlin und war hugenottischer Abstammung, hat aber den deutschen Allerweltsnamen Schulze getragen.

Wie erlebt ein junger Mensch Berlin, wenn er aus der deutschen Provinz oder aus dem Ausland zum ersten Mal hierher kommt? So wie ich Paris im Jahr 1955, als ich gerade mal siebzehn Jahre alt war?

Ich war in einem heruntergekommenen Sportstadion im Arbeiterviertel Malakoff untergebracht gewesen, ausgestattet mit Militärfeldbetten, verluderten sanitären Einrichtungen und ohne Schränke und Tische. Alle europäischen Westnationen waren vertreten und abends standen wir in Gruppen um ein altes Klavier herum, soffen billigen Rotwein und haben uns wohlgefühlt.

Ich habe in Cafés Pernod getrunken und kam mir unheimlich erwachsen und französisch vor. Ich war im Jeu de Paume und im Louvre und an einem Abend in den Folies Bergère, im weißen Hemd, das mir ein Engländer geliehen hat. Von meinem Stehplatz aus sah ich zum ersten Mal in meinem Leben nackte weibliche Busen. Große, kleine, weiße, braune, mit dunklen und rosigen Brustwarzen, auf und ab wippend und in statischer Ruhe und ich fragte mich in aller Unschuld, ob die Mädchen, die ich bislang nur züchtig bekleidet und zugeknöpft kannte, auch so etwas zu bieten hatten. Ich nahm mir vor, möglichst schnell dahinter zu kommen.

Und dann der Bummel auf den Champs-Élysées. Wie beschwingt war ich im heißen Sommerwetter vom Arc de Triomphe hinunter zum Place de la Concorde gelaufen, vorbei an eleganten Geschäften, voll besetzten Cafés und imposanten Kinoeingängen, inmitten von flanierenden Franzosen und Touristen und vor allem inmitten von lauter schönen, eleganten Frauen. Ich wünschte mir, nicht für einen Boche, sondern für einen Franzosen gehalten zu werden, wurde aber schnell auf schnöde Weise in die Wirklichkeit zurück geholt: Ein älteres Ehepaar, schon von weitem als Deutsche erkennbar, hielt mich an und er fragte ohne Einleitung: »Sie sind doch Deutscher, nicht wahr? Wo geht's denn hier zum Place Vendôme?«

Frankreich wurde zu meinem Lieblingsland und ich beschloss, später eine Französin zu heiraten.

Nun gut, das war eine andere Zeit als das Jahr 2010 und wir stellten nicht so hohe Ansprüche an Unterkunft und Gastronomie. Aber warum sollte Ferdinand nicht im nächsten Jahr Paris kennen lernen, nachdem er dieses Jahr in Royan gewesen ist? Wenn ich für Sabine wider Erwarten Geld locker machen sollte, stelle ich diese Bedingung.

Ich überquere die Friedrichstraße, ohne in sie nach Süden einzubiegen. Für einen Bummel durch die ebenerdigen und unterirdischen Galerien mit ihren teuren Geschäften reicht die Zeit nicht. Im Jahr 1996 hatte an der Ecke Friedrichstraße / Französische Straße das Kaufhaus Lafayette seine Pforten eröffnet, damals eine Sehenswürdigkeit ohnegleichen im langsam erwachenden Ostteil Berlins, und ich habe den Leichtsinn begangen, es mit Gabriele aufzusuchen. Da Ute bereits in Luckendam lebte, war es zu der Zeit gewesen, in der ich sie nur noch zufällig ab und zu traf. Ohne es ernst zu meinen, hatte ich eine gemeinsame Fahrt nach Berlin vorgeschlagen und überraschenderweise hatte sie zugestimmt.

Am folgenden Samstag, Ute hatte Besuch von einer Bekannten aus Rostock, war ich mit Gabriele losgefahren und wir sind vom Alexanderplatz zum Brandenburger Tor gewandert und von dort zu der riesigen Baustelle am Potsdamer Platz. Zum Schluss haben wir uns das Lafayette angesehen und Gabriele hat sich einen Rock gekauft. Mir ist nicht wohl gewesen, ich bin die Furcht, gesehen zu werden, nicht losgeworden und im Lafayette hat sie mich regelrecht überwältigt, an einem Ort, zu dem wegen seiner Neuheit ganz Berlin samt Touristen wallfahrte. Den Vorschlag Gabrieles, im Souterrain französisch zu essen, habe ich fast unhöflich abgelehnt. Ich wollte nur noch weg und zurück ins sichere Luckendam, auch wenn ich mich innerlich einen Feigling schimpfte.

Gabriele begann mich zu nerven. Später, wenn ich mit Ute in Berlin war, ging ich nie ins Lafayette, obwohl sie mich mehrmals darum bat. Ich befürchtete, mich durch unerwartete Ortskenntnis verdächtig zu machen, was natürlich Blödsinn ist.

Mein rechtes Knie, das ich bislang kaum gespürt habe, beginnt wieder zu schmerzen. Auch das Linke rührt sich, wenn auch schwach. Meine Hoffnung, ich sei auf dem Weg der Besserung, löst sich in Luft auf. Ich überlege, ob ich in einem Café Pause machen soll. Das würde jedoch vermutlich lange dauern: Ich müsste warten bis die Kellnerin mich sieht und die Bestellung aufnimmt, dann käme nach einiger oder auch längerer Zeit das Bestellte und anschließend müsste ich erleben, dass die Kellnerin erst nach mehreren Aufforderungen Zeit zum Kassieren findet.

Nach einem Schnellimbiss, wo man alles am Tresen erledigen kann, steht mir allerdings nicht der Sinn, also lasse ich es sein. Obwohl ich mich seit letztem Jahr, seit ich mit Enkelkind Luise in Berlin war, nicht mehr blamieren würde, weil ich weiß jetzt, dass ein kleiner Kaffee *tall* ist und nicht klein.

Wie geht es Peter jetzt? Hatte er Erfolg bei seiner für ihn angeblich so wichtigen Besprechung? Ist er wegen dem Treffen mit mir nervös und befürchtet er einen Misserfolg oder wiegt er sich in seinem nie endenden Optimismus? Die Krux mit ihm ist, dass er Nackenschläge viel zu schnell verdaut und gleich wieder auf einen neuen Zug springt. Er stellt sein Handeln nie oder allenfalls selten in Frage und ihm fehlt offensichtlich die Fähigkeit zur Selbstkritik. Wenn er sie denn haben sollte, dann verbirgt er sie geschickt.

Ich kann mir nicht vorstellen, dass er sich wie ich des Nachts schlaflos im Bett von einer Seite auf die andere wälzt und mit sich hadert. Ich bin hin und her gerissen: Er ist nun mal mein Sohn, er sieht gut aus, ist intelligent, macht etwas her und er könnte es mit Disziplin und Gründlichkeit durchaus zu etwas bringen, aber er ist ein Hallodri, der sich nichts sagen lässt und alles besser weiß. Wenn seine Schwiegereltern nicht hin und wieder ihrer Tochter eine gehörige Summe zusteckten, sähe es nicht gut für seine Familie aus. Ich hingegen habe ihm nur sporadisch einen bescheidenen Betrag zugeschossen.

Bis auf die 30 000 Mark, die anscheinend über Hartmut an ihn geflossen sind. Immerhin ist ein Teil des Betrages mittelbar von mir und fehlt an meiner Erbschaft. Da Peter annehmen wird, ich wüsste nichts davon, wird er nicht befürchten, darauf angesprochen zu werden. Er wird überrascht sein, wenn ich es tue.

Ich liebe ihn auf meine spröde Art. Ich kann mich nicht erinnern, zu ihm und Sabine, seit sie erwachsen sind, je, » Ich liebe dich! « gesagt oder geschrieben zu haben. Auch zu meinen Eltern habe ich es nicht gesagt, sie allerdings auch nicht zu mir. In Vaters erhaltenen Feldpostbriefen stehen Sätze wie » Ich denke viel an euch, meine Lieben « oder » Ihr Lieben, ich kann es kaum erwarten, euch wieder zu sehen «, aber nie » Ich liebe euch! «.

» Papa, ich schaff das «, ist Peters ständige Rede, wenn er etwas Neues im Visier hat. » Das Projekt ist bombensicher. «

» Das hast du letztes Mal auch gesagt. «

» Das war auch sicher. Mein Partner hat Mist gebaut. «

» Also hast du dich mit dem Falschen eingelassen. «

» Er war mir empfohlen worden. «

» Und kanntest du den, der ihn empfohlen hat? «

» Ja, gut. Wir haben mal zusammen diese Online - Sache angefangen. «

» Ohne Erfolg, wie mir erinnerlich ist. «

» Es war lediglich die falsche Zeit. Ein halbes Jahr früher und es hätte geklappt. «

Ich passiere die Humboldt Universität. Das einzige, was ich von ihr kenne, ist der Haupteingang mit seinem Vorraum, weil ich dort auf der eiligen Suchen ach einer Toilette fündig geworden bin. Das war, als ich noch nicht wusste, dass man im Deutschen Historischen Museum ebenfalls unproblematisch und ohne Eintritt zahlen zu müssen zum WC gelangt.

Ich gehe an der verhüllten Oper vorbei und warte ein Abreißen des Verkehrsstroms ab, um auf den breiten Gehweg gegenüber zu gelangen, der noch vor Wochen, als der Schnee endlich getaut war, voll von Hundekot und Müll war und tagelang in diesem Zustand belassen wurde. Die Fußgänger mussten Slalom laufen. An der Neuen Wache ist ein ständiges Kommen und Gehen. Ich bin einmal innen gewesen und habe die vergrößerte Kopie der, von Käthe Kollwitz geschaffenen, Skulptur

» Trauernde Mutter mit totem Sohn « betrachtet. Ich konnte mir nicht vorstellen, dass hier nach Wehrmacht und Nationaler Volksarmee jemals wieder Soldaten mit militärischem Brimborium aufziehen würden. Was haben sich die SED - Bonzen nur gedacht, als sie dieses Spektakel, dieses militaristische Stechschrittgehampel an ihrem » Ehrendenkmal für die Opfer des Faschismus und Militarismus « inszenierten!

Das Deutsche Historische Museum imponiert mir, ebenso der moderne Anbau. Mit Dankwart bin ich über ihn in Streit geraten.

» Diese zusätzliche Ausstellungshalle ist wie ein Blinddarm. Schlicht überflüssig «, hat er behauptet.

» Wenn etwas gut ist, passt es immer zusammen. Ich finde, beide Bauten sind sehr gelungen. Der Architekt gilt als einer der bedeutendsten zeitgenössischen Architekten. So steht es zumindest in den Zeitungen. «

» Das einzig Gute an dem sterilen Gebilde ist, dass es sich versteckt. Die meisten Leute, die unter den Linden promenieren, sehen es nicht. Was hat uns schon ein Chinese zu sagen! «

» Pei ist Amerikaner chinesischer Herkunft. Soviel ich weiß, war er Schüler von Gropius «, widersprach ich.

» Ach so, Bauhaus, dachte ich mir. Schlicht ist schön. Von wegen! Ich wusste gar nicht, dass Sie für so etwas zu haben sind. «

» Tja, ich bin selbst überrascht «, musste ich zugeben.

Beide waren wir uns einig, dass die Dauerausstellung des Museums enttäuscht. Der Meinung war man auch im Historischen Verein. Anfangs verlief die Diskussion ruhig und sachlich und ich konnte als Vorsitzender gelassen zuhören. Die Ruhe war allerdings schnell vorüber, als Dankwart die Präsentation des 19. Jahrhunderts, des » deutschen Jahrhunderts «, wie er es pathetisch nannte, zwar mit gesetzten Worten, aber dennoch scharf angriff. Er wetterte gegen die Hommage an Napoleon und gegen die rudimentäre Darstellung der deutschen Leistungen in Wissenschaft, Bildung, Kunst, Philosophie und Militär, ja, auch Militär. Und er fand es schlimm, dass Kinder - Matrosenanzüge und die Ausbeutung der Kolonien für die Kennzeichnung der wilhelminischen Zeit herhalten mussten.

Alle anschließenden Redebeiträge waren daraufhin ein Wettbewerb, wer die Ausstellung am lautesten und heftigsten verdammen könne. Am vehementesten äußerten sich, wie das so üblich ist, diejenigen, die die Ausstellung gar nicht kannten. Wustermann, der damals wohl schon mit dem Gedanken spielte, mir als Vorsitzender nachzufolgen, bemühte sich zum Schluss um eine Zusammenfassung und zeterte über den Verfall aller Werte und Sitten und über die sich daraus ergebende ständige Nestbeschmutzung. Unterstützt wurde er vom ehemaligen NVA - Major Heisig, der behauptete, hinter dem Museumskonzept stünde ganz gewiss die Clique der westdeutschen Achtundsechziger. Danach wurde ich beauftragt, an die Leitung des Hauses eine Protestmail loszulassen. Das tat ich, selbstverständlich ohne eine Antwort zu erhalten.

Als ich Maximilian darüber am Telefon berichtete, hat er mich abgewimmelt: » Was hast du denn von diesen Banausen erwartet, die heute in Berlin regieren? Wir in unserer Familie wissen, was wir damals geleistet haben, dafür brauchen wir kein Museum. Leute mit deinem familiären Hintergrund mögen das anders sehen. Wobei ich nichts gegen ehrenwerte Handwerker habe, das weißt du. «

Das hat er sehr wohl. Vaters Vorfahren waren Schneider gewesen, das meinte der Herr mit » familiärem Hintergrund « , und dass Vater ein Geschäft für Herrenausstattung hatte, aus dessen Nachlass er gerne 150 000 Euro einsacken würde, aber nicht darf, wenn es ausschließlich nach mir ginge.

Ich überquere die Spreebrücke hinter dem Museum, vorbei an einem Roma - Jungen, der auf seiner Ziehharmonika lustlos einen Musettewalzer vor sich hin spielt, ein Stück, das ich oft in den fünfziger Jahren im Rundfunk gehört habe. Fast alle Bettler aus Rumänien spielen nur dieses Stück, mehr haben sie nicht drauf. Die verwitterten Omas, die langröckigen, scharfgesichtigen Frauen mit ihren in Tücher gewickelten Babys, die kleinen dunkeläugigen Mädchen und die verschmitzten, nicht immer sauberen Jungen. Nur die Männer verfügen ab und zu über ein abwechslungsreicheres Repertoire, wenn sie nicht gerade damit beschäftigt sind, das erbettelte Geld einzutreiben.

Ich bleibe am Nordrand des Lustgartens stehen und blicke hinüber auf die andere Seite, dorthin, wo das Humboldt Forum in der Gestalt des ehemaligen Stadtschlosses entstehen soll, aber möglicherweise nicht wird, wenn das politische Trauerspiel um den endgültigen Baubeginn so weiter geht wie bisher.

Jeder blamiert sich so gut er kann.

Der Palast der Republik ist seit eineinhalb Jahren verschwunden. In seinem Endstadium habe ich ihm etwas abgewinnen können, das war, als nur noch die Aufzugstürme wie alte Burgruinen in die Luft ragten. Es war ein imposanter Anblick, ein wunderbares Fotomotiv für die Touristen. Dort, wo der Palast stand, ist zurzeit eine riesige Rasenfläche. Sicherlich liegen jetzt wie immer Dutzende Menschen auf ihr und sonnen sich, spielen Frisbee oder sehen ihren Hunden beim Kacken zu.

In der Mitte, unmittelbar am Fußgängerweg, ragt die Schaustelle empor, ein aus Stahlrohren bestehendes Gebilde, das man für einen Euro erklimmen darf. Daneben entsteht ein massives Gebäude, das nach seiner Fertigstellung dieses Provisorium ersetzen wird. Von dort kann man dann die nächsten Jahre gegen Bezahlung auf etwas hinab sehen, was nicht existiert.

Einmal bin ich die stählernen Treppen hoch gestiegen und habe mir die bisherigen Ausgrabungen von oben angesehen. Mauerrest stand neben Mauerrest und dazwischen das, was von den Fundamenten übrig geblieben war. Sie werden zum Kummer der Archäologen zugeschüttet werden, wie das in fast allen ostdeutschen Städten geschieht, wenn bislang freie oder nur teilweise bebaute Zentren neu gestaltet werden. Im Westen hat man dies in den fünfziger und sechziger Jahren erledigt. Man hat das alte Zeug vermutlich ohne Federlesen zugeschüttet und zubetoniert. Es krähte eh kein Hahn danach! Das Wort »Denkmalschutz« war mir Jahrzehnte lang unbekannt.

Rechts steht der schlichte Bau der Temporären Kunsthalle. Ich habe sie kurz nach ihrer Eröffnung einmal betreten. Einmal und nie wieder. Die Berliner zeitgenössische Kunst hat mich nicht überzeugt. Die sechs Euro Eintrittsgeld waren rausgeschmissenes Geld gewesen. Erst habe ich mir eine eigenartige Videoinstallation ansehen dürfen, auf dem fünfundzwanzig John-Lennon-Fans in irgendeinem englischen Kaff in Permanenz ein Lied von diesem Beatle plärrten, und nebenan ist eine Installation aus Filmen mit Jack Nicholson gezeigt worden, den ich, lang ist's her, zum ersten Mal in »Easy Rider« und in »Chinatown« gesehen habe, damals, als ich noch öfters ins Kino ging. Nach zwanzig Minuten bin ich wieder draußen gewesen und hab mich an der frischen Luft erfreut.

Vielleicht werde ich nachher Peter von meinem Besuch erzählen. Sicher hält er mich wieder für einen Spießer und Kunstbanausen. Peter, der sich vor Jahren gemeinsam mit einer Bildhauerin als Kunsthändler versucht hat, aber nach einigen Vernissagen den Laden wieder schließen musste, weil die Leute nur zum Rotweintrinken kamen und nichts kauften.

»Ich habe viel dazu gelernt«, hat er mir danach gesagt.

»Sehr gut, wenn du daraus deine Lehren gezogen hast.«

»Bitte keine Predigt. Die kann ich jetzt nicht brauchen. Immerhin bin ich bei der Sache ohne Verluste rausgekommen. Ich kann mir gut vorstellen, dass ich es noch einmal versuche. Lass dich überraschen.«

Zum Glück ist die Überraschung bis jetzt ausgeblieben.

Ich weiß nicht, ob Schwiegertochter Manuela mit ihrem Verdacht Recht hatte, Peter betrüge sie mit dieser Bildhauerin. Zweimal hat sie mich heulend am Telefon bestürmt, Peter die Leviten zu lesen.

»Er betrügt mich mit ihr, glaube mir. Ich habe schon mehrmals bei anderen Frauen diesen Verdacht gehabt, er ist ja so viel unterwegs, hat immer Gelegenheit zum Fremdgehen. Aber jetzt reicht es mir!«, schluchzte sie.

»Dieses Weib ist sogar älter als er. Nicht zu fassen. Ich nehme das nicht mehr hin.«

»Hast du mit ihm gesprochen?«

»Ja, er leugnet und behauptet, ich sähe Gespenster. Aber ich irre mich nicht. Ich habe das im Gefühl.«

»Du hast nur dein Gefühl, keine Beweise?«

»Ich bin nicht so doof, wie ihr immer meint. Er ist mir zu oft mit dieser Frau zusammen, eine Freundin hat die beiden ziemlich intim in einem Restaurant gesehen und er kleidet sich plötzlich ganz anders als sonst.«

»Und was soll ich tun? Nur mit ihm reden?«

»Ja, und ihm den Kopf waschen. Er soll sich endlich normal benehmen und nicht immer durch die Gegend springen. Er hat Familie. Ich liebe ihn und die Kinder lieben ihn auch, aber das ist ihm ziemlich gleichgültig. Er ist dein Sohn, du hast ihn erzogen, also tu' was!« Ihre Stimme war bei den letzten Worten in ein Kreischen übergegangen.

So hatte ich Manuela noch nie erlebt. Trotzdem unternahm ich nichts. Bei der Beweislage, nein! Nicht, dass ich Manuela nicht glaubte. Peter ist jemand, der nichts anbrennen lässt. Früher nicht und jetzt wohl auch nicht. Je weniger er im Beruf Erfolg hat, desto mehr sucht er auf andere Weise sein Selbstbewusstsein zu heben. Die gute Manuela müsste Peter mehr Dampf machen, mehr Temperament zeigen, nicht nur in Birkenstocks herumlatschen und immer bei ihren Eltern Kaffee trinken, dann würde Peter vielleicht nicht über den Zaun grasen. Aber nur vielleicht.

»Dreh ihm doch den Geldhahn zu«, habe ich ihr geraten. »Hol ihn nicht immer mit dem Geld deiner Eltern aus der Bredouille. Lass ihn zappeln, dann wird er schon ruhiger.«

Doch dazu war Manuela zu lieb, zu nett, zu weich.

Ich wende mich ab, um die Spree entlang zum Treffpunkt mit Peter zu gehen. Der Dom und das Alte Museum bleiben zurück und ich gehe am vor einigen Monaten eröffneten Neuen Museum vorbei. Ein wunderbarer Bau.

Gut, dass ich die Fertigstellung erlebt habe, obwohl dies zu erwarten gewesen war. Dass ich das Stadtschloss, wenn es denn kommt, in Vollendung sehen werde, davon gehe ich ebenfalls aus. Aber darüber hinaus wage ich selten zu denken. Alles, was in zehn Jahren und darüber gebaut, veranstaltet oder sonst was werden soll, liegt im Dunst, wie hinter einem Schleier, von dem es gut ist, dass ich nicht hinter ihn blicken kann. Es ist durchaus möglich, dass ich dann auf dem Luckendamer

Hauptfriedhof liege und die Witwe Ute rastlos mit einem Hund, den sie sich mittlerweile angeschafft hat, durch die Gegend läuft oder in einem Seniorenheim untergebracht ist und von einer Kopftuch tragenden Kirgisin betreut wird. Enkel Ferdinand ist vielleicht nach Australien ausgewandert, Enkelin Luise schlägt sich nach abgebrochenem Studium als Alleinerziehende durch, Sabine und Maximilian sind geschieden, Peter betreibt eine Surferschule auf Rügen und Manuela ist Fremdenführerin in Würzburg. Wustermann ist Landesminister geworden und Gabriele hat einen Großhandel mit Tulpen aufgezogen. Und, und, und. Nur gut, dass ich nicht in die Zukunft blicken kann.

Ich verlangsame meine Schritte. Die Knie schmerzen weiter. Bis zur Weidendammbrücke habe ich noch eine gehörige Strecke zurückzulegen. Ich versuche, ein Humpeln zu vermeiden. Es ist nicht auszuschließen, dass Peter mich sieht. Er soll mich nicht als hinfälligen Tattergreis wahrnehmen.

Ich fühle mich wie ein Kind, das etwas ausgefressen hat und zu seinem Vater zitiert wird, um sich eine Standpauke anzuhören und eine Bestrafung abzuholen. Das ist so, auch wenn ich es nicht wahr haben will. Der Sohn Peter kennt so ein Gefühl gegenüber seinem Vater bestimmt nicht.

Zwölftes Kapitel

Nachdem ich die Tafel mit der historischen Bezeichnung »Weidendammer Brücke« passiert habe, bleibe ich auf der Weidendammbrücke stehen und blicke zu dem Café auf der Nordseite der Spree hinüber, in dem ich mit Peter verabredet bin. Die im Freien stehenden Tische werden von Schatten werfenden Schirmen überdacht, sodass ich auf die Entfernung nicht erkennen kann, ob Peter bereits wartet. Vermutlich nicht. Es sind noch sechs Minuten bis zur verabredeten Zeit.

»Du wirst wieder einige Minuten früher da sein, wie ich dich kenne«, hat Peter gesagt, als wir uns am Telefon verabredeten. »Ich werde versuchen, pünktlich zu sein.«

»Ich kann machen, was ich will, ich bin nie unpünktlich«, habe ich erwidert. »Selbst wenn etwas Unvorhergesehenes dazwischen kommt, ich habe immer einen Zeitpuffer, laufe nie wie deine Mutter im letzten Moment los. Du solltest dich auch daran halten, das käme deinen Geschäften zugute. Fünf Minuten vor der Zeit ...«

»... sind des Soldaten Pünktlichkeit. Ich kenne den Spruch. Opa, dein Vater, hat ihn immer gebraucht. Ich bin aber nicht beim Militär.«

Ich blicke auf die Gebäude, die mich umgeben. Sie werden Peter gefallen. Sicher möchte er in Berlin leben und nicht in Würzburg, Manuelas schöner, aber langweiliger Heimatstadt. Bei unserem letzten Telefongespräch hat er angedeutet, er rechne sich hier mehr Chancen für seine Projekte aus, hier, wo es dynamisch zugehe, wo man kreativ sei und Pep habe. Finanzkrise hin, Wirtschaftskrise her, es boome in Berlin, in dieser Stadt ginge die Post ab und Griechenland mit seiner Krise sei weit weg und der Euro ein Problem der Politiker. Wenn er sich mal nicht täuscht.

Von der Weidendammbrücke aus ist die Politik näher als er denkt, in zehn Minuten wäre er am Reichstagsgebäude angelangt.

Bestimmt wird Peter der zehnstöckige, aufdringliche Klotz gefallen, der drüben vor dem Bahnhof Friedrichstraße ganz unverfroren hochgezogen worden ist. Gegen den Willen der Bauverwaltung, aber auf politischem Druck. Selbst die »Märkischen Neuesten Nachrichten« haben über den Skandal berichtet. An Einzelheiten kann ich mich nicht erinnern.

Peter hat vorletztes Jahr mehrmals auf einen Umzug nach Berlin gedrängt, aber Manuela brach jedes Mal in einen Weinkrampf aus. Nur nicht weg von Würzburg, nur nicht weg von ihren Eltern, von den kleinbürgerlichen Eltern, die ab und zu ihrem einzigen Kind zuliebe einige Hunderter springen lassen, wenn Not am Mann, sprich Peter in Not ist. Manuela ist schwach, aber wenn es um ihre Eltern geht, klammert sie so stark, dass nicht einmal Peter, dem sie sich sonst in allem fügt, etwas ausrichten kann.

Ich laufe los, überquere die Weidendammbrücke bis zu ihrem Ende und gehe auf das Café zu. Ich erblicke Peter und überlege, ob es ein gutes oder schlechtes Zeichen für sein wichtiges Gespräch von heute Vormittag ist, dass er früher als ich und sogar einige Minuten vor der Zeit dort sitzt und auf mich wartet. Da er mich bestimmt beobachtet, schreite ich betont forsch aus und halte mich noch aufrechter als gewöhnlich. Ich hoffe, man könne mich zumindest aus der Ferne für einen rüstigen Sechziger halten, zumal ich in meiner hellen, locker hängenden Sommerjacke, der hellen Hose und dem schwarzen Hemd annehmbar aussehe. Ute hat mir vor meiner Abfahrt gesagt, was ich anziehen soll. Bei Peter ist es anders. Er kauft seine Kleidung selbst und entscheidet, was er trägt. Er ist immer modisch dezent angezogen, so gar nicht wie seine Berufskollegen, die Vertreter, die zumeist einen Tick zu grell gekleidet sind, unechte Siegelringe tragen und von einer Rasierwasserwolke eingehüllt werden. Er berät Manuela, wenn sie sich nicht entscheiden kann, was oft geschieht. Ihre Kleider und die ihrer Kinder bezahlen die Schwiegereltern. Peter muss sich das öfters vorhalten lassen, aber es stört ihn nicht. Juckt ihn nicht, um seine Worte zu gebrauchen. Wozu hat man bitteschön Geld? Zum Ausgeben natürlich. Die Schwiegereltern sollen sich mal nicht so haben und so tun als seien sie Schwaben.

Als ich nur noch wenige Meter entfernt bin, drückt Peter seine Zigarette im Aschenbecher aus, legt eine schmale Mappe beiseite und steht auf. Ich mag nicht, dass er raucht. Grundsätzlich nicht, weil es ein teures Laster ist, und besonders jetzt nicht, weil ich vermutlich gleich den aus dem Aschenbecher qualmenden Restrauch riechen muss. Ich hasse Nikotin und er weiß es. Trotzdem werde ich heute über sein Rauchen hinwegsehen.

»Guten Tag, Peter, schön, dich zu sehen«, rufe ich, drücke ihm die Hand und deute eine Umarmung an. »Du hast einen schönen Platz ausgesucht. Berlin schon unsicher gemacht?«

»Tag Papa. Nein. Ich bin nur geschäftlich unterwegs. Schade, dass ich nicht nach Luckendam kommen konnte.«

»Das kannst du beim nächsten Mal nachholen. War die Besprechung erfolgreich?« Wir setzten uns. Ich reibe mein schmerzendes rechtes Knie. Es ist mir gleichgültig, wenn Peter merkt, dass mir langes Gehen Probleme bereitet. »Ich bin heute zu viel gelaufen, deshalb tut das Knie weh. Deine Mutter will mich unbedingt zum Arzt schicken, aber ich mag nicht. Es wird schon wieder werden. Hoffe ich wenigstens.«

»Ob ich Erfolg hatte? Ich hatte zwei Termine. Der Erste war nur eine Vorbesprechung, über die ich nicht reden möchte. Du weißt ja, wie das so ist: Gut Ding will Weile haben. Die Leute erwärmen sich heutzutage nur langsam für ein neues Projekt. Aber ich halte die Sache am Kochen.«

»Und der andere Termin?«, frage ich und als Peter an seiner neben ihm auf dem Boden stehenden Aktenmappe herumfingert und so tut, als hätte er mich nicht gehört: »Wie geht's den Kindern und Manuela?«

»Bestens. Sie lassen herzlich grüßen. Nele hat für dich und ihre Oma ein Bild gemalt, ich gebe es dir nachher. Das nächste Wochenende verbringen sie draußen im Ferienhaus der Schwiegereltern. Ich werde wohl nicht mitkönnen.«

Peter lehnt sich entspannt zurück und streckt die Beine weit von sich. Er will offensichtlich nicht verkrampft wirken, will nicht den Eindruck vermitteln, er habe mal wieder Schiffbruch erlitten und ich sei sein Rettungsanker

Eine ausgesprochen hübsche Kellnerin lächelt mich an.

» Sie wünschen? «

» Einen Milchkaffee, bitte «, sage ich und zu Peter gewandt: » Du hast ja schon was. Latte macchiato, nehme ich an. Willst du etwas essen? «

» Danke, jetzt nicht. Später gerne. «

Ich ziehe die Jacke aus und hänge sie über die Stuhllehne. Während ich das umständlich tue, beobachte ich Peter, wie er der Kellnerin nachblickt und sie taxiert: lange Beine, schön geschwungene Hüften, guter Gang. Ein versonnenes Lächeln umspielt seine Lippen und für kurze Zeit scheint er meine Anwesenheit zu vergessen. Peter ist ein attraktiver Mann, einen Meter fünfundachtzig groß, er ist schlank, hat keinen Bauch und volle Haare. Das haben nicht viele in seinem Alter zu bieten. Ein Aussehen, das es ihm leicht, ich meine, zu leicht macht, Leute für sich und seine Pläne einzunehmen. Ich bin mir sicher, dass er bei den Frauen nichts anbrennen lässt, wie bei dieser Bildhauerin, über die mir Manuela etwas vorgeheult hat. Allerdings dauern seine Affären wohl nicht lange. Dazu ist er zu unstet und auch zu knapp bei Kasse. Als der Kunsthandel mit der Bildhauerin nicht so lief, wie sie sich das vorgestellt hatten, war die geschäftliche Beziehung sofort zu Ende gewesen. Und die intime Beziehung bestimmt auch, wenn sie denn bestanden hat. Vermutlich war es Peter, der Schluss gemacht hat.

» Gefällt sie dir? Angenehmer Anblick, oder? «, frage ich.

Peter tut so, als schrecke er aus seinen Gedanken hoch: » Was? Ach so, du meinst die Kellnerin? Ja, das kann man sagen. Ich war gerade in Gedanken. Außerdem bin ich verheiratet und nicht zu verführen. Dir scheint die Frau wohl zu gefallen? «

Er sieht mir derart direkt und offen in die Augen, dass jemand, der ihn nicht kennt, seinen Spruch mit dem Verheiratetsein für bare Münze nähme.

»Warum nicht? Ich bin nicht jenseits von Gut und Böse. Noch nicht«, sage ich etwas lahm.

Wie würde Peter reagieren, wenn er von meinem Verhältnis mit Gabriele erführe? Würde er mir die Angelegenheit nicht weiter krumm nehmen und überrascht sein, dass sein Vater nicht so brav ist, wie er immer geglaubt hat? Oder würde er ärgerlich werden, weil ich Wasser gepredigt, aber Wein getrunken habe? Und wie verhielte er sich, wenn er etwas von Wolfgangs Erpressungsversuch wüsste? Oder gar davon, dass dahinter die Gewaltandrohung eines brutalen Männerbundes steht? Vermutlich würde er lapidar sagen, der Alte hat sich die Suppe eingebrockt, jetzt muss er sie auch auslöffeln. Schadenfroh wäre er wohl nicht, aber es ginge ihm auch nicht nahe. Da hat er schon ganz andere Sachen durchgemacht. Es ist durchaus möglich, dass ihm bei unsauberen Geschäften mit Gewalt gedroht wurde. Gewalt gegen seine Person, gegen ihm gehörende Sachen oder gar gegen seine Familie. Ich will es nicht wissen. Ich kann mir allerdings vorstellen, dass er, wenn er von meinen Schwulitäten wüsste, versuchte, durch sie schneller zum Ziel zu kommen, nach dem Motto: »Papa, du hast Probleme, ich habe Probleme, da weißt du, wie mir zumute ist. Also hilf mir und du hast ein Problem weniger, nämlich einen zufriedenen Sohn.«

Wir sprechen über dies und das. Über das Wetter, über die Fußballweltmeisterschaft in Südafrika und die Chancen der deutschen Mannschaft, über Berlin, wie es sich entwickelt hat. All das, was man so daherredet, wenn man nicht sofort zum Punkt kommen will. Ich bestreite den Hauptpart, Peter hält sich zurück, was ziemlich ungewöhnlich ist. Er weiß, dass ich gerne rede und will sich meine Sympathie nicht durch Widerrede und Besserwisserei verderben.

Was mich überrascht: ich fühle mich fast wohl. Wenn nur die Schmerzen nicht wären. Das klamme Gefühl von vorhin ist verschwunden. Es ist mir nicht unangenehm, lässig mit Peter zusammen zu sitzen, locker zu palavern und dabei die Gegend und die vorbeiflanierenden Leute zu betrachten. Ich warte darauf, dass er zu seinem Anliegen kommt und bin gespannt, wie er es anstellen wird. Sicherlich hat er sich keine Marschroute zurechtgelegt, das ist nicht seine Art. Er wartet auf einen günstigen Moment. Sicher würde er gerne das belanglose Gerede beenden, um zum eigentlichen Zweck seiner Reise zu kommen, aber sein Instinkt sagt ihm, dass dies eher beiläufig geschehen sollte. In seinen Augen bin ich ein harter Vater, den man wie ein rohes Ei behandeln muss, ein Mensch mit festen, aber falschen, überholten Grundsätzen, die nicht mehr in die Zeit gehören, jede Kreativität töten und insgesamt die Welt nicht weiterbringen.

Was mich nicht stört. Nachher, wenn ich die 30 000 Mark, die ihm Hartmut angeblich gegeben hat, zur Sprache bringen werde, werde ich es auf jeden Fall sein.

Damit er mehr aus sich heraus geht, will ich ihn zum Reden zwingen und frage ihn, wie seine zweite Besprechung verlief.

» Sie sollte in einem Anwaltsbüro stattfinden, hat sie aber nicht. Da war eine Vorzimmerdame, die, nachdem sie meinen Namen gehört hat, erst einmal in Ruhe ein privates Telefongespräch zu Ende geführt hat. Anschließend sagte sie mir ziemlich von oben herab, sie wisse nichts von einem Termin mit Frau Urting. Das ist die Rechtsanwältin, mit der ich mich telefonisch verabredet hatte. Du weißt ja, wie arrogant solche Hofschranzen sein können, wenn sie den Auftrag haben, jemanden abzuwimmeln. Angeblich war diese Doktor Urting nicht im Hause. Ich kam mir ziemlich blöd vor. «

Also ist er mal wieder wo abgeblitzt, denke ich, frage aber: » Um was ging es? «

» Mir schuldet jemand Geld und diese Anwältin vertritt ihn. Wir haben mal eine Firma gegründet, die Kunden bei der Einrichtung von Wohnungen berät. Nichts Hochgestochenes, ganz im Gegenteil, wir wollten Hinz und Kunz, ganz gewöhnliche, normale Menschen beraten, Leute mit bescheidenen Möglichkeiten und schlechtem Geschmack. Seine Frau, eine Innenarchitektin, war mit von der Partie. Leider war sie nicht in der Lage, von ihrem hohen Ross zu steigen. Was für die Schweiz gut war, wo sie studiert hat, war ihrer Meinung nach auch gut für das gemeine Volk und das lief völlig an unserer Zielgruppe vorbei. Damit war auf keinen grünen

Zweig zu kommen und wir machten nach einer Weile Schluss. Der Mann lebt jetzt in Berlin und weigert sich, mein in die Firma eingebrachtes Geld herauszurücken. Er hat die Bücher geführt und behauptet, alles sei futsch. Der Kerl lügt und die Anwältin hilft ihm dabei. «

» Wie hoch ist der Betrag? «, will ich wissen.

» Neuntausend. «

» Hallo! Wo hattest du das Geld her? «

» Ich habe es mir geliehen. Von einem Bekannten zu einem beachtlichen Zinssatz. Du verstehst, ich muss das Geld zurückhaben. «

» Peter, du lernst es nie! «, entfährt es mir.

Mir ist klar: Von den 150 000, die er von mir haben möchte, wird er 9 000 plus Zinsen abzweigen wollen, denn er weiß, dass er das Geld von seinem ehemaligen Kompagnon abschreiben kann. Als gütiger Vater müsste ich denken: Jetzt ist es umso dringender, ihm die 150 000 auszuzahlen, damit er endlich aus dem Schlamassel heraus kommt und nicht noch weiter hinein gerät. Aber so gütig bin ich nicht. Peter wird nie aufhören, Geld zu verpulvern und Projekte in den Sand zu setzen. Ich bin wütend auf ihn, weil er sich ständig in irgendeinen Sumpf reitet, und ich bin traurig, weil er wohl immer so weiter machen wird. Bis er ins Rentenalter tritt. Aber ohne Rente. Das angenehme Gefühl, hier mit Peter zu sitzen, ist verflogen. Um mich zu beruhigen, wechsle ich das Thema.

Ich erzähle Peter, dass Luckendam zum ersten Mal ein Baumblütenfest gestartet hat, aber mit wenig Erfolg. Die Luckendamer blieben unter sich. Die erwarteten Berliner fuhren stattdessen in die entgegengesetzte Richtung nach Werder zum Baumblütenfest.

» Ihr solltet in Luckendam ein ganz normales Frühlingsfest veranstalten «, sagt Peter und nimmt die Mappe in die Hand, die er bei meinem Erscheinen vor sich auf den Tisch gelegt hat. » Das passt besser zur Stadt. «

» Glaube ich nicht. Wir haben in der Stadt bereits ein Sommerfest und im Winter gibt es noch den Weihnachtsmarkt. «

» Haben sie Qualität, kommen die beiden Feste bei den Besuchern an? Sind die Händler mit den Geschäften zufrieden? «

»Alle scheinen zufrieden zu sein, die Händler und die Besucher und die wenigen Touristen, die deshalb eigens nach Luckendam finden. Das meiste, was geboten wird, sind Fress- und Trinkbuden.«

»Qualität meine ich im Bezug auf das, was zum Kauf angeboten wird.«

»Tja, so genau habe ich nicht hingeschaut, aber es wird wohl viel Ramsch dabei sein, weil er am besten geht. Unglaublich hässliche Strickmützen, billiger Schmuck aus Silberdraht, Kerzen, dubioses Parfum, Kinderspielzeug Made in China. Kunstgewerbe, also im Winter Krippen aus dem Erzgebirge, geht wohl nicht, ist zu teuer. Die Luckendamer sind sparsame Leute.«

»Das sollte aber gehen und es geht auch, wenn es die Richtigen in die Hand nehmen, zum Beispiel eine Gesellschaft, die ich kenne, die Gagenhausen GmbH mit Sitz in Nürnberg.«

Ich muss unwillkürlich grinsen. Die Katze ist aus dem Sack, sie heißt Gagenhausen und lebt in Nürnberg. Ich will nicht, dass wir weiter um den Brei herum reden und werde direkt: »Deshalb wolltest du mich also sprechen. Lass mich raten: Du könntest dort einsteigen, wenn du dich mit einer kräftigen Kapitaleinlage beteiligst.«

»Ja, du hast richtig geraten«, sagt Peter. Er richtet sich auf und holt ein Papier aus der Mappe. Alles Lässige ist von ihm abgefallen, jetzt ist er nicht mehr Sohn, sondern nur noch Geschäftsmann. »Ich kenne Herrn Gagenhausen seit einiger Zeit, übrigens ein Doktor, ich glaube der Germanistik. Er hat sich mit seiner Gesellschaft auf kleine Städte spezialisiert und verfügt über einen guten Ruf und eine breite Angebotspalette. Ich habe schon eine von ihm organisierte Grafikausstellung und in Hessen einen Töpfermarkt erlebt. Beides wurde gut angenommen.«

»Und du sollst Gesellschafter werden?«

»Ja. Und einer der Geschäftsführer. Aber das kostet natürlich. Ich muss eine Kapitaleinlage leisten, wie du schon sagtest.«

»Warum kam man ausgerechnet auf dich?«

»Gagenhausen sucht jemanden, der neue Kunden wirbt, jemanden, dem für schwierig zu vermittelnde Orte besondere Events einfallen, und auch jemanden, der sich nicht zu schade ist, im Notfall Feuerwehr zu spielen«, erwidert er. Er beugt sich vor, blickt mir mit seinen von Ute geerbten graublauen Augen voll ins Gesicht und spricht langsam und betont, so als wäre ich begriffsstutzig: »Ich kann das, da bin ich mir sicher. Ich habe mehrere Gespräche mit Gagenhausen geführt und er ist der gleichen Meinung. Die Sache könnte schnell über die Bühne gehen.«

»Bist du sicher, dass die Geschäfte dieses Herrn wirklich gut laufen?«

»Aber ja. Oder genauer gesagt: bis vor kurzem, ja. Zurzeit ist es etwas schwierig. Die Gemeinden halten wegen der Wirtschaftslage die Hand auf dem Portemonnaie. Aber Gagenhausen hat Format und einen guten Ruf, deshalb wird er im Geschäft bleiben. Ich bin genau der Richtige, um mitzuhelfen, die Sache in Schwung zu bringen.«

»Also, wie viel brauchst du? Heraus damit und ohne Herumrederei.«

»150 000. Das, was du mir versprochen hast.«

»Nicht versprochen. Ich habe eine Möglichkeit angedeutet. Du bist wie deine Mutter, sie dreht mir, wenn es um euch Kinder geht, auch das Wort im Mund herum. Eines steht allerdings fest: Heute fälle ich keine Entscheidung. Du hättest mich über diesen Gagenhausen und seine Firma vorinformieren sollen.«

»Papa, wenn ich dir das am Telefon erklärt hätte, wäre bestimmt nichts daraus geworden. So eine Sache muss man von Angesicht zu Angesicht verhandeln. Selbst mit seinem Vater. Das ist einer meiner Grundsätze. Ich will nur, dass du sagst, ja, du wirst das nötige Geld bekommen, wenn die Sache astrein ist. Endgültig festlegen kannst du dich selbstverständlich erst nächste Woche. Ich gebe dir Unterlagen mit und du kannst Erkundigungen einziehen. Aber denke bitte daran: Es ist für mich eine einmalige Chance, es ist eine Sache, die Bestand hat. Feste werden immer gefeiert. Das wollen die Leute so, auch in schlechten Zeiten.«

Und dann sprechen wir über die Firma Gagenhausen und die Aussichten, die sie in Zukunft auf dem Markt haben dürfte. Ich gebe mich bedächtig und zweifelnd und versuche auf Fehler und Widersprüche hinzuweisen, ich lasse Peter spüren, dass wir im Grunde genommen nur mit der Stange im Nebel stochern.

Peter legt sich ins Zeug und versucht mit Verve, auf alles eine Antwort zu finden und mich weich zu reden. Nur ab und zu hält er inne, wenn er merkt, dass er zu überschwänglich geworden ist. Reden kann Peter, fürwahr.

Ich versuche erst gar nicht, meine Restkenntnisse über Gesellschaftsrecht hervor zu kramen und beschränke mich auf die Rolle des Mannes mit dem gesunden Menschenverstand, der sich nicht ins Bockshorn jagen lässt. Ich bin der Vater, der seinen Sohn herzlich bittet, Probleme nicht klein zu reden oder gar zu negieren, und der auch mal den Begriffsstutzigen spielt, um zum zweiten Mal erklärt zu bekommen, warum ausgerechnet dieser Doktor Gagenhausen ein vertrauenswürdiger und kompetenter Geschäftsmann sein soll. Mich ärgert, dass Peter mir weismachen will, er bräuchte die gesamte Summe für dieses neue Projekt. Ganz bestimmt wird er alte Schulden damit begleichen wollen und nicht nur die 9 000 aus dem Innenarchitekturgeschäft.

Wir reden über eine halbe Stunde lang und beginnen uns zu wiederholen und im Kreis zu drehen. Wir bemühen uns ruhig und sachlich zu bleiben, aber es gelingt nicht immer. Ich werde unduldsam, wenn Peter auf einer Fehleinschätzung beharrt, und Peter ist gereizt, wenn ich seinen Ausführungen nicht schnell genug folgen kann. Wir drohen in eine Sackgasse zu geraten. Je länger wir reden, desto mehr bin ich überzeugt, dass diese Gagenhausen - Sache eine miese Angelegenheit ist, von der Peter die Finger lassen sollte.

Wie sehr Peter sich ins Zeug legt, zeigt sich daran, dass er, als die attraktive Kellnerin am Nachbartisch Geschirr abräumt und beim Vorwärtsbücken ihren sehenswerten Hintern in unsere Richtung streckt, nur kurz hinüber blickt und gleich wieder mich fixiert und weiter schwadroniert.

Ich versuche, das Gespräch zu beenden. » Peter, ich habe alles gesagt, was gesagt werden muss. Noch einmal: Bevor ich entscheide, wirst du dich bei der Industrie- und Handelskammer über die Firma erkundigen und dir einen Auszug aus dem Handelsregister besorgen und zwar nicht irgendwann, sondern so bald als möglich. «

Ich versuche meiner Stimme einen Klang zu geben, der keinen Widerspruch duldet. » All das, was du über den Herrn Gagenhausen und sein Unternehmen erzählst, mag stimmen, aber mir ist es zu wenig, um so eine Summe, wie du sie genannt hast, lockerzumachen. «

» Klar, ich werde es zu tun, auch wenn ich nicht weiß, ob die IHK so etwas überhaupt macht «, erwidert Peter laut und rutscht ungeduldig auf seinem Stuhl hin und her. » Aber ich bekomme es nicht in den nächsten Tagen hin. Ich habe anderes zu erledigen und eine telefonische Auskunft werde ich erst recht nicht bekommen. Ich brauche doch nur deine Zusicherung und nicht schon das Geld. Glaube mir, die Angelegenheit ist koscher. Wie oft willst du das noch hören? «

» Wir sind nicht in der Kirche, dort wird geglaubt. Mir scheint, der Gagenhausen hat dich eingewickelt. Das mit seinem Doktortitel zieht bei mir nicht. Dass sich die GmbH nicht Gagenhausen, sondern Doktor Gagenhausen GmbH nennt, ist unseriös, mit seinem Titel geht man nicht hausieren. «

» Ich lasse mich nicht einwickeln. Ich erkenne einen Blender, dazu brauche ich keine Belehrung von dir. «

» Hast du zum Beispiel mal an Orten recherchiert, an denen diese GmbH ihr Geschäft betrieb? Ich meine recherchieren und nicht nur vorbeischauen. Hast du zum Beispiel mit Händlern vor Ort gesprochen? «

» Verdammt noch mal, Papa, man kann doch nicht alles absichern und bedenken. Du bist wie ein Mann, der Hosenträger und Gürtel zugleich trägt. Ich sehe, du willst mich hängen lassen! «, ruft Peter enttäuscht und genervt zugleich und fingert eine Zigarettenschachtel aus der Hosentasche.

» Fluch nicht. Ich lasse dich nicht hängen, aber 150 000 Euro sind kein Pappenstiel, zumal Sabine die gleiche Summe beansprucht. Lass bitte das Rauchen, verpeste nicht die Luft. «

» Merkst du eigentlich, dass du mich wie ein kleines Kind behandelst? Maximilian hat ein sicheres Einkommen, die beiden können warten. Ich als Freiberufler kann das nicht. Du hast geerbt und mir das Geld versprochen! «

»Nein, das habe ich nicht!« Ich werde heftig und eine Spur zu laut. »Ich lasse mich nicht auf windige Sachen ein und will auch nicht, dass du das tust. Du erzählst mir, wie gut solche Märkte und Messen gehen könnten, wenn man es richtig anpackt. Hast du so etwas schon gemacht? Nicht, dass ich wüsste.

Bring die Informationen, die ich dir gesagt habe, und nimm dir verdammt noch mal einen Anwalt, aber keinen Winkeladvokaten. Peter, du hast schon viele Pleiten geschoben. Das muss ein Ende haben.«

»Indem du mir nicht hilfst. Danke! Und so was will mein Vater sein. Sitzt auf dem Geldsack und spuckt große Töne. Ich gehe. Meinen Latte macchiato zahle ich übrigens selbst, damit du dich nicht verheben musst.«

Peter springt auf und stößt dabei aus Versehen seine am Boden stehende Aktentasche um. Er versucht sie mit dem Fuß wieder aufzurichten, aber da er wütend ist, gelingt es ihm nicht. Ich bleibe sitzen und sehe zu ihm hoch.

»Komm beruhige dich«, sage ich so sanft, wie ich es zustande bringe. »Warum fetzen wir uns? Das darf nicht sein. Entschuldige bitte, wenn ich zu heftig und selbstgerecht war. Nehmen wir eine Auszeit und essen etwas. So dürfen wir nicht auseinander gehen. Einverstanden?«

»Ich weiß nicht so recht.«

»Höre jetzt gut zu: Mit dem Erbe läuft es nicht so, wie es laufen sollte. Es muss noch einiges geklärt werden. Das ist oft so bei Hinterlassenschaften, an denen mehrere beteiligt sind. Ich kenne noch nicht einmal die Gesamtsumme, über die ich verfügen werde, wie sollte ich da locker zweimal 150 000 Euro springen lassen?«

Es bereitet mir kein schlechtes Gewissen, Peter anzulügen, es gebe beim Erbe Unklarheiten. Mein Streit mit Hartmut um die 85 000 Euro, die er als Vorschuss auf sein Erbe erhielt, und Peters möglicher Anteil sind nicht der Hauptgrund für mein Verhalten. Nicht nur, dass mir das Unternehmen kein Vertrauen einflößt, Peter tut mir auch nicht leid. Ich bin mir sicher, er hat eine Gardinenpredigt erwartet und sich darauf eingestellt. So etwas steckt er nach einer Weile weg, es ist für ihn normal, auf dünnem Seil zu balancieren und dabei ständig vom Absturz bedroht zu sein. Er nimmt sich persönliche Attacken nicht allzu sehr zu Herzen, selbst wenn sie vom eigenen Vater kommen. Er schüttelt sich und denkt: » Hauptsache der Alte rückt den Zaster raus. «

Aber er täuscht sich. Ich bin mir ziemlich sicher, dass ich für dieses Unternehmen keine derart astronomische Summe herausrücken werde.

Peter isst ein Ciabatta mit Tomaten und Mozzarella und trinkt noch einen Latte macchiato, ich nehme einen Salatteller mit Schafskäse und dazu einen Zehntelliter Rotwein. Die Kellnerin hat, als sie die Bestellung aufnahm und anschließend brachte, ganz offen mit Peter geflirtet. Ich schätze sie auf Ende zwanzig. Kellnern scheint aber nicht ihre Berufung zu sein. Da ich für sie im biblischen Alter angelangt bin, nimmt sie an, ich würde ihr Kokettieren nicht bemerken, auch nicht, welch reizvollen Busenausschnitt sie mir vor meine Nase hielt, als sie mir den Salat auf den Tisch stellte.

Peter ging auf das Spiel ein und erwiderte es mit einigen locker hingeworfenen Scherzworten und einem langen Augenkontakt. Vermutlich ist so etwas für ihn Routine. Er weiß, dass er auf Frauen wirkt, zumindest auf einen bestimmten Typ von Frauen. Er hat Ute gegenüber einmal beiläufig erwähnt, er versuche immer, wenn es irgendwie geht, ein Geschäft über Frauen einzufädeln, da komme er oft, nicht immer, aber doch oft, leichter ins Geschäft als mit Männern. Nicht dass sie sich von ihm einwickeln ließen, das nicht, es schien sie eher zu amüsieren, einen Filou vor sich zu haben, der fantasievolle Komplimente mache und zeige, dass er auf sie abfährt. Ein bisschen zu flirten, mache jeder Frau Spaß, schon der Selbstbestätigung wegen, aber meist nur für eine Weile. Wenn es jedoch an den Geschäftsabschluss ginge, seien sie zumeist beinhart, härter als Männer. Ute war sich danach nicht sicher, ob sie das gut finden sollte. » Er ist leider ein Macho « , hat sie zu mir gesagt und ich habe, um sie zu ärgern, mit » Na, das ist doch mal was! « reagiert.

Es ist eine Ironie des Schicksals, dass Peter ausgerechnet auf dem Tiefpunkt seines wechselreichen Berufslebens Kaffeefahrten organisieren musste.

Es war ihm sicherlich ein Gräuel, nur alte Scharteken mit Stützstrümpfen und Krückstöcken durch die Gegend zu kutschieren und auch noch bei Verkaufsveranstaltungen umwerben zu müssen.

Trotz alledem, es gelingt mir nicht, in dieser Beziehung den strengen Vater zu spielen. Selbst jetzt mit meinen zweiundsiebzig Jahren beschleicht mich oft das Gefühl, ich hätte früher mehr wie Peter sein sollen. Ich habe manch günstige Gelegenheit zu einer erotischen Eskapade verstreichen lassen, vor allem vor der Heirat, aber auch danach. Aus Scheu, aus Begriffsstutzigkeit, aus Angst vor dem Entdecktwerden, wegen Geldmangels und wohl auch aus Bequemlichkeit. Ich habe sicherlich Schönes versäumt. Ohne mein Verhältnis mit Gabriele und die beiden kleinen Schlenker Jahre zuvor, würde ich als Tugendbold ins Grab sinken.

» Ihr seid drei Geschwister, nicht wahr? «, unterbricht Peter meine Gedanken. » Edeltraut, Hartmut und du. Da bist du dir sicher? «

» Was soll die blöde Frage? « Ich stelle das Weinglas, das ich gerade zum Mund führen wollte, zurück auf den Tisch.

» Deine Schwester, meine Tante, ruft mich ab und zu an, wohl als Einzigen aus der Familie. Vermutlich, weil ich eine Art Außenseiter bin. Sie hat da was geäußert. «

» Was geäußert? Nun mach schon! «

» Dein Vater, mein Opa, habe einen unehelichen Sohn gehabt. Sehr spät geboren, so um 1960 herum. Ein Fehltritt mit einer Angestellten, die daraufhin die Firma verließ. Er hat wohl treu und brav gezahlt. Edeltraut meint, Oma habe davon gewusst. «

» Das ist Unsinn. Wenn einer treu war, war es dein Opa. Und wie hat die liebe Edeltraut das erfahren, wenn man fragen darf? «

» Aus den Unterlagen der Oma «, antwortet Peter grinsend und lehnt sich entspannt zurück. » Da bist du baff, was? Angeblich haben du und Hartmut bei der Haushaltsauflösung zugestimmt, dass sie einen Karton mit alten, ungeordneten Briefen mitnahm, um das Zeug zu sichten, und dabei ist sie darauf gestoßen. Es sollen Briefe von Opas Freundin und Kinderbriefe eines Andreas sein, mit einem Inhalt, der eindeutig die Vaterschaft belegt. Edeltraut hat euch damit verschont, weil sie Opas

Ruf nicht schädigen will. Außerdem ist der uneheliche Sohn mit achtzehn bei einem Verkehrsunfall ums Leben gekommen. Die gute Tante Edeltraut behauptet, sie leide sehr unter dieser Entdeckung und sie frage sich, wem sie überhaupt noch trauen dürfe, wenn selbst der geliebte Vater ein Heuchler und Ehebrecher gewesen sei. «

» Quatsch mit Soße! «, brause ich auf. » Edeltraut war schon als junges Ding komisch und hat ihren Vater nie geliebt. Zumindest hat keiner von uns ihre Liebe bemerkt. Sie fühlte sich von ihm unterdrückt und unverstanden. Klar, weil er ihre Macken nicht akzeptiert hat und sie zum Skifahren, in den Tanzkurs und im Sommer ins Ferienlager getrieben hat, alles Dinge, die ihr nicht passten. Sie hockte lieber mit einer Freundin herum, einer dicken Elke, die nicht alle Tassen im Schrank hatte, nur Bücher über Gandhi und Albert Schweitzer las und später Zeugin Jehovas wurde und vergebens auf den Weltuntergang wartete. Edeltraut sucht mit diesem Quatsch einen weiteren Grund, um anderen die Schuld geben zu können, dass sie so ist, wie sie ist, dort in ihrem Bunker mit den Hunden und der riesigen Alarmanlage. Die Briefe will ich sehen. Ich rufe sie morgen an, vielleicht geht sie sogar mal an den Apparat. «

» Sie hat die Unterlagen verbrannt, um niemandem zu schaden. Ich habe ihr versprochen, dir und Onkel Hartmut nichts zu sagen. «

» Aber du hast es getan. Behalte bitte diesen Käse für dich. Es reicht, dass ich ihn kenne. Ich habe vielleicht eine Familie! Nicht zu fassen! «

» Gut, dann können wir uns wieder Erfreulicherem zuwenden. Meinem Engagement bei Gagenhausen. «

Peter wäre gut beraten gewesen, mir nicht diesen Blödsinn von Edeltraut aufzutischen. Schon gar nicht, wenn er etwas von mir will und mich bisher nicht überzeugt hat. Das bringt ihm einen Minuspunkt ein. Leider einen ziemlich dicken.

» Na ja, was du so erfreulich nennst «, entgegne ich. » Außerdem gibt es nichts Neues zu besprechen, es ist alles gesagt. «

» Würde es deinen Entschluss erleichtern, wenn ich nur 120 000 beanspruche? «, fragt Peter zu meiner Überraschung. » Vielleicht komme ich damit hin. «

»Das hört sich schon besser an. Aber das ändert nichts an dem, was ich von dir fordere.«

»War nur ein Versuch«, sagt Peter beleidigt und nimmt einen Laptop aus der Aktentasche, die wieder an seinem Stuhl lehnt. Er legt ihn auf den Tisch und schaltet ihn ein. »Wir sollten uns die Firma im Internet ansehen.«

»Nein, lass es, das ist vergeudete Zeit. Das mache ich sowieso zu Hause. Hast du Bilder von der Familie gespeichert? Zeig sie mir.«

»Gut, wenn du willst«, sagt Peter resigniert.

»Schöne Bildchen von der Firma ändern meine Meinung nicht. Also mach schon!«

Einige Minuten lang sehen wir uns Fotos von Peters Familie, seinen Schwiegereltern und von einer Osterwanderung in der Umgebung Würzburgs an. Die Schwiegereltern sehen aus, wie Ute und ich zum Glück nicht aussehen. Sie ist eine kleine, mit Schmuck behängte Frau, die ständig einen Mops an der Leine führt, und rechthaberisch in die Kamera blickt, und er ist ein schmalschultriger Mann mit verkniffenem Gesichtsausdruck, der eine graue Rentner-Popeline-Jacke und Strümpfe zu den Sandalen trägt. So einer hätte zu meiner Jugendzeit ein Pepitahütchen wie Adenauer getragen. Im Ausland wären sie auf fünfzig Meter gegen den Wind als Deutsche auszumachen.

»Sie sehen alt aus«, sage ich, auf ein Foto deutend, auf dem das Paar mit Regenschirmen und Koffern vor einem Hotel steht.

»Sie sind nicht so alt wie du und Mama. Vielleicht mache ich ihnen zu viele Sorgen«, versucht Peter einen Scherz.

»Du wolltest mir ein Bild geben, das Nele gemalt hat«, erinnere ich.

»Nachher, wenn wir gehen.«

Offensichtlich hat Peter endlich eingesehen, dass er heute von mir keine Entscheidung bekommen wird. Er unternimmt keinen Versuch, das Thema nochmals anzusprechen. Vielleicht ist er sogar mit dem bisherigen Ergebnis zufrieden. Er kann sich nicht vorstellen, dass ich nein sagen werde. Wenn ich es tun werde, wird er mir über Ute einheizen. Sie wird mir den Kopf waschen, dass mir Hören und Sehen vergeht. Wie sie es immer tut, wenn sie etwas für ihre Kinder und Enkelkinder herausholen will. Ich bin dann nur noch das Männchen, das im Wege steht. Bei aller Sturheit, zu der ich fähig bin, Ute könnte mich weich klopfen. Ihrem tagelangen Schlangenblick und ihrer wütenden Belagerung standzuhalten wird viel Kraft verlangen. Auch die 120 000, auf die Peter herunter gegangen ist, sind zu hoch. Was er bekommt, müssten Sabine und ihr Maximilian ebenfalls erhalten.

Ich werde wütend. Wer hat hier eigentlich geerbt? Ich oder die gesamte Familie? Jetzt bin ich dran, verdammt noch mal! Und Ute. Warum sollen die Kinder nicht warten müssen und können, bis wir unter der Erde sind? Was wäre daran unmoralisch? Nicht, gar nichts!

Ich beginne wieder zu schwitzen.

Wir bleiben noch eine Weile sitzen, obwohl ich bereits gezahlt habe. Nur ich bestreite das Gespräch. Peter gibt sich höflich den Anschein, interessiert an dem zu sein, was ich ihm über den gestrigen Vortrag beim Historischen Verein und über meine Schwierigkeiten mit Nachbar Kraschert erzähle. Er scheint müde zu sein und will mich wohl jetzt, da für ihn die Sache gelaufen zu sein scheint, nicht durch Widerreden oder falsche Bemerkungen nerven. Soll der Alte ruhig quasseln, wird er sich denken, Hauptsache der Rubel rollt, und zwar bald. Jetzt ist für mich die letzte Gelegenheit, nach dem Geld zu fragen, das er von Hartmut erhalten haben soll.

» Ich muss los, Papa «, ruft Peter abrupt und will aufstehen. » Vielen Dank, dass wir uns treffen konnten. Ich bin sicher, du hilfst mir. «

» Bleib sitzen «, sage ich und gehe Peter frontal an. » Hartmut hat dir vor Jahren 30 000 Mark gegeben, die aus einem Betrag stammten, den er von deiner Oma erhalten hat. Wieso hast du sie gebraucht, was hast du damit gemacht? «

» Wie kommst du darauf? «

» Hartmut hat es mir heute gestanden. Also, rück schon mit der Sprache heraus. Ich reiße dir nicht den Kopf ab. Ich will es nur wissen. «

» Und wenn Hartmut Unsinn geredet hat? «

» Warum sollte er? Ich glaube ihm. Nur sein Motiv ist mir schleierhaft. «

» Gut, ich gebe zu, es stimmt «, sagt Peter leise und betont ruhig. Er blickt mir nicht in die Augen, sondern hinüber auf die Gebäude, die auf der gegenüberliegenden Seite der Spree stehen. » Ich brauchte ein neues Auto, aber kein billiges, damit ich einen guten Eindruck auf Geschäftspartner mache. Ich habe mich an ihn gewandt, weil ich wusste, dass bei dir nichts zu holen war und dass du dich auch nicht bei Oma für mich eingesetzt hättest. Er hat das mit Oma besprochen und die hat ihm das Geld für mich gegeben. Also, Hartmut hat nichts von seinem Geld locker gemacht. «

» Das geschah hinter meinem Rücken. Du hättest es mir zumindest später sagen sollen. Findest du das nicht schofel oder zumindest sehr eigenartig? «

Mit Befriedigung sehe ich, wie auch Peter zu schwitzen beginnt und seine gut geformten Hände knetet und ich füge hinzu: » Ich habe Streit mit Hartmut, weil er eine ziemlich hohe Summe von Oma in Vorgriff auf sein Erbe erhielt, jetzt aber alles abstreitet. Deine 30 000 sind auch dabei. «

» Ich brauchte das Geld. Hartmut hat gemeint, wir müssten zusammenhalten. Du würdest ihn und mich immer schurigeln, da wollte er mir gerne helfen.

Ich musste ihm versprechen, dir nie etwas darüber zu sagen. «

» Du hast mich nicht in Schutz genommen? «

» Doch, doch. Ich meine und sage immer, dass du ein guter Vater bist, wenn auch ein strenger «, erwidert Peter entrüstet. » Es tut mir leid, dass es geschehen ist. Ich bin sicher, nie mehr in eine derartige Situation zu kommen, wenn du mich jetzt unterstützt. «

» Noch eines: Hat dir Hartmut gesagt, wie viel Geld er von Oma bekam? «

» Nein, aber ich nehme an, es war ein ansehnlicher Betrag. Für sein Haus. Ich schätze mal, über 100 000 Mark. «

» Du weißt den genauen Betrag wirklich nicht? «

» Nein, das musst du mir glauben. «

» O. K., lassen wir das «, beende ich das Gespräch und bin bereits am

Überlegen, wer die Wahrheit sagt. Peter, der behauptet, Hartmut habe die 30.000 Mark von Mutter eigens für ihn erhalten, oder Hartmut, der sagt, er habe sie von dem Betrag abgezweigt, den er von Mutter zugeschoben bekommen hat. Auch wenn ich Peter auf jeden Fall seine 30 000 Fall belassen werde, muss ich wissen, was wirklich geschah. Um das herauszubekommen, werde ich Hartmut grillen, wenn er einigermaßen auf dem Damm ist, so wahr ich Gerhard heiße. Krankheit hin, Krankheit her.

Ich stehe auf, nehme meine Jacke vom Stuhl und hänge sie mir über die Schultern. » Ich rühre mich. Du brauchst nicht anzurufen. Außer du weißt mehr über diesen Gagenhausen. Ich gehe zum Bahnhof Friedrichstraße, ich nehme an, du musst in die andere Richtung zu deinem Auto. «

Wir stehen uns etwas unbeholfen gegenüber. Ich deute wie bei unserer Begrüßung eine Umarmung an und klopfe ihm auf die Schulter. » Peter, mach dir keine falschen Hoffnungen. Du musst noch viel Überzeugungsarbeit leisten, wenn du mich auf deine Seite ziehen willst. Für die 9 000, die du jemandem schuldest, schicke ich dir einen Scheck. Ich will mal nicht so sein « , rutscht es mir gegen meinen Willen heraus.

Peter reagiert erst nicht, sondern blickt nach unten und verstaut seinen Laptop in der Aktentasche. Als er damit fertig ist, murmelt er » Danke « .

Als ich einige Meter in Richtung Weidendammbrücke gegangen bin, blicke ich zurück, um Peter zuzuwinken. Doch er sieht nicht herüber. Er spricht mit der Kellnerin, die lachend, in beiden Händen ein volles Tablett, vor ihm steht. Im Weitergehen fällt mir ein, dass mir Peter nicht Neles Bild gegeben hat. Ich habe keine Lust umzukehren und laufe weiter.

Ich bin bedrückt und hätte mir das Gespräch mit Peter sparen sollen. Ich weiß, ich werde jetzt wieder eine der Phasen haben, in denen ich mich selbst nicht leiden kann, in denen ich mit mir hadere und mich zum Schluss in Selbstmitleid auflöse. Verflucht noch mal, warum bringt mich Peter in so eine Bredouille, und das nur, weil er selbst in einer steckt? Warum macht er mich zu solch einem Ekel?

Auf dem Weg liegt eine zerquetschte Bierdose. Ich versetze ihr einen kräftigen Tritt. » Was soll das, junger Mann! « , schreit eine Frau, der die Büchse vor die Füße kullert. » Sie sind wohl nicht bei Trost! «

Dreizehntes Kapitel

»Hartmut hat einen Herzinfarkt!«, ruft Ute, als ich das Wohnzimmer betrete. »Inga hat vor vier Stunden angerufen. Ich konnte dich nicht informieren, weil du nie dein Handy dabei hast, wenn du unterwegs bist, und Peter seines abgestellt hatte. Versprichst du mir, in Zukunft dein Gerät mitzunehmen? In deiner Schreibtischschublade ist es nutzlos.«

»Und das ist gut so. Ich will jetzt nichts über mein Handy, sondern was über Hartmut hören. Das ist ja furchtbar!«, sage ich und lasse mich in den Sessel vor der Terrassentür fallen. »Heute Vormittag klagte er über Herzbeschwerden und hatte Fieber, aber wer denkt denn an so was! Noch dazu bei Hartmut, der immer ein Zipperlein hat. Schlimm, schlimm. Für Hartmut und für Inga.«

»Ich bin nicht zur Gymnastik gegangen, damit ich es dir gleich sagen kann, wenn du zurückkommst. Inga rief aus dem Krankenhaus an. Sie hat versprochen, es noch mal zu tun. Am Abend, sagte sie, so gegen 20 Uhr. Sie war sehr aufgeregt und hat ziemlich durcheinander geredet. Verständlich! Der Infarkt kam aus heiterem Himmel. Seine Herzbeschwerden waren ja nur leicht und er hatte auch keine Atemnot. Die klassischen Alarmsignale fehlten. Er lag im Bett, als es passierte, und war noch ansprechbar, aber gelähmt. Der Notarzt und der Krankenwagen sind gleich gekommen und im Krankenhaus ist auch alles reibungslos verlaufen. Er bekommt ein Einzelzimmer. Mehr weiß ich nicht. Inga hat versucht, Edeltraut zu informieren, aber dort hat wie üblich niemand abgehoben. Wir können es nachher ebenfalls versuchen.«

»Hat sie was zu Hartmuts Chancen gesagt?«

»Natürlich nicht, dazu ist es zu früh. Einige Tage wird er auf jeden

Fall im Krankenhaus bleiben müssen. Ich habe im Internet nachgesehen: Die Chancen hängen davon ab, wie schnell die Behandlung erfolgt. Also sind sie wohl nicht schlecht. «

» Hartmut ist übergewichtig, aber die üblichen Risikofaktoren wie Rauchen und mangelnde Bewegung treffen auf ihn nicht zu. Er geht, wenn ich das richtig weiß, viel spazieren. Bleibt noch der Stress. Er setzt sich ständig unter Druck, obwohl er Rentner ist und es laufen lassen könnte. Aber nein, er horcht ständig in sich hinein und regt sich über jeden Mist auf. «

» Zum Beispiel über dich «, höhnt Ute. » Komm mir in dieser Situation bitte nicht damit, er sei ein Hypochonder, der zu viel jammert. «

» Tu ich doch nicht. Der Edeltraut schreibe ich morgen einen Brief, damit sie Bescheid weiß. Glaub' mir, es geht mir verdammt nahe, dass es Hartmut erwischt hat. « Ich denke tatsächlich so, ich heuchle nicht. » Wollen wir, wenn es Inga passt, am Wochenende zu ihnen nach Bremen fahren? Wenn ein Notfall eintritt, selbstverständlich auch früher. «

» Ja, auf jeden Fall «, stimmt Ute zu. » Auch wenn du es nicht gerne hörst, das ist ein Warnschuss für uns, vor allem für dich als den Älteren. Du tust doch genau das, was du deinem Bruder vorwirfst: Du regst dich über jeden Dreck auf, du musst ständig in Aktion sein und du achtest nicht auf die Warnsignale, die dir dein Körper sendet. Ein über Siebzigjähriger, der so hibbelig ist wie du und ständig den starken Max spielt, der ist nicht normal. Den Herrgott einen guten Mann sein lassen, das ist dir leider fremd. Du bist im Ruhestand, Gerhard, das hat etwas mit Ruhe zu tun. «

» Ja, ja, du hast wahrscheinlich Recht. Danke für die Belehrung. Ich widerspreche nicht, die Einschläge kommen immer näher. Aber Hartmut wird es schaffen, da bin ich mir sicher. Er ist im Grunde genommen ein zäher Bursche, auch wenn er das nicht wahrhaben will. Adenauer war zu schwächlich für den Wehrdienst und ist uralt geworden. «

» Soll ich dir was zu essen machen? «

» Nein danke, ich habe keinen Hunger. Jetzt nicht. Ein Bier wäre allerdings recht. «

Nachdem ich das Bier schnell hinuntergestürzt habe, will Ute wissen, wie das Gespräch mit Peter verlief, welches Projekt er verfolgt, und ob ich ihm definitiv Geld zugesagt habe.

» Er ist weiterhin der unverbesserliche Optimist, der er es schon immer war «, sage ich und berichte mit wenigen Worten, was ich über Gagenhausen erfahren habe. Ich beschönige nichts, sage, was ich von der Firma halte, aber ich versuche, nicht allzu kritisch zu klingen, um nicht unglaubwürdig zu werden, wenn ich Peter wider Erwarten doch unter die Arme greifen sollte. Ich bin unkonzentriert, weil mir Hartmut nicht aus dem Kopf geht. Das Schachern um Geld kommt mir plötzlich grotesk, ja unanständig vor.

» Kurzum, Peter muss noch etliches klären und ich werde ebenfalls einiges recherchieren «, resümiere ich. » Ich lasse mich auf kein Wischiwaschi ein. Ich sage mal so: Alles ist offen, aber ich bin mir ziemlich sicher, dass ich dieses Projekt nicht unterstützen werde. «

» Na ja, das werden wir sehen! «, sagt Ute heftig. » Es scheint dir Spaß zu machen, den unnahbaren Krösus zu spielen. Nicht mit mir. Und was ist mit Sabine? «

» Da trifft das Gleiche zu. Mein Problem hat sich nicht verändert: Helfe ich Sabine, helfe ich auch Maximilian, und er hat es auf keinen Fall verdient. Abgesehen davon, nimm endlich zur Kenntnis: Wir haben in Sabines Alter zur Miete gewohnt und waren meilenweit von einer schicken Altbauwohnung entfernt. Außerdem, auch wir brauchen Geld. Für unsere Zukunft. Ich wiederhole mich, ich weiß, aber so ist es. Eines ist sicher: 150 000 für jeden werden es nicht. Dazu kommt, dass durch Hartmuts Infarkt auf absehbare Zeit völlig unsicher ist, ob er sich Mutters Vorschuss anrechnen lässt. Ich will am Ende nicht als Depp da stehen. «

» Das letzte Wort ist noch nicht gesprochen. Ich hatte gehofft, du würdest heute zumindest bei Peter über deinen Schatten springen. «

» Ich würde nicht über meinen Schatten, sondern über den Schatten meines Vaters springen. Er hat das Geld sauer verdient und uns vermacht. Dass davon eine Firma profitieren soll, die Rummel in Kleinstädten veranstaltet, will mir nicht in den Kopf. Das ist erst mal mein letztes

Wort.« Dass ich Peter spontan einen Scheck über 9000 Euro versprochen habe, verschweige ich. Ute würde es sofort Sabine sagen.

Sie nimmt das leere Bierglas und bringt es in die Küche. Als sie zurückkommt, setzt sie sich mir gegenüber. »Und welchen Eindruck machte Peter auf dich?«, fragt sie.

»Ich sagte doch gerade, er ist immer noch der unverbesserliche Optimist.«

»Das ist mir zu allgemein. Ich meine, ist er ruhiger geworden und wird er endlich bei einer Sache bleiben? Ich habe es satt, mir ständig um ihn Sorgen machen zu müssen. Du bist ein nervöser, aber gleichzeitig disziplinierter, zielstrebiger Mensch. Er hat von dir nur die Nervosität und das Quatschen geerbt, dieses Ruhelose, das mich oft nicht schlafen lässt. Kleine Kinder, kleine Sorgen, große Kinder, große Sorgen, hat Oma Mathilde öfters gesagt. Sie hatte nicht unrecht.« Und fügt nach einer kurzen Pause hinzu: »Was haben wir nur falsch gemacht, dass er so geworden ist, wie er ist?«

»Darüber haben wir schon x-mal gerätselt ohne weiterzukommen. Lass es sein. Ich habe mich mit ihm abgefunden.«

»Stimmt doch gar nicht, du regst dich oft genug über ihn auf. Früher war er nicht so, er ist es erst geworden.«

»Nein, Peter ist der unstete Mensch, der er bereits früher war, schon in der Schule. Das Abitur musste er wiederholen, nicht weil zu blöd war, sondern weil er meinte, man dürfe faul sein, wenn man gleichzeitig außerordentlich kreativ sei. Zu Beginn eines Gesprächs überzeugt er, doch er bleibt an der Oberfläche. Er führt an sich richtige Gedanken und Ideen nicht zu Ende. Heute war es nicht ganz so schlimm, aber es war nicht zwingend, was er gesagt hat, wenn es um so viel Geld geht. Er meint mit einer seltenen Sturheit, er würde alles hinkriegen, wenn er nur fest daran glaubt, ständig in Bewegung ist und die Leute so lange bequatscht, bis sie entnervt aufgeben.

»Also wird es mit dem Rummel-Projekt nichts?«

»Für jetzt sage ich eindeutig nein. Wenn diese GmbH trotz ihrer momentanen Schwierigkeiten seriös sein sollte, könnte es vielleicht etwas werden. Ich bin kein Hellseher. Vielleicht passt Peter zu so einem Laden. Er wäre eingebunden, kein Alleinunterhalter mehr, dürfte aber durch die Gegend sausen und den großen Zampano spielen. Warten wir es ab, schau'n wir mal, wie der Beckenbauer sagt. Nur, wenn Peter Geld bekommt, muss ich es auch Sabine, sprich Maximilian geben und das täte mir sehr weh. «

» Maximilian ist doch schon lange nicht mehr so wie er früher einmal war. Verbeiß dich doch nicht immer in ihn. Das ist geradezu eine Manie von dir. «

» Klar ist er netter, weil er in der Bredouille steckt, doch wenn er dank uns sein Schäfchen ins Trockene gebracht hat, wird er schnell wieder der alte, überhebliche Maximilian werden. Wir dürfen dann gerade mal zur housewarming party erscheinen. «

» Das nimmst du nur an. «

» Ich weiß es. Ich gehe jetzt raus, frische Luft schnappen. Das mit Hartmut geht mir ziemlich an die Nieren. «

Draußen im Garten ist es kühl geworden. Die im Westen stehende Sonne wird durch Bäume im Garten der Kugelrechts, den Nachbarn in der anderen Haushälfte, verdeckt. Am Himmel zeigen sich vereinzelt Wolken. Einer der zwei großen Hunde, die im Garten der Kugelrechts frei umher laufen, bellt einige Male, bis eine männliche Stimme » Ruhe! Halt die Klappe! « brüllt.

Klaus Kugelrecht ist ein umgänglicher Mensch, nur nicht, wenn es um seine Hunde geht. Einmal habe ich sie, ohne mir dabei etwas zu denken, als Köter bezeichnet, weil sie jedes Mal hysterisch losbellten, wenn die Stadtreinigung die Mülltonnen leeren ließ, was Gillhaupts Pudel nicht tut. Der belässt es bei seinem fröhlichen Morgen - Bellen, vor allem dann, wenn ich morgens noch im Bett liege.

» Das will ich überhört haben! «, hat Kugelrecht über den Zaun gerufen.

» Was haben Sie gemeint? «

» Dass ich das mit den Kötern überhört haben will. Hunde sind keine Köter. Sie sind die besten und zuverlässigsten Freunde des Menschen. «

» Meine besten Freunde sind Menschen. Ich verstehe nichts von Hunden. Möglicherweise sind Hunde auch so 'ne Art Menschen «, machte ich mich über ihn lustig.

» Ich kann es nicht leiden, wenn man verächtlich über Hunde spricht. Nicht über meine und über andere. Wir Menschen können viel von ihnen lernen. «

Mit einem » So, so «, habe ich die Auseinandersetzung beendet. Ich wollte und will keinen Nachbarschaftsstreit, außer mit Kraschert, dem Bergsteiger a. D.

Seitdem stellt Kugelrecht die Tonnen so auf, dass die Hunde ihre Leerung erst mitbekommen, wenn sie bereits im Gange ist. Sie bellen nur noch ein-, zweimal und das eher lustlos, nur aus Pflichtgefühl, um zeigen, dass sie da sind. Kurz danach habe ich bei einem gemeinsamen Bier Besserung gelobt und wir haben uns wieder vertragen. » Wie richtige Männer das tun, wenn sie unter sich und ohne Frauen sind «, hat Ute gelästert.

Laut Lexikon leitet sich das Wort » Köter « vom westgermanischen » kautarja « ab, was dem heutigen » Kläffer « entspricht. Ich habe es Kugelrecht nicht gesagt, weil er sicher gemeint hätte, ich will ihn auf den Arm nehmen. Er ist absolut humorlos. Da ich jedoch derartige Weisheiten ungern für mich behalte, habe ich sie zweimal scheinbar beiläufig erwähnt. Einmal gegenüber Dankwart, doch er war als Lokalhistoriker einer ostdeutschen Stadt nicht an Westgermanischem interessiert, und einmal gegenüber meinem ältesten Enkel Ferdinand beim Besuch im letzten Jahr, als wir mit seiner Mutter und seinen Geschwistern in Berlin waren. Er hat mich mit großen Augen angesehen, aber nichts gesagt. Vermutlich hat er gemeint, ich hätte, wie sich seine Generation auszudrücken pflegt, einen an der Waffel.

Bevor ich zurück ins Haus gehe, zähle ich die Maulwurfshügel auf dem frisch gemähten Rasen. Seit gestern sind fünf Neue hinzugekommen. Morgen werde ich sie platt machen. Letztes Jahr, als Luise in den Ferien allein zu Besuch war, habe ich, einem Rat Gillhaupts folgend, Knoblauchzehen in die Maulwurflöcher gepresst. Das würde sie vertreiben, hat er behauptet. Was nicht stimmte. Der Maulwurf hat die Zehen hinaus auf den Hügelrand bugsiert und eifrig weiter gegraben. Fluchend habe ich verkündet, ich würde in Zukunft jeden Maulwurf mit Gift töten oder, wenn er seinen Kopf herausstreckt, mit der Schaufel erschlagen.

Luise ist in Tränen ausgebrochen. Nein, diese süßen, kleinen, blinden und fleißigen Pelztierchen bitte, bitte nicht tot machen! Sie hat Sabine am Telefon die Absicht ihres Opas berichtet und diese bekam beim anschließenden Telefonat mit mir einen Schreikrampf. Sie hätte nie gedacht, dass ich mich jemals derart unsensibel gegenüber einem Enkelkind verhalten würde. Sie nahm sogar das Wort »geistige Verwahrlosung« in den Mund. Ich habe die Suada über mich ergehen lassen und beschlossen, erst nach Luises Abfahrt zu handeln. Da wusste ich noch nicht, dass Sabine kurz danach auch noch Ute wegen der nicht existierenden Läuse fertig machen würde. Der Maulwurf allerdings hat seine Grabungen von selbst eingestellt und anscheinend das Weite gesucht. Leider ist er jetzt zurückgekehrt, oder ein Kollege von ihm.

»Gerhard, Telefon!«, ruft Ute durch die offen stehende Terrassentür und reckt mir den Hörer entgegen. »Inga ist am Apparat!«

Ich nehme ihn und gehe ins Wohnzimmer zurück, sehr darauf bedacht, nicht zu humpeln. Ute blickt mich streng an und macht mit beiden Händen eine besänftigende Geste. Sei verständnisvoll und mitfühlend, soll das bedeuten. Sie verlässt den Raum und schließt die Tür hinter sich.

»Hallo, Inga, ich bin dran!«, rufe ich. »Furchtbar, was Hartmut passiert ist. Ich hoffe, seine Lage hat sich nicht verschlechtert. Unsere Gedanken und Wünsche sind bei euch, das weißt du.«

»Ich habe Ute schon einiges gesagt, deshalb fasse ich mich kurz«, fängt Inga ohne Begrüßung an. Ihre Stimme ist schrill und atemlos. »Hartmuts Befinden ist unverändert, hat sich aber zum Glück nicht verschlechtert. Er ist ansprechbar, doch er braucht Behandlung und viel Ruhe. Die Ärzte sind mit ihm zufrieden, aber so etwas sagen sie immer, damit man nicht durchdreht. Morgen weiß ich mehr. Auf jeden Fall wird er mindestens eine Woche, eher zehn Tage, im Krankenhaus bleiben müssen. Das ist wohl so der Durchschnitt beim Infarkt. Wenn er überlebt.«

»Natürlich tut er das. Ich kann mir vorstellen, was für ein Schock das für dich ist.«

»Das kannst du bestimmt nicht. Hast du schon einmal so etwas durchgemacht? Ich bin völlig fertig.«

»Ich wollte dir nur mein Mitgefühl ausdrücken. Sei froh, dass du zu Hause warst, als es geschah. Nicht auszudenken, wenn Hartmut alleine gewesen wäre.«

»Ja, ja, ist schon gut.« Ich höre Inga würgen, so, als wolle sie ein Weinen unterdrücken. »Ich habe wenigstens Unterstützung. Karl und Leonhard sind bereits hier. Deshalb habe ich auch nicht viel Zeit, ich muss mich um sie kümmern.«

»Grüße deine Söhne von mir. Ich bin mir sicher, dass Hartmut wieder gesund wird. Er hat bislang alles überstanden.«

»Bagatellisiere nicht schon wieder!«, schreit Inga. »Ihr habt seine Krankheiten und Beschwerden nie ernst genommen, du und Ute. Meinst du, ich weiß nicht, dass du ihn Klagemauer nennst? Ihr habt immer unterstellt, er simuliere und sei wehleidig. Das ist er nicht. Er hat eine schwache Gesundheit und ist für jede Krankheit anfällig. Das Gespräch mit dir heute Vormittag hat ihm den Rest gegeben. Angeschlagen war er ja bereits.«

»Was? Das glaubst du doch selbst nicht.«

»Doch. Hartmut war fix und fertig, hat beinahe geheult. Er hat mir alles gesagt, was du ihm an den Kopf geworfen hast. Wie konntest du nur? Was bist du für ein Bruder! Wenn ich mir vorstelle, er könnte sterben. Ich werde verrückt.«

»Inga, bitte, rege dich nicht auf.«

»Doch, das tue ich. Ich mache nicht auf geduldig und gottergeben.«

»Ich will dir gerne noch ...«, versuche ich Inga zu beruhigen, aber sie hat aufgelegt.

Ich schmeiße mich in den Sessel und starre vor mich hin. Nur nicht wütend werden, nehme ich mir vor, auch wenn Inga um sich schlägt. Was ist dabei, wenn sie sich zu Tode ängstigt und ausrastet? Gar nichts! Das ist natürlich. Ute würde an ihrer Stelle vermutlich ruhiger und gefasster reagieren, aber sie ist nicht derart auf mich fixiert wie Inga auf Hartmut. Er ist für sie wie ein Kind, das betütert werden muss. Trotz der ansehnlichen Stellung, die er einmal im Beruf besaß. Er ist ihr Lebensinhalt. Immer das Schlimmste für ihn zu befürchten und nicht an ein gutes Ende zu glauben, entspricht ihrem Charakter.

Hartmut ist ein Schlappschwanz und Inga eine furchtbare Pessimistin. Ich habe auch meine Depressionen. Dann empfinde ich das Leben als sinnlos, als ausgesprochen scheiße, wie es Kellermann, ein in Hannover an Magenkrebs verstorbener Kollege ausgedrückt hat. Und Buchheim, der U-Bootfahrer. Aber das vergeht wieder. Bei Inga hingegen ist es ein Dauerzustand. Vielleicht tut es ihr gut, stets schwarz zu malen und sich mit Verve in das hineinzusteigern, was ihr und Hartmut noch an Furchtbarem geschehen könnte. Für sie ist ein Glas nie halb voll oder halb leer, sondern immer leer. Dass sie mich bezichtigt, an Hartmuts Infarkt schuld zu sein, nehme ich ihr jetzt nicht übel. So ist sie nun mal. Doch wenn es mit Hartmut wieder aufwärts geht, werde ich ihn darauf ansprechen. Das lasse ich nicht auf mir sitzen. Und das Geld, das ihm nicht gehört, will ich wieder haben.

Hartmut wird nicht sterben. Leute, die immer kränkeln, leben lange, weil sie stets auf sich aufpassen, keine Risiken eingehen, sich nicht überfordern und weil sie umsorgt werden. In der Schule war er oft vom Sport befreit, aus einem Tennisclub ist er bereits nach sechs Wochen ausgetreten und bei Urlauben in den Alpen läuft er kaum zu Fuß, sondern fährt mit den Bergbahnen hoch und wieder runter. Das strengt nicht an und bringt ihn nicht ins Schwitzen. Die Bundeswehr hat auf ihn wegen zu hohem Blutdruck und Plattfüßen verzichtet. Die Verteidigung des Vaterlandes und der NATO hätte ohne ihn erfolgen müssen.

Ich gehe hoch ins Arbeitszimmer und nehme am Schreibtisch Platz, der wie gewohnt aufgeräumt und fast leer ist. Zu dem Notizbuch, der Schale mit den Stiften und dem Faulen Knecht, die immer darauf liegen, sind zwei Reiseführer über Spanien hinzugekommen. Ich wollte mich auf unsere Urlaubsreise vorbereiten, aber dazu habe ich jetzt keine Lust. Bis zum Herbst ist noch viel Zeit.

Wo jetzt der PC steht, stand früher eine Schreibmaschine. Das war eine andere Welt und sie liegt lange zurück. Wie lange, weiß ich auf Anhieb nicht. Jeden Satz musste ich mir komplett vor dem Schreiben überlegen, wenn ich es nicht getan habe, half nur Tipp-Ex. Neben Hartmuts Schreibtisch stehen seit Jahren unbenutzt eine uralte Reiseschreibmaschine in einer verschrammten Plastikhülle und eine elektrische Schreibmaschine jüngeren Datums, von denen er sich nicht trennt, obwohl er nur noch mit seinem PC schreibt. Vielleicht meint er, wie Peter bei seiner Schreibmaschine, sie würden einmal wertvolle Erbstücke werden.

Hartmuts Infarkt hat mich hart getroffen. Härter als ich es mir vorher hätte vorstellen können. Weil er mein Bruder ist, aber auch, weil er zwei Jahre jünger ist als ich. Dass er ein Mistkerl ist, daran will ich jetzt nicht denken. Das wäre schäbig. Ich will es mir aufheben, bis er wieder gesund ist, ob ich es allerdings durchhalte, weiß ich nicht. Dass jemand stirbt, der noch nicht siebzig ist, kommt in meinen Gedanken nicht vor. Für mich sind achtzig und darüber die Sterbealter, die ich aus meiner Verwandtschaft und Bekanntschaft kenne. Selbst Vater mit seiner Kriegsverwundung, den drei Jahren in russischer Kriegsgefangenschaft und dem harten Kampf beim Aufbau einer Existenz hat die siebzig überschritten. Die Hochbetagten sind auf einem unaufhaltsamen Vormarsch, wie die Heuschrecken. Aber es gibt immer noch viele, die vorher sterben, um die durchschnittliche Lebenserwartung nicht ins Unendliche wachsen lassen. Vielleicht sollte ich vermehrt Todesanzeigen lesen, damit ich ein richtiges Bild von der Endlichkeit des Lebens bekomme. Mutter hat dies gerne und oft getan. »Ich muss doch wissen, wer bei Hertie nicht mehr einkauft«, war ihre saloppe Begründung.

Warum denke ich bereits an Hartmuts Tod? Mimosen und Müslifresser wie Hartmut kommen doch bei einem Infarkt viel eher durch als die angeblich kerngesunden, kraftstrotzenden Kerle, die plötzlich wie ein gefällter Baum zu Boden krachen. Zumindest glaube ich das.

Trotzdem komme ich vom Tod nicht los. Utes Tod und der meiner Kinder und Enkelkinder würden mich erschlagen, vor allem wenn er plötzlich und unerwartet käme. Durch einen Verkehrsunfall oder einen Pfusch im Krankenhaus zum Beispiel. Schwester Edeltrauts Tod würde ich schnell verkraften und Schwiegersohn Maximilians Ableben würde mich allenfalls wegen Sabines Trauer berühren. Bei Schwiegertochter Manuela kann ich mir vorstellen, einige Tränen zu verdrücken. Und Gabriele? Ich wäre sicher traurig, aber nicht lange.

Todesanzeigen, so ich sie doch einmal lese, erschüttern mich selten. Sie umgehen fast immer das Wort »sterben«. Die Toten sind entschlafen, eingeschlafen, verschieden, von uns gegangen, heimgegangen. Der Tod von Kindern erschüttert mich, doch je älter die Verstorbenen sind und je länger ihr Dahinsiechen dauerte, desto weniger berührt er mich. Vermutlich hätte ich mich schämen sollen, als ich bei Mutters Begräbnis zwar traurig war, aber ihren Tod gelassen als etwas Unabänderliches und lang Erwartetes ertrug. Noch herzloser war es, als ich bei der Beerdigung eines Mitglieds des Historischen Vereins ständig auf die schwarz bestrumpften, schlanken Beine zweier vor mir stehender Frauen starrte. Schwarz macht Frauen attraktiv, nicht nur bei der Unterwäsche. Ich bin ein altes Ferkel!

Plötzlich steht Ute im Türrahmen. »Ich wollte nur sehen, was du machst, wie es dir geht«, sagt sie.

»Ich sinniere über den Tod.«

»Hartmut ist nicht tot und er wird auch nicht sterben, da bin ich mir sicher.«

»Sein Überlebenswille ist sicherlich groß, er wird ja erst siebzig. Er lügt wie wir alle, wenn er überall erzählt, nicht uralt werden zu wollen«, behaupte ich. Ich fühle mich bemüßigt, noch einige Lebensweisheiten anzuhängen, obwohl ich weiß, dass Ute das nicht mag. »Wenn es so weit ist, selbst wenn man mit über achtzig nicht mehr hatschen kann, dann wird mit den letzten verbliebenen Kräften Widerstand geleistet und so lang weitergemacht, wie es nur geht. Und sei es in Windeln, mit Sabberlätzchen und im Rollstuhl. Die letzten Lebensjahre werden im Grunde genommen nur verplempert. Langeweile garniert mit dem Warten auf die drei täglichen Mahlzeiten und einige Urlaubsreisen.

›Urlaub wovon?‹, frage ich mich. Der frühe Tod vergangener Zeiten hatte schon seinen Sinn.«

»Du schwafelst wieder dummes Zeug. Eine Prognose auf weitere dreißig Lebensjahre wäre für mich ein Albtraum. Oh Gott, nur das nicht!« Ute verzieht ihr Gesicht zu einer Grimasse und schüttelt sich theatralisch.

»Warte es ab. Du wirst stolz sein, als Hundertjährige mit einem Oberbürgermeister samt großem Blumenstrauß in der Zeitung abgebildet zu sein.«

»Quatsch! Wie sagst du so oft? Die Einschläge kommen immer näher. Woher hast du eigentlich diesen martialischen Ausdruck?«

»Weiß ich nicht, sagt man halt so. Mein Vater war bei der Artillerie. Vielleicht daher.«

»Ich lasse dich lieber mit deinen sonderbaren Gedanken allein, ich hab noch zu tun. Ach übrigens: Ich habe Sabine und Manuela, Peter ist ja noch unterwegs, angerufen und über Hartmut informiert.«

Wie lange werde ich noch leben? Ute hat recht, dreißig Jahre wären ein Albtraum. Auch zwanzig. Zehn allerdings nicht, das ginge in Ordnung. Es wäre mit Sicherheit furchtbar, wenn ich mein genaues Sterbedatum kennen würde und wie auf einer Uhr ständig auf die ablaufende Zeit starren müsste, wie ich das einmal in einem Fernsehstück gesehen habe. Erst auf die hinnehmbaren Jahresschritte, dann auf die dahin fliegenden Monate, danach auf die restlichen, ständig schrumpfenden Wochenzahlen bis hin zu den wenigen, sich irrsinnig schnell verringernden Tagen. Zum Schluss verbliebe mir nur noch, in Panik den rastlos tickenden Sekundenzeiger zu verfolgen, um dann mit Angstschweiß auf der Stirne und voll gepinkelter Hose zu fühlen, wie es Knacks macht und es für immer stockfinster wird. Aber warum an ferne Jahre denken? Wenn ich in die Zukunft blicken könnte, wüsste ich auch, was mir unmittelbar bevor steht, zum Beispiel, dass mir Wolfgang morgen, weil ich nicht mit dem Geld heraus rücken will, so einen über die Rübe haut, dass ich im Krankenhaus lande.

Ich will auch sonst nicht in die Zukunft blicken können, wie viele es sich wünschen. Ich stelle mir gelegentlich vor, ich hätte eine Zeitmaschine, doch damit würde ich leidenschaftlich gerne Reisen in die Vergangenheit unternehmen, aber niemals in die Zukunft. Einige Tage im alten Babylon, im Rom des Augustus, am Hofe Karls des Großen, im mittelalterlichen Paris, im Berlin der zwanziger Jahre zu verbringen, wäre nicht schlecht. Auch berühmte Schlachten, wie die bei Marathon oder Lepanto, interessieren mich. Ich würde herausfinden, wo die Varusschlacht 9 n. Chr. wirklich stattgefunden hat, und ich könnte am 4. November 1989 auf dem Alexanderplatz in Berlin stehen und als einziger wissen, dass bald Sabbat mit der DDR ist, dass es einen Sonderweg für sie nicht geben wird. Zu alldem würde ich liebend gerne die Zeitmaschine benutzen.

Bis vor einiger Zeit hab ich mir sogar vorgestellt, in die eigene Vergangenheit zu gelangen. Zum Beispiel, mich als Kind in Königsberg zu beobachten oder im Jahr 1955 in Paris oder Vater und Mutter in der fünfziger Jahren und Ute und mich bei unserer ersten Begegnung. Doch das will ich nicht mehr. Ich müsste mir auch ansehen, wie ich Fehler machte, mich peinlich benahm, doof aussah oder was für ein Rüpel ich in der Pubertät war. Allein wie ich als Achtzehnjähriger ausgesehen habe, von Akne geplagt und mit fusseligem, unrasiertem Flaum am Kinn und unter der Nase! Und wie ich wohl roch! Ich duschte kaum und wusch meinen Unterkörper allenfalls sporadisch. Das änderte sich nur, wenn ich für kurze Zeit eine Freundin hatte oder versuchte, bei einem Mädchen zu landen. Doch wenn damit Schluss war, gingen meine Hygienebemühungen schlagartig zurück. Allzu viele Erfolge beim anderen Geschlecht habe ich sowieso nicht erzielt. Nein, das will ich nicht noch mal erleben!

Auch verspüre ich keine Lust, meine Bekleidung von damals zu sehen. Die Eltern sind mir gegenüber in dieser Beziehung ziemlich knickerig gewesen, obwohl Vater ein Herrenausstattungsgeschäft aufgebaut und betrieben hat. Warum er es zuließ, ich weiß es nicht. Scherzhaft habe ich mal zu Ute gesagt, er habe mich vielleicht wegen meines Aussehens für Werbezwecke ungeeignet gehalten. Auch könnte es ihn verletzt haben, dass ich mich nie für sein Geschäft interessierte, und dass er ahnte, ich, der Älteste, würde ganz gewiss nicht übernehmen wollen. Was später auf Hartmut und Edeltraut ebenso zutraf. Auf jeden Fall musste ich auch bei der Kleidung für meine Geschwister den Vorreiter spielen, indem ich meuterte und streikte, wenn auch selten mit Erfolg. Der jüngere Hartmut kam immer modisch daher und Edeltraut erging es noch besser. Sie war ja auch ein Mädchen. Obwohl die dumme Gans später behauptete, sie sei wie ein Aschenputtel behandelt worden. Alles Quatsch! Sie ist halt nicht attraktiv gewesen mit ihrem fettigen Haar und den abgekauten Fingernägeln.

Mir hat Mutter, als ich fünfzehn war, Knickerbocker aufgedrängt, weil das so englisch aussah, so zeitlos, gediegen und abgehoben. Kein Junge hat damals noch solche die Waden freilassenden Pluderhosen getragen, auch wenn sie aus vornehmem Tweed gefertigt waren. Nur ich. Ich war mir wie ein Idiot vorgekommen. Und dazu hätte ich eine Baskenmütze aufsetzen sollen. Ich steckte sie immer weg, wenn ich aus dem Haus war. Da habe ich sogar meine alte, am Hosenboden schwarz gewetzte Lederhose lieber getragen, obwohl diese praktischen Dinger bereits aus der Mode waren und nur von deutschen Touristen im Ausland getragen wurden, damit auch der dümmste Franzose erkannte, hier stünde ein boche vor ihm. Erst als ich siebzehn war, begann ich mich bei der Auswahl meiner Kleidung von der mütterlichen Dominanz zu lösen. Auf Tanzstundenfotos trage ich eine leicht in die Stirn hängende Schmalztolle, schmale Krawatten mit Windsorknoten und breitschultrige Jacken. Ich mache wie meine Kameraden entweder ein bewusst albernes Gesicht oder das, was man heute cool nennt.

Je älter ich werde, desto kritischer sehe ich meine Vergangenheit und manchmal, wenn ich in eine depressive Phase gerate, meine ich, sie sei nur eine Kette von Fehlentscheidungen, Misserfolgen, unerfüllter Wünsche, mieser Behandlung durch Bekannte, Verwandte und Berufskollegen und im Grunde genommen nur ein sinnloses Gewurstel, ein sinnloses Verplempern der Zeit gewesen, das keinerlei Spuren hinterlassen wird, wenn ich tot bin. Ich habe für nichts, aber auch gar nichts gelebt. Nicht nur das Alter, das Leben insgesamt ist scheiße!

Ich schrecke hoch. Ich war eingeschlafen. Es können nur wenige Minuten gewesen sein, die ich weggedämmert bin, ein Stich im rechten Knie hat mich geweckt. Ich habe den pelzigen Mundgeschmack, den ich immer verspüre, wenn ich geschlafen habe, auch wenn es nur für kurze Zeit gewesen ist. Ich habe sogar geträumt. Maximilian stand wie ich bei meinem nachgestellten Selbstmordversuch auf unserem Esszimmertisch und versuchte, sich ohne Erfolg die Schuhe auszuziehen, dabei jammerte er, er könne sich nicht bücken. Danach fuhr er mit einem Auto davon. Ich kann mich nicht erinnern, je von ihm geträumt zu haben. Jetzt will der Kerl nicht nur mein Geld, sondern verfolgt mich auch noch im Schlaf!

Ein Kurzschlaf wie dieser geschieht mir in letzter Zeit häufig, vor allem am Abend vor dem Fernseher. Mit der Folge, dass ich anschließend im Bett erst mal nicht einschlafen kann. Es gibt Leute, die im Schlaf sterben wollen. Ich nicht.

Draußen dämmert es, die Sonne ist untergegangen. Mich überkommt die Lust nach einem Spaziergang. Nur einem kurzen, weil ich heute schon viel gelaufen bin, trotz der Beinschmerzen. Ich will raus ins Freie und ganz locker im Schlendergang laufen, um von den Gedanken an den Tod wegzukommen. Nicht nur in den Garten, das reicht nicht. Wenn ich jetzt in der Wohnung bliebe, käme ganz bestimmt der ganze Schlamassel ums Geld und den Erpressungsversuch in mir hoch. Ich will jetzt nicht an diesen Dreck denken. Ich habe den Verdacht, dass mich die Geldsache mehr beschäftigt und belastet als Sabine und Peter. Die Beiden sind sich bestimmt sicher, ihr Vater würde zahlen und dass bald Schluss sei mit seinem Widerstand. Sie setzen voll auf Utes Unterstützung.

Nach der Rückkehr werde ich die Knie und die rechte Schulter, die sich verspannt anfühlt, mit der Wund - und Heilsalbe einschmieren, die ich in einer Schreibtischschublade versteckt habe, damit sie Ute nicht findet und wegwirft. Die Salbe ist mindestens zwei Jahre alt und Ute ist der Meinung, eine derart überholte Medizin sei wirkungslos, ja sogar schädlich. Ich habe keine Lust, eine Neue zu kaufen.

Vierzehntes Kapitel

Der Himmel ist bewölkt und kein Stern zu sehen. Der in den »Märkischen Neuesten Nachrichten« abgedruckte Wetterbericht sagt für den späten Abend und die Nacht eine zusammenhängende Wolkendecke mit gelegentlichen Schauern voraus. Von Krascherts Garten zieht Grilldunst herüber. Obwohl ich schlendern will, beschleunige ich meine Schritte, um ihm zu entgehen, und laufe durch das nahe liegende kleine Waldstück. Der Weg ist gut ausgebaut. Die Gefahr, in der Dunkelheit über etwas zu stolpern, ist gering. Gillhaupt ist allerdings einmal über einen Betrunkenen gefallen, der, quer über dem Weg liegend, seinen Rausch ausschlief. Sein Pudel, den er sicher dabei hatte, scheint ihn nicht gewarnt zu haben.

Der Weg führt aus dem Wald heraus und auf den Schlosspark zu. Ich laufe an einem Sportplatz entlang, der in der Dunkelheit mehr zu erahnen als zu sehen ist. Er gehört dem SC Luckendam 09, dem Verein, in dem Ute Gymnastik betreibt. Er wird von den Schulen der Umgebung für ihre alljährlichen Sportfeste genutzt. Die Tochter der Kugelrechts, unserer unmittelbaren Nachbarn, hat hier einmal beim Weitsprung den zweiten Platz errungen und dafür eine große Urkunde erhalten. Frau Kugelrecht meldete sie daraufhin in der Leichtathletikabteilung an und meinte stolz, Katrin sei die erste in ihrer Familie, die leichtathletisches Talent besitze und deshalb unbedingt gefördert werden müsse. Nach einem halben Jahr hat Katrin jedoch das Handtuch geworfen. Das ewige Rundenlaufen zu Beginn jeder Sportstunde war nicht ihr Fall gewesen.

Ich habe immer Sport getrieben und versucht, diese Einstellung auch auf die Kinder zu übertragen. Bei Sabine hatte ich wenig Erfolg, sie hasste das schulische Geräteturnen und lernte erst mit zehn Jahren schwimmen. Peter allerdings war sportlich begabt. Er lief schnell und sprang weit, wenn er dazu Lust hatte. Er hat eifrig Tennis gespielt, aber nur so lange es ein exklusiver Sport war. Als sich die Vereine für Krethi und Plethi öffneten, hat er den Schläger für immer aus der Hand gelegt. Abgesehen davon, dass er sich vermutlich den Vereinsbeitrag nicht auf Dauer leisten konnte. Von den fünf Enkelkindern ist nur Ferdinand ein aktiver Sportler. Er spielt Hockey. Das wollte Maximilian so. Diese Sportart hat den Ruf des Elitären und ist genau das Richtige für den Sohn eines Beinahe-Adeligen. Anfangs hat mir Maximilian am Telefon erzählt, welche betuchten und hoch angesehenen Familien Düsseldorfs ihre Sprösslinge in Ferdinands Verein schickten. Als ich ihm beim dritten Mal sagte, mich würde dies nicht interessieren, wurde er pampig. Mein familiärer Hintergrund lasse mich eben nicht erkennen, wie wichtig es für Ferdinands späteres Leben sei, offensichtlich aus einem feinen Stall zu kommen. Dazu gehöre nun mal eine Sportart wie Hockey oder Reiten, seinetwegen auch noch Fechten. Jetzt bäckt der gute Maximilian kleinere Brötchen und wird bald aus seinem Stall geworfen, wenn ich ihm nicht helfe.

Ich nehme mir vor, morgen nach dem Frühstück zu joggen, wenn die Schmerzen über Nacht nachgelassen haben.

Der Schlosspark von Luckendam ist nachts geöffnet. Die Stadtverwaltung meint, es sei zu teuer den bescheidenen Park zu umzäunen und die Tore abends zu schließen. Die Schäden, die dadurch entstünden, müsse man in Kauf nehmen. Das Meiste bekommen die Statuen ab, die die kurze Hauptallee zum Schloss säumen, auf der ich gerade entlang gehe. Sie zeigen Beschädigungen, wie sie in allen Parks üblich sind: theatralisch hoch gereckte Hände ohne Finger, in eleganten Sandalen steckende Füße ohne Zehen und nackte Krieger und Götter, deren Geschlechtsteile ramponiert sind oder gänzlich fehlen. Die Pimmel stehen vermutlich auf den Schreibtischen von Menschen, die einer besonderen Art von Souvenirjagd frönen und dies auch noch lustig finden. Von den Schäden ist jetzt nichts zu erkennen. Es ist stockdunkel. Lediglich die helle Fassade des Schlosses hebt sich gegen den schwarzen Nachthimmel ab. Die Laternen, die die Allee säumen, werden nur an Wochenenden und zu besonderen Gelegenheiten, wie den Sommerkonzerten vor dem Schloss, eingeschaltet. Dafür hat der Kämmerer der Stadt letztes Jahr angesichts des sich ständig vergrößernden städtischen Defizits gesorgt.

Für Krexnot ist Kultur grundsätzlich ein Wirtschaftsfaktor, nicht nur beim Schlosspark. Bringt sie der Stadt Geld, ist sie in Ordnung, braucht sie dagegen Geld und stellt den Antrag auf städtische Förderung, stellt er sich schwerhörig. Schließlich, so meint er, wird niemand gezwungen Bilder zu malen, ein Musikensemble zu gründen oder in einem Hinterhof Theater zu spielen. Die sollen sich gefälligst Sponsoren suchen. In den USA läuft so was ganz prima. Und kulturbeflissene Bürger können ja bitteschön ins nahe Berlin fahren.

Gegen das Betreten der Rasenflächen, den freien Auslauf der Hunde und das Radfahren auf den Gehwegen ist die Stadt jedoch letztes Jahr vorgegangen oder besser gesagt, sie hat es versucht. Mit Hilfe eines Wachdienstes, der in der Hauptsaison an den Wochenenden und Feiertagen mit jeweils zwei Doppelstreifen für die Einhaltung der Parkordnung sorgen soll. Doch das Sicherheitspersonal besteht fast ausschließlich aus älteren Frauen und Männern, die meist beachtliche Bäuche vor sich herschieben und beim Hinterherlaufen keine hohen Erfolgsaussichten haben.

Wenn auch die Touristen gegenüber den Verboten der Stadt einigermaßen gehorsam sind, so trifft dies auf die Luckendamer nicht zu. Man beruft sich auf ein Gewohnheitsrecht aus DDR - Zeiten und darauf, dass Parks in einer Demokratie für die Bürger da sind und nicht, um auf den von der Verwaltung vorgegebenen Wegen gehorsamst zu lustwandeln. Es hat sich eine Bürgerinitiative » Freier Auslauf « der Hundehalter gebildet und eine Interessengemeinschaft von Eltern mit kleinen Kindern, die darauf bestehen, den Rasen weiterhin kindgerecht nutzen zu dürfen. Der heterogene Haufen der Radfahrer kommt ohne eigene Organisation aus. Sie fahren wo und wie es ihnen beliebt, da sie, wenn sie kräftig in die Pedale treten, weder von den Angestellten des Ordnungsamtes noch von den Wachleuten erwischt werden. Die » Märkischen Neuesten Nachrichten « brachten eine Zeit lang in jeder Wochenendausgabe eine halbe Seite mit Leserzuschriften zu dem Disziplinierungsversuch der Stadt. Der Verwaltung wurden Dummheit, Arroganz, ein reaktionäres Geschichtsbild und ein Mangel an Demokratieverständnis vorgeworfen, und kaum jemand bejahte die Verbote. Der alte von Krausnick vom Historischen Verein war einer der wenigen, die dies taten. Der Landtagsabgeordnete Robert Böllandt, der zu allem seinen Senf gibt, unterstützte zuerst die Stadtverwaltung mit Hinweis auf die Praktiken im Park Sanssouci der Landeshauptstadt Potsdam, wechselte aber nach dem Leser - Echo die Seite und zeigte in einer Presseerklärung wohlwollendes Verständnis für diese Art zivilen Ungehorsams. Seine Frau wurde dabei beobachtet, wie sie demonstrativ ihre drei Hunde im Park frei laufen ließ, allerdings mit einer Schaufel und einer Tüte bewehrt, um vorbildlich deren Exkremente aufzusammeln. Zurzeit ist das Gefecht zwischen der Verwaltung und den Bürgern noch im Gange, es zeichnet sich ab, dass die Stadt am kürzeren Hebel sitzt, weil die Stadtverordnetenversammlung fast zur Gänze der Verwaltung die Gefolgschaft verweigert.

Mich lässt dieses Gezänk gleichgültig. Ich bin dafür, dass sich Kinder auf den Parkwiesen austoben dürfen, ärgere mich aber über den Müll, den die Erwachsenen, wenn sie sich auf den Wiesen breit machen, jedes Mal zurück lassen. Ich bin gegen Hunde im Allgemeinen und im Besonderen, wenn sie querbeet hinter Krähen her hetzen und wenn sie mitten auf die Wege kacken. Ich hätte nichts gegen das Radfahren einzuwenden, wenn langsam gefahren und nicht so gebrettert würde wie auf den Gehwegen der Stadt. Sollen sie machen, was sie wollen, die Stadtverwaltung und ihr Kontrahent, das mündige, souveräne Volk, wie sich die Hundebesitzer vom » Freien Auslauf « gerne bezeichnen.

Zweimal im Jahr veranstaltet eine Kulturagentur mit Unterstützung der Stadt abendliche Sommerkonzerte vor dem Schloss. Bald ist es wieder so weit und es fallen die Kohorten der Westberliner Seniorinnenschickeria ein. Die Damen tragen praktische Kurzfrisuren mit hochgesteckten Designsonnenbrillen, obwohl es bald Nacht wird, dezenten Schmuck und ebenso dezente Kleidung, bei der jeder Kenner sofort weiß, dass sie teuer ist. Es wird sich in einer Art Sonderveranstaltung für das Luckendamer Publikum unter Freudenschreien und mit großer Inbrunst begrüßt, umarmt und geküsst, so als bestünde ganz Dahlem aus einer einzigen glücklichen Familie. Das Zahlenverhältnis von Frau und Mann ist etwa fünf zu eins, das bedeutet wohl, dass die meisten Ehemänner unter der Erde oder zumindest per Scheidung entsorgt worden sind. Das männliche Resthäuflein ist trotz Bauch meist sportlich leger gekleidet und kommt bescheiden seiner einzigen Aufgabe nach: die Damen mit Prosecco und Weißwein zu versorgen.

Nachdem ich den Park durchquert habe, gehe ich nicht geradeaus weiter auf das Stadtzentrum zu, sondern laufe durch eine von Straßenlaternen erhellte Siedlung mit Einfamilienhäusern. Die Satteldächer, die kleinen Fenster und der schmutzig graue und gelbliche Verputz lassen erkennen, dass sie aus den zwanziger und dreißiger Jahren des vorigen Jahrhunderts stammen. Am Ende der Sackgasse liegt, hinter einem Biergarten, eine Gaststätte. Im Freien sitzt niemand, doch vor der Tür steht eine Gruppe von jungen Frauen und Männern, die alle rauchen und Bierflaschen in den Händen halten. Das Rauchverbot hat sie offensichtlich nach draußen getrieben. Ich versuche schnell und unbemerkt an ihnen vorbeizugelangen, habe aber keinen Erfolg.

»Na Alter, so spät noch ein Spaziergang? Hat dich Mutti rausgeschmissen?«, schreit einer der Männer, der gutturalen Stimme nach zu urteilen, ein Betrunkener. »Mach 'ne Pause, Alter, und rauch eine.«

»Vielen Dank, ich rauche nicht. Soll nicht gesund sein«, rufe ich zurück, blicke aber stur geradeaus, um nicht zu provozieren.

»Bist wohl ein Witzbold, was? Wegen solcher Pfeifen wie dir müssen wir hier draußen rauchen. Erwachsene Leute wie wir. Wie find'st du'n das?«, schaltet sich ein zweiter Mann ein.

»Gut finde ich das. Ihr kommt viel an die frische Luft. Das härtet ab.« Ich weiß, dass es völliger Blödsinn ist so zu reagieren. Aber ich kann halt nicht die Klappe halten.

»He, willst du uns verarschen, Opa? Soll ich dir 'ne Pulle an' Kopf werfen?«

»Ja, mach mal! Hau ihm eine auf die Birne!«, johlen und lachen die anderen los und fuchteln mit den Flaschen in der Luft herum. Ein Hund beginnt hysterisch zu bellen.

»Nee, lasst doch den alten Knacker, der hat euch nichts getan. Der ist nur doof.«, versucht eine Frau zu beruhigen.

Aus den Augenwinkeln bekomme ich mit, wie sich eine männliche Gestalt aus der Gruppe löst und energisch auf mich zu läuft. Ich beschleunige meine Schritte, auch wenn es weh tut, versuche aber nicht zu rennen. Obwohl ich es am liebsten täte. Nur nicht zeigen, dass ich Schiss habe!

»Hallo Herr Nodlich, schön Sie zu sehen! Ich hab Sie hier nicht erwartet!«, schreit der Mann und schneidet mir, kurz bevor ich den Wald erreiche, den Weg ab. Es ist Wolfgang. Diesmal kein Phantom wie heute Vormittag in der Bank. »Nur nicht so schnell! Ich tue ihnen nichts, noch nicht.«

Ich verlangsame meine Schritte und sage betont ruhig: »Ich wünsche Ihnen einen schönen Abend, möchte aber nicht aufgehalten werden.«

»Ich halte Sie nicht auf, aber bleiben Sie mal einen Moment stehen! Ich hatte vor, Sie morgen in der Früh anzurufen, das kann ich mir jetzt sparen.

Nur so viel: Ich brauche morgen das Geld, ist das klar? Morgen Vormittag! Nicht übermorgen, nicht nächste Woche, sondern morgen Vormittag. 30 000 auf die Kralle. Nicht 25 000, wie Ihnen Gabi gestern in ihrem Laden gesagt hat. 30 000! Wie Sie das bis Vormittag schaffen, ist mir egal. Das werden Sie schon hinkriegen mit Ihrer Bank, Sie haben bestimmt Kredit. Ich habe Verpflichtungen, verstehen Sie? Verpflichtungen, die keinen Aufschub dulden. Also keine Ausreden! Rufen Sie mich auf meinem Handy an, wenn Sie das Geld haben. Wir machen dann einen Treffpunkt für die Übergabe aus. Hier, auf dem Zettel steht meine Nummer. Wenn Sie kneifen, mach ich Ihnen Ärger. Mit mir ist nicht zu spaßen, das ist Ihnen doch klar, oder?

Er versperrt mir den Weg. Seine Stimme ist klar und er ist nüchtern, soweit ich es im schwachen Licht der herüberscheinenden Straßenlaternen beurteilen kann. Er ist wie gestern unrasiert und trägt ein grob kariertes Hemd mit hochgekrempelten Ärmeln und einen Overall wie Kraschert. »Ich tue Ihnen nichts. Noch nicht«, wiederholt er und steckt wie zum Beweis beide Hände demonstrativ in die Hosentaschen. »Los, hau'n Sie ab!«

Ich sage nichts, mache einen Bogen um ihn und gehe, so schnell ich kann, in den Wald hinein.

»Hast du ihm eine gescheuert, Wolfgang?«, brüllt einer aus der Gruppe, die sich mit wirrem Geschrei bemüht, den wild kläffenden Hund zum Schweigen zu bringen.

»Warum soll ich ihn schlagen?«, brüllt Wolfgang zurück.

»He Alter, grüß deine Mutti! Sag ihr, wir kommen mal zu Besuch!«, krakeelt, der Stimme nach zu schließen, der Betrunkene, der mich als erster wahrgenommen hat. Die anderen prusten los, als hätte er einen tollen Witz gemacht. Es ist das letzte, was ich von ihnen höre.

Ich merke, wie mein Herz klopft und dass ich trotz der Kühle schwitze. Was sind das nur für Arschlöcher, die einen alten Mann, einen, der dreimal so alt ist wie sie, nicht passieren lassen können ohne ihn anzupöbeln? Ich zwinge mich langsamer zu gehen, um meinen Puls zu beruhigen und um die Schmerzen runterzufahren. Und dieser Wolfgang! Was hätte er getan, wenn ich los gerannt wäre und zu flüchten versucht hätte? Wäre er hinter mir her gelaufen oder hätte er nur hinter mir her gebrüllt? Was wäre geschehen, nachdem er mich eingeholt hätte? Hätte er mich beschimpft, mich verhöhnt, mich gepackt und geschüttelt oder gar geschlagen? Ich klopfe meine Taschen ab und suche meine Brille. Ich hatte sie aufgehabt, um im dunklen Park besser sehen zu können, aber vor der Gaststätte instinktiv abgenommen. Sie steckt in der rechten Hosentasche, in der ich sie sonst nie trage.

Hätte es mir was genutzt, jünger zu sein? Dreißig, vierzig Jahre zum Beispiel. Hätten mich die Kerle dann in Ruhe gelassen? Hätte ich sogar eine Prügelei riskiert? Ich weiß es nicht - oder besser: ich glaube es nicht.

Es ist ein einziges »hätte, hätte, hätte«, was da in meinen Kopf herum schwirrt.

Weil ich noch nie in eine derartige Situation geraten bin. Dazu musste ich zweiundsiebzig Jahre alt werden. Toll!

Jetzt weiß ich sicher, dass ich die Sache nicht aussitzen kann. Ich muss mir unbedingt etwas einfallen lassen. Die Sache Ute beichten oder sonst was tun. Allerdings brächte es diesen Schweinehund nicht von seiner Drohung ab. Er meint es ernst. Gut möglich, dass er mehr Angst hat als ich. Die Kumpane, denen er Geld schuldet, diese Bandidos oder Hells Angels oder was immer sie sind, sie fackeln nicht lange. Denen sitzen die Messer und Baseballknüppel locker. Das macht Wolfgang unberechenbar und zu allem fähig. Vermutlich sollte ich zur Polizei gehen und ihn anzeigen. Das wäre eine Möglichkeit. Aber nur eine. Und keine angenehme, denn vorher müsste ich Ute den Ehebruch beichten und zugeben, dass ich immer noch Kontakt zu Gabriele halte. Auf jeden Fall werde ich morgen 10 000 Euro abheben, für alle Fälle. Falls ich mich mit einem Vorschuss bei Wolfgang freikaufen könnte. Wäre doch möglich. Woher soll ich wissen, wie sich die Sache noch entwickeln wird. Vielleicht ist der Kerl zufrieden, wenn er nur einige Tausender bekommt.

Ich stolpere über eine Baumwurzel, beinahe wäre ich hingefallen. Fehlt nur noch, dass ich in meiner Verwirrung und Angst gegen einen Baum renne oder mir den Schädel an einem tief hängenden Ast anhaue. Deshalb werde ich mich jetzt zusammenreißen und nicht mehr an den Vorfall denken. Zumindest nicht, bis ich zu Hause bin. Der Spaziergang war eine Schnapsidee.

Der Weg, eher der Pfad, der durch den Wald führt, ist kaum zu erkennen, obwohl sich meine Augen wieder an die Dunkelheit gewöhnt haben. Er ist nicht ausgebaut wie der, den ich benutzte, als ich zum Park ging. Ich stolpere noch zwei-, dreimal über Baumwurzeln, kann mich aber jedes Mal rechtzeitig auffangen. Ich hoffe, bei meinem Pech nicht auch noch in Hundekacke zu treten. Ab und zu knackt es im Unterholz, aber das ist nicht ungewöhnlich. Doch dann höre ich Schritte, ein Getrappel, das schnell näher kommt.

Wolfgang! Er hat es sich anders überlegt und ist hinter mir her. Er will mir eine Abreibung verpassen, aber ohne Zeugen. Ich renne los, ohne Rücksicht auf die Baumwurzeln und meine lädierten Knie. Panisch überlege ich, ob ich mich seitwärts in die Büsche schlagen sollte, damit Wolfgang an mir vorbeiläuft. Er sieht ja genau so wenig wie ich. Aber das würde Geräusche erzeugen. Also weiter! Mein Puls rast und ich schnappe nach Luft. Mein Gott, wann hat dieser Abend endlich ein Ende?! Die Geräusche kommen näher und näher. Der Verfolger schnauft wie wild, er ist mir dicht auf den Fersen. Klar, dass er schneller rennt als ich, er ist wesentlich jünger. Wenn auch nicht gut in Form. Ich höre ein lautes, aggressives Grunzen und dann als Antwort ein wirres Durcheinander von hell quiekenden und dumpf grunzenden Stimmen.

Wildschweine! Kein Wolfgang, sondern Wildschweine! Ein Eber mit seiner Rotte auf Futtersuche, die ich gestört habe. Kein Wolfgang, aber auch keine Entwarnung. Wildschweine sind gefährlich, vor allem, wenn sie Junge haben. Also gebe ich weiter Fersengeld. Trotz der Baumwurzeln und trotz der Hundekacke.

Es ist nur noch eine kurze Strecke bis zum Waldrand.

Als ich ihn erreiche, bin ich in Sicherheit und verlangsame das Tempo, um in Ruhe nach Luft ringen zu können. Gut, dass niemand meine Flucht mitbekommen hat! Gut, dass niemand mein Japsen hört, wo ich doch sonst beim Joggen kilometerweit ohne Atembeschwerden laufe. Einmal bleibe ich kurz stehen, um zu lauschen. Von den Wildschweinen ist nichts zu hören. Ob es die Rotte ist, die immer Lodemanns Garten verwüstet? Der alte Lodemann, der mit dem spät geborenen Sohn, er wird bestimmt ruhig und zufrieden schlafen, aber fluchen, wenn er morgen erneut eine schöne Bescherung erleben wird.

Ich biege in die Straße ein, in der unser Haus steht. Es ist still. Ich ziehe mit tiefen Atemzügen die Luft ein, kann aber keinen Grillgeruch feststellen. Kraschert ist wohl ebenfalls schlafen gegangen. Es wäre schön, wenn die Wildschweinrotte auch seinen Garten aufsuchte und zerwühlte. Zur Hölle mit Kraschert! Zur Hölle mit Wolfgang! Und mit der bekloppten Edeltraut ebenfalls und mit Schwiegersohn Maximilian meinetwegen auch. Nur Hartmut nicht. Er soll erst mal gesund werden.

Als ich vor dem Haus ankomme, bellt einer von Kugelrechts Hunden. Nur zweimal, durch die Haustür hindurch, hinter der er wachsam zu stehen scheint.

Ich brülle: »Halt's Maul, du blöder Köter!«

Ich sitze im Arbeitszimmer in meinem Sessel. Ich bin leise hoch geschlichen, um Ute nicht zu wecken. Die Schreibtischlampe wirft einen weißen Lichtkegel auf meine ausgestreckten Beine. Das restliche Zimmer liegt im Halbdunkel, die Fotos meiner Eltern und die zwei Bilder, die mir Peter geschenkt hat, kann ich nur schemenhaft erkennen.

Vom rechten Knie ziehen urplötzlich Schmerzen den Oberschenkel hoch bis zur rechten Hüfte. Sie werden stärker und stärker und erreichen den Rücken direkt über dem Gesäß. Ich möchte losjaulen, so ziehen und zerren sie an mir. Ich drehe mich nach links, doch das bringt keine Erleichterung, es entlastet meine verkrampfte rechte Seite nicht. Ich richte meinen Oberkörper jäh auf, doch ich zucke sofort mit einem halblauten Fluch zurück, der Schmerz ist noch wütender geworden. Ich beuge meinen Oberkörper nach vorne. Es gelingt mir, lindert aber nicht den Schmerz.

Gelegentlich habe ich es mit dem Kreuz, aber das, was mich jetzt mit roher Gewalt attackiert, habe ich noch nicht erlebt. Ich fühle mich hilflos, verlassen, allein, obwohl Ute wenige Meter entfernt schläft.

Beim letzten Klassentreffen erzählte Klaus Unger, er sei wenige Wochen zuvor durch unerträgliche Schmerzen an Bein und Hüfte fast zum Invaliden geworden. Leider habe ich nur mit halbem Ohr zugehört. Ungers oberste Bandscheibe war wohl völlig verschlissen gewesen und die blank liegenden Nerven hatten auf eine Überanstrengung blitzartig mit einer Lähmung reagiert und damit tagelange, unvorstellbare Schmerzen ausgelöst. So oder so ähnlich hat Unger sich geäußert. Vielleicht hat mich ähnliches erwischt, ausgelöst durch meine panische Flucht vor den Wildschweinen.

Ich atme langsam stoßweise ein und aus, schließe die Augen, lege meine Arme locker auf die Sessellehnen und versuche, mich mit aller

Kraft zu entspannen. Es gelingt nicht. Der Schmerz überdeckt alles, er lässt keine Konzentration, keine Ablenkung zu.

Ich stemme mich vorsichtig hoch, sacke aber sofort zurück. Ich versuche es erneut, diesmal noch bedächtiger, die Beine breit auseinander gestellt.

Das Aufstehen gelingt, aber das Stehen schaffe ich lediglich auf dem linken Bein. Das Rechte berührt nur mit den Zehenspitzen den Boden und verweigert jede Belastung. Ich taste mich mit kurzen Hüpfern am Schreibtisch entlang. In einer der Schubladen liegt meine Pistole. Vielleicht sollte ich sie morgen griffbereit haben, für den Fall, dass Wolfgang seine Drohung wahr macht. Der Gedanke daran verflüchtigt sich sofort. Ich bin nur ein Schmerzensbündel, dem dieser Dreckskerl momentan völlig gleichgültig ist.

Verdammt noch mal, was ist nur mit mir los? Ich kann so nicht ins Schlafzimmer schlurfen und mich ins Bett neben Ute legen. Das wird nicht funktionieren. Erst müssen die Schmerzen nachlassen. Im Badezimmerschrank hat Ute Schmerztabletten in ihrer Medikamentensammlung. Sicherheitshalber werde ich gleich zwei, drei auf einmal runterspülen.

Nach vorne gekrümmt, stoßweise vor mich hin stöhnend, aber nicht so laut, dass ich Ute wecken würde, schleiche ich aus dem Zimmer. Das Licht lasse ich an, weil ich mich wieder hierher zurückziehen will, um zu warten, ob die Tabletten wirken. Es werden nur Allerweltspillen sein.

Eines ist sicher, so bald wie möglich gehe ich diesmal zum Orthopäden. Ute wird mich nicht treiben müssen. Wenn morgen nur nicht der Schlamassel mit Wolfgang wäre und wenn nur nicht Sabine auch noch aus Düsseldorf angerauscht kommt! Was ich ihr durchaus zutraue. Daran möchte ich jetzt nicht denken.

Donnerstag

Fünfzehntes Kapitel

Es ist sechs Uhr morgens. Die Nacht war grausam. Ich fühle mich uralt, gedemütigt und geschunden, meinem Gebrechen hilflos ausgeliefert. Ich sitze ungepflegt und übernächtigt im Arbeitszimmersessel und trage noch die Hose und das Hemd von gestern Abend. Wenn ich mich nicht bewege, sind die Schmerzen erträglich. Anscheinend sind sie, wie ich, ermattet. Stehen und gehen könnte ich allerdings nur in gebückter Haltung, wie die von Osteoporose geplagte Hexe bei »Hänsel und Gretel«. Also lass ich es sein.

Ich habe gestern Abend unter Utes Medikamenten Schmerztabletten gefunden und drei auf einmal genommen. Sie haben nicht geholfen, allenfalls Schlimmeres verhütet. Jede Körperbewegung verursachte rasende Schmerzen. Ich hätte jedes Mal aufschreien können, es aber zähneknirschend und mit verzerrtem Gesicht unterdrückt. Ich hatte das Gefühl, wahnsinnig zu werden, und habe mich geschämt, so ein Wrack zu sein. »Warum ausgerechnet jetzt, wo ich so viele Probleme habe, warum jetzt?«, habe ich gehadert. Einmal ist mir ein wütendes »gottverflucht, gottverflucht!« entfahren.

Ich wusste, dass Schlafen unmöglich war und ging deshalb nicht ins Schlafzimmer, sondern hinunter ins Wohnzimmer, jede Stufe mühsam und mit Pausen nehmend. Ich war nicht in der Lage, das Kreuz durchzudrücken. Der Gedanke, Ute zu wecken, kam mir nicht. Wozu auch, mitten in der Nacht? Sie hätte mich bestimmt ins Krankenhaus verfrachten wollen, aber ich hätte nicht mitgemacht, und es hätte Streit gegeben.

Ich habe mich aufs Sofa gelegt und, um einen Halt zu haben, ein großes Kissen mit beiden Händen fest an Brust und Bauch gepresst, so wie

Kinder im Schlaf ihre Lieblingspuppe oder ihr Kuscheltier an sich drücken. Es hat nichts gebracht. An Liegen war nicht zu denken. Ob ich auf der linken oder rechten Seite lag oder auf dem Rücken, nach ein, zwei Minuten setzten unerträgliche Schmerzen ein und es half mir auch nicht, die Beine zu strecken oder sie gemeinsam oder einzeln an den Körper zu ziehen. Es war alles vergebens. Also bin ich mühselig hoch ins Arbeitszimmer gestiegen und habe mich in den Sessel geworfen.

Ich habe versucht, möglichst still zu sitzen, langsam und tief zu atmen und nicht auf meinen Körper zu achten, was fast unmöglich war. Ich wusste, dass ich mich, wenn Ute in einigen Stunden wach würde, entscheiden musste, was mit mir geschehen sollte. Einen Arzt holen? Aber wen? Ins Krankenhaus fahren? Aber wann? Und war dies überhaupt ein Fall fürs Krankenhaus oder nicht eher einer für den Orthopäden? Oder sollte Ute zuerst bei einer Apotheke ein stärkeres Schmerzmittel besorgen und mich anschließend zum Arzt fahren? Ich kam mit meinen Überlegungen nicht weiter, die Gedanken verwirrten sich ständig und die gesamte Zeit lauerte die Angst vor Wolfgang und seiner Drohung im Hintergrund. Mal stärker, mal schwächer. Was würde geschehen, wenn er bei uns auftauchte? Was würde er tun, wenn ich nicht da wäre, was, wenn ich handlungsunfähig im Haus wäre und zur Besänftigung nicht einmal die 10 000 hätte, die ich vorhatte, am Morgen abzuheben? Und was wäre mit Ute, wie würde sie auf Wolfgangs Erscheinen reagieren?

Am liebsten hätte ich den Kerl erwürgt. Eigenhändig und jetzt in der Nacht. Auch habe ich mir vorgestellt, wie es wäre, wenn ich mit der im Schreibtisch deponierten Pistole auf ihn schösse. Ich hätte ihm gerne in die Beine geballert, wie es die Roten Brigaden in den siebziger Jahren in Italien taten, und dann hätte ich mir genussvoll sein Jammern, Schreien und um Gnade Winseln angehört.

Es ist die reinste Scheiße, in ich hineingeraten bin. Und das mit meinen zweiundsiebzig Jahren!

Ich zwang mich an etwas anderes als an meine Lage zu denken, aber es kam nichts Angenehmes zustande. Es gelang mir nicht, etwas Erfreuliches abzurufen.

Ich stellte mir vor, wie es Hartmut im Krankenhaus erging. Er würde im Gegensatz zu mir, verkabelt und an Schläuchen hängend, ruhig schlafen, voll gepumpt mit Medikamenten wie er war. Vielleicht würden wir am Vormittag bereits wissen, ob er über den Berg sei. Und wenn nicht? Wenn Inga anriefe und berichtete, Hartmuts Zustand habe sich verschlechtert, man müsse mit dem Schlimmsten rechnen, was dann? Unter normalen Umständen würden wir nach Bremen fahren. Morgen oder am Wochenende. Ich glaubte nicht, so schnell wieder fit zu werden. Gut, Ute würde das Auto fahren, und ich wäre Beifahrer. Sitzen könnte ich ja wohl. Fragte sich nur wie lang. Und in Bremen angekommen, was dann? Vielleicht würde ich dort ebenfalls zum Pflegefall werden? Ich war so deprimiert, dass ich mir in meinem abgedunkelten Arbeitszimmer keine schnelle Heilung vorstellen konnte.

Und was blühte mir, wenn morgen Sabine erschiene? Würde sie Mitleid mit mir haben und mich mit der Erbschaft in Ruhe lassen? Ich bin mir nicht sicher. Sie ist kein schlechter Mensch, sie hat eine soziale Ader und sie engagiert sich hingebungsvoll für notleidende Asylbewerber, aber sie kann unnachsichtig und unnachgiebig sein, wenn sie sich im Recht glaubt und jemand nicht gleich einlenkt. Mit ihren Kindern, mit Maximilian, mit Andersdenkenden und mit mir schon lange. Ich bin für sie ein Prellbock, der Puffer aushält. Immerhin hat sie anklingen lassen, dass ich ihre Kinder auf absehbare Zeit nicht mehr sehen dürfte, falls sie wegen meiner Weigerung, sie massiv mit Geld zu unterstützen, in eine ungeliebte Mietwohnung umziehen müsse. Hinzu käme: Ute würde mich vermutlich nicht vor ihr abschirmen. Ich hätte es ja in der Hand, nachzugeben und dafür liebende Fürsorge einzutauschen.

Trotz der Schmerzen kam Wut in mir hoch, als mir Hartmuts Geständnis einfiel, Peter habe wie er von Mutter Geld bekommen, das mir jetzt am Erbe fehlt, und dass ich nicht einmal weiß, ob Hartmut das mit den 30 000 Mark nur eingefädelt oder ob er das Geld von seinen 170 000 genommen hat. Auf Peter war ich nicht wütend, nur auf Hartmut. Infarkt hin, Infarkt her.

Lange hielten die gedanklichen Abschweifungen nicht an, ich bin schnell wieder bei meinem Körper gelandet und habe verzweifelt das Ende der Nacht herbeigesehnt.

Wie zum Hohn hatte ich ständig meine Sportkleidung vor Augen, die ich am Vorabend vorsorglich auf dem Bürostuhl deponiert hatte. In meiner Verfassung bezweifelte ich, die Laufutensilien je wieder zum Joggen anziehen dürfen: die grauen Laufsocken, mit dem eingestick-tem »l« für links und »r« für rechts, das blaue, verwaschene T-Shirt und die weiße Sporthose, die mir fast bis zu den Knien reicht. Es ist keine besondere Ausstattung für einen Jogger, aber ich bin zu alt, um den bunten Schnickschnack mitzumachen, der in den Sportgeschäften und in den Katalogen der Sportartikelhersteller in einem Kauderwelsch, das wie Englisch klingen soll, angeboten wird. Enge Radlerhosen, die die Geschlechtsteile markieren, und peppige, spezielle luftdurchlässige Hemden müssen nicht sein. Ich will mich nicht lächerlich machen. Für eine rasante Kleidung laufe ich zu langsam. Das überlasse ich gerne Leo von der Sonnenbank. Ärgerlich ist nur, dass der Kerl ohne Mühe schneller läuft als ich.

Irgendwann wurde ich so müde, dass ich glaubte, trotz der Schmerzen schlafen oder zumindest dösen zu können. Ich versuchte es jedoch nicht im Sessel, sondern auf dem Bürostuhl, nachdem ich die Sportkleidung unter Mühen auf dem Stuhl vor dem Regal gestapelt hatte. Ich tat dies, weil ich gemerkt hatte, dass es die Schmerzen besänftigte, wenn ich den Oberkörper nach vorne krümmte, am besten im rechten Winkel, dies aber im Sessel auf Dauer sehr schwierig war. Ich packte das Kissen, das ich von unten mit hoch genommen hatte, auf den Schreibtisch, setzte mich auf den Stuhl und schob ihn ganz dicht heran. Dann umfasste ich das Kissen mit beiden Armen und legte den Kopf mit der rechten Seite nach unten darauf. Das Licht ließ ich an.

Ich habe tatsächlich geschlafen. Nicht am Stück, sondern in Etappen, weil ich mal den Kopf auf die andere Seite legen, mal meine taub gewordenen Arme schütteln musste, um die Blutzirkulation zu beleben. Ich träumte den üblichen Unsinn, ohne Bezug zu meiner Situation. Einmal fuhr ich auf Skiern einen weiten Hang hinunter und danach kochte mir eine unbekannte strohblonde Frau Kaffee und ich wollte, dass sie mir beim Suchen hülfe, ich weiß aber nicht mehr, wonach. Mit der Zeit verkürzten sich die Abstände zwischen den Schlafteilen und als die Blase unerträglich drückte und ich gebückt aufs Klo humpeln musste, war es danach mit dem Schlafen vorbei. Der Schmerz war wie frisch erholt wieder da und der Hintern tat mir vom Sitzen auf dem harten Stuhl weh. Ich setzte mich wieder in den Sessel und ich wimmerte leise vor mich hin, ließ förmlich Luft ab, um nicht loszujaulen.

Es wird hell. Das Licht fällt ungehindert ins Zimmer, da ich die Vorhänge nicht zugezogen hatte. Um mich abzulenken versuche ich konzentriert und Stück für Stück die Zimmereinrichtung zu mustern. Den PC, die Bilder mit den vielen kleinen Vögeln, die mir Peter geschenkt hat, die billige Hängelampe über mir an der Zimmerdecke, die Aktenordner im Regal. Längere Zeit bleibt mein Blick an den gerahmten Fotos meiner Eltern hängen, die auf dem Regal in einer Bücherlücke stehen. Vater sitzt, aufgenommen wenige Jahre vor seinem Tod, in einem Sessel und liest ein Buch. Er sieht zufrieden und entspannt aus, die wenigen Haare auf seinem Kopf sind sorgfältig gescheitelt. Mutters Foto zeigt sie an ihrem siebzigsten Geburtstag, in voller Größe, gertenschlank und kerzengerade. Sie trägt ein schwarzes, gut geschnittenes Kleid, dem man ansieht, dass es teuer war, und eine imponierend schöne Halskette. Ihre grauen Haare liegen eng an und bringen ihre großen dunkeln Augen unter den starken Augenbrauen voll zur Geltung. Sie hat einen leicht spöttischen Gesichtsausdruck, so, als wollte sie sagen: » Na, ihr hättet wohl nicht erwartet, dass ich immer noch so aussehe! «

Eine alte, aber attraktive Frau, die immer Haltung bewahrt hat und bestimmt nie eine derart jämmerliche Vorstellung bot wie ich jetzt.

Trotz meines Elends wird mir, wie schon bei ihrer Beerdigung, bewusst, dass sie in unserer Familie die letzte ihrer Generation gewesen ist. Jetzt sind wir, Ute, ich und unsere Geschwister, die Ältesten. Und die verstreut lebenden Cousinen und Cousins. Ich habe niemanden mehr, den ich befragen kann, was sich in der Vorkriegs- und Kriegszeit in unserer Familie zugetragen hat. Auch wenn manche Auskünfte ungenau, geschönt oder übertrieben waren, so hatten sie doch vieles lebendig gemacht, was die hinterlassenen Briefe, Tagebücher, Aktenordner und Erinnerungsstücke nur trocken und farblos wiedergeben. Vor allem Tante Caroline, die Schwester von Utes Mutter, die als Vorletzte vor Mutter starb, war eine Fundgrube an Erinnerungen gewesen. Nicht zuletzt, weil sie ein bewegtes Leben geführt hatte.

Caroline Wolfermann, geborene Sturz, dreimal verehelicht, wuchs wohl behütet auf, heiratete den Handelskaufmann Rudolf Strombeck, zog mit ihm nach Portugal und bekam dort drei Kinder. Die vor den Nazis flüchtenden Emigranten suchten in Portugal Unterschlupf, die Strombecks hingegen verließen es bei Kriegsbeginn und kehrten auf abenteuerlichen Wegen nach Deutschland zurück, weil der Ehemann seiner vaterländischen Pflicht nachkommen wollte und auch kurz danach eingezogen wurde. Die Familie bewohnte in Berlin eine hochherrschaftliche Villa, die in den letzten Kriegsmonaten zerbombt wurde. Caroline Strombeck und ihre Kinder überstanden den Krieg in einer Behelfsbaracke mit Menschen, die das gleiche Schicksal ereilt hatte. Sie wurde von russischen Soldaten vergewaltigt, erwähnte dies jedoch erst, als sie achtzig war, und eher beiläufig. Ihren Mann sah sie nie wieder. Der verschollen Gemeldete war im Herbst 1944 an der Ostfront gefallen, was sie allerdings erst im Jahr 1947 erfuhr. Einige Jahre später heiratete sie den Architekten Friedrich Wolfermann, einen Jugendfreund, mit dem sie, bevor sie Rudolf Strombeck kennenlernte, fast verlobt gewesen war, und zog mit ihm nach Köln, wo sie im Kulturverein und in einem Karnevalsverein Mitglied wurde. Als ihr Mann einem Verkehrsunfall zum Opfer fiel, heiratete sie, um versorgt zu sein, dessen Bruder Hugo, mit dem sie in der Schweiz landete, aber nicht für lang. Sie kehrte dem Land und ihrem drittem Ehemann den Rücken, beide gefielen ihr nicht, sie waren ihr zu langweilig. Sie lebte fortan bis zu ihrem Tod in Braunschweig, ohne sich scheiden zu lassen.

Ute hat ihre Tante amüsant, aber anstrengend gefunden. Mutter hat sie nie kennen gelernt, aber sie verächtlich eine Nomadin, eine Zigeunerin genannt. Mit so einer Frau wollte sie nichts zu tun haben, vor allem, als sie erfuhr, dass Caroline Wolfermann gelegentlich deftige Worte auch vor Kindern benutzte. Mutter war an sich nicht zimperlich, aber sie sagte nie »Scheiße«, allenfalls „Schsch-Scheibenkleister". Wenn mir als Kind das Wort heraus rutschte, gab es eine Ohrfeige.

Ich höre draußen im Flur Schritte. Ute ist aufgestanden. Weil die Tür geschlossen ist, bemerkt sie nicht, dass ich im Arbeitszimmer sitze. Warum ich sie zugezogen habe, weiß ich nicht. Bin ich wie ein waidwund geschossenes Tier, das in Ruhe sterben will? Ein saublöder Vergleich!

»Ute! Ute, hier bin ich!«, schreie ich.

Sie öffnet die Tür und bleibt an der Türschwelle erstaunt stehen. Sie trägt ihren weißen Morgenmantel, ihr Haar steht auf der rechten Seite wirr ab und ist auf der linken platt gedrückt. Sie zwinkert mit den Augen, weil sie ihre Brille noch nicht aufgesetzt hat.

»Gerhard, was ist denn los?«, ruft sie. »Was machst du hier? Konntest du nicht schlafen? Du warst nicht im Bett als ich wach wurde. Ich dachte, du bist schon im Bad. Hast du hier gelesen? Du hast ja noch die Klamotten von gestern an. Was ist los?« Sie spult einen Satz hastig nach dem anderen ab, scheinbar ohne Luft zu holen. Das tut sie immer, wenn sie fassungslos ist. Sie wird dann nicht sprachlos wie andere Menschen, sondern im Gegenteil, es sprudelt nur so aus ihr heraus.

»Mich hat's erwischt«, ächze ich und versuche, mich im Sessel aufzurichten, falle aber gleich wieder zurück. »Ich weiß nicht, was ich habe. Das geht seit gestern Abend so, als ich schlafen gehen wollte. Ich habe eine fürchterliche Nacht verbracht.«

Ute setzt sich, mittlerweile mit Brille, auf den Bürostuhl und sieht mich prüfend an. »Raus mit der Sprache«, sagt sie leise, aber bestimmt.

»Ich habe höllische Schmerzen, ich kann kaum gehen. Vom rechten Knie hoch bis in den Rücken. Es war eine furchtbare Nacht.«

»Du hast nicht in deinem Bett geschlafen. Warum hast du mich nicht geweckt? Ich hätte dir helfen können. Warst du zu stolz dazu? Woher soll ich wissen, wie es dir geht, wenn du dich nicht rührst? Du machst vielleicht Sachen. Hast du Medikamente genommen?«

»Herrje, Ute, nicht alles auf einmal«, japse ich hilflos.

»Dich zu wecken, hätte doch nichts gebracht. Ich habe Schmerztabletten genommen, aber sie haben nicht viel geholfen.«

Ute steht auf und bückt sich zu mir herunter. »Lass dich ansehen«, sagt sie, jetzt ganz professionelle Stationsschwester, so wie sie mich vorgestern gemustert hat, als ich die Treppe hinuntergesegelt war. Damals war es mir nicht recht gewesen, jetzt schon. Ich bin froh, dass sie da ist und sich um mich kümmert. Sie fasst mich am linken Oberarm und versucht mich sachte hochzuziehen. »Kannst du aufstehen? Ich möchte dich gerne abtasten.«

»Nein, nur das nicht! Nur nicht abtasten«, wehre ich mich. »Ich weiß, wo es weh tut, ich kann es dir beschreiben.«

»Dann schieß los.«

Ich beschreibe, wo es mir weh tut. Wo der Schmerz quicklebendig ist und wo er dumpf vor sich hin brütet, wo er ständig zu spüren ist und wo er in Wellen abebbt und wieder kommt, wo es zerrt und wo es drückt. Am Knie, im Oberschenkel, in der Hüfte, im Steißbein, die Ausstrahlungen hinüber zum linken Bein und hinunter zum rechten Fuß. Es ist eine elende Schmerzenskarte, die ich vor Ute ausbreite. Als ich mit ihr fertig bin, komme ich mir ziemlich blöd vor. Wie ein Hypochonder, der stolz darauf ist, über ungezählte, außergewöhnliche Wehwehchen berichten zu können. Wie Hartmut, wie Gillhaupt.

Danach schildere ich, wie ich die Nacht verbracht habe. Im Arbeitszimmer, im Wohnzimmer auf dem Sofa und dann wieder im Arbeitszimmer im Sessel und auf dem Bürostuhl. Ich verschweige, dass ich, nachdem Ute bereits im Bett war, nochmals spazieren gegangen und zum Schluss vor den Wildschweinen ausgerissen bin. Ich behaupte, der jähe Schmerz sei zum ersten Mal entstanden, als ich die Treppe hochstieg, um ebenfalls ins Bett zu gehen. Ich will mir keine Vorwürfe machen lassen, ich will nicht ein Gewitter von »Hättest du nur nicht ... so ein Leichtsinn! ... du lernst es nie ... wie kannst du nur ... jetzt hast du den Salat!« über mich ergehen lassen. Auch deshalb nicht, weil die Vorwürfe berechtigt wären. Wenn der Schweinsgalopp durch den Wald nicht gewesen wäre, säße ich jetzt bald am Frühstückstisch und tränke Tee.

»Um Gottes willen, dich hat es wirklich erwischt. Armer Kerl.« Utes Stimme klingt voll Mitleid. Ich nehme es ihr ab und es tut mir gut. Ich bin wohl jetzt wie Hartmut, wenn er von seiner Inga umsorgt wird. »Du solltest dich erst mal ins Bett legen und entspannen«, fährt Ute fort.

»Nein, nein! Nur das nicht. Ich kann sitzen, aber nicht liegen. Ich habe alle Liegepositionen vergebens ausprobiert. Vielleicht sollte ich mich in die Badewanne legen. Heißes Wasser wird mir gut tun.«

»Ja, das ist eine gute Idee. Aber das hilft auf Dauer nicht weiter. Wir müssen schnell zum Arzt. Um acht Uhr werde ich beim Orthopäden anrufen. Wir brauchen sofort einen Termin.«

»Wir? Nein, ich, und nicht am Vormittag«, widerspreche ich. »Erst am Nachmittag, ich möchte vorher zu Kräften kommen.« Mein Instinkt sagt mir, dass es besser ist, zu warten, schon deshalb, um zu sehen, ob dieser Wolfgang etwas unternimmt. Zum Beispiel anruft, wenn ich mich nicht rühre, oder gar plötzlich vor dem Haus steht und klingelt. Ihm ist alles zuzutrauen, bei dem Druck unter dem er zu stehen scheint. Vielleicht ergreife ich auch die Initiative und rufe ihn an, da ich seit dem gestrigen Spaziergang seine Handynummer habe. Jetzt will ich erst mal keinen Entschluss fassen.

»Wie du willst«, lenkt Ute ein, was ich nicht erwartet habe. »Ich besorge einen Termin für den Nachmittag. Jetzt sehe ich erst mal zu, dass ich ein wirksames Schmerzmittel bekomme. Die Pillen, die du genommen hast, helfen gegen Kopfweh und das auch nicht immer. Die könntest du zur Not auch Kindern geben. Ich rufe Falsen an, der wird mir ein Rezept ausstellen und dann fahre ich zu einer Notapotheke. Einverstanden?«

»Ja, einverstanden. Ich werde mich erst mal in die Wanne legen. Danach haue ich mich in den Sessel im Wohnzimmer.«

»Das wirst du nicht«, sagt sie resolut und richtet sich auf. Die gesamte Zeit über hat sie gebückt vor mir gestanden. »Ich lasse dich in deinem Zustand nicht alleine in der Wanne liegen. Stell dir vor, du rutschst aus und kommst nicht mehr hoch und haust dir auch noch den Kopf an.«

»Dann liege ich wie ein Maikäfer hilflos auf dem Rücken und ertrinke.«

»Lass deine blöden Witze. Es scheint dir ja schon wieder besser zu gehen.«

»Tut es nicht. Du kannst doch jetzt nicht zu Falsen«, sage ich. Es gefällt mir nicht, dass Ute Falsen so früh aus dem Bett jagen will. Er ist Rentner wie ich und schläft vielleicht lange.

»Doch, doch. Ich weiß von seiner Frau, dass er ein seniler Bettflüchter ist. Er steht noch früher auf als du und hockt sicher schon auf der Terrasse und liest die Zeitung, falls es nicht zu regnen beginnt. Er wird mir das Rezept geben. Bleib jetzt noch eine Weile sitzen, bis ich mich fertig gemacht habe. Und bitte keine Experimente. Du brauchst jetzt nicht zu zeigen, dass du ein Kerl bist. Ich bin schnell wieder zurück.« Sie fährt mir mit der Hand sachte über den Kopf. Das hat sie schon lange nicht mehr getan, und es tut mir gut.

Malsen ist ein guter Bekannter, ein in der Nähe wohnender, freundlicher Arzt, der aus Altersgründen nicht mehr praktiziert, aber Rezepte ausstellt, wenn Not am Mann ist. Er hat es schon zweimal für Ute getan. Wenn man es wünscht, gibt er auch Ratschläge, drängt sich aber nicht auf. Hoffentlich ist er zu Hause und nicht unterwegs. Er fährt oft für drei, vier Wochen mit Frau und Hund im Wohnwagen durch Europa, war schon am Nordkap, in Bulgarien und auf Malta. Danach lädt er manchmal auf ein Glas Wein ein und zeigt die Filme, die er über seine Reisen gedreht hat, mit Frau Malsen als Hauptdarstellerin: vor den Felsenklippen der Bretagne beim Picknick, die Sonnenstrände Portugals und einsame Dolomitenpfade beschreitend, auf rumänischen Gemüsemärkten Melonen kaufend oder vor einer bizarren sizilianischen Ruine einen Esel streichelnd.

Das Telefon klingelt, gerade als Ute gehen will. Ich höre, wie sie unten im Esszimmer mit dem Anrufer spricht, so leise, dass ich nicht mithören kann. Als sie aufgelegt hat, kommt sie die Treppe hoch und ruft vom Flur herein: »Sabine hat ihre Ankündigung wahr gemacht. Sie kommt heute, um endlich deine finanzielle Zusage zu erhalten. Sie sitzt bereits im Zug, ist gegen sechs Uhr in Düsseldorf abgefahren. Ich soll sie um elf Uhr hier am Bahnhof abholen.

Wenn ich nicht kann, kommt sie mit dem Taxi. Gerhard zieh dich warm an, das wird eine harte Sache für dich werden. Tut mir leid, dass das in deinem Zustand geschehen wird. Meinst du nicht, du solltest sofort die Angelegenheit aus der Welt schaffen und nachgeben? Du packst dir zu viel auf den Buckel. Jetzt, wo du krank bist, solltest du Ballast abwerfen.« Sie sieht mich aus einigen Metern Entfernung freundlich aufmunternd, fast mütterlich sanft, an, so ganz ohne den üblichen Schlangenblick, den sie aufsetzt, wenn es um die Erbschaft geht.

»Vielleicht hast du recht«, rufe ich zurück. »Aber ich werde mich trotzdem nicht auf das Spielchen einlassen. Wenn ich wieder auf den Damm bin, würde ich es bereuen.« Ich richte mich im Sessel auf und bleibe aufrecht sitzen, auch wenn es schmerzt. Das muss ich aushalten. Also Zähne zusammenbeißen!

»Fehlt nur noch, dass auch Peter auftaucht. Dass er heute Morgen kehrt macht und ebenfalls auf der Matte steht. Vielleicht haben sich die beiden sogar verabredet, vielleicht hat Peter gestern Sabine angerufen und ihr berichtet, dass ich hart geblieben bin. Jetzt wollen sie mich gemeinsam weich kochen.«

»Bei allem Mitleid!«, ruft Ute ärgerlich und stampft mit dem Fuß auf. »Bei allem Mitleid, das geht zu weit. Du siehst bereits Gespenster. Dieses Scheißerbe, es geht mir so auf den Geist. Es macht nur Ärger.«

Bevor sie fuhr, legte sie mir den Handapparat auf den Schreibtisch. Ich soll Ballast abwerfen, hat Ute gesagt. Warum nicht? Aber nicht auf die Weise, wie sie sich es vorstellt. Ich werde nicht für den Vorsitz des Historischen Vereins kandidieren, er hat sich für mich erledigt. Warum den Leuten hinterherrennen, sich Absagen oder vage Zusagen holen und dann gegen Magendorf scheitern? Habe ich das nötig in meiner jetzigen Verfassung? Nein! Sollen die Mitglieder tun, was sie für richtig halten. So schwer es mir fällt, ich mache nicht mit. Aus, Amen, basta, beschlossen, aber nicht verkündet. Bis auf Gabriele weiß eh niemand, dass ich kandidieren wollte, und der ist das alles ziemlich egal.

Ich stehe behutsam auf, gehe nach vorne gebeugt zur Tür und schließe sie ab. Wenn Ute noch einmal zurückkehrt, um mir noch eine Verhaltensregel zu geben, werde ich sie erst mal nicht herein lassen. Ich will wieder allein sein, wie in der Nacht. Ich möchte trotz Utes Fürsorge überhaupt nur noch allein sein. Zumindest eine Weile. Als ich stehe, versuche ich mich zu strecken. Es geht nicht. Der Schmerz ist so überwältigend, dass ich es sein lasse.

Jetzt kommt auch noch Sabine! Am liebsten würde ich, wenn ich die Kraft dazu hätte, alles kurz und klein schlagen. Den Schreibtisch mitsamt dem PC, das Regal, die Stühle und alles, was mir sonst noch vor die Fäuste kommt. Ich würde gerne hemmungslos schreien und jaulen, ohne Rücksicht auf die Nachbarn, lang gezogen wie ein einsamer Wolf. Ich glaube, das täte mir gut. Ich mache eine jähe, unkontrollierte Bewegung mit dem rechten Arm, so, als wollte ich jemandem einen Schwinger verpassen, und stöhne auf. Ein blitzschnelles Zucken geht durch meinen Körper. Ich falle hilflos um, zum Glück in den Sessel, allerdings mit dem Gesicht vorneweg.

Zwei, drei Minuten bleibe ich so liegen, dann wälze ich mich herum und massiere meine Oberschenkel. Das hilft zwar nicht gegen meine Schmerzen, aber es beschäftigt mich.

Sechzehntes Kapitel

Ute ist seit etwa zehn Minuten unterwegs, als das Telefon klingelt. Ich stehe auf und nehme den Handapparat vom Tisch. Ich melde mich mit »Nodlich.« Einige Sekunden lang rührt sich niemand und ich rufe: »Hallo!«

»Ich bin's, Gabriele. Bist du allein?«, flüstert eine Stimme.

»Ja«, unwillkürlich senke auch ich die Stimme, obwohl niemand außer mir im Haus ist. »Was gibt's?«

»Ich will dich vorwarnen. Wolfgang ist verschwunden. Aber nicht allein, er hat mein Motorrad mitgenommen. Irgendwie ist er an die Schlüssel gekommen. Ich weiß nicht, was er vorhat, aber es wird nichts Gutes sein.«

»Vielleicht ist er abgehauen. Hat Angst vor seinen Erpressern bekommen und das Weite gesucht. Das wäre nicht schlecht. Außer, dass du erst mal dein Motorrad los bist.«

»Quatsch!«, sagt Gabriele ärgerlich. »Das glaubst du ja wohl selbst nicht. Außerdem hat er sonst nichts mitgenommen, nicht mal seinen Ausweis. Ich nehme an, er will dir auflauern. Mit dem Motorrad kann er dich verfolgen, wenn du unterwegs bist. Und wenn er sein Geld hat, kann er schnell abhauen und zu den Gaunern fahren, die ihn in der Mangel haben.«

»Nicht mit seinem, sondern mit meinem Geld. Das er allerdings nicht kriegen wird.«

»Werde nicht spitzfindig. Dazu ist jetzt nicht die Zeit. Wenn etwas los ist, ich bin den ganzen Tag über im Laden, du kannst mich immer anrufen.

Sollte Wolfgang in zwei, drei Stunden nicht zurück sein, werde ich Anzeige erstatten.«

Einen Augenblick bin ich versucht, ihr zu sagen, dass ich Wolfgang gestern begegnet bin und dass ich mich selbst außer Gefecht gesetzt habe. Ich lasse es sein. Ich will nicht lange reden müssen und Gabriele braucht nicht zu wissen, dass ich allenfalls so beweglich bin wie die Rentner mit ihren Rollatoren, die in Luckendam zunehmend die Gehwege entlang schleichen. Ich kann nicht ausschließen, dass das Wissen von ihr zu Wolfgang gelangt.

»Kann er denn überhaupt mit dem Motorrad umgehen?«, frage ich. »Du hast ihn doch nie fahren lassen.«

»Stimmt, ich habe ihn nie an die Maschine gelassen, weil er keinen Führerschein hat, auch keinen für Pkw. Der ist ihm abgenommen worden. Einer seiner Zocker hat ihm mal sein Motorrad geliehen und er ist prompt nach ein paar hundert Metern im Straßengraben gelandet und hat sich den rechten Arm gebrochen. So einer wie er lernt es nie. Umso gefährlicher kann er für dich werden. Er fährt dich einfach über den Haufen, wenn du nicht parierst.«

»Du siehst zu schwarz. Er ist entweder über alle Berge oder er ist bald wieder zurück, hat nur eine Spritztour unternommen. Aber nicht zu mir.« Ich wiegle ab, obwohl ich nicht an meine Worte glaube. Es ist das Pfeifen im finsteren Wald.

»Glaube ich nicht. Nimm die Sache nicht auf die leichte Schulter. Ich an deiner Stelle würde höllisch aufpassen, wenn du in der Stadt unterwegs bist.«

»Na ja, wenn du ...«, beginne ich, doch da ertönt das Freizeichen. Gabriele hat aufgelegt. Ich stehe verdutzt da. Ein recht abruptes Ende.

Aus ist es mit meinem Wunsch, allein im Zimmer zu bleiben. Ich mache mich mühsam auf den Weg ins Schlafzimmer, wo ich mich völlig ausziehe, eine neue Unterhose anziehe und dann mit der Haushose, der mit den an den Seiten aufgesetzten Taschen, und einem frisch gewaschenen, kurzärmeligen Sommerhemd überm Arm ins Bad gehe. Das alles geschieht im Zeitlupentempo.

Ich verzichte auf die Rasur, ich möchte nicht lange stehen müssen. Ich belasse es beim Waschen des Gesichts und des Oberkörpers. Anschließend putze ich die Zähne und kämme die Haare. Die ganze Zeit über bemühe ich mich, nicht in den Spiegel zu schauen. Ich möchte mich nicht sehen. Ich biete sicherlich einen trostlosen Anblick. Ich werfe einen Blick auf die Badewanne und bin mir plötzlich sicher, dass ich mich nicht hineinlegen will, wenn Ute zurück ist. Wenn ich mir vorstelle, wie ich mich mit zitternden Knien und schmerzenden Gliedern keuchend in das heiße, mit einem von Utes Ölen vermischte Wasser setze und mich, eine Hand am Wandgriff, langsam und ängstlich erst auf den Hintern und dann auf den Rücken sinken lasse – nein, lieber nicht! Die Tabletten, die Ute mitbringen wird, müssen ausreichen, um meine Lage zu verbessern.

Ich ziehe Hose und Hemd an und öffne das Fenster, um frische Morgenluft ins Badezimmer zu lassen. Ich stütze mich auf das Fensterbrett und atme langsam und tief ein.

Am Haus laufen oft Jogger vorbei, um in den nahe gelegenen Wald zu gelangen. Um diese Zeit, an einem gewöhnlichen Werktag, werden allerdings nur wenige Menschen sportlich unterwegs sein. Die Berufstätigen, die am frühen Morgen rennen, sind bereits zurück, und die Hausfrauen, die einzeln oder in Pulks durch die Gegend traben oder ihr gemütliches Nordic Walking absolvieren, sind noch zu Hause und machen die Betten oder liefern ihre Kinder im Kindergarten ab.

Es dauert einige Zeit bis ich die Ersten sehe. Es sind Elvira Netterlein und Christine Glinkow, zwei unverheiratete und zusammen lebende ältliche Frauen, die mit weit ausgreifenden Schritten vorbeimarschieren. Sie bemerken mich und rufen freundlich »Hallo!« Ich antworte mit »Guten Morgen!« Ihre Stöcke für Nordic Walking berühren nur leicht den Boden. Ich habe sie einmal auf die falsche Stocktechnik angesprochen und angeboten, ihnen die richtige Handhabung vorzumachen. Die beiden haben amüsiert gekichert und gemeint, sie wüssten schon, wie man dies zu bewerkstelligen habe, sie bräuchten keine Einweisung, aber es sei ja nett, dass ich mir um sie Sorgen machte.

» Ich mache mir keine Sorgen. Nur, wenn man etwas tut, dann doch richtig, oder? «

» Das ist eine typische Männereinstellung «, behauptete die Netterlein, ein hagere, blonde Frau. » Immer alles hundertprozentig oder am liebsten sogar hundertfünfzigprozentig zu machen. Man sieht doch, wohin das führt. In der Politik zum Beispiel. «

» Warum machen Sie nicht selbst Nordic Walking, wenn Sie es so genau wissen? «, fragte die Glinkow, eine rundliche, immer fröhlich lachende Rothaarige.

» Es ist mir zu langweilig. «

» Und wir finden das sture In-den-Boden-Rammen der Stöcke langweilig «, meinte die Netterlein.

» Sie sollen sie doch nicht rammen. «

» Ach, ist das eine interessante Unterhaltung «, rief die Glinkow ironisch. » Komm, Elvira, wir müssen weiter. Einen schönen Tag noch, Herr Nodlich. «

Die beiden Lesben stören mich nicht. Vor Jahren habe ich noch geglaubt, Homosexualität sei eine Krankheit, die man heilen könne. Vater, der durchaus tolerant war, hat einen Angestellten gefeuert, als er von dessen Homosexualität erfuhr. Ich habe gehört, wie er es Mutter berichtete. Er war regelrecht entrüstet gewesen, aber Mutter hat nur gemeint: » Schade, dass er schwul und für Frauen verloren ist. Ein so netter und gut aussehender Mann. «

Ich beneide die beiden, wie sie sich schnell entfernen und nach kurzer Zeit aus meinem Blickfeld verschwunden sind. Ob sie jetzt meinen Freund, den Fuchs, sehen werden? Er ist ein kapitaler, rotbrauner Bursche mit weißer Schwanzspitze, der oft auf einem der Wege herumschnüffelt, die ich als Laufstrecke benutze. Er lässt mich meist bis auf etwa zwanzig Meter herankommen, setzt sich dann langsam, fast widerwillig in Bewegung und läuft in einem Bogen zwischen den Bäumen davon, aber immer so, dass ich ihn sehen kann. Nach einer Weile setzt er sich und blickt zu mir herüber. Wenn ich stehen bleibe und in die Hände klatsche, reagiert er nicht, weil er weiß, dass ich ihm auf diese

Entfernung nicht gefährlich werde. Als Kulturfolger hat er Erfahrung mit Menschen. Sie produzieren den Abfall, durch den es sich für ihn bestens leben lässt. Bei der Bundeswehr sind wir vor Übungen belehrt worden, nie tote oder sich zahm gebende Füchse zu berühren, wegen der Tollwutgefahr. Ist diese Krankheit heute noch bei Füchsen üblich? Ich weiß es nicht.

Wenn ihn Nele einmal sähe, sie wäre hingerissen. Peters jüngste, neunjährige Tochter, deren Zeichnung mir Peter gestern geben wollte, aber wie ich vergessen hat. Sie ist eine Tiernärrin, die, wie die meisten Mädchen ihres Alters, in die kursierenden Freundschaftsbücher unter Berufswunsch etwas schreibt, das mit Tieren zu tun hat. Sie will Tierärztin werden, nur für kleine Tiere wie Papageien, Meerschweinchen und ähnliches Getier, aber keine Kühe, denen man die Kälber vor Anstrengung keuchend mit bloßen Händen hinten raus ziehen muss. In den Freundschaftsbüchern wimmelt es von zukünftigen Tierpflegerinnen, Pferdezüchterinnen, Leiterinnen von Katzenheimen und Reitlehrerinnen.

Nele besitzt zwei Hamster und ein Wellensittichpaar und hätte gerne einen Hund. Manuela wäre damit einverstanden, aber Peter nicht. Er mag Hunde nicht mehr, seit ihn der Terrier der Bildhauerin, mit der er die Galerie betrieb, zweimal ins Bein gebissen hat. Vermutlich war er eifersüchtig gewesen, weil er nicht mehr so ohne weiteres zu der Bildhauerin ins Bett kriechen durfte, wenn Peter bereits drinnen lag.

Ute hat kürzlich vorgeschlagen, bei ihrem nächsten Besuch einfach einen jungen Hund mitzubringen. Sie sei sicher, Peter müsse nur so ein niedliches Tier sehen, um sofort zu kapitulieren. Ich war dagegen. Großeltern sollten nie etwas gegen den Willen der Eltern tun, auch wenn sie von deren Erziehungsmethoden nicht überzeugt sind. Mutter ist in dieser Beziehung rigoros gewesen. Wenn ihre betulichen Eltern uns etwas schenken wollten, mussten sie vorher ihre ausdrückliche Erlaubnis einholen, damit nichts ins Haus käme, was uns zu sehr verwöhnte. Vaters Eltern sind früh verstorben. Sie wären von Mutter bestimmt nicht besser behandelt worden.

»Ausgerechnet du bringst so ein Argument, du, der sich ständig bei anderen einmischt«, hat Ute gemosert.

»Mag sein. Aber nicht bei der Erziehung der Enkelkinder. Ich gebe allenfalls Empfehlungen.«

»Das glaubst nur du!«

Ich schließe das Fenster. Die Joggerinnen und der Gedanke an Nele haben mich völlig von meinen Schmerzen abgelenkt. Nele, die ich im Gegensatz zu Sabines Kindern weiter sehen dürfte, auch wenn ich ihrem Vater die ersehnte Geldsumme verweigern sollte. Doch als ich das Badezimmer verlasse, ist alles vorbei. Mich überfällt ein wild zuckender Schmerz an der Hüfte und am Steißbein und ich klappe wie ein Taschenmesser nach vorne. Der aufrechte Gang ist wieder passé.

Ich kann sogar vorsichtig mein Kreuz durchdrücken. Doch als ich das Badezimmer verlasse, ist alles vorbei. Mich überfällt ein wild zuckender Schmerz an der Hüfte und am Steißbein und ich klappe wie ein Taschenmesser nach vorne. Der aufrechte Gang ist wieder passé. Ich ziehe die Schublade mit dem Geheimfach aus dem Schreibtisch heraus und nehme die Pistole an mich, setze mich in den Sessel und breite das Tuch, in das die Waffe mit ihren zwei gefüllten Magazinen gewickelt ist, auf meinen Knien aus.

Für Waffen habe ich nicht viel übrig. Ich verstehe leidenschaftliche Jäger nicht, vor allem nicht, wenn sie nach Schweden zum Elchschießen oder in die Karpaten zum Bärenschießen fahren, und Waffennarren mag ich schon gar nicht. Nicht nur die Amerikanischen. Als Jugendlicher habe ich auf dem Münchener Oktoberfest mit dem Luftdruckgewehr auf in Gipsröhrchen steckende Papierblumen geschossen und bei den Panzergrenadieren einige Male mit dem Gewehr und der Maschinenpistole. Und mit der Pistole, die so ähnlich aussah, wie die, die vor mir liegt. Wir hielten sie beim Schießen weit nach vorne gestreckt mit einer Hand und nicht wie man es heute in Filmen sieht, mit beiden Händen. Meine Schießergebnisse waren passabel, nur bei der Pistole gingen sie gegen Null, obwohl die stehenden Mannscheiben in nicht mehr als fünfundzwanzig Metern Entfernung aufgestellt waren.

Ich nehme die Pistole mit beiden Händen hoch und ziele mal auf ein Bild, mal auf einen Aktenordner. Beinahe hätte ich »peng, peng!« gerufen, es aber rechtzeitig unterdrückt. Ich versuche mir vorzustellen, wie es wäre, auf Wolfgang zu schießen. Wenn er vor mir steht und zum Angriff ansetzt oder wenn er mir einen Faustschlag versetzt und ich mir nicht anders zu helfen weiß, als abzudrücken. Würde ich, wenn ich ihn getroffen hätte und er fiele um, Erleichterung, Triumph, Schrecken oder Panik empfinden? Stünde ich unter Schock oder hätte ich das Gefühl, etwas Richtiges getan zu haben? In Filmen schießen Polizeibeamte Menschen nieder oder gar tot und gehen anschließend mit attraktiven Blondinen ins Bett. Sie brauchen nie einen Psychologen oder Notfallseelsorger, um wieder ins Lot zu kommen.

Die Pistole hat etwas Faszinierendes, aber nichts Bedrohliches, wie sie jetzt schwer und kühl in meinen Händen liegt. Sie ist ein technisches Gerät wie andere auch. Ich drücke mehrmals den Abzugshahn. Danach stecke ich ein gefülltes Magazin in die Öffnung im Handgriff, ziehe den Verschluss zurück und lasse ihn wieder vorschnellen. Ich weiß, dass jetzt die Pistole geladen ist und dass ich, wenn ich den Sicherungshebel verschiebe, schießen könnte. Ich staune, dass ich diese Fertigkeit nach gut fünfzig Jahren noch abrufen kann. Gelernt ist gelernt. Außerdem habe ich diesen Vorgang oft genug in Filmen und TV - Krimis gesehen.

Ich entnehme das Magazin und schiebe die Pistole zurück ins Geheimfach. Die Schmerzen lassen nicht nach. Dazu kommt Müdigkeit. Eine sinnlose Müdigkeit, weil ich vor Schmerzen nicht schlafen könnte. Ich hoffe, dass Ute bald mit dem Medikament eintrifft.

Ute ist zurück. Ich höre sie im Erdgeschoss hin- und herlaufen. Diesmal steht die Tür zum Arbeitszimmer offen. Nach etwa einer Minute ruft sie: »Ich bin wieder da! Ich komme gleich hoch!«

Sie betritt das Zimmer, stellt ein mit Wasser gefülltes Glas auf den Schreibtisch und daneben eine Tablettenschachtel, setzt sich auf den Bürostuhl und schiebt sich mit ruckartigen Beinstößen neben meinen Sessel.

» Wie geht es dir, geht es dir besser? «, fragt sie und ohne meine Antwort abzuwarten: » Du siehst sehr mitgenommen aus. Kein Wunder bei der Nacht, die du hinter dir hast. Es hat alles geklappt. Falsen hat das Rezept geschrieben und ich bin in die nächstgelegene Apotheke gefahren, die geöffnet war. Ich war noch beim Orthopäden und habe einen Termin festgemacht. Die Arzthelferin war bereits da. Heute Nachmittag um 15 Uhr können wir kommen. «

» Ja, schon gut, vielen Dank «, sage ich mürrisch. » Was ist mit meinem Medikament? Ich möchte es einnehmen. «

» Ja, doch! Auf ein paar Sekunden kommt es doch nicht an, oder? «

Ich nehme eine Tablette in den Mund. Ute ist aufgestanden und will mir das Glas an den Mund drücken und mir das Wasser eintrichtern. Ich wehre ab und nehme ihr das Glas aus der Hand. Noch kann ich selbstständig trinken. Der erste Schluck ist mehr als ein Mundvoll. Mir rinnt Wasser aus den Mundwinkeln und tropft auf mein Hemd. Ute sagt nichts, was ungewöhnlich ist. Anscheinend bin ich in ihren Augen tatsächlich sehr krank, sodass sie sich das übliche Schimpfen über meine Ungeschicklichkeiten verkneift.

» Da du mit dem Frühstück noch etwas warten sollst, könntest du in der Zwischenzeit ein heißes Bad nehmen «, schlägt sie vor.

» Nein, ich will nicht. «

» Du warst vorhin einverstanden. Es wird dir vielleicht gut tun. Also, was ist? «

» Nein, ich will nicht, ich habe es mir anders überlegt. Vielleicht ist so ein Bad sogar kontraproduktiv. «

» Spiel jetzt nicht den schwierigen Kranken. Aber bitte sehr: Wer nicht will, der hat schon. Du hast eine lange Zeit vor dir, bis es zum Arzt geht. «

» Sie wird mir durch Sabines Besuch verkürzt werden. «

» Sabine konnte nicht ahnen, dass du krank wirst. Du hast doch sonst nie was und bist stolz darauf «, sagt sie leise, aber vorwurfsvoll und steht auf. » Bei allem Verständnis für dein Leiden, lass es bitte nicht an ihr aus. Hättest du dich früher entschieden, bräuchte sie heute nicht zu kommen. Mein Gott, Gerhard, Sabine ist deine Tochter! Manchmal könnte man meinen, sie sei eine fremde Bittstellerin. Was ist dabei, wenn du dich heute entscheidest?«

»Du meinst mit entscheiden, im Sinne von Sabine entscheiden. Und Peter, weil er dann auch seinen Teil erhalten müsste«, sage ich lauter als sie.

Auch wenn es mir hundsmiserabel geht, lass ich mich nicht aufs moralische Glatteis locken.

»Und Maximilian wäre mit von der Partie«, schiebe ich nach.

»Du vergisst Manuela.«

»Die zählt nicht. Es ist eine unerhörte Impertinenz, wie ich seit Tagen, Wochen belagert werde. Von meinen eigenen Kindern! Was geschieht, wenn ich kein Geld rausrücke? Sabine und Maximilian müssen sich eine neue Mietwohnung suchen. Na und! Sie werden eine finden, sie sind ja nicht arm. Ich bin durchaus bereit, ihnen einen Zuschuss zu geben. Peter habe ich gestern 9 000 Euro versprochen, warum nicht auch ihnen?« Jetzt ist es mir herausgerutscht, aber Ute reagiert nicht. 9 000 Euro sind wohl mittlerweile Peanuts.

Ute geht aufreizend langsam, im Zeitlupentempo zur Tür, so als wollte sie mir eine letzte Chance geben, meine Meinung zu ändern. Als ich nichts mehr sage, bleibt sie in der Tür stehen. »Das heißt, deinetwegen dürfen sie ruhig auf der Straße liegen«, wirft sie mir vor, immer noch leise, aber mit Schärfe.

»Erstens haben sie, soviel ich weiß, noch keine Kündigung erhalten, weil der Vermieter auf den Kauf hofft, und zweitens kennst du anscheinend das deutsche Mietrecht nicht. Da fliegt niemand so schnell auf die Straße.« Ich muss lachen, aber es wird ein gequältes Lachen, weil das leichte Schütteln meine Schmerzen verstärkt.

»Ich lasse dich jetzt in Ruhe. Glaube aber nicht, dass du mit deinem Starrsinn durchkommst. Wie ich diese Erbschaft hasse!«, bricht es aus ihr heraus.

»Es bringt uns nur Ärger, Unglück und Zwistigkeiten. Manchmal kann ich deinen Anblick nicht mehr ertragen, wenn du selbstgefällig Schicksal spielst. Sei froh, dass es dir mies geht, sonst würde ich dir ganz anders einheizen. Ich mache jetzt mal das Frühstück. Wenn du willst, bringe ich es dir hoch.«

»Nein, nein«, wehre ich ab. »Ich komme runter. Warne mich rechtzeitig vor.«

Auf dem Stuhl vor dem Regal liegt die Sportkleidung, die ich dort in der Nacht deponiert habe. Sie verdeckt die auf ihm gestapelten Bücher. Ich würde die Sachen gerne wegräumen und hinüber in das Zimmer tragen, in dem mein Kleiderschrank steht. Ich tue es besser nicht. Nur keine unnütze Bewegung.

Ob ich jemals wieder so rennen kann wie bisher? Ich habe damit Mitte der siebziger Jahre begonnen, als die Manie, sich durch Rennen fit zu halten, von den USA in die Bundesrepublik Deutschland herüberschwappte und als »Jogging« in Mode kam: nur so schnell zu laufen, dass man sich gerade noch unterhalten kann. Was die durch die Wälder joggenden Frauentrupps gerne beherzigen. Ihr Gequassel ist schon von weitem zu hören. Anfangs hieß es nicht »Jogging«, sondern »Trimm Trab« und war eine vom Deutschen Sportbund unterstützte Aktion, der hierzu eigens Emil Zátopek und Horst Schade, die Rivalen der Olympischen Spiele von Helsinki im Jahr 1952, durch die Gegend tingeln ließ, um die Werbetrommel zu rühren. Ich habe sie erlebt, wie sie bei einer Werbeveranstaltung bescheiden im Hintergrund standen und zusahen, wie sich Sportfunktionäre in die Brust warfen und sich selbst lobten. Der Erfolg stellte sich schnell ein, doch das zu biedere und zu deutsch klingende Wort »Trimm Trab« stand auf verlorenem Posten und die Trimmstrecken mit ihren hölzernen Marterstationen, die jede Gemeinde in nahen Wäldern anlegte, begannen bereits nach wenigen Jahren zu verrotten. Das war alles zu nahe an der ungesunden Gymnastik alter Art angesiedelt, die unsereins schon in der Schule, später bei der Bundeswehr und selbst in Sportvereinen drangsaliert hat, diese Liegestütze, Entengänge, Kniebeugen und Hampelmänner.

Laufen war angesagt, pures Laufen, Joggen eben, und die Sportartikelindustrie machte mit Bekleidung und Laufschuhen gewaltige Umsätze. Ich habe anfangs gewöhnliche Sportschuhe getragen, bin danach zu

Laufschuhen übergewechselt, die man, wenn sie durchgelaufen waren, für zwanzig Mark neu besohlen lassen konnte, bis ich mich entschloss, alle ein bis zwei Jahre nur noch Schuhe zu kaufen, die mit den neuesten Schikanen ausgerüstet sind, auch wenn ich einige nicht benötige.

Wenn ich Begriffe lese oder höre wie Torsionssystem, Mesh-Einsätze, asymmetrische Schnürung, diskrete Vorfußkonstruktion, Memory-Schaum, Feuchtigkeitsmanagement, dynamische Stabilität oder Space-Trustic-Element, dann kann ich mir manchmal nichts darunter vorstellen. Manches glaube ich zu verstehen, weiß aber nicht, ob es für mich günstig ist, wie zum Beispiel die asymmetrische Schnürung. Vom gepriesenen Feuchtigkeitsmanagement nahm ich an, es sei eine Sonderfertigung für Leute mit Schweißfüßen. Hauptsache, der Kunde hat das Gefühl, ein richtiger Lauffreak zu sein. Leo von der Sonnenbank ist so ein Typ.

Ich bin in dem Alter, in dem Vater dort oben auf dem Foto nicht mehr lange zu leben hatte. Da hatte er schon viele Jahre nicht mehr Sport getrieben. Früher hatte er keinen Tag ohne eine schweißtreibende Morgengymnastik angefangen und er war in seiner Jugend sportlicher gewesen als ich, obwohl er kleiner war und weniger athletisch wirkte.

Seine 11,8 Sekunden über hundert Meter waren nicht schlecht, zwar von Hand gestoppt, aber auf einer Aschenbahn mit selbst geschaufelten Startlöchern. Er hat jahrelang Feldhandball gespielt, vor allem mit Freunden, die er seit ihrer Schulzeit kannte. Auf einem Foto posiert seine Mannschaft kurz vor der Abfahrt mit der Bahn zu einem Provinzturnier. Die dreizehn Zwanzigjährigen blicken ernst in die Kamera, tragen runde Hüte oder Schiebermützen, Handschuhe, enge Mäntel, zu kurze Hosen und Schnürschuhe, zwei von ihnen sogar Gamaschen. Es hätten dies, so wie sie da standen, statt biederer Königsberger Sportler auch Nachwuchsgangster von Al Capone in Chicago sein können. Sechs von ihnen waren von Vater mit einem Kreuz markiert worden. Das waren die Kriegstoten, darunter ein U-Boot-Kommandant und ein Offizier der Waffen-SS, der in Auschwitz Dienst getan hat, bevor er wegen Alkoholproblemen zur kämpfenden Truppe versetzt wurde und in Ungarn fiel.

Die Mannschaft hatte einen ausgezeichneten Torwart, der Anfang der dreißiger Jahre nach Berlin zog und dort in einer Spitzenmannschaft spielte. Im Jahr 1935 wurde durch anonyme Hinweise bekannt, dass er ein Verhältnis mit einer Halbjüdin hatte. Er wurde ohne langes Fackeln vom Verein ausgeschlossen.

Die Freundin wanderte kurz danach aus und er spielte nie mehr Handball. Aus dem Krieg kehrte er blind und mit einem von einem Flammenwerfer verheerten Gesicht zurück. Vater hat einige Male mit ihm telefoniert, ihn aber nie wiedergesehen.Vater war auch ein guter Schlagballspieler, einer Sportart, die wir in den unteren Gymnasialklassen noch beigebracht bekommen sollten, aber bei uns Schülern auf wenig Gegenliebe stieß. Das Spiel war uns zu langweilig, zu wenig kampfbetont, wie das Kricketspiel der Engländer, dessen Regeln mir mal ein Engländer zu erklären versuchte, aber ohne Erfolg. Schlagball kam schnell aus der Mode, wie später Feldhandball. Wir spielten lieber Fußball, auch wenn wir uns mit Tennisbällen oder völlig zusammen gedroschenen, schweren Lederbällen begnügen mussten.

Die meisten der damaligen Mitschüler blieben mit mir bis zum Ende der Schulzeit in einer Klasse. Von den sechsundzwanzig Abiturienten sind fünf bereits tot. Grauner ist schon früh im Mittelmeer ertrunken, Latteck hat ein Infarkt dahin gerafft, Kettenraucher Holzinger ist an Lungenkrebs gestorben, der 120 Kilo schwere Schuster ist bei einer Gebirgswanderung tödlich zusammengebrochen und Berenhof ist friedlich im Bett gestorben, einfach so. Ich überlege, wen es als Nächsten treffen könnte. Möglicherweise Ahrens, der fast so viel wie Holzinger raucht, oder Immig, der zwei Bypässe hat. Bei einem bin ich sicher, dass es ihn nicht trifft: Lautensack, den ewig Kranken, der ständig vom Sport befreit war und ab vierzig jedes Jahr zur Kur fährt. Er ist noch wehleidiger als Hartmut, und das will etwas heißen. Dass auch ich der Nächste sein könnte, daran will ich lieber nicht denken. Was mich jetzt so heftig erwischt hat, führt ja wohl nicht zum Tod. Das kann man auch mit vierzig bekommen. Nehme ich zumindest an.

Siebzehntes Kapitel

Ich stehe im Badezimmer, uriniere und sehe dabei durch die weißen Fenstervorhänge hindurch, wie ein roter Rettungswagen der Feuerwehr mit kreisendem Blaulicht vorbeifährt. So etwas kommt öfters vor. Das Wohngebiet hat einen erheblichen Anteil an alten Menschen, von denen immer welche ins Krankenhaus transportiert werden müssen, vor allem im Sommer, wenn es heiß ist und sie aus den Latschen kippen.

»Hast du den Krankenwagen gesehen?«, ruft Ute von unten hoch. »Er hat bei Gillhaupt gehalten.«

»Ja, hab ich. Ich kann nicht erkennen, was los ist. Hoffentlich nichts Schlimmes.«

»Dann käme kein Krankenwagen. Jetzt hält auch noch ein Notarzt-Auto vor dem Haus. Ich gehe mal kurz rüber. Gucken, was los ist.«

Ich uriniere im Stehen und schwanke leicht vor und zurück, weil ich mein rechtes Bein nicht belasten will. Ute hat mich eine Zeit lang dazu bringen wollen, dies im Sitzen zu tun. Sie könne mein ständiges Danebenpinkeln nicht länger ertragen, hat sie geschimpft. Auf so etwas lasse ich mich nicht ein.

Außerdem, von wegen »ständig«. Sie übertreibt.

»Weißt du, wer in unserer Familie im Sitzen pinkelt?«, habe ich einmal geantwortet. »Mein Schwager Wilhelm am fernen Bodensee. Der Depp muss es auf Befehl von Edeltraut tun. Bei Maximilian könnte ich mir es ebenfalls vorstellen. So ein Befehl passte zu Sabine, aber ich weiß es nicht. Ute, nicht mit mir. Für so einen Quark bin ich zu alt.«

Etliche Minuten später kommt Ute zurück ins Arbeitszimmer, wo ich mich noch einmal in den Sessel gesetzt habe, um auszuruhen.

» Herr Gillhaupt ist im Haus schwer gestürzt, die Treppe vom ersten Stock herunter «, berichtet sie. » Er sieht schlimm aus. Ich habe ihn auf der Trage gesehen, als ihn die Sanitäter aus dem Haus zum Krankenwagen schleppten. Kraschert hat ihn gefunden. «

» Wieso hat Kraschert ihn entdeckt? «

» Frau Kugelrecht, die auch dort war, hat gemeint, er sei am Haus vorbeigelaufen und habe den Hund bellen gehört. Was der Pudel nie tut. Und da hat er geklingelt und, als sich nichts rührte, aber der Hund weiter bellte, ist er rein. Zum Glück war die Haustür angelehnt. Gillhaupt war noch bei Bewusstsein. Kraschert hat gleich den Notdienst angerufen. Stell dir vor, er hätte nicht reagiert, als er den Hund bellen hörte. Gillhaupt läge noch jetzt in seinem Blut. Ich will mir das lieber nicht vorstellen. Danach ging alles sehr routiniert vonstatten. Der Krankenwagen ist schon wieder abgefahren, der Notarzt ist bei Gillhaupt im Wagen. «

» Und Kraschert? «

» Der kam mit dem angeleinten Pudel aus dem Haus. Der Hund war ganz verrückt, hat wild getanzt und den Kopf ständig hin und her geworfen. Kraschert hat die Tür abgeschlossen und sah wie immer unmöglich aus. Verwaschenes Hemd, schmuddelige Latzhose, schmutziges Basecap. Aber richtig gehandelt hat er, das muss man deinem Intimfeind lassen. «

» Und wer verständigt Frau Gillhaupt? «

» Kraschert natürlich. Ich musste mir von der Kugelrecht dann noch anhören, was ihr schon Schlimmes passiert ist. Sie ist mal bei Glatteis vom Fahrrad gefallen, hat sich mit zehn Jahren den Arm gebrochen und sie ist bei der Apfelernte von der Leiter gepurzelt. Das war bei ihrem Bruder, der einen großen Obstgarten hat. Nicht nur Äpfel, auch Kirschen und Pflaumen. Es war unheimlich interessant. «

» Dann gibt es also in unserer Straße noch einen Invaliden «, sage ich. » Hoffentlich muss ich nicht wie Gillhaupt ins Krankenhaus. Wenn ja, lasse ich mich zu ihm ins Zimmer legen. Dann kann er mir wieder was übers Tierheim erzählen, wenn er überhaupt reden kann. «

» Du mit deinen blöden Witzen! «

Danach ist mir nicht zumute. Ich fürchte eher, dass ich durchdrehen könnte. Ich steige mühsam die Treppe zum Esszimmer hinab. Zum ersten Mal in meinem Leben wäre ich für einen der Treppenlifte reif, die in den Fernsehzeitschriften angepriesen werden, und über die ich mich bisher lustig gemacht habe. Nur dass auf den Reklamefotos kein Gerhard Nodlich mit wirrem Haar, unrasiert und mit krummem Rücken posiert, sondern ein würdiger, weißhaariger Herr mit einem ebenso weißen Schnurrbart, der, einen Gehstock lässig zwischen den Knien, freudig nach oben schwebt, um dort aufs Klo zu gehen oder in Ruhe seinen Hölderlin zu lesen.

»Inga hat angerufen«, sagt Ute, als ich unten angekommen bin.

»Und?«, frage ich und bleibe stehen. Ich schwanke leicht, weil ich, wie im Bad, das rechte Bein nicht belasten will.

»Es scheint Hartmut den Umständen entsprechend gut zu gehen«, sagt Ute. Sie kommt aus der Küche, mit einer Teekanne in der Hand. »Die Nacht ist ruhig verlaufen, hat Inga gesagt und sie meint, Hartmut kommt in vier, fünf Tagen wieder nach Hause. Leider hat sie kaum Ahnung, was ein Infarkt ist, und sie ist nicht in der Lage, konkrete Einzelheiten zu nennen. Sie redet nur so allgemein daher, es kommt nichts Handfestes: Ach, es ist ja noch einmal gut gegangen und sie wird in Zukunft noch mehr auf Hartmut achten und der Doktor, mit dem sie gesprochen hat, macht einen sehr kompetenten Eindruck und Hartmut hat schon wieder gelächelt und wenn er wieder bei ihr ist, wird sie seinen Lieblingskuchen backen. So ging das in einem fort, ich musste sehr geduldig sein. Erstaunlich, dass sie so wenig über Krankheiten weiß, wo sie Hartmut doch ständig umsorgt und ihn wegen jeder Kleinigkeit zum Doktor schickt.«

»Aber du hast Ahnung«, behaupte ich ironisch und setze mich an den Frühstückstisch. Ich habe keinen Hunger, nur Durst.

»Ja, habe ich. Im Gegensatz zu dir. Du befasst dich ja nie mit Krankheiten und dem menschlichen Körper, kennst nicht mal den Unterscheid zwischen Niere und Leber. Krank sind immer die anderen, nicht du.«

»Die Leber braucht man zum Saufen, das weiß ich. Du bist inkonsequent. Du wirfst mir immer vor, ich quatsche zu viel, also sei dankbar, dass ich mich beim Thema Krankheiten zurückhalte.«

»Stimmt nicht. Du gibst wie überall deinen Senf dazu. Keine Ahnung, aber 'ne Meinung. Es ist gut, dass du mal am eigenen Leib erfährst, wie es ist, wenn man leidet. Inga sagte, wir sollten am Wochenende kommen.«

»Gut, fahren wir Samstagvormittag. Es wird mit mir schon irgendwie gehen.«

»Stell dir vor, sie hat Edeltraut erreicht. Es geschehen noch Zeichen und Wunder.«

»Na, ist ja prima.«

»Hast du eine Macke in die wertvolle Kanne gemacht? Sie ist von meiner Großmutter. Hier ist eine Kerbe, die gestern noch nicht dran war«, fragt Ute und hebt anklagend die Teekanne hoch.

»Habe ich nicht. Das Ding ist uralt und hässlich, das ist doch nicht schlimm. Wenn du keine anderen Sorgen hast. Ich bin froh, dass es Hartmut gut geht. Ich hätte nicht gedacht, dass mir sein Schicksal so nahe geht. Blutsverwandtschaft lässt sich nicht unterdrücken. Schon der alte Goethe hat im ›Faust‹ gemeint: ›Blut ist ein ganz besonderer Saft.‹«

»Wie schön, das mal gesagt zu bekommen.« Ute stellt die Teekanne so heftig auf den Tisch, dass der Deckel scheppert. Sie scheint doch nicht allzu wertvoll zu sein, die Kanne. »Man sieht wieder mal, Treppen sind gefährlich.«

»Ja«, sage ich. »Man kann auf ihnen sogar zu Tode kommen. Ein Selbstmörder braucht sich nicht unbedingt zu erhängen oder Unmengen von Schlaftabletten zu kaufen. Ein Sturz ist weniger umständlich und schneller, wenn die Treppe hoch genug ist. Ich weiß das, weil ich mir schon mal so ein Aufhängen vorgestellt habe, damals nach dem Tod von Frau Dankwart.«

»Du hast es dir nicht vorgestellt, du hast es nachgestellt. Es war furchtbar makaber, was du da auf dem Tisch, mit dem Strick um den Hals, angestellt hast. Immerhin war die Frau mit deinem Vereinsfreund verheiratet. Wenn du noch mal so etwas Ähnliches tust, rauscht es im Karton, darauf kannst du Gift nehmen.«

» Gift wäre ebenfalls eine Alternative zum Hängen. Abgesehen davon, ich habe den Strick nicht um den Hals gehabt. «

» Rede nicht so geschmacklos daher. Wann geht es dir mal so schlecht, dass du ganz einfach mal den Mund hältst? «

Ich lese die Zeitung, als das Telefon läutet. Da Ute im Keller ist, hebe ich den Hörer ab. Eine leise Stimme sagt: » Hallo, ich bin's, Edeltraut. «

» Mensch, Edeltraut! «, brülle ich zurück. » Altes Haus, schön, dass du anrufst. Wie geht's, wie steht's? Sicher gut, dort unten am schönen Bodensee. Schon lange nichts mehr von dir und Wilhelm gehört. «

Während ich brülle, gehe ich langsam in gebückter Haltung ins Wohnzimmer und schneide übertriebene Grimassen zu Ute hinüber, die soeben aus dem Keller hoch kommt. Im Zimmer angekommen, bleibe ich vor der Terrassentür stehen und blicke in den Garten, ohne ihn wahrzunehmen.

» Würdest du mich mal zu Wort kommen lassen? «, bittet Edeltraut leise, fast schon flüsternd. » Du bist immer so furchtbar laut am Telefon. «

» Aus reiner Freude, dich zu hören. Wir sprechen und sehen uns so selten. «

» Aber der Anlass für meinen Anruf ist kein erfreulicher. Inga hat angerufen und mitgeteilt, Hartmut ginge es schlecht, er liege im Krankenhaus. Das ist ja furchtbar. Gerade Hartmut, der immer so positiv und fröhlich ist. «

» Hartmut, positiv und fröhlich? Meinst du unseren Hartmut? «

» Frage bitte nicht so arrogant. Ich mag es nicht, wenn man sich über jemanden lustig macht, der leidet. In dieser Beziehung warst du schon immer sehr unsensibel und unerträglich. «

» Tut mir leid «, lenke ich ein. Ich will unbedingt einen Streit vermeiden, wenn meine Schwester schon mal anruft. » Wir fahren am Samstag nach Bremen «, behaupte ich, obwohl es nicht sicher ist. Ich werde Edeltraut nichts über meine körperliche Verfassung sagen. Das geht sie nichts an. » Ihr werdet sicher ebenfalls kommen. Auch wenn der Grund unseres Treffens nicht erfreulich ist, so finde ich es gut, dass wir uns wiedersehen. Hartmut scheint es schon etwas besser zu gehen. Wir können ihn alle zusammen besuchen und aufmuntern. Er ist zäher, als er glaubt, und er wird schon durchkommen.«

»Jetzt musst du nur noch sagen: ›Unkraut vergeht nicht‹, oder einen deiner sonstigen Sprüche loslassen. Du änderst dich nicht. Warum ich anrufe:

Wir werden nicht kommen, auch wenn es Inga erwartet. Wir sind verhindert. In den nächsten Tagen geschieht Entscheidendes in unserer Nachbarschaft. Es sollen mehrere überdimensionierte Windkraftanlagen auf den wunderschönen Hügeln nördlich unseres Ortes gebaut werden. Von einer unheiligen Allianz aus renditeorientierter Wirtschaft und korrupter Kommunalpolitik. Das werden wir nicht dulden. Wir haben einige Aktionen vor, wir, das heißt die unmittelbar Betroffenen. Über hundert Menschen, die Kinder nicht mitgerechnet. Wilhelm und ich sind voll integriert und engagiert, weil es um Grundsätzliches geht. Die Ökologie wird auf gemeine Weise kapitalistisch missbraucht. Du verstehst, dass wir in dieser Situation unmöglich nach Bremen fahren dürfen. Zumal sich ja Hartmut, wie du selbst sagst, auf dem Weg der Besserung befindet.«

»Das habe ich nicht behauptet. Ich habe gesagt, es scheine ihm besser zu gehen.«

»Gleichwohl, unsere Naturlandschaft muss leider Vorrang haben.«

»Das ist doch totaler Unsinn«, brause ich auf. »Ich ärgere mich ja auch, wenn ich sehe, welch schöne Landschaften durch diese Anlagen verschandelt werden, anstatt dass sich die Betreiber Gegenden aussuchen, in denen nichts kaputt zu machen ist. In Brandenburg zum Beispiel gibt es genügend trostlose, gottverlassene Flächen, wo man einen dieser rotorenbesetzten Riesenspargel neben den anderen aufstellen kann, ohne dass es stört. Aber wenn dein Bruder in Lebensgefahr schwebt, jawohl, in Lebensgefahr, denn über den Berg ist er noch lange nicht und ein Rückschlag ist immer möglich, dann gehören wir von der engsten Familie nach Bremen und nicht in deine schöne Naturlandschaft, und die engste Familie, das sind nun mal wir beide, abgesehen von Hartmuts Kindern. Die Aktion muss ohne euch auskommen.«

»Werde jetzt nicht aggressiv, wie du es immer wirst, wenn du nicht weiter weißt. Wir sind keine kleinen Kinder, wir wissen, was wir zu tun haben ...«

»Verzeih mir, aber ich will mir das nicht anhören, dieses egoistische Geschwätz«, unterbreche ich und klopfe mit der freien Hand zornig gegen die Fensterscheibe. »Nie sieht man euch, ständig habt ihr irgendwelche abstrusen Ausreden, und jetzt, wo es wirklich mal nötig und anständig wäre, spontan zu kommen, drückt ihr euch wieder. Und dann deine Unverschämtheit, Peter diesen Unsinn über Papa und einem angeblich unehelichen Kind zu verzapfen. Bist du nun völlig verrückt? Hast du überhaupt noch eine einzige Tasse im Schrank? Verdammt noch mal, ihr seid ...«

Doch da erklingt das Freizeichen, Edeltraut hat aufgelegt.

»Ach du liebe Zeit!«, schreie ich und stampfe mit dem rechten Bein auf den Boden. »Au!«, schreie ich laut auf. Ich Trottel hatte für einen Augenblick mein lädiertes Bein vergessen. »Sie ändert sich nie, meine liebe Schwester, diese blöde Kuh!«

Ute streckt den Kopf zur Tür herein. »Wie war das Gespräch? Anscheinend nicht erfreulich.«

»Erraten. Stell dir vor, die beiden fahren nicht nach Bremen, weil sie einer Bürgerinitiative angehören, die Windräder verhindern will und in den nächsten Tagen Aktionen plant, bei denen sie gebraucht werden.« Ich setze mich in den Sessel vor der Terrassentür.

»Welche Aktionen?«

»Was weiß ich! Drachen steigen lassen, Sitzblockaden, Lichterketten, Fußwanderungen mit Kind und Kegel, sich drei Tage lang nicht mehr waschen, all das, was sich solche Idioten einfallen lassen und was das schöne Gefühl vermittelt, unheimlich solidarisch und basisdemokratisch zu handeln. Gehobenes Pfadfindertum für Erwachsene halt.«

»Nun krieg dich wieder ein, reg dich ab, bleib sachlich. Aber eine Ungehörigkeit ist es schon, wenn die beiden nicht kommen. Du hast vielleicht eine Schwester, nicht zu fassen!«

Ich will noch einen draufsetzen, als das Telefon erneut läutet. Es ist mein Schwager. »Guten Tag, Wilhelm!«, rufe ich. Ute setzt sich auf das Sofa, um mitzuhören, was wir beide nach dem Eklat reden, mit dem das Gespräch mit Edeltraut geendet hat.

»Ich möchte zu Beginn einiges richtig stellen und dies in aller Ruhe«, beginnt Wilhelm das Gespräch mit tiefer, sonorer Stimme. »Wir sind Verwandte, da dürfen wir uns die Meinung sagen, da dürfen wir unterschiedlicher Ansichten sein, aber wir sollten uns nicht verletzen. Ist das Konsens, Gerhard?«

»Natürlich. Ich will keinen Streit. An mir soll es nicht liegen. Ich bin nur der Ansicht, dass wir vom engsten Familienkreis in der Situation, in der sich Hartmut befindet, am Wochenende in Bremen sein sollten. Und wenn es nur ist, um Flagge zu zeigen.«

»Das ist genau der Punkt. Hinzufahren, nur um uns dort zu zeigen, ist für Edeltraut und mich kein ausreichender Grund. Wir sind selbstverständlich bereit, loszufahren, wenn es brennt, aber das ist nicht der Fall. Ist es nicht besser, wenn wir uns in Bremen treffen, nachdem Hartmut wieder gesundet ist?

Hat er dann nicht mehr von der Familie, wenn er mit uns reden, essen, trinken, sich amüsieren kann? Ist es dann nicht weniger belastend für Inga, als wenn wir jetzt wie die Heuschrecken einfallen?«

»Also Wilhelm, unsere Zahl hält sich sehr in Grenzen. Der Vergleich mit den Heuschrecken ist ziemlich schief. Wir wohnen im Hotel und belasten Inga nicht. Was ist, wenn sich die Lage sehr schnell verschlechtert? Hartmut hat den Infarkt erst gestern erlitten, da dürfen wir heute nicht glauben, es könne nichts mehr schief gehen. Ich bitte euch, am Wochenende, am Samstag oder am Sonntag, dort zu sein, so wie wir es tun werden. Ihr seid Rentner wie wir und habt Zeit.«

»Edeltraut hat dir doch gesagt, was wir vorhaben, oder? Das mit den Windkraftanlagen ist eine sehr ernste Sache, die unsere Lebensqualität und die vieler Bürgerinnen und Bürger der Umgebung ungemein gefährdet. Es geht um unsere Zukunft in dieser alten wunderbaren Kulturlandschaft. Für uns ist das eine durchaus schwierige und heikle Angelegenheit, glaube mir. Edeltraut und ich wählen seit Jahren Grün, aber hier wird die Ökologie nur vorgeschoben, um Profit zu machen, und dabei wird die Natur nachhaltig zerstört und die Vogelwelt gleich mit.«

»Mensch, Wilhelm, breche dir keinen ab! Es ist schon erstaunlich mit euch Gutmenschen: Ihr verkündet ständig aus voller Brust, wie wichtig es sei, sich um seine Mitmenschen zu kümmern, aber wenn es ans Eingemachte geht, wenn ihr selbst betroffen seid, dann gilt das plötzlich nicht mehr. Vermutlich habt ihr Angst, euer Anwesen verliert durch diese Windräder an Wert. Du bist in Wirklichkeit sehr kapitalistisch eingestellt. Aber gut, meinetwegen kommt ihr nicht, macht das mit euch aus. Ich finde euer Verhalten schofel.«

»Gerhard, ich wollte ein ruhiges Gespräch mit dir führen. Ich sehe leider, dass dies nicht möglich ist. Erst raunzt du Edeltraut an und jetzt mich. Du unterstellst mir sogar, ein Kapitalist zu sein. Unerhört! Wieso müssen wir uns von euch immer angreifen lassen, kannst du mir das sagen?«

»Wir greifen an? Tun wir nicht und wenn wir es wollten, könnten wir es nicht. Ihr lasst euch nie sehen, allenfalls mal zu einer Beerdigung, aber die sind ja nicht häufig und ihr seid dann immer sehr schnell verschwunden, so, als hätten wir die Pest«, beginne ich zu toben.

Ich weiß, dass ich mich bremsen sollte, weil meine Vorwürfe nichts bringen, aber ich will es nicht. Außerdem machen mich die Schmerzen gerade rasend. »Ihr habt euch eingebunkert und seit Jahren ganz bewusst isoliert. Bei welcher Hochzeit, bei welchem runden Geburtstag, bei welcher Taufe wart ihr dabei? Ich kann mich nicht erinnern, euch gesehen zu haben. An eure faulen Ausreden, an die kann mich allerdings erinnern. Wenn man euch erreichen will, dann ist das schwieriger als den Präsidenten der USA ans Gerät zu bekommen.«

»Du übertreibst!«, ruft Wilhelm mit nicht mehr sonorer, sondern eigenartig schriller Stimme. Im Hintergrund höre ich Edeltraut etwas schreien, verstehe aber nicht, was. »Du übertreibst wie üblich. Das hast du in deiner selbstgerechten Art schon immer getan. Mit deinen unerträglichen und unendlichen Reden. Und wenn wir uns tatsächlich abkapseln? Hast du schon mal darüber nachgedacht, warum wir das tun? Wir sind euch doch völlig gleichgültig. Ihr haltet uns für doofe Einsiedler, für verquere Waldschrate. Weil wir unseren eigenen Weg gehen, sind wir euch peinlich, und ihr seid intolerant. Ich kenne eine Redensart: ›Wie man in den Wald ruft, so schallt es heraus.‹ Und dann will ich dir noch eines sagen: Ich habe zurzeit große Rückenbeschwerden, ich könnte ein lange Fahrt am Steuer gar nicht aushalten.«

»Dann lass Edeltraut fahren oder nehmt die Bahn.«

»Edeltraut hat nach ihrem Sechzigsten den Führerschein abgegeben, verantwortungsvoll wie sie ist, und eine Bahnfahrt wäre für mich bei den schlechten Verbindungen ebenfalls eine Qual.«

»Aber durch die Gegend latschen und Transparente tragen, das kannst du. Das ist doch die reinste Heuchelei.«

»Nimm das zurück! Aber sofort!«, schreit Wilhelm. Diesmal überschlägt sich seine Stimme.

»Du kannst mich mal! Schämst du dich nicht, mir einen solchen Bockmist weiszumachen? Dazu kommt noch das, was Edeltraut über meinen Vater behauptet, das ist einfach ...«

Ich breche ab, weil im Hörer das Freizeichen ertönt. Auch Wilhelm hat ohne Vorwarnung aufgelegt.

Ich sehe zu Ute hinüber und frage: »Hast du das mitbekommen?«

»Natürlich. Ich weiß zwar nicht, was Wilhelm gesagt hat, aber ich kann es mir aus deinen Reaktionen zusammenreimen. Ich rege mich darüber nicht auf. Die sind so wie sie sind. Lass sie sein. Wir fahren übermorgen, wenn du einigermaßen auf dem Damm bist, was ja noch sehr zweifelhaft ist. Was die beiden machen, ist deren Sache. Was hat Edeltraut denn über deinen Vater gesagt?«

»Nur das Übliche, dass er sie schlechter behandelt hat als uns Jungs.«

»Wirklich? Nur das hat sie gesagt?«

»Ja. Schade, ich hätte Wilhelm gerne noch gesagt, dass er ein Arschloch ist.«

»Das hätte nichts gebracht.«

»Aber mich erleichtert.«

Ich bin nicht auf Edeltraut und Wilhelm wütend, auch nicht enttäuscht, nein, ganz gewiss nicht. Warum sollte ich auch? Die beiden haben sich aufgeführt,

wie sie es seit Jahren tun. Fast bin ich erleichtert, dass sie sich nicht geändert haben, und ich das Bild, das ich mir von ihnen mache, nicht zurechtrücken muss.

Mein Schimpfen war, wenn ich ehrlich bin, Theaterdonner und mein Explodieren ist die reine Lust am Krakeel, es war fast eine Kurztherapie gegen meine Schmerzen, ein Mittel, damit ich nicht anfange durchzudrehen.

Anders darf ich auf die beiden, wenn ich mir meine Selbstachtung bewahren will, nicht reagieren. Auf sie verständnisvoll und mitfühlend einzugehen, bringt nichts und abzuschalten, wenn sie Blödsinn reden, würde mich anschließend frustrieren. Ich habe es früher versucht, doch ohne Erfolg. Sie haben es nicht honoriert. Sie sind furchtbar und unleidlich, jawohl! Richtige Ekel, nein, besser noch, Arschlöcher.

Arschloch. Ich weiß, dass dieses Wort trotz der mittlerweile äußerst fäkalisierten Umgangssprache mit Vorsicht zu gebrauchen ist. Mit ihm zieht man sich immer noch eine Beleidigungsklage zu. Doch in Gedanken benutze ich es immer häufiger. Es macht mir Freude, Wilhelm insgeheim als Arschloch zu titulieren. Und weil ich gerade in Schwung bin, überlege ich, wer noch ein Arschloch ist oder es einmal war.

Leo von der Sonnenbank ist eines und der Wichtigtuer Wustermann vom Historischen Verein. Wolfgang selbstverständlich auch und der Landtagsabgeordnete Böllandt, dieser kleinkarierte Berufspolitiker. Von den Nachbarn gehört Kraschert in diese Kategorie, auch wenn er Gillhaupt gerettet hat. Im Verein gibt es in milder Form den nervenden Neupreußen Qualteck und den selbst ernannten Weltkriegsfachmann Müller. Sicherlich ist der alte unverbesserliche Kommunist mit der Ledermütze, mit dem ich aneinander geraten bin, ein, wenn auch kleines, Arschloch und etliche Lehrer, die ich am Gymnasium erlebt habe, waren es ebenfalls. Lang, lang ist's her! Nicht zu vergessen: all die Berufskollegen, mit denen ich nicht klar gekommen bin, die alles besser wussten, aber nur Mist produziert haben. Es tut mir gut, all diesen Typen diese Bezeichnung zu verpassen. Allerdings sind nur Männer Arschlöcher. Bis auf Edeltraut, sie ist eine Ausnahme.

Plötzlich sehe ich den Schauspieler Josef Bierbichler im Film »Winterreise« vor mir. Ich habe ihn in Auszügen im Fernsehen erlebt, wie er Mahnbriefe wütend beiseite feuert und jedes Mal »Arschlochbrief!«, »noch ein Arschlochbrief!« brüllt und wie er alle möglichen Menschen in breitem Bayrisch mit »Oarschloch!« beschimpft. Später soll er in dem Film in Kenia umgekommen sein. Warum weiß ich nicht. Eigentlich schade!

Ich will ganz bewusst nicht gerecht sein und mir nicht zum Ausgleich Leute in Erinnerung rufen, die keine Arschlöcher sind oder waren. Da gab es etliche, wahrscheinlich sogar viele. Wobei Nichtarschlöcher nicht automatisch sympathisch sein müssen. Sie können Langweiler, Dummköpfe, Leisetreter, Angeber sein. Aber das ist mir jetzt egal.

Vor dem Hintergrund all dieser Pappnasen und Kotzbrocken kommen die scharfzüngige, aber intelligente und korrekte Sabine mit ihrem arroganten Maximilian und der unstete, aber durchaus selbstbewusste Peter mit seiner harmlosen Manuela ganz gut weg. Nur deshalb, weil sie zur Familie gehören? Das nicht. Sie sind meilenweit von Edeltraut und Wilhelm und all den anderen entfernt. Meine Schwester und mein Schwager sollen zur Hölle fahren! Ins siedende Öl mit ihnen!

Achtzehntes Kapitel

» Ich fahre los! «, ruft Ute ins Wohnzimmer. » Ich will noch einiges besorgen, wir müssen was Vernünftiges zu essen haben, wenn Sabine hier ist. Ich hole sie danach am Bahnhof ab. «

» In Ordnung! «, rufe ich zurück. Ich sitze im Wohnzimmer im Sessel vor der Terrassentür und lese Zeitung.

» Wirkt die Tablette, merkst du was? «

» Nein, alles wie gehabt. Es tut weh, nur wenn ich bewegungslos sitze, ist es einigermaßen zu ertragen. «

» Dann tue es, bleibe mal ganz ruhig. Und sei nachher nett zu Sabine, auch wenn es dir schwerfällt. Sie hat es zurzeit nicht leicht. «

» Wie oft muss ich mir das noch anhören? Du bist die reinste tibetanische Gebetsmühle. Merkst du nicht, dass mich das nervt, nervt und nochmals nervt? «

» Ja, ich weiß. Tschüss! «

Nein, das Medikament wirkt nicht. Noch nicht. Vielleicht nach der zweiten oder gar dritten Tablette, was weiß ich. Ich hoffe es zumindest. Ich will mir lieber nicht vorstellen, wie es wäre, wenn heute keine Besserung einträte, wenn die nächste Nacht genauso fürchterlich würde wie die vergangene und wenn ich morgen und vor allem übermorgen, wenn wir nach Bremen fahren wollen, nur unmerkliche Fortschritte gemacht habe. Von der Behandlung beim Orthopäden heute Nachmittag verspreche ich mir nichts. Er wird sich meinen entblößten Körper betrachten, er wird mich betasten und an mir herumdrücken, mir dann die Funktionen meines Beines, meines Rückgrats und was sonst noch erklären und wenn ich ihn begriffsstutzig ansehen sollte, wird er, wie er es schon einmal getan hat, auf einem Schmierpapier eine Skizze meines Knochengestells aufzeichnen, um mir mein Gebrechen besser zu veranschaulichen. Außerdem wird er bestimmt entscheiden, dass es für eine Spritze zu früh sei. Stattdessen wird er mich röntgen lassen und an einen Physiotherapeuten überweisen. In einigen Wochen wird er eine gesalzene Rechnung schicken und meine Beitragsrückerstattung von der Krankenversicherung wird flöten gehen. Wunderbar!

Als ich an Sabine zu denken beginne und mir vorstelle, wie sie jetzt im Zug sitzend ihre Argumente memoriert, mit denen sie mich heute endgültig sturmreif schießen will, dränge ich sie mit aller Macht zurück. Es bringt nichts, wenn ich mich jetzt darüber echauffiere. Das ist bis auf weiteres nur der Nebenkriegsschauplatz. Der Hauptangriff kommt von Wolfgang. Wenn er denn erfolgt. » First things first « , faselt Wustermann immer, wenn im Historischen Verein eine Diskussion hemmungslos auszuufern droht. Das gilt jetzt für mich, Wolfgangs Erpressungsversuch ist zweifellos first thing. Der Vormittag ist noch nicht vorbei, er könnte bald auftauchen, es sei denn, seine Drohung ist reines Imponiergehabe gewesen. Vielleicht hat er eingesehen, dass von mir keine 25.000 oder gar 30.000 Euro auf Anhieb zu holen sind, und hat sich spontan Gabrieles Motorrad gegriffen und ist abgehauen, weil er fürchtet, von seinen Kumpanen durch den Fleischwolf gedreht zu werden, wenn er heute kein Geld abliefert.

Zum Glück ahnt er nicht, dass ich mit meiner Erbschaft im Kreuz von der Bank sicherlich sofort eine erhebliche Summe erhalten könnte. Als ich das Geld bei ihr anlegte, sagte mein Kundenbetreuer, Herr Kulking, ich könne jederzeit sofort über einen größeren Barbetrag verfügen. 10 000 oder auch mehr seien kein Problem, ich müsste mich jedoch unter Umständen mit kleinen Scheinen, sprich 50 und 100 Euro - Scheinen, begnügen. Zwar ist schon einmal eine seiner Beratungen auf meine Kosten völlig danebengegangen, aber diese Aussage wird sicherlich stimmen.

Obwohl ich unter keinen Umständen zahlen will, bin ich mir nicht sicher, ob ich in meinem maroden Zustand hart bliebe, wenn Wolfgang mit dem Motorrad vorführe und Rabatz machte oder gar drohte, handgreiflich zu werden. Würde ich vor Angst weich werden und bereit sein, zur Bank zu fahren? Im Taxi, denn das Auto hat ja Ute? Und das in meinem Zustand? Ich kann ja kaum hatschen. Die Bankangestellten würden verwundert gucken, wenn ich mit krummem Rücken hereingeschlichen käme und wie ein Besoffener wankend einige Tausender in bar wollte und zwar sofort. Und was wäre, wenn Wolfgang käme und Ute bereits zurück wäre, mit Sabine im Schlepptau? Nicht auszudenken! Dann wäre Polen offen!

Ich beginne wieder zu schwitzen und bin eine Weile nicht in der Lage, einen vernünftigen Gedanken zu fassen. Wütend werfe ich die Zeitung auf den Boden und schreie aus voller Lunge: » Ich will nicht durchdrehen, nein, ich will und darf nicht durchdrehen! «

Es dauerte eine Weile, bis ich mich beruhigt hatte. Jetzt geht es mir wieder besser. Mit einigem Erfolg habe ich mir suggeriert, Wolfgang werde nicht kommen, und um mich abzulenken, habe ich den Fernseher eingeschaltet, obwohl um diese Zeit nur Mist gesendet wird.

Ich zappe durch die Vormittagsprogramme: zuerst die US - Serie » Reich und Schön « mit Schauspielern, die nur über eine eingeschränkte Mimik verfügen, gestelzt und bedeutungsschwanger nichtssagende Dialoge absolvieren und all dies in aufdringlichen Großaufnahmen. Danach kommen einige Minuten lang, zum Abgewöhnen, Talkshows mit Hartz IV - Empfängern und Leuten, denen es eine wahre Lust zu sein scheint, ihr mickriges Innenleben hemmungslos nach außen zu kehren. Es folgt eine Richterin, die Nägel kauende Versager zu verurteilen hat, und eine uralte US - Krimiserie, in der die Männer Haarkotletten bis zum Kinn und farbige Schlaghosen tragen. Eine Doku - Serie über ständig pennende Schlangen und magenkranke Erdmännchen im Zoo rauscht an mir vorbei und eine Sendung, in der wichtigtuerische Deppen von einem Fettwanst in die Kunst des Kochens eingeführt werden.

Es ist zum Heulen.

Ich blicke starr auf den Fernsehapparat, und als ich gerade gelangweilt einen Vulkanausbruch mit einer kilometerhohen Aschenfontäne beobachte, ist mir, als ob ich aus den Augenwinkeln einen Schatten an der geschlossenen Terrassentür wahrgenommen hätte. Als ich langsam den Kopf drehe, poltert es heftig gegen die Scheibe. Wolfgang steht in voller Größe vor der Tür und presst sein Gesicht mit platter Nase gegen das vom Regen nasse Glas. Verflucht, er ist also doch gekommen! Ich registriere, dass er eine schwarze Lederjacke und auf dem Kopf ein blaues Tuch in Piratenmanier trägt. Was völlig bedeutungslos ist. Vor Schreck drücke ich auf der Fernbedienung die Aus - Taste und lasse sie fallen.

» Ich bin da! «, schreit Wolfgang durch die Scheibe und grinst. » Das hast du nicht erwartet, was? Ich mache keine Scherze, niemals! Hast du das Geld? «

» Verschwinden Sie, verschwinden Sie! «, ist das Einzige, was ich sofort herausbringe. » Verschwinden Sie, aber gleich! « Ich habe Angst, ja, richtige Angst.

» Öffne die Tür, damit wir besser reden können! «

» Nein! Ich habe das Geld nicht und ich werde es nicht haben! «

Ich stemme mich mühsam aus dem Sessel hoch und baue mich, nur durch die Scheibe getrennt, vor Wolfgang auf. Das heißt, ich versuche es, aber es gelingt mir nicht ganz. Selbst in dieser Situation kann ich mein Kreuz nicht voll durchdrücken. Es tut höllisch weh.

» Ich bin krank, habe mich verletzt, ich kann das Haus nicht verlassen! «, brülle ich. » Ich wollte zur Bank gehen, glauben Sie mir, aber ich schaffe es nicht! «

» Willst du mich verarschen? Ich lass mich nicht verarschen! «, schreit Wolfgang zurück, aber dann etwas gedämpfter, als ich unmittelbar vor ihm stehe. » Du siehst wie immer aus, du Jammerlappen. Also was ist? «

» Nichts ist. Wenn Sie nicht verschwinden, rufe ich die Polizei. « Ich lege beide Handflächen auf die Scheibe direkt vor Wolfgangs Gesicht. » Ich meine es ernst. «

» Ich auch. Wenn du willst, kann ich noch lauter brüllen, damit es die Nachbarn hören, und das mit der Polizei ist ja wohl ein Witz. « Er tritt einen Schritt zur Seite, um mich wieder sehen zu können, und hämmert mit den Knöcheln der linken Hand gegen die Scheibe. » Ich gebe dir noch eine Chance: In zwanzig Minuten bin ich wieder da, dann stehst du umgezogen vor der Tür und hast ein Taxi bestellt. Dein Auto scheint nicht da zu sein, damit ist wohl deine Alte unterwegs. Ich fahre dann mit dem Motorrad hinterher. Das hat mir Gabi geliehen. Damit du dich nicht täuschst, sie ist auf meiner, nicht auf deiner Seite. Für dich gibt sie keinen Pfifferling mehr, es hat sich ausge - Gabi - t. Schon lange. «

» Das geht nicht! Ich verlasse das Haus nicht! «, schreie ich wütend, nehme die Hände von der Scheibe und stütze sie auf die Hüfte, um die Schmerzen zu mildern. » Hauen Sie ab! «

» Ja, ich haue ab, bin aber in zwanzig Minuten zurück. Wenn du Pech hast, ist bis dahin deine Alte zurück. Die wird ihre Freude haben, wenn sie hört, was für ein Schwein du bist! « Er tritt noch einen Schritt zurück, winkt mir zu, schneidet eine Grimasse und ist verschwunden.

Ich bücke mich langsam, um die Fernbedienung aufzuheben, und lasse mich bedächtig in den Sessel gleiten. Aus Versehen drücke ich die Ein - Taste und nach einigen Sekunden erscheint auf dem Bildschirm erneut der Vulkan, allerdings nur im Hintergrund. Im Vordergrund flüchten Bauern mit ihren Familien auf überladenen Lastkraftwagen vor der sich schnell ausbreitenden Rauch- und Aschewalze. Ich schalte aus und werfe die Fernbedienung auf das zwei Meter entfernt stehende Sofa, auf dem ich in der Nacht zuvor vergebens Schlaf gesucht hatte.

Ich stiere dumpf vor mich hin und kann keinen klaren Gedanken fassen. Ich habe Angst, richtiggehend schlotternde Angst. Eine lähmende, diffuse Angst vor dem, was sich in den nächsten ein, zwei Stunden abspielen und von mir nicht beherrscht werden könnte. Ich habe keine genaue Vorstellung davon, es ist ein chaotisches Gebilde, was in meinem Hirn wabert. Da ist ein brüllender, rücksichtsloser Wolfgang, der glaubt, nichts zu verlieren zu haben, da sind aufgeschreckte Nachbarn, eine entsetzte Ute und eine fassungslose Sabine. Dazu kommt meine Entschlusslosigkeit, ob ich die Polizei zu Hilfe holen soll oder nicht, und der verführerische Gedanke, einfach abzuhauen, alles hinzuwerfen, es aber leider nicht zu können, weil ich wegen meiner Humpelei hilflos wie ein auf dem Rücken liegender Käfer bin. Und dann mache ich mir auch noch den Vorwurf, zu blauäugig gehofft zu haben, die Affäre würde sich schon irgendwie von selbst in Luft auflösen.

Es ist ein Albtraum.

Ich gehe zum Glasschrank, in dem die Alkoholika stehen, nehme die Cognacflasche heraus und mache einen tiefen Zug. Das betäubt vielleicht die Schmerzen und lässt mich klarer denken. Danach hinke ich zur Haustür, verschließe sie von innen und lasse den Schlüssel stecken.

Oben im Arbeitszimmer lege ich den Telefonhörer auf den Schreibtisch und hole die Pistole aus dem Geheimfach. Die zwei gefüllten Magazine stecke ich in die Hosentasche, die Pistole in die rechte, in Kniehöhe aufgenähte Seitentasche, aus der ich sie im Notfall schnell herausziehen könnte. Es geschieht ganz automatisch, ohne nachzudenken. Ich fühle mich bedroht, ich habe eine Pistole, also nehme ich sie an mich. Was ich weiter mit ihr machen soll, weiß ich nicht, darüber habe ich nicht nachgedacht. Sie gibt mir ein beruhigendes Gefühl, mehr nicht.

Ganz kurz flackert in mir die Erinnerung an Zeitungsmeldungen über irre gewordene, ausrastende alte Männer auf, die wie von Sinnen auf Nachbarn, Polizei und alles, was sich regt, schießen und dazu unartikuliert brüllen, oft nachdem sie ihre Frau getötet oder ihr Haus angezündet oder beides getan haben.

Das Telefon klingelt. Es ist Wolfgang.

»Ich will nur wissen, ob alles klar ist«, sagt er in sachlichem, emotionslosem Ton.

»Lassen Sie mich in Ruhe!«, krächze ich. »Treten Sie mir nie mehr unter die Augen!«

»Bleiben Sie ruhig, Mensch, bleiben Sie ruhig. Ich möchte einen Vorschlag zur Güte machen, weil ich keinen Krawall will und Sie ganz bestimmt auch nicht. Wir machen alles wie abgesprochen, mit dem Unterschied ...«

»Abgesprochen?«

»Meinetwegen, nicht abgesprochen. Also, mit dem Unterschied: Sie heben nur 15000 ab, das geht schneller und ist unauffälliger. Über den Rest reden wir später. Und ich fahre mit dem Motorrad auch nicht hinter Ihnen her, sondern warte an der Bank auf Sie. Sagen Sie mir, welche Bank, und die Sache läuft. «

» Warum auf einmal so gnädig und warum siezen Sie mich plötzlich? «

» Ich bin nicht unzivilisiert, nur momentan in einer blöden Lage. Das müssen Sie verstehen, ist das wirklich so schwierig? « Er spricht wie zu einem kranken, uneinsichtigen Kind. Trotz meiner Wut auf ihn, obwohl ich ihm den Kragen umdrehen wollte, bis es knirscht, registriere ich wieder den angenehm sonoren Klang seiner Stimme. Wenn er nicht brüllt. » Außerdem tun Sie mir leid «, behauptet er. » Sie sind wohl tatsächlich krank. Ich will Ihnen helfen.

Also, was ist? «

» Helfen? Sind Sie verrückt! «, belle ich los. » Keinen Cent werden Sie sehen. Nichts werden Sie bekommen. Wenn Sie noch mal auftauchen, hole ich die Polizei. Sie Saukerl! « Ich drücke die Aus - Taste und knalle den Hörer auf den Schreibtisch.

Für einen Augenblick verspüre ich keine Schmerzen, so groß ist meine Wut. Der Herr scheint plötzlich kleine Brötchen zu backen, es lohnt sich also, stur zu bleiben. Aber dann setzen die Schmerzen wieder ein und ich lasse mich resigniert in den Sessel fallen. Wenn ich nur aus dieser Mühle herauskäme! Ich weiß nicht wie, mir fällt nichts ein, ich bin zu keinem Entschluss fähig und letztendlich ist mir alles egal. Nur zahlen, das will ich nicht. Also tue ich nichts und frage mich, wann Ute und Sabine erscheinen werden. Wenn der Zug pünktlich ankommt und sie auf dem direkten Weg hierher fahren, wird es nicht mehr lange dauern. Bis dahin muss ich ausharren und was dann geschieht, wie es dann weiter geht, mir dies vorzustellen, bin ich nicht in der Lage.

Ich winde mich hoch, öffne das Fenster und blicke hinaus. Die Straße ist menschenleer. Nur in der Ferne sehe ich zwei Frauen im Gespräch auf dem Fußgängerweg stehen. Ich denke an Gillhaupt und wie es ihm im Krankenhaus ergehen könnte, aber nur sehr kurz. Fast beneide ich ihn. Er ist verletzt, hat sich aber nicht wie ich in eine ausweglose Situation hineinmanövriert. Und wenn ich doch die Polizei anriefe und sie bäte, einen Streifenwagen zu schicken?

Nein, nein und nochmals nein! Das wäre Unsinn. Dann würde Wolfgang zwar abdrehen und nicht auftauchen, aber was soll ich den Beamten erklären? Für die hörte sich meine Geschichte ziemlich hanebüchen an, wie eine Privatfehde, bei der noch nichts passiert ist und die sich nicht beweisen lässt. Und danach müsste ich auch noch Ute Rede und Antwort stehen. Wolfgang würde ich trotzdem nicht los, er würde es später erneut versuchen. Und all das bekäme auch noch Sabine mit. Verdammt noch mal, wie kann sie mir das nur antun, nicht in ihrem Düsseldorf zu bleiben, sondern mich hier zu bedrängen. Eine erbarmungslose Egoistin!

Auf der regennassen Straße fahren zwei Autos vorbei. Eines erkenne ich, auch wenn das Dach des Cabrios zugezogen ist, es gehört Leo von der Sonnenbank. Wenn es zum großen Knatsch käme, würde er es erfahren und sich ins Fäustchen lachen, weil es mich Spießer derart erwischt hat.

Ich trete zurück ins Zimmer. Es ist mir jetzt zu eng, zu weit ab vom möglichen Geschehen. Ich sollte besser unten im Erdgeschoß sein. Ich gehe auf den Flur und will mich gerade die Treppe hinuntertasten, als ein unbeschreiblich jäher, greller Schmerz meinen Körper durchzuckt und ich blitzartig auf den Boden stürze, die linke Seite nach unten, ohne Vorwarnung wie ein gefällter Baum. Ich liege bewegungslos da und meiner Kehle entfährt ein unkontrolliertes, hilfloses Wimmern, das ich erst nach einigen Sekunden unterdrücken kann. Es ist das zweite Mal nach dem Sturz in den Sessel, dass es mir ruckartig und völlig überraschend die Beine wegzieht. Mir ist passiert, was Klaus Unger geschah, der beim letzten Klassentreffen über seine Beinahe-Invalidität berichtete. Das kann ja heiter werden. Ich wälze mich auf die Knie und richte mich dann vorsichtig auf, ängstlich bemüht, mein rechtes Bein zu entlasten, damit es mich nicht von neuem umhaut.

Es klingelt an der Haustür. Das wird Wolfgang sein. Ich halte den Atem an und rühre mich nicht. Ich hoffe, dass er aufgibt, obwohl dies sehr unwahrscheinlich ist und taste Hilfe suchend nach der Pistole in der rechten Seitentasche. Einen Moment lang komme ich mir lächerlich vor, wie ich, ein zweiundsiebzigjähriger Rentner, hier angespannt lauschend, mit der Hand an der Pistole stehe und John Wayne spiele. Doch ich will nicht über das Groteske der Situation nachdenken. Unten lauert immerhin Wolfgang.

Es klingelt erneut und dann höre ich, wie an die Tür geklopft wird. In gleichmäßigen Abständen und nur so laut, dass ich es hier oben gerade noch mitbekomme. Ich gehe zum offenen Fenster und beuge mich hinaus. Wolfgangs Hinterkopf mit dem blauen Piratentuch ist genau unter mir. Als hätte er geahnt, dass ich am Fenster stehe, hebt er das Gesicht zu mir hoch und ruft: » Los, mach keine Faxen! Wir müssen fahren. «

Aha, er duzt wieder. » Ich habe Ihnen schon x - mal gesagt, Sie sollen verschwinden « , rufe ich mit gedämpfter Stimme. Ich will nicht, dass uns jemand in der Nachbarschaft hört. Die Kugelrecht von nebenan ist auf jeden Fall um diese Zeit zu Hause. Vielleicht auch schon die von Kraschert alarmierte Frau Gillhaupt, wenn sie denn nicht sofort ins Krankenhaus gefahren ist.

Wolfgang tritt drei Schritte zurück, damit er mich besser sehen kann. » Du willst Krawall, gut, den kannst du haben « , droht er mit in den Nacken gelegtem Kopf und wischt sich dabei Regenwasser von der Stirne. » Ich wollte die Sache in aller Ruhe hinter uns bringen, aber wenn du nicht willst, bitteschön, dann läuft es eben anders. Ich werde jetzt sehr laut werden und die Tür aufsperren. Mit solchen Sachen kenne ich mich aus. «

» Der Schlüssel steckt von innen, das schaffen Sie nicht. Nochmals: hauen Sie ab. «

Als Wolfgang sich nicht beirren lässt, zur Tür geht und irgendetwas aus der Hosentasche zieht, ein Messer, einen Schraubenzieher, einen Schlüsselbund, ich kann nicht erkennen, was genau, da nehme ich, ohne zu überlegen, die Pistole aus der seitlichen Hosentasche und strecke sie weit nach draußen. » Hier, schauen Sie « , schreie ich. Die Nachbarn sind mir jetzt gleichgültig. » Sehen Sie was Ihnen blüht, wenn Sie weitermachen! Ich schieße, ja, ich schieße. « In diesem Moment glaube ich tatsächlich, dass ich es tun würde.

» Bist du verrückt! «, schreit Wolfgang und läuft zur Straße zurück, auf deren gegenüberliegenden Seite er sein Motorrad abgestellt hat. Dort angekommen, droht er mit den Fäusten und brüllt: » Das wirst du mir büßen! «

» Was ist denn hier los? «, ertönt eine weibliche Stimme von unten. Es ist die Kugelrecht, die, offensichtlich vom Lärm aufgeschreckt, aus dem Haus getreten ist, in ihrem Vorgarten steht und zu mir mit weit aufgerissenen Augen hochblickt.

» Allerhand ist los! «, rufe ich hinunter. » Ich werde überfallen. Von dem Kerl da drüben! « Dabei fuchtle ich mit der Pistole so herum, dass sie von der Kugelrecht gesehen werden kann.

» Um Gottes willen, Herr Nodlich! Das ist ja furchtbar. Sie haben ja eine Waffe! Ich rufe die Polizei! «, kreischt die Kugelrecht und rennt wie ein aufgeschrecktes Huhn mit wild um sich schlagenden Armen zurück ins Haus.

Ich lege die Pistole auf die Fensterbank, um beide Arme frei zu haben. Ich muss mich abstützen, auch in dieser gefährlichen Situation lassen die Schmerzen nicht nach, sie sind nach dem Sturz sogar noch stechender geworden. Ich atme tief durch und beobachte Wolfgang. Mein Schädel ist zu dumpf, um einen klaren Gedanken zu fassen. Auch jetzt weiß ich nicht, wie es weiter gehen soll, mir fällt nichts ein, ich fühle mich nicht in der Lage, die Initiative zu ergreifen. Wolfgang ist anscheinend auch am Ende seines Lateins. Er schaut wütend zu mir herüber, dann bückt er sich, hebt einen Stein auf und wirft ihn mehrmals mit der linken Hand hoch und fängt ihn wieder auf. Eine reine Verlegenheitsgeste. Das mit der Pistole hat er nicht erwartet.

Von links kommt Kraschert mit einem Spaten in der Hand angeschlendert. Er geht oft langsam, provozierend langsam, wenn er jemanden ärgern will, aber er schlendert nie wie ein Müßiggänger. Jetzt tut er es offensichtlich mit Absicht entgegen seiner sonstigen Gewohnheit. Er hat mitbekommen, dass bei meinem Haus etwas los ist und möchte erfahren, was es ist. Nur so rein zufällig und scheinbar ohne Absicht. Das sieht man doch am Spaten, dass er an sich etwas Anderes vorhat.

Ich trete in das Zimmer zurück, so dass ich nicht gesehen werde, aber Wolfgang weiter beobachten kann. Der Regen ist in ein kaum sichtbares Nieseln übergegangen. Trotzdem hat Kraschert die Kapuze seiner grauen Regenjacke über den Kopf gezogen. Er sieht wie ein ungeschlachter Rübezahl aus. Nur der Spaten passt nicht ins Bild, er müsste stattdessen einen knorrigen Holzprügel mit sich schleppen.

Kraschert hält vor Wolfgang und fragt ihn etwas. Der antwortet erst nicht, dreht sich zum Motorrad und fummelt am Lenker herum. Als Kraschert ihm jovial auf die Schulter haut, wendet er sich um und die beiden beginnen zu reden. Ruhig, bedächtig wie bei einem Schwatz unter alten Bekannten. Sie blicken ab und zu kurz herüber. Nach einer Weile lacht Kraschert schallend los und meint laut: » Das wollen wir doch mal sehen! « Anscheinend hat ihm Wolfgang eine Version unserer Auseinandersetzung geschildert, die ihm gefällt. Ich bin der Bösewicht, der Dreckskerl, der Pfeifenkopf, dem man wieder mal zeigen muss, wo der Barthel den Most holt. Kraschert boxt Wolfgang aufmunternd in die Seite und marschiert entschlossen auf das Haus zu, hinter sich seinen neu gewonnenen Freund im Schlepptau.

Ich stelle mich wieder ins Fenster. Kurz vor dem Haus bleiben die Beiden stehen und sehen zu mir hoch.

» Sie behandeln nicht nur mich schlecht, sondern auch diesen Herrn! «, brüllt Kraschert. » Schulden muss man begleichen, Herr Nodlich! Sie scheinen ganz schön in der Kreide zu stehen. Wer hätte das gedacht, der Herr Nodlich hat Schulden wegen einer Weibersache. Weiß das Ihre Frau? Sicher nicht. Also los, machen Sie sich auf die Socken und fahren Sie zur Bank, der Herr hier braucht das Geld dringend. Wenn sie noch mal mit der Pistole auf wilden Mann machen, zeige ich Sie an. « Kraschert stößt ein grölendes Lachen aus und haut sich mit der linken Hand vor Vergnügen mehrmals auf die Oberschenkel, in der Rechten trägt er noch immer den Spaten. Er hat ihn nicht am Motorrad abgestellt, so als wollte er ihn als Waffe bereithalten.

» Mischen Sie sich nicht ein, das geht Sie nichts an! «, schreie ich. Meine Stimme überschlägt sich. Vor Ärger, vor Angst, weil ich mit den Nerven fertig bin. Wie lange soll ich das noch aushalten! Ich will dem Ganzen endlich ein Ende bereiten. Wie, ist mir egal. Ich nehme die Pistole vom Fensterbrett hoch in die rechte Hand und ziele auf Kraschert. »Ich schieße auf jeden!«, brülle ich wie von Sinnen. »Ich drücke ab!«

»Du traust dich nicht!«, ruft Kraschert und grölt erneut. »Du kannst doch gar nicht mit einer Waffe umgehen. Ich habe gute Augen, ich bin mir sicher, dass kein Magazin im Griffstück steckt. Mensch, mach keine Zicken. Komm runter, wir geben dir noch eine Chance. Der Herr hier ruft in der Zwischenzeit mit dem Handy ein Taxi.«

Dass die Waffe nicht geladen ist, stimmt. Daran werde ich auch nichts ändern, die beiden gefüllten Magazine bleiben in meiner Hosentasche. Aber da ich nun mal gedroht habe, muss ich dazu stehen und John Wayne mimen, wie er sich gegen zwei Halunken verteidigt. Ich ziele weiter auf Kraschert und verschiebe ostentativ mit der linken Hand die Sicherung. Ich drücke mit dem rechten Zeigefinger langsam den Abzug zurück.

Ein harter Knall zerreißt die Luft, die Pistole schlägt so heftig nach hinten aus, dass mein Handgelenk ein jäher Schmerz durchzuckt. Ich fahre zusammen und schaue verblüfft die Waffe an. So fühlt und hört es sich also an, wenn ein Schuss fällt, stelle ich verwundert fest. War das meine Pistole, die losgegangen ist? Das kann nicht sein, sie ist ungeladen. Doch mir fällt blitzartig ein, dass ich vor dem Verstauen der Waffe im Geheimfach zwar das Magazin, nicht aber das im Patronenlager verbliebene Geschoss herausgenommen habe. Verdammter Mist! Auch das noch!

Ich blicke hinunter auf die beiden Angreifer. Kraschert steht aufrecht im Vorgarten, hält sich mit der rechten Hand die linke Schulter und schaut ungläubig zu mir hoch, während Wolfgang zu seinem Motorrad rennt. Krascherts Kinnlade ist vor Überraschung nach unten gefallen, der Mund mit dem Egon Krenz-Gebiss weit aufgerissen. Der nutzlose Spaten liegt quer vor seinen Füßen.

Doch er hat sich schon wieder gefangen. Einen Kraschert haut so schnell nichts um. »Du Schweinehund, du hast mich getroffen! Was bist du für ein Dreckskerl! Hier, ich blute!«, brüllt er und nimmt die Hand von der Schulter und zeigt sie mir mit gespreizten Fingern. Sie ist rot von Blut. »Dafür bring ich dich ins Kittchen!« Er dreht sich um, geht ohne Hast zurück zur Straße und stellt sich hinter einem Busch auf, der im Vorgarten der Kugelrechts steht.

Mittlerweile hatte Wolfgang seine Maschine gestartet und braust mit aufröhrendem Motor davon, kommt aber nicht weit. Er schleudert nach etwa zwanzig Metern und kracht gegen einen Zaun. Das Motorrad kippt um und begräbt Wolfgang unter sich.

»Das ist ja Mord und Totschlag!«, schreit die Kugelrecht von nebenan. Ob aus dem Fenster oder von unten im Vorgarten, kann ich nicht erkennen.

»Hilfe! Zu Hilfe!«, kreischt sie. »Zu Hilfe!«

Von links ertönt eine auf und ab jaulende Sirene. Offensichtlich hat die Kugelrecht, wie angekündigt, die Polizei angerufen und ein Streifenwagen ist auf dem Weg hierher. Ich sehe das Polizeiauto, wie es mit kreisendem Blaulicht, aber jetzt abgeschalteter Sirene, zwei Häuser weiter stehen bleibt. Ich sehe, wie sich Kraschert entfernt, anscheinend geht er zu den Polizeibeamten, um ihnen zu schildern, was geschehen ist. Dass ein verrückt gewordener Rentner hemmungslos auf friedliche Bürger schießt. Von Wolfgang ist nichts zu sehen, das Motorrad liegt verlassen vor dem demolierten Zaun. Vermutlich hat er das Weite gesucht, allerdings kann ich nicht die gesamte Nachbarschaft und die Straße nach beiden Seiten übersehen. Dazu müsste ich mich weit hinausbeugen, was mir zu riskant ist. Erneut ist eine Sirene zu hören. Ein zweiter Streifenwagen rückt an.

Die Fenster der umliegenden Häuser bleiben, soweit ich sehen kann, geschlossen. Die Bewohner sind arbeiten oder beim Einkaufen und die Kinder im Kindergarten oder in der Schule. Nur so alte Leute wie Ute und ich und die Hausfrauen Kugelrecht und Gillhaupt sind oft tagsüber zu Hause.

Ich setze mich auf den Bürostuhl, lege die Hände auf den Schreibtisch und beuge mich nach vorne, um meinen Rücken zu entlasten. Die

Pistole lege ich vor mich hin. Sie riecht nach Rauch. Er kommt von den Schmauchspuren, glaube ich wenigstens.

Ich versuche, nichts zu denken, nichts zu planen. Ich bringe es nicht fertig, einfach hinunterzugehen, die Haustür aufzuschließen, hinauszutreten und zu rufen: »Hier bin ich! Ich gebe auf! Der Schuss war ein Versehen!« Was ich stattdessen tun soll, weiß ich nicht. Ich warte einfach ab. Mir ist das alles so peinlich! Was werden meine Verwandten, Bekannten, die Nachbarn, die Mitglieder des Historischen Vereins von mir denken, wenn dieser beschissene Albtraum zu Ende ist. Und was tue ich Ute damit an! Ich werde ein Sonderling, ein Idiot sein, von dem man sich tunlichst fernhält, ein Paria. Und dann wartet auf mich noch ein Gerichtsverfahren, irgendwann in einigen Monaten, das alles wieder aufrollen wird, auch in der Presse.

Ich schrecke hoch. Über Lautsprecher schallt es zu mir ins Zimmer: »Hier ist die Polizei. Alle Anwohner werden aufgefordert, in ihren Wohnungen zu bleiben. Herr Nodlich, geben Sie auf und kommen Sie ohne Waffe und mit erhobenen Händen aus dem Haus. Falls Sie der Aufforderung nicht Folge leisten, muss Gewalt angewendet werden. Ein Einsatzkommando wird Sie herausholen. Bitte verlassen Sie das Haus durch den Vordereingang. Es gibt für sie kein Entkommen.«

Einsatzkommando. So etwas kenne ich aus dem Fernsehen, wenn über Geiselnahmen, Banküberfälle oder Amokläufe berichtet wird. Schwarz gekleidete Typen mit Sonderhelmen, Waffen wie aus Fantasyfilmen, Schutzschilden und allen möglichen martialischen Utensilien am Körper. Ich schiebe ein Magazin in die Pistole, ziehe den Verschluss zurück und lasse ihn wieder nach vorne gleiten. Die Waffe ist noch entsichert und damit schussbereit. Wäre ich ein Amokläufer, so würde ich jetzt versuchen, jemanden zu erschießen, wenn schon nicht Kraschert und Wolfgang, dann doch zumindest einige Polizeibeamte, und zum Schluss mich selbst. Nur wie? In die Stirn oder ins Herz wären zu unsicher, das Geschoss könnte von einem Knochen abgelenkt werden. Also müsste ich mir in den Mund schießen. Dann flögen Teile des Hirns und der Hirnschale explosionsartig durch die Luft und klatschten ringsum so heftig an die Wände, dass sie über und über mit meinem Blut besudelt wären. Das ginge schnell und einfach. Selbst mit Platzpatronen schaffte man es, wenn man vorher den Mund voll Wasser genommen hat. Das hat uns Rekruten bei der Bundeswehr ein Feldwebel gesagt.

Das Telefon klingelt. Es wird Ute sein. Gleich ist Mittag, sie könnte bereits mit Sabine bei der Polizei stehen und voller Grauen hören, was ich angerichtet habe. Ob Sabine völlig fassungslos über ihren Vater ist oder ob sie selbst jetzt noch ans Geld denkt und mit Schrecken merkt, dass ihre Felle davongeschwommen sind?

Bestimmt sind bereits eine Menge Polizeibeamte in der Nachbarschaft in Stellung gegangen. Ich glaube sie vor mir zu sehen, wie sie hinter geparkten Autos und Hausecken in Deckung gegangen sind, ihre gezogenen Pistolen krampfhaft mit zwei Händen umklammern und nach mir ausspähen. Sicher haben Scharfschützen auf den umgebenden Dächern Position bezogen und das Arbeits- und das Badezimmerfenster im Visier ihrer Zielfernrohre. Welch ein Aufwand! Ich fühlte mich gerne wie John Wayne, der sich gegen von allen Seiten attackierende Komantschen verteidigt und im größten Getümmel, das versoffene Gesicht zu einem arroganten Grinsen verzogen, stoisch einen Angreifer nach dem anderen abknallt. Aber ich bin nicht John Wayne, sondern nur ein alter Knochen, der vor Angst schwitzt und bald einen Treppenlift benötigt.

Nach einigen Sekunden ertönt Utes sich überschlagende Stimme vom Anrufbeantworter hoch, von dort her, wo der Festnetzapparat steht. »Gerhard, um Gottes willen, ich bitte dich ...« Ich wanke zur Tür und schlage sie krachend zu. Ute kann mir jetzt nicht helfen, so sehr ich auch wünsche, sie könnte es.

Von unten an der Haustür sind polternde Geräusche zu hören, so, als wenn mit voller Wucht gegen sie getreten oder gestoßen würde. Anscheinend versucht ein Polizeitrupp einzudringen. Ich schleiche mich ans Fenster, schieße zweimal ungezielt in die Luft, hinweg über die Häuser auf der Gegenseite.

Die leeren Patronenhülsen schwirren durch die Luft und landen irgendwo im Vorgarten. Dann schiebe ich meinen rechten Arm vorsichtig über das Fensterbrett und lasse die Pistole senkrecht nach unten fallen, dorthin, wo ich das stürmende Einsatzkommando vermute. Vielleicht bekommt sie einer von ihnen auf den behelmten Schädel. Ich will losbrüllen, will irgendetwas herausschreien, das sich wie ein heroischer Abgang anhört, aber ich bringe nichts über meine ausgetrockneten Lippen.

Ich muss dringend aufs Klo. Meine ausweglose Situation mit dem jämmerlichen Showdown ist mir gewaltig auf die Blase geschlagen. Ich humple hinüber ins Badezimmer. Als ich im Spiegel mein völlig übermüdetes Gesicht mit der großen Nase sehe, meine von Schlaflosigkeit und Schmerzen geröteten Augen und mein wirres Haar, da glaube ich für den Bruchteil einer Sekunde eine Augenklappe zu erblicken, eine, wie sie John Wayne in „True Grit“ und wie sie Lothar Buchheim trug. Mit krächzender Stimme fluche ich:

» Alter ist scheiße! «

Eberhard Kapuste wurde im Mai 1937 in Berlin geboren.
Nach der Zerstörung der Wohnung durch einen Bombenangriff im Jahre 1943 zog sein Familie nach Bayern.
In München absolvierte er die Schulausbildung und legte das Abitur ab.
Er ging zur Bundeswehr und entschloss sich für die Offizierslaufbahn. Während seiner Dienstzeit erreichte er den Dienstgrad Oberst und war zuletzt im Generalstabsdienst tätig.
1994 siedelte er nach Potsdam und und arbeitete aktiv in kommunal-politischen Bereichen. Er war zehn Jahre als Stadtverordneter tätig, davon fünf Jahre als Vorsitzender des Kulturausschusses.

Er kann auf eine aktive journalistische Tätigkeit verweisen.
Veröffentlichungen:

- „Der Absprung" - 1994 BARETT Verlag Düsseldorf
- „Einmarsch in Diepenstadt" - 1998 Report-Verlag Frankfurt a. M./ Bonn
- „Der Stadtverordnete" - 2002 Verlag am Park Berlin

Ich bin in einem Alter,
in dem man Jugendsünden gestehen sollte,
bevor man sie vergisst.

Paul Newman (1925-2008)

***

Kluge Leute verstehen es,
den Abschied von der Jugend
auf mehrere Jahrzehnte zu verteilen.

Françoise Rosay (1891-1974)

***

Alte Leute sind gefährlich;
sie haben keine Angst
vor der Zukunft.

George Bernard Shaw (1856-1950)

***

Als ich klein war, glaubte ich,
Geld sei das wichtigste im Leben.
Heute, da ich alt bin, weiß ich:
Es stimmt.

Oscar Wilde (1854-1900)

***

Das Menschenleben ist seltsam eingerichtet:
Nach den Jahren der Last
hat man die Last der Jahre.

Johann Wolfgang von Goethe (1749-1832)

***

Mit zwanzig regiert der Wille,
mit dreißig der Verstand
und mit vierzig das Urteilsvermögen.

Benjamin Franklin (1706-1790)

***

Habgier im Alter ist eine Narrheit.
Vergrößert man denn seinen Reiseproviant,
wenn man sich dem Ziel nähert?

Marcus Tullius Cicero (106 v. Chr.-43 v. Chr.)

***

Wenn wir alt werden,
so beginnen wir zu disputieren,
wollen klug sein und doch
sind wir die größten Narren.

Martin Luther (1483-1546)

***

Alt ist man dann,
wenn man an der Vergangenheit
mehr Freude als an der Zukunft hat.

John Knittel (1891-1970)

***

Das Leben ist wie ein Theaterstück.
Zuerst spielt man die Hauptrolle,
dann eine Nebenrolle,
dann souffliert man den anderen,
und schließlich sieht man zu,
wie der Vorhang fällt.

Winston Spencer Churchill (1874-1965)

***

Gerne der Zeiten gedenk' ich,
da alle Glieder gelenkig - bis auf eins.
Doch die Zeiten sind vorüber,
steif geworden alle Glieder - bis auf eins.

Johann Wolfgang von Goethe (1749-1832)

***